동북아의 문화 코드

하늘·천天·상제上帝, 그 빅 히스토리

1

증산도상생문화연구총서 21

동북아의 문화 코드
하늘·천昊·상제上帝, 그 빅 히스토리 1

발행일 2024년 11월 1일 초판 발행

지은이 강영한

펴낸곳 상생출판

펴낸이 안경전

주 소 대전광역시 중구 선화서로 29번길 36(선화동)

전 화 070-8644-3156

팩 스 0303-0799-1735

홈페이지 www.sangsaengbooks.co.kr

출판등록 2005년 3월 11일(제175호)

Copyright ⓒ 2024 상생출판

ISBN 979-11-91329-55-1 (04150)
ISBN 978-89-94295-05-3 (세트)

동북아의 문화 코드

하늘·천天·상제上帝, 그 빅 히스토리

1

강영한 지음

상생출판

프롤로그

하늘·천天·상제上帝, 오래 된
그러나 지금 이야기

세상 모든 것은 변한다. 변화하지 않는 것은 아무것도 없다. 변화는 물질 문명에서는 물론 정신 문화에서도 마찬가지이다. 흔히 우리는 역사를 인간이 걸어온 발자취라고 말한다. 그 흔적은 인간이 살면서 생각하고 행하고 만들고 일구어 온 정신적 물질적인 모든 것을 포함한다.

그렇다면 그러한 발자취 중 인류의 가장 위대한 정신 문화는 무엇일까? 인간 정신 문화의 지배적인 키워드는 무엇일까? 그 답변은 각자에 따라 다를 수 있겠지만 필자가 보기에 동북아 역사에서 그것의 하나는 '신神'이다. 우리는 흔히 신을 인간을 포함한 세상 모든 존재물을 존재하게 하는 궁극적 존재라고 여기는 경향이 있다. 거의 대부분의 종교에는 서로 다르게 말하는 궁극적 존재로서 신이 있다. 동양에서 말하는 도道·리理·법法·다르마·진여眞如나, 서양에서 말하는 무한자·이데아·일자·로고스·실체도 사실 궁극적 존재와 크게 다르지 않다. 기독교의 하나님, 유대교에서 말하는 야훼, 유교의 천天, 도교의 옥황상제, 이슬람의 알라, 그리고 『환단고기桓檀古記』의 삼신三神·상제·삼신일체상제三神一體上帝(삼신과 한 몸인 상제)는 모두 궁극적 존재에 대한 서로 다른 호칭이다. 이러한 신을 동북아 역사에서는 흔히 '하늘', '천天', '상제上帝', '삼신'이라 불렀는데, 이것을 통칭하는 보통 명사가 바로

4

'신'이다.

그런데 이 신은 단지 종교의 영역에만 머물지 않는다. 신은 종교를 구성하는 중요 요소의 하나이지만, 인간 삶의 총체인 문화는 물론, 정치·경제·사회 등 비문화적 영역에서도 큰 영향을 미친다. 이러한 신이나 종교의 상대적 반대편에 있는 것이 과학이라고 할 때, 현대 사회에서 과학 영역 밖의 세계에 대한 해석은 종교적인 경우가 많다. 이러한 경향은 문명 발전 초기에는 더욱 지배적이었다. 지금이야 자연의 변화 등을 과학이라는 이름으로 다양하게 설명하지만, 인류 역사 초기, 원시 시대의 사람들은 자연은 물론 인간사조차 다양한 신적 존재와 관련시켰다. 그리하여 인간을 포함한 만물을 낳고 주재하는 것은 신이라고 여기고, 그런 신을 경외하고 받드는 정신 문화를 형성하였을 뿐만 아니라, 이를 뒷받침하는 다양한 물질 문화도 발전시켰다.

이렇게 보면 신이나 종교는 인류의 문화와 문명을 구성하는 기본 요소의 하나이다. 많은 사람들은 종교를 문명의 초석, 문명 발전과 쇠퇴의 근본 요소라고 여긴다. 그러면서 종교와 같은 문화를 중시하며 정신 문화의 역사적 변화를 추적하기도 하였다.[1] 그러므로 특정 문화나 문명을 이해하기 위해서는 종교나 신에 대한 이해, 정신 문화의 이해가 불가피하다.

---

1 예를 들면 이븐 할둔Ibn Khaldun(1332~1406), 비코Giambattista Vico(1668~1744), 슈펭글러Oswald Spengler(1880~1936), 소로킨Pitirim A. Sorokin(1889~1968), 토인비Arnold J. Toynbee(1889~1975) 등은 역사·문화·문명의 변화를 순환론적 관점에서 접근하며, 그 발전과 쇠퇴의 중요한 요소로 종교와 같은 정신 문화에 관심을 두었다. 이들의 사상을 종합적으로 잘 소개한 자료로는 그레이스 E. 케언스 지음, 이성기 옮김, 1994를 참조하라.

우리는 흔히 기독교를 서양 문명의 창이라고 말한다. 이는 서양 사람들의 삶과 생각과 행동, 그리고 그들의 문명·문화가 기독교 사상과 가르침에 뿌리를 두고 있기 때문일 것이다. 그러므로 서구 사회를 온전하게 이해하기 위해서는 기독교를 먼저 이해할 필요가 있다. 이는 중동 사람들이나 중동 문화의 경우에도 마찬가지다. 중동 문화는 이슬람교를 토대로 하므로 중동의 문화, 중동의 사회를 이해하기 위해서는 먼저 이슬람교를 아는 것이 절대 필요하다. 동북아 문명, 동북아 사람들의 사상이나 문화도 예외가 아니다. 이런 맥락에서 보면 동서양의 인류 문화나 문명을 이야기할 때 신을 빼놓고 말하는 것은 그야말로 오아시스 없는 사막과도 같다. 동서양 문명과 정신 문화를 이해하는 핵심 코드의 하나가 바로 신神인 것이다.

그렇다면 동북아 문명에서 이런 정신 문화 저변에 깔려있는 공통의 주제는 무엇일까? 동북아 문명을 온전하고 총체적으로 이해하고 그들의 정신 문화를 이해할 수 있는 핵심 코드는 무엇일까? 필자가 보기에 그것은 '하늘, 천, 상제'이다. 동북아 문명 초기부터 사람들은 하늘을 다양하게 부르며 하늘 지향적인 삶을 이어나갔다. 특히 하늘·천·상제를 받들어 모셨을 뿐만 아니라, 나아가서는 그것을 정치와 도덕의 근원으로 여기기도 하였다. 하늘을 받들어 모시는 전통과 하늘에 근거한 정신 문화는 지금까지도 이어지고 있고 많은 사람들의 가슴에 살아있다. 하늘·천·상제 이야기는 오래된, 그러나 단순한 과거의 이야기가 아니라 여전히 생생한 현재 그리고 미래 이야기이다.

대한제국 환구단圜丘壇과 황궁우皇穹宇 전경. 1897년, 고종은 환구단에서 상제上帝에게 고유제를 올리고 황제로 즉위하여 '대한大韓'을 선포하였다. (출처: https://historiccityseoul.modoo.at)

강화도 마리산 참성단. 단군왕검 때(서기전 2283년) 축조했으며 여기서 하늘에 제사를 올렸다. (출처: 상생문화연구소)

북경 천단 공원의 기년전祈年殿과 기년전 내부의 '황천상제皇天上帝' 위패. 명·청대 황제들이 풍년을 기원하며 기년전에서 하늘에 제사를 올렸다. (출처: 상생문화연구소)

현재 서울 소공동에 있는 대한제국 때의 '황궁우皇穹宇'와 황궁우 내 '황천상제皇天上帝' 위패. 상제를 모시고 천제를 올렸음을 알 수 있다. (출처: 상생문화연구소)

서기전 2630년경에 만든 이집트 제3 왕조의 두 번째 파라오인 조세르Djoser 왕의 계단식 피라미드. 남동쪽에서 바라본 모습으로 여러 단계의 변경을 거쳐 현재의 여섯 단이 되었고 높이가 60여 미터에 이르게 되었다. (출처: 케이 로빈스 저, 강승일 옮김, 2008, 42)

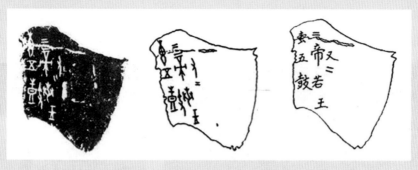

'상제上帝'라는 용어가 나오는 『합집合集』 30388과 그 모사摹寫 및 해서楷書. (출처: 양동숙, 2019, 936)

우르Ur 지구라트. 위는 서기전 21세기, 우르남무Ur-Nammu 왕이 이라크 서남부 나시리야Nassiriya 근교에 축조하기 시작하였던 우르Ur 지구라트. 아래는 사담 후세인이 1980년대에 개축한 모습. (출처: https://namu.wiki)

태산 옥황정에 모신 옥황대제 위패. (출처: https://blog.naver.com)

홍산 문화 우하량 2지점(N2) 전경. 중간에 원형 및 방형 제단이 있다. (출처: 요령성문물고고연구소, 2012(하), 도판圖板 40)

태산 정상의 옥황정玉皇亭. (출처: https://gs.ctrip.com)

좌) 『상서고훈尙書古訓』「요전堯典 상上」.

우) 이지조李之藻가 1628년에 출판한 『천학초함天學初函』에 실린 『천주실의天主實義』 중각重刻본(1607). (출처: 한국학문헌연구소 편, 1976, 120; 한국학자료원, 1984(1) 415: 마테오 리치利瑪竇 지음, 송영배 외 옮김, 1999, 510; 북경대학 도서관 소장본)

좌) 『동경대전東經大全』「포덕문布德文」(인제 경진 초판본(1880). (출처: 김용옥, 2021(1), 546)

우) 『최선생문집崔先生文集 도원기서道源記書』. "나는 상제이다. 너는 상제를 알지 못하느냐. 너는 곧 백지를 펴고 나의 부도符圖를 받아라." (출처: 한국학문헌연구소 편, 1978(2), 166)

증산甑山 강일순姜一淳(1871~1909, 강증산 상제)의 가르침을
담은 『증산도 도전道典』. (출처: https://gdlsg.tistory.com)

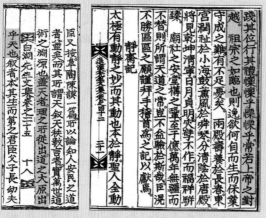

좌) 『백호선생문집白湖先生文集』「공고직장도설公孤職掌圖說 상上」.
우) 『퇴계선생문집』「경복궁중신기景福宮重新記」.

唯聖人 爲能饗帝 孝子爲能饗親 謂祭之能使之 饗也 帝天監
故 孝子 臨尸而不怍 君牽牲 夫人奠盎 君獻尸 夫人薦豆 卿大夫相君 命婦相夫人
齊乎其敬也 愉愉乎其忠也 勿勿諸其欲其饗之也

白湖全書 卷之四十四 雜著

『백호전서白湖全書』「내
칙외기內則外記 중中」.

一三三

이것은 지난날 동북아 문명권에서 살았던 사람들의 하늘·천·상제
를 향한 생각과 삶, 그리고 관련 의례 흔적이다. 이러한 각종 역사 기록,
사상적 단서, 그리고 유물과 유적은 옛사람들이 생각하는 바, 그들이
중시한 가치, 그들의 정신 문화를 엿볼 수 있는 단서이다.

필자가 하늘·천·상제에 관심을 가진 것은 상생문화연구소와 인연이 닿으면서부터이다. 물론 이전에 동학東學, 증산도甑山道 연구를 통해 상제에 대해 조금은 접하였지만 온전한 글쓰기로 이어지지는 않았다. 글쓰기의 첫 호기심은 다산茶山 정약용丁若鏞(1762~1836)이 말하는 '상제上帝'를 알고부터였다. 필자는 십 수 년 전 어느 날 『여유당전서與猶堂全書』를 통해 다산을 처음 만났다. 주자학이 절대적으로 지배하던 사상적 환경이었음에도 불구하고, 하늘·천을 이치나 법칙인 리理로 간주하지 않고 상제라 여기며, 인격적인 새로운 신을 요구하는 다산이 던지는 궁극적 메시지를 필자는 '상제로 돌아가라'는 것으로 이해하였다. 이러한 메시지는 이전에 접하였던 동학의 '너는 상제를 모르느냐',[2] 강증산姜甑山의 '나는 옥황상제니라'[3]는 말과 사상적 역사적으로 결코 무관하지 않은 듯했다. 시대로 이어지며 전하는 메시지로 볼 수 있을 듯했고, 상제 문화사적으로나 상제 사상적으로 매력을 끌기에 충분했다.

하늘, 천, 상제에 대한 관심은 다산만으로 끝낼 수 없었다. 거슬러 올라가다 보니 한국은 물론 중국 역사에서도 하늘·상제를 향한 다양한 사상과 의례가 이어졌음을 알게 되었다. 우리나라에서 상제·하늘은

---

2 "나는 상제이다. 너는 상제를 알지 못하느냐. 予是上帝, 汝不知上帝耶."(『崔先生文集 道源記書』; 「水雲行錄」) "두려워하지 말고 겁내지 말라. 세상 사람들이 나를 상제라 하거늘 너는 상제를 알지 못하느냐. 勿懼勿恐. 世人謂我上帝, 汝不知上帝耶."(『東經大全』 「布德文」) 『최선생문집 도원기서』, 「수운행록」, 『동경대전』의 원문 및 번역은 각각 한국학문헌연구소 편, 1978; 윤석산 역주, 1991; 윤석산 역주, 2000; 김상기, 1975; 이세권 편, 2002; 김용옥, 2021; 윤석산 주해, 2004를 참조하여 인용 또는 수정·보완하였다.

3 "내 천지로다! 나는 옥황상제玉皇上帝니라."(증산도 도전 편찬위원회, 2003, 2편 11장 12절) 이하에서는 『도전』 2:11:12 형식으로 약기略記한다.

다산 이후로는 동학東學과도 연결되지만, 특히 다산 이전의 백호白湖 윤휴尹鑴(1617~1680)나 미수眉叟 허목許穆(1595~1682), 더 거슬러 올라가서는 퇴계退溪 이황李滉(1501~1570)과도 연결되어 있었다. 『백호전서白湖全書』·『미수기언眉叟記言』·『퇴계선생문집退溪先生文集』 등에는 당시 주자학 지식인들과는 달리 하늘·천·상제를 형이상학의 리가 아니라 인격적인 존재로 보는 단서들이 실려 있었다. 미수와 백호는 주희의 리학理學을 새로운 시각에서 보거나 심지어 사서보다는 오경, 고경에 대한 관심을 표명하며 탈성리학의 몸부림을 치고 있었다. 그들은 주자학이라는 사상의 주문화로부터 벗어나 인격적 존재로서의 상제를 재발견하였다.

하늘·천·상제에 대한 필자의 호기심은 조선 시대 초기 및 고려 시대로 이어졌다. 『조선왕조실록』과 『고려사』는 이와 관련하여 천제天祭를 둘러싼 많은 논쟁과 그 실제와 관련한 자료를 생생하게 제공한다. 조선 조정은 건국 후 제후국을 자처한 결과 상제를 받들고 모시는 천자국 의례를 행할 수 없었다. 그러나 고려는 달랐다. 고려 시대에는 오히려 원구단을 만들고 상제에게 제사를 올리는 의례가 행해졌다. 그러다가 고려 후기에 주자학이 전래되면서 상황이 달라졌다. 그리고 주자학으로 사회화된 신진 사대부들이 조선의 지배 집단이 됨으로써 조선 시대에는 천자국 의례로서의 하늘을 향한 의례가 거의 불가능해졌다. 그 배경의 하나는 하늘을 리理로 여기는 주희朱熹(1130~1200)에 의해 체계화된 주자학에서 찾을 수 있다. 조선의 사상 지형계에서 다산, 백호, 미수의 인격신으로서의 하늘·천·상제에 대한 관심은 사상의 주류가 아니었다. 주변부였다. 주류의 입장, 그것은 하늘을 형이상학의 리理, 리를 이치·법칙으로 간주하는 경향이었다. 조선 시대에 인격신 천이 사라진 것은 이런 주자학이 지배 이데올로기가 된 것에 기인한다. 사실 『주자어류』에서 하늘을 인격적 주재적인 지고신으로 여기는 모습을 찾기란 쉽지 않다. 주희에게 천天은 주로 리理였고 인격적인 상제에 대한 언급은 소수에 지나지 않기 때문이다.[4] 주희의 사상을 절대시하는 조선 사회에서 이런 주희의 사상으로부터 벗어난 목소리를 내기란 어려웠다. 그리하여 조선 후기 이전까지 천을 인격신으로 여기는 모습은 주변적인 것에 지나지 않는다.

그러나 주자학이 성립되기 이전에 중국에서도 하늘·천·상제를 향한 의례인 천제는 꾸준히 이루어져 상제 문화라고 할 만한 것이 형성되었다. 당대唐代나 한대漢代, 진 시황은 물론, 공자·묵자의 시대, 즉 춘추 전국 시대, 그리고 그에 앞서는 하·은·서주 시대에도 사람들의 하늘·천·상제를 향한 마음은 그치지 않았다. 하늘을 향한 삶은 일종의 생활 문화였다. 『사기史記』 「봉선서封禪書」에 의하면 춘추 시대까지 일흔두 명의 제후(家)가 태산에서 봉선제를 행한 듯하다. 한 무제, 당 고종, 후한 광무제 등은 태산에서 천제를 올렸다.

한대에는 유교가 국교화 되어 상제를 받들었으며, 동중서董仲舒는 〈현량대책賢良對策〉과 『춘추번로春秋繁露』를 통해 인격신적 요소를 갖추고 천지 만물을 주재하는 주체로서 하늘·천·상제의 존재를 부각시켰다. 진 시황은 황제를 칭하며 여러 차례 태산에서 천제를 올렸다. 『묵자』나 『논어』 등은 춘추 전국 시대의 묵자와 공자의 하늘에 대한 인식

---

4 주희가 인격신으로서의 상제에 대해 전혀 언급하지 않은 것은 아니다. 이 책 9장에서는 그가 인격신 상제를 염두에 두고 언급한 자료를 제시하고 있다.

을 밝혀주며,『사기』「봉선서」나『시詩』·『서書』를 비롯한 유가 경전들, 더욱 거슬러 올라가면 은나라의 〈갑골문〉도 하늘을 받든 역사, 인격성을 띤 하늘·상제의 모습을 담고 있다.

이런 책들을 볼 즈음에『환단고기桓檀古記』를 접하였다. 거기에는 고대 동북아 문명의 뿌리인 환국桓國으로부터 배달, 조선으로 이어지는 역사 저변에 공통적으로 흐르는 정신 문화가 담겨 있었다.『환단고기』에는 삼국 또는 사국 시대, 고려 시대에 이 땅에서 사람들이 하늘·천·상제를 어떻게 인식하였고, 어떻게 받들었는지를 알려주는 다양한 단서가 실려 있었다. 이는 곧『환단고기』가 잃어버린 한민족의 역사는 물론 그들의 정신 문화까지 드러내기에 충분함을 말한다. 만물의 존재 근거인 삼신三神, 그리고 이런 삼신과 하나 되어 천지 만물을 다스리고 주재하는 상제를 모시는 고대 동북아 사람들의 원형 문화인 신교神敎의 자취가 가득하기 때문이다. 신교는 하늘·천·상제를 받들고 모시는 생활 문화였다.

지금까지 언급된 주요 용어, 관련 개념을 떠올려 보자.

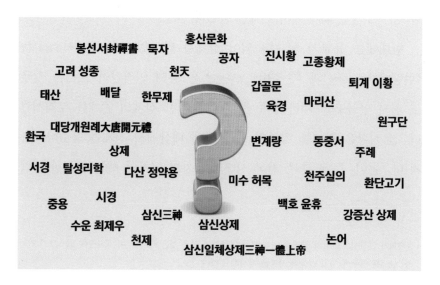

하늘·천·상제 관련 이러한 다양한 개념과 자료를 접하면서 문득 이런 생각이 들었다. '동북아 문명을 일군 사람들의 정신 문화를 읽을 수 있는 키워드가 하늘·천·상제이구나. 그렇다면 그들이 생각하고 받든 하늘·천·상제는 어떤 존재였고, 그 하늘에 대한 사상과 의례는 어떤 것이었을까? 이를 잘 탐구하면 하늘을 향한 동북아 문명 사람들의 정신 문화의 키워드인 하늘·천·상제를 향한 사상과 문화와 역사를 총체적 개괄적으로 그려볼 수 있지 않을까?' 이것은 곧 동북아 문명에서 하늘·천·상제 문화 빅 히스토리를 그려볼 수 있다는 판단이었다. 빅뱅, 문명의 출현 이후 인간의 신을 향한 의례의 실천, 하늘·천·상제에 대한 사상을 중심으로 상제 사상, 상제 문화의 거대사를 스케치해볼 수 있겠다는 것이다.

상제上帝

환단고기 / 홍산문화 / 갑골문 / 시경·서경 / 공자·마리산 / 논어 / 묵자 / 태산·천제天祭 / 주례 / 진시황 / 봉선서 / 한무제 / 동중서 / 고려 성종 / 변계량 / 천주실의 / 미수 허목 / 백호 윤휴 / 다산 정약용 / 수운 최제우 / 강증산 상제 / 고종황제 / 원구단 / 도전道典

▶ 동북아 상제 문화 빅 히스토리

이 책은 동북아 사람들의 정신 문화를 이해하는 핵심 코드를 '하늘'·'천'·'상제'로 간주하고, 사상과 역사에 나타난 하늘·천·상제가 어떤 성격 어떤 모습의 신이었는지, 그것이 인격신이었다면 그런 존재를 향한 의례를 포함한 문화와 사상이 어떻게 형성되어 흘러왔고 이어졌는지를 총체적으로 그려보는 데 목적이 있다. 그러나 모든 사상을 대상으로 할 수는 없기 때문에, 오랜 역사를 거치며 동북아 사람들에게 큰 영향을 미친 유교[5] 사상을 중심으로 한다. 중국에서도 오랜 기간 그러했지만, 특히 유교, 성리학, 주자학은 고려 말인 14세기부터 조선 말인 19세기까지 500년 이상 우리 역사에서 지배 이념, 관학, 주문화의 지위를 차지하며 사실상 한국 정신 문화의 주류였다. 많은 현대인들은 지금도 이를 반영한 세계관을 내면화하고 있다.

이러한 기획에 이런 의문을 제기할 수 있다. '과학 기술 시대에 무슨 상제·하늘이냐', '상제·하늘이 무슨 의미가 있냐', '종교가 세속화 된지가 한참 전인데 아직 신·상제를 이야기 하냐', '인격적 존재로서의 신을 더 이상 말하지 않는 현대 사회에서 천·상제라니…'. 그러나 현대의 많은 사람들은 아직 종교적 삶을 살고 있다.[6] 이런저런 신을 말하고 신의 가르침을 따르고 신을 받드는 삶을 산다. 세속화 경향이 있다고는 하지

---

5 공자가 집대성하고 그 후학(孔門)이 체계화한 가르침은 '유교', '유학', '유도' 등 다양한 개념으로 지칭할 수 있다. 이 책에서는 이들 여러 용어를 주로 '유교儒敎'로 통일한다. '교敎'라고 해서 유교를 근대 이후에 나온 '종교宗敎'라는 서구적 개념과 동일시해서는 안 된다. '교'는 종교 그 이상의 의미를 갖기 때문이다.

6 이를 잘 보여주는 지표는 종교 인구이다. *International Bulletin of Missionary Research* 2023년 1월 호에 의하면 2023년 1월 현재 세계 인구는 약 80억 4천 5백만 명인데, 그중 종교 인구가 약 71억 4천 8백만 명이다. 이에 대해서는 https://krim.org를 참조하라. 약 89퍼센트가 이런저런 종교 생활을 한다. 2015년 한국 인구총조사에 의하면, 총인구가 약 4,900만 명인데, 그중 종교가 있는 사람이 2,150만 명, 없는 사람이 2,750만 명으로, 종교 인구 비율이 약 44퍼센트였다. 이에 대해서는 https://kosis.kr를 참조하라.

만 종교는 현대 사회에서도 여전히 영향력을 행사하고 있다. 그러나 필자는 여기서 이러한 문제를 두고 갑론을박하고자 하는 것이 아니다. 지난날 동북아 역사에서 사람들은 하늘·천·상제를 향하여 어떤 생각을 하며 살았고, 그 하늘·천·상제는 어떤 존재였는지, 그 사상사·문화사를 개괄적으로 밝혀보고자 하는 것이다.

이 연구는 전체 열세 장을 두 권으로 나누어 구성하였다. 1권은 여섯 장으로 이루어졌는데, 먼저 인류 문명의 출현에 대해 논의한다. 이를 통해 필자는 흔히 문명 출현의 물질적 요소만 강조하는 경향을 넘어 정신 문화의 중요성을 강조하고, 나아가 인류 4대 문명 발상지, 동북아의 홍산 문화에서 찾을 수 있는 정신 문화의 흔적을 추적한다.(1장) 이어 환국, 배달, 조선으로 이어지는 한국의 삼성조三聖祖 역사와 오제五帝 이후 하, 은, 주로 이어지는 중국의 역사를 동북아 정신 문화, 동북아 상제 사상을 들여다 볼 수 있는 하나의 역사 틀로 구성하여, 사람들의 하늘·천·상제·삼신三神을 향한 다양한 생각과 믿음, 그리고 이를 바탕으로 한 실천 의례, 그들의 정신 문화를 밝힌다.(2장~4장) 나아가 공자와 묵자를 중심으로 춘추 전국 시대의 하늘 사상(5장), 진·한대의 하늘을 향한 제천 의례의 흔적을 추적한다.(6장)

2권은 일곱 장으로 이루어졌는데, 먼저 한漢대 동중서의 하늘에 대한 인식을 시작으로 당唐대의 제천 역사(7장~8장)를 밝힌다. 이어 주희의 천天에 대한 새로운 사상(9장), 그리고 조선 사회로 넘어와 조선 성리학의 본령이라고 할 수 있는 퇴계의 천·상제에 대한 인식(10장)을 살펴본다. 나아가 탈성리학적 입장을 취하는 미수 허목과 백호 윤휴의 천·상제에 대한 사상(11장~12장), 그리고 병든 사회를 바로 잡기 위해 '상제로 돌아가라'는 유신론적 처방을 내린 다산 정약용의 사상(13장)을 밝힌다.

그 방법으로 필자는 상제 사상을 담은 각종 원문 소개에 초점을 둔다. 2차적 해석보다는 원전 내용이 어떤 것인지를 밝혀 필자의 목적을 뒷받침하고자 한다.

사실 이러한 목적을 온전하게 이루려면 동양 철학이나 유교를 전공하거나, 나아가 한문 원전을 스스로 번역할 수 있는 전문적 지식을 갖추어야만 한다. 상제 사상과 관련한 중요한 자료 원문은 대부분 한문이기 때문이다. 그러나 유감스럽게도 필자는 관련 전공자도 아니고 한문 원전을 스스로 온전하게 책임지고 번역할 정도로 공부하지는 못했다. 그리하여 차선으로 각종 원전 번역이나 해석의 경우 선행 번역문을 최소한 두세 가지 이상 비교·참조하여 인용하거나 필요에 따라 수정하였다.

참고문헌은 1권, 2권 각각에서 직접 인용하거나 언급한 자료만을 참고문헌 (1), 참고문헌 (2)로 구분하여 정리하였다. 2권에는 비록 인용하지는 않았지만 필자가 수집하여 직접 읽었고 참고한 상제 관련 선행 연구 자료를 [읽어볼 자료]로 첨부하였다. 향후 상제 사상 연구자들에게 도움이 될 것이라 판단하여 정리하였다.

참고문헌에 정리한 원전류의 원문과 원문 이미지, 그리고 번역은 한국고전번역원의 한국고전종합DB(https://db.itkc.or.kr), 중국의 중국철학서전자화계획中國哲學書電子化計劃(Chinese Text Project. https://ctext.org), 그리고 국사편찬위원회 한국사데이터베이스(https://db.history.go.kr)에 절대 의존하였음을 밝힌다.[7] 이들이 없었다면 이 책은 감히 기획조차도 될 수 없었을 것이다.

수많은 자료를 읽으면서 필자는 많은 연구자들이 필자와 비슷한 생각을 하고 있음도 알았다. 공부하는 사람들이 느끼는 즐거움의 하나는 새로운 것을 아는 것에서도 찾을 수 있겠지만, 글이라는 끈을 통해 다른 연구자들의 생각을 읽는 것에서도 찾을 수 있다. 그들은 필자보다 먼저 자신들의 생각을 발전시켜 논문이나 책으로 발표하였다. 필자의 생각을 정리하는데 선행 연구는 그만큼 도움이 되었다. 그리하여 필자는 가능한 한 그들의 많은 선행 연구를 참고하고, 그 내용을 인용 및 수정·보충하여 글을 구성하였음을 밝힌다. 그리고 이렇게 정리한 빅 히스토리가 상제 문화를 총체적으로 이해하고 정리하는데 작으나마 도움이 되기를 바란다.

---

7 참고문헌 원전류의 원문과 원문 이미지는 대부분 한국고전종합DB(https://db.itkc.or.kr), 중국철학서전자화계획中國哲學書電子化計劃(Chinese Text Project. https://ctext.org)을 출처로 한다. 예를 들면 『국역 백호전서白湖全書』, 『다산시문집』, 『(미수眉叟)기언記言』, 『백호전서白湖全書』, 『백호선생문집白湖先生文集』, 『여유당전서與猶堂全書』, 『퇴계선생문집退溪先生文集』, 『송자대전宋子大全』 등의 한국에서 나온 원전의 원문과 원문 이미지 및 번역문의 출처는 한국고전종합DB(https://db.itkc.or.kr)이다. 『논어論語』, 『논어집주論語集註』, 『묵자墨子』, 『사기史記』, 『서경書經』, 『성리대전性理大全』, 『시경詩經』, 『시경집전詩經集傳』, 『이정전서二程全書』, 『주자어류朱子語類』, 『중용中庸』, 『춘추번로春秋繁露』, 『한서漢書』 등 중국 원전의 원문과 원문 이미지 출처는 중국철학서전자화계획中國哲學書電子化計劃(Chinese Text Project. https://ctext.org)이다. 중국 원전의 번역문은 국내에서 출간된 번역 도서들을 참조 및 비교하여 그대로 인용하거나 일부 수정·보완하였다. 이하에서 국내외 원전류의 원문과 원문 이미지의 개별 출처는 이로 대신하고 가능한 한 생략한다.

1권 차례

2권 차례

8장. 당대唐代의 하늘 받듦

9장. 주희, 하늘·천天의 코페르니쿠스적 인식 전환

12장. 주희 상대주의자 백호 윤휴가 찾아 낸 상제

13장. 다산의 깨달음, 상제로 돌아가라

1장

역사가 기억하는
하늘·천天·상제上帝

홍산 문화 우하량 2지점(N2) 전경. (출처: 상생문화연구소)

인류 문명 빅 히스토리Big History

모든 것의 역사의 출발점 빅뱅Big Bang, 그러나 …

부피가 0이고 밀도가 무한대인 이론적인 점 '특이점singularity'의 온도와 에너지 압력이 얼마나 높고 컸던지, 약 137억 년 전 찬란한 불꽃과 더불어 대폭발하였다. 우주의 태시太始[8]에 원시 우주의 탄생을 알리는 대폭발과 함께 시간과 공간이 한순간에 열렸다. 이것이 소위 '빅뱅Big Bang'이다.

---

8 태시太始란 모든 것의 변화가 시작된 때를 말한다. 『열자列子』에 이런 말이 나온다. "무릇 모든 형체를 지닌 것은 형체가 없는 것으로부터 생겨났는데, 그렇다면 하늘과 땅은 어디로부터 생겨난 것일까? 그리하여 태역이 있고 태초가 있고 태시가 있고 태소가 있다고 말하는 것이다. 태역이란 기운도 아직 나타나지 않은 상태이고, 태초는 원기가 나타나기 시작한 상태이며, 태시는 형체가 이루어지기 시작하는 상태이고, 태소는 성질이 갖추어지기 시작하는 상태이다. 원기와 형체와 성질이 갖춰져 있으면서 서로 분리되지 않았으므로 그것을 혼돈 상태라고 한다. 夫有形者, 生於無形, 則天地安從生. 故曰, 有太易, 有太初, 有太始, 有太素. 太易者, 未見氣也. 太初者, 氣之始也. 太始者, 形之始也. 太素者, 質之始也. 氣形質具而未相離, 故曰渾淪."(『列子』「天瑞」) 『열자』의 원문 및 번역은 신동준 옮김, 2021b; 임동석 역주, 2009; 김학주 옮김, 2000을 참조하였다.

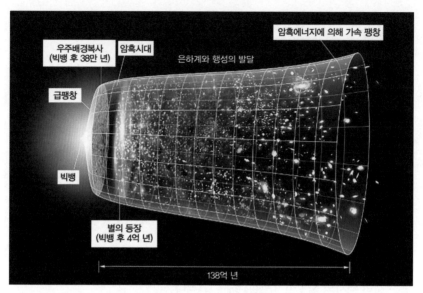

빅뱅, 우주의 탄생. 우주의 모든 에너지와 질량이 모여 있는 하나의 점에서 대폭발(빅뱅)이 일어난 이후 우주의 변화. (출처: https://en.wikipedia.org)

동양 사상으로 보면 빅뱅이 일어난 순간을 태시라고 할 수 있다. 우주의 탄생, 하늘과 땅의 열림, 시간과 공간의 열림 등을 비롯한 만유의 변화는 태시를 기점으로 시작되었다. 이전의 무無·공空·허虛의 상태는 태시에 처음으로 형체를 나타나기 시작함으로써 유有 상태로 전환하였다.

빅뱅 이론을 처음 제시한 빅뱅 이론의 아버지이자 우주가 계속 팽창하고 있다는 것을 처음으로 밝힌 벨기에 천문학자이자 물리학자, 신부인 조르주 에두아르드 르메트르Georges Edouard Lemaitre(1894~1966)의 말을 빌리면, 태시는 시간과 공간의 출발점, 즉 '과거가 없는 지금', '어제가 없는 오늘The Day Without Yesterday'이다.[9] 우주는 이렇게 137억 년 전 빅

---

9 르메트르는 1950년에 펴낸 논문집인 『원시 원자*The Primeval Atom*』에서 우주의 궁극적 기원을 '과거가 없는 지금'이라 표현했고, 이것은 르메트르가 〈네이처〉에 보낸 편지를 설명할 때 '어제가 없는 오늘'로 번역되어 인용되었다고 한다. 존 파렐 저, 진선미 옮김, 2009, 110 참조.

뱅이라는 대사건을 통해 태시에 문득 열렸다. 태시의 빅뱅, 그것은 모든 것의 역사의 출발점이다.

과학은 시간과 공간이 창조된 과정과 여기에 작용한 법칙들이 어떻게 탄생하게 되었는지를 설명해준다. 우주가 이른바 에너지, 원소, 압력과 같은 여러 변수의 변화를 바탕으로 어떤 법칙에 따라 자연스럽게 탄생하였다는 것이다. 이런 맥락에서 보면 무無의 경계에서 무가 스스로 변화할 수밖에 없는 극점에 이르자 대폭발이라는 사건이 발생하였다. 즉 우주가 탄생하고 인간이 출현한 것은 무로부터 유를, 무형을 유형으로, 비물질을 물질로 창조 및 변화시키는 우주의 자연스러운 법칙에 의해서다.

현대인들은 빅뱅 이론을 과학의 정설로 여긴다. 그러나 여기에도 완전히 해결되지 못한 많은 의문이 있다. 우주는 무엇으로부터 생겨났는가? 우주가 탄생하기 전에는 무엇이 있었는가? 어찌 아무 것도 없는 에너지가 0인 것에서 에너지가 발생할 수 있는가? 무無에서 어떻게 유有가 나올 수 있는가? 무인 듯한 조건에서 어떻게 유의 씨앗이 발생할 수 있을까? 그 처음의 힘은 무엇일까? 무형을 유형으로 변화시키는 것은 무엇인가? 비물질을 물질로 변화시키는 것은 무엇인가? 지난 수십 년 사이에 상대성 이론, 양자 역학 등에 의존하여 이에 답하려는 많은 주장이 제시되기도 하였다. 그러나 과학은 '처음의 힘'을 설득력 있게 밝히지 못하고 있다.

과학적 접근 외에도 이러한 의문을 해소하고 우주의 탄생을 이해하려는 다른 관점도 있다. 천지 자연의 생성과 변화에는 인간이 도저히 이해할 수 없는, 누구도 답해줄 수 없는 그야말로 기적과 같은 일이 많다. 어느 누구도 이해할 수 없는 상황에서 사람들은 의문을 풀기 위해 이따금 신神을 들먹거린다. 우주의 탄생에 대해서도 그 모든 것의 원인과 배후를 신에서 찾으려는 관점이 있다. 『동경대전』의 '천주의 조화의 자취'도 그 하나의 예이다. 「포덕문」에서 최제우崔濟愚(1824~1864)는 사계절이 서로 번갈아 일정하게 순환을 되풀이 하는 것을 천주·하늘님[10] 조화의 드러남으로 말하였다. 우주의 창조와는 다르지만 창조 이후의 과정을 수운은 '천주의 조화'라는 메커니즘과 관련시킨다.

이러한 관점에 대한 비판은 주로 과학으로부터 제기된다. 그 하나의 예로 스티븐 호킹Stephen William Hawking 등은 『위대한 설계』라는 책에서, "우주가 창조되기 위해서 어떤 초자연적인 혹은 신의 개입은 필요하지 않다"[11]고 하여, 우주의 탄생은 신의 개입 없이 자연 질서에

Stephen William Hawking(1942~2018). (출처: https://en.wikipedia.org) 국내에 번역된 『위대한 설계』(전대호 옮김, 2010, 까치)

---

10 흔히 하나님, 하느님, 한울님이라는 용어를 많이 사용하지만 필자는 '하늘님'이라 칭한다. 동북아 사상사에서 하늘의 한 가지 의미는 천신天神을 뜻한다. 하늘을 주재主宰하는 자가 상제인데, 이 상제는 다름 아닌 인격적 천天이다. 이 천을 현대의 한글로 표현한 것이 '하늘'이고, 이 하늘을 높인 존칭이 '천주', '하늘님'이다.

11 스티븐 호킹·레오나르드 플로디노프 지음, 전대호 옮김, 2010, 14.

의해 이루어진 것으로 본다. 우주의 탄생·기원으로 알려져 온 '빅뱅'에 대해 신성한 존재의 개입이 아니라, 중력 같은 물리 법칙에 따라 발생한 것이라며 무신론을 내세웠다. 우주의 운행을 시작하기 위해서 신에게 호소할 필요는 없었다는 것이다. 즉 신이 우주를 창조하지 않았다는 것이다.

로렌스 크라우스Lawrence M. Krauss는 이 세상의 모든 종교는 창조주의 존재를 기정 사실로 받아들이고 있지만, 자신은 이 세상이 창조주 없이 존재할 수 있으며, 우주의 기원을 설명하기 위해 굳이 신을 도입할 필요가 없고, 우주의 진화 과정을 논할 때 종교나 신학은 끼어들 여지가 없다고 보았다.[12] 우주가 신의 손을 거치지 않고 자연 법칙을 통해서 스스로 탄생했다는 것이다.

그런데 동북아에는 예로부터 우주가 탄생하고 천지(하늘과 땅)가 처음 열리고 인간을 비롯한 모든 생명의 탄생 배경에는 신神이 있다는 관념이 있었다. 그 하나의 예로 『도전道典』의 한 부분을 보자.

"태시太始에 하늘과 땅이 '문득' 열리니라. 홀연히 열린 우주의 대광명 가운데 삼신三神이 계시니, 삼신은 곧 일신一神이요 우주의 조화성신造化聖神이니라. 삼신께서 천지 만물을 낳으시니라."[13]

이에 의하면, 형체를 가진 것이라고는 아무 것도 없는 상태, 즉 무

---

12   로렌스 크라우스 지음, 박병철 옮김, 2013, 25, 27, 31.

13   『도전』 1:1:3.

無·공空·허虛 상태에서 기氣가 동動하기 시작하고 처음으로 형태가 나타난다. 시공이 열리는 시점이었던 태시에 하늘과 땅이 처음 열렸을 때, 열린 우주는 하나의 크고 밝은 빛, 대광명으로 휩싸인 상태였으며, 그 대광명 가운데에 신이 있었다. 그 신이 삼신三神이며, 삼신이 인간을 포함한 모든 것을 낳았다. 우주를 열고 모든 생명을 낳은 것은 삼신이라는 것이다.

이와 유사한 내용은 『환단고기』에서도 『표훈천사表訓天詞』의 기록으로 소개되고 있다.

"대시大始에 상하와 동서남북 사방에는 아직 암흑이 보이지 않았고, 언제나 오직 한 광명뿐이었다. 천상 세계에 '문득' 삼신이 계셨으니 곧 한 분 상제님이다."[14]

이 역시 우주가 열릴 때 한 광명이 있었으며, 삼신·삼신즉일상제三神卽一上帝(삼신은 곧 한 분 상제)가 거기에 있었음을 말하고 있다.

이러한 맥락에서 보면 빅뱅으로 우주의 열림과 동시에 온 세상이 대광명의 빛으로 가득하였으며, 그 가운데에 삼신이 있었다. 삼신은 대광명 그 자체이다. 이는 곧 삼신이 우주의 본체, 천지 만물의 조화와 변

---

14 "大始, 上下四方, 曾未見暗黑, 古往今來, 只一光明矣. 自上界, 却有三神, 卽一上帝."(『桓檀古記』 『太白逸史』「三神五帝本紀」) 계연수桂延壽(1864~1920)는 1911년에 『삼성기전三聖紀全』 상(안함로), 『삼성기전三聖紀全』 하(원동중), 『단군세기檀君世紀』(이암), 『북부여기北夫餘紀』(범장), 『태백일사太白逸史』(이맥) 등 이전부터 내려오던 다섯 가지 사서를 합편하여 『환단고기桓檀古記』라는 이름으로 처음 간행하였다. 이하에서는 『환단고기』를 생략하고 다섯 가지 사서명을 중심으로 출처를 밝힌다. 『환단고기』 원문과 번역은 운초 계연수 편저, 2011; 안경전 역주, 2016a를 따랐다.

화를 일으키는 근원·뿌리·원천·중심이라는 것이다. 이 삼신의 조화 기운에 의해 천지가 열리고 만물이 생성되었으므로 천지 만물을 낳은 조화주이자 창조주는 삼신이다. 이런 삼신을 『환단고기』는 '우주 만물을 창조한 일신 하늘님'이라고 밝힌다.[15]

빅뱅 이후 우주가 지금의 모습을 이루기까지 137억년 동안 우주에는 정말 많은 일이 있었다. 우주의 팽창과 함께 우주를 지배하는 힘이 만들어지고 은하라는 거대 구조가 형성되었다. 수천 개의 은하 중 하나에 우리 태양계가 형성되고 여러 행성들이 그것에 자리를 잡았다.

광대한 우리 은하에는 수많은 천체들로 가득하였는데, 그 중의 하나가 창백한 푸른 행성 지구이다. 처음 탄생한 지구는 끊임없이 운동하면서 점차 끈적끈적한 용암이 지각을 이루고 물이나 생명체가 없는 원시 형태였다. 이런 지구가 태양 주위를 돌며 행성들과 충돌을 반복하더니 지구 대기와 지구 내부 구조를 형성하는 가운데, 외로운 지구의 벗인 태양과 달이 지구에 영향을 미치며 안정시켜 나갔다.

하나의 거대한 땅 덩어리였던 지구는 수차례 지각판을 가르고 대륙의 이동을 거쳐 마침내 지금의 지각판 구조를 이루었다. 그리고 이런 지구에 생명체가 처음 탄생한 것은 약 40억 년 전으로 추측되는데, 바다에서였다.

---

15 "대저 삼신은 우주 만물을 창조한 일신 하늘님이다. 夫三神者, 卽創宇宙造萬物之天一神也."(『太白逸史』「神市本紀」)

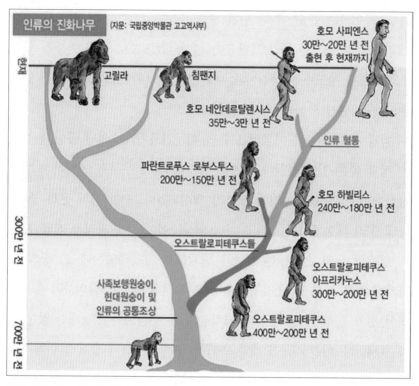

인류의 진화 나무. (출처: 한겨레신문사)

    이렇게 시작된 생명체의 탄생은 이후 긴 진화 과정을 거쳐 다양한 생명을 낳았는데, 400백만여 년 전에는 최초의 인류 조상이라는 유인원이 아프리카에서 출현하였다. 나무 위에서 살던 영장류의 한 갈래인 그들이 바로 '남방의 원숭이'라고 하는 오스트랄로피테쿠스 Australopithecus이다. 그러나 초기 유인원은 지금의 인류와는 사뭇 달랐다. 신체적 특징이 달랐고 거주하는 곳도 차이가 있었다. 비록 두 발로 걷기는 했으나 직립 보행이 아니었고 뇌의 크기도 많이 달랐다. 이들 초기의 인류 조상이 현생 인류의 직접적 조상인 것은 아니다.

    이들 이후 지금으로부터 180만 년 전에는 호모 에렉투스Homo erectus

가 출현하여 20만 년 전까지 지구 여러 대륙에 퍼져 살았다. 자바인Java man, 베이징인Peking man, 하이델베르크인Heidelberg man으로 대표되는 그들은, 이전 인류보다 더욱 진화하여 반듯이 서서 걸었을 뿐만 아니라 돌을 깎아 간단한 도구를 만들고, 불과 언어까지 사용하였다.

이러한 이전의 수많은 호미니드Hominid를 대체하며 지금 인류가 속한 호모 사피엔스Homo sapiens(슬기 인간, 초기 호모 사피엔스)가 출현한 것은 지금으로부터 약 20만 년 전이다. 이들 초기 호모 사피엔스 이전에 네안데르탈인Neanderthal man이 있었다. 그러나 이들은 빙하기의 기후를 극복하기 어려웠던 것으로 보인다. 또한 새로운 종인 호모 사피엔스와의 경쟁은 물론 환경 적응에 성공하지 못하였다. 그 결과 네안데르탈인은 마지막 빙하기에 소멸했다.

보다 혁명적인 인간은 호모 사피엔스 사피엔스Homo sapiens sapiens(슬기 슬기 인간, 후기 호모 사피엔스)이다. 이들의 신체적 조건은 지금의 인간과 큰 차이가 없다. 4~5만 년 전에 출현한 이들 후기 호모 사피엔스는 초기 호모 사피엔스를 완전히 대체하였는데, 그들은 전 지구에 덮친 빙하기를 극복해가며 세계 여러 대륙으로 이동하였다. 현생 인류는 기술을 발전시키며 약 5만 년 전에 아프리카를 떠나 유럽, 중동, 아시아로 퍼져나갔다. 그리고 약 4만 년 전에는 오스트레일리아로 갔으며, 약 1만4천 년 전에는 아메리카 대륙에 도달하였다.

인류 문명을 일으킨 또 다른 요소, 정신 문화

인류가 처음 출현한 것은 수백만 년 전이지만 지금의 문명의 출발점은 그리 오래되지 않았다. 지금으로부터 약 1만여 년 전 따뜻한 기후가 시작되면서 지구의 태반을 덮고 있던 빙하가 녹아내렸다. 그것은 곧 지구 환경이 크게 바뀌었다는 것이며 인류가 지구에서 살아가는 방식에 있어 변화를 예고하는 것이기도 하다. 그런데 석기를 발전시켜 도구로 사용하고 농사의 전 단계라고 할 수 있는 식물을 기르는 방법 등을 터득하면서, 인류는 한 단계 발전된 삶을 열기 시작했다. 그리하여 약 1만여 년 전부터 신석기 시대라는 새로운 세계를 열었다. 빙하기가 끝나기 전까지 인류의 조상은 강에서 물고기를 잡거나 산과 들에서 과일 등을 채취하거나 짐승을 사냥하며, 이른바 수렵·채취의 삶을 통해 생활을 유지하였다. 이러한 구석기 시대 인간의 삶의 흔적은 동굴이나 바위에 그려진 그림 등에 나타나 있다.

그런데 빙하기가 끝날 무렵인 서기전 1만 년 무렵, 얼음층이 북쪽으로 밀려나고 따뜻한 기후가 이어지면서 인류의 삶은 혁명적으로 바뀌었다. 자연 환경이 크게 바뀌자 인류는 거주지는 물론 삶을 유지하는 방식을 변화시켰다. 인류로 하여금 새로운 시대를 열게 한 결정적 요소는 농사였다. 사람들은 수렵·채취가 아닌 새로운 생존 방식으로 먹거리를 안정적으로 제공할 수 있는 종種을 기르기 시작하였다. 농사를 짓거나 가축을 기름으로써 인간은 수렵·채취자로서의 삶을 벗어나 정착 생활을 하게 되었다. 인류는 대자연에 효율적으로 적응하면서 그것을 이용할 수 있는 방법까지 터득하였다. 이러한 삶을 가능하게 하는 기본

조건은 물과 땅이다. 사람들은 물이 풍부한 비옥한 땅을 찾아 농사를 지었다. 그 최적의 공간이 바로 강 주변으로, 문명의 열림이 흔히 강 주변에서 시작된 것은 바로 이런 이유에서이다.

인간이 정착 생활을 하며 농경과 목축을 발전시키고 기술을 개발하자 신석기 시대 후반에 이르러 많은 변화가 일어났다. 인구가 늘어나면서 공동체가 커지고 도시가 출현하였다. 생산력이 증가하면서 계급이 나타났다. 사회가 복잡해지면서 다양한 직업 분화도 이루어졌다. 이에 더하여 상업과 교역이 이루어지고 기술이 발전하여 인류의 삶은 비약적으로 바뀌었다. 이른바 문명 생활이 시작된 것이다.

문명이란 무엇인가. 사실 그것을 단적으로 정의하기란 쉽지 않다. 문명이라는 영어 'civilization'은 시민을 뜻하는 라틴어 'civis'와 도시를 뜻하는 'civilitas'에서 유래하였다. 그래서 지난날 문명이라 하면 인간을 야만 상태로부터 해방시키고 세련된 삶을 살게 하는 기술의 총체로 여겼다. 인간의 삶과 세상을 발전시키고 나아지게 하는 상태 또는 과정으로 인식되었다. 문명이란 인간이 물질적 기술적인 사회 구조적 발전에 근거하여 이룬, 문화의 물질적 측면이라고 할 수 있다. 문명을 인간이 발전시킨 고도의 물질 문화라고 한다면, 문명의 발생이나 문명의 출현은 그러한 물질 문화의 발전, 기술의 발전이 현저하게 이루어졌음을 뜻한다.

그렇다면 4대 문명의 출현, 4대 문명의 발생이라 할 때 4대 문명은 그 출현에 있어 어떤 특징을 공통 분모로 할까? 그것을 문명 발생 조건, 문명 성립의 전제 조건, 문명 출현을 가늠할 수 있는 기준, 또는 문명의 지표라고 하든, 대부분의 고대 문명이 출현할 때는 비록 상이한 시기에 서로 다른 지역에서 시작되었지만 '문명'이라는 의미를 부여할 수 있는 공통된 특징을 갖는다. 문명을 다른 사회와 구분 지을 수 있는 공통의 요소는 무엇일까?

인류 문명사를 돌이켜 보면 문명은 강을 끼고 열렸다. 세계 4대 문명이라고 하는 메소포타미아 문명, 이집트 문명, 인더스 문명, 황하 문명은 모두 강을 끼고 형성되었다. 강은 고대 문명 출현의 요람이었다. 물론 강이 범람하고 홍수가 일어나 공동체를 파괴하고 돌이킬 수 없는 대재앙을 초래할 수 있지만, 관개 치수 사업을 통해 잘 관리하면 그 반대의 결과를 가져올 수 있다. 4대 문명이 그러했다.

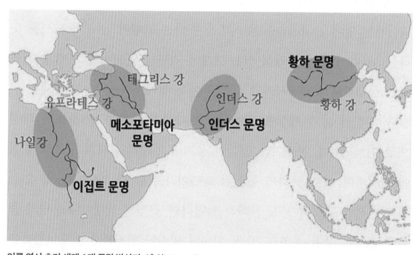

인류 역사 초기 세계 4대 문명 발상지. (출처: https://blog.naver.com)

서기전 8000년경, 파종하고 수확하는 농경 시대가 열리고 동식물의 재배와 사육, 정착 생활이 시작되었다. 이러한 생활 양식의 변화는 엄청난 결과를 가져왔다. 정착 생활은 인간의 신체적 안전은 물론, 안정적 먹거리 공급을 가능하게 함으로써 생존의 물질적 조건을 획기적으로 개선하였다. 농경에 바탕한 정착 생활은 농작물 생산을 크게 증대시켰다. 정착 생활을 통한 경작과 먹거리 비축은 인구를 증가시켰고, 이는 공동체를 커지게 하고 복잡하게 함에 따라 자연히 일에 있어 분화를 촉진하였다. 농사와 목축이 분화되고, 수공업 등이 활기를 띠면서 사회 분화, 분업도 이루어졌다.

농경이 가져온 가장 큰 변화는 뭐니 뭐니 해도 잉여물에 의한 사회 불평등의 발생이다. 잉여 생산물은 곧 권력·계급의 결정 인자가 되었다. 수렵·채취 시대에는 먹거리에 대한 사적 소유가 없었다. 야생에서 인간은 자신의 욕구에 따라 언제나 먹거리 욕구를 충족시킬 수 있었다. 모든 것은 어떤 개인이 소유할 수 있는 것이 아니었다. 이를테면 땅의 개인적 소유는 수렵·채취 사회에서는 없었다. 그런데 농경 시대가 열리고 동식물의 사육과 재배가 이루어짐으로써 토지나 먹거리는 사적 소유가 가능해졌다. 농경의 결과물이 모든 사람에게 골고루 분배되는 것은 아니다. 이를테면 토지의 소유자는 더 많은 생산물을 소유한다. 결국 농경이 시작됨으로써 이전의 수렵·채취 시대에서와는 달리 더 많이 가진 자와 덜 가진 자, 가진 게 있는 자와 없는 자가 발생한다. 이러한 관계의 발전은 궁극적으로 지배자와 피지배자, 갑과 을, 계급·계층 현상 및 불평등을 야기한다. 이러한 권력의 차이는 도시, 사회, 국가 내 위계 조직을 발전시킨다. 정치 지도자, 종교 지도자를 정점으로 위계화된 사회는 농업 혁명 이후 본격화되었다.

그 이전에 인간은 남녀 간에도 평등했을 것이다. 그러나 잉여물의 발생은 인간과 사회를 계층화한 결과 남녀의 역할을 구분하고 차별화하여 남성 중시의 가부장적 시대를 열었다. 잉여물의 발생이 없었던 신석기 이전의 시대, 수렵·채취의 시대에 남녀는 평등했고 가부장적 흔적도 없었다. 농경을 시작함으로써 사회 불평등은 시작되고 가부장제도 자리 잡았다.

농경이나 목축의 결과물은 교환을 발전시키고, 그 발전적 교역은 시장을 형성한다. 그리고 시장은 사람들을 끌어 모음으로써 새로운 공동체, 도시를 발생시킨다. 이러한 교환·시장을 매개로 공동체는 더욱 커져 다양한 이질적인 사람들이 공존하게 한다. 이것이 바로 도시의 특징이다. 문명의 발생은 이러한 이질적 인간들의 삶의 공간인 도시를 형성하게 한다. 4대 문명 발상지에서 농업 생산물이 늘어나고, 상업적 교환이 이루어지고, 많은 도시가 형성된 것은 모두 이러한 배경에서이다.

이러한 다양한 조건보다 더 주요한 문명의 지표는 문자라고 할 수 있다. 문자로 인해 만사는 기록될 수 있었고 역사 시대가 열릴 수 있었다. 그림 문자나 상형 문자는 문명의 출현을 알리는 중요한 지표의 하나이다.

흔히 우리는 고대 문명이라 하면 청동기나 철기를 사용하고 문자가 있었으며, 나아가 도시가 형성되고 제정 일치적인 사회를 떠올린다. 즉 이러한 요소들을 문명의 지표로 간주한다. 예를 들면 브라이언 M. 페이건Brian M. Fagan 등은 고고학자들이 문명을 도시화된 국가 수준의 사회에 대한 약호처럼 쓴다며, 초기 문명의 특징으로 고도로 복잡한 대규모 사회 조직을 갖춘 도시화된 사회, 제조업의 전문화와 장거리 교역 및 노동의 분업, 기록 문자의 발달, 신전과 같은 인상적인 공공 건물과 기념비적 건축물, 그리고 통치자가 주도적 역할을 하는 국가 종교가 있다는 점 등을 든다.[16] 윌 듀런트Will Durant는 문명을 문화 창조를 촉진하는 사회적 질서를 말한다며, 그것을 구성하는 기반 및 요소로 물자 비축, 정치 조직, 윤리적 전통, 지식 및 예술의 추구를 꼽는다. 그리고 종교를 문명을 구성하는 윤리적 요소의 하나로 간주한다.[17]

장광직張光直은 문명을 계급과 계급, 도시와 비도시, 국가와 국가와 같이 사회적 양면성을 지닌 대립된 쌍들이 문화적으로 규명되어 고고학적으로 인식된 것이라고 하며, 경제적 계층 분화와 도시화, 국가 상호 간의 관계가 문명을 사회적으로 결정짓는 데 필요한 세 가지 요소라고 본다.[18] 이학근李學勤도 중국 고대 문명 기원의 지표를 제시하는데, 그 주요 지표로 생산 도구의 진보(청동 또는 금속), 문자의 탄생, 도시의 출현, 의례적 건축(예제의 형성), 빈부의 분화, 그리고 사람을 제사의 희생으로 쓰거나 무덤에 순장품으로 쓰는 인생인순人牲人殉의 발단 등을 말한다.[19]

이러한 기준을 모두 충족한다면 '국가'의 출현을 논할 수 있고, 일부 요소만 출현하더라도 '문명'의 출현을 논할 수 있다는 것이다. 인

---

16   브라이언 M. 페이건·크리스토퍼 스카레 지음, 이청규 옮김, 2015, 64~65; 브라이언 M. 페이건·나디아 두라니 지음, 이희준 옮김, 2022, 392~393.

17   윌 듀런트 저, 왕수민·한상석 옮김, 2017, 81.

18   장광직 지음, 윤내현 옮김, 1989, 460.

19   이학근 지음, 이유표 옮김, 2019, 61~82. 그밖에도 최몽룡은 문명을 인간이 발달시킨 고도의 문화와 사회, 보편적인 문화가 질적 양적으로 발전하여 도시나 문자에 기반을 둔 인간 문화의 발전 단계로 보며, 그 필수 요소로 문자의 발생, 도시의 출현을 들고, 여기에 공공 건물(기념물), 시장, 장거리 무역, 전쟁, 인구 증가와 기술 발전 등을 더한다. 최몽룡, 2013, 40~42 참조. 그리고 배현준은 중국학계에서 말하는 문명의 출현 기준을 소개하는데, 사회 분화, 왕권의 출현, 도시의 발생, 국가의 출현 등을 든다. 배현준, 2021, 153~154 참조.

류 문명의 출현이라는 맥락에서의 문명이란 농경의 발달, 도시의 탄생, 문자의 발명, 계급의 발생, 청동이나 철기와 같은 금속의 이용 등이 이루어짐으로써 인류의 삶을 질적으로 변화시킨 상태라고 할 수 있다.

결국 문명의 출발은 농경이었다. 농경은 결코 단순한 농경의 차원으로 끝나는 것이 아니라, 인간이 자연을 지배하고 자연을 통제 및 관리하려는 사고의 출발이자 인간 사회 변화의 서곡이었다. 지금으로부터 약 1만 년 전 인류가 이룬 농경이야말로 인류의 첫 혁명이었다. 인류 역사에서 가장 근본적인 변화이자 문명 및 인류의 기록의 역사라 일컬어지는 그 모든 것의 출발점은 농경의 시작, 농경의 채택이다.

이렇게 문명의 요소가 농업 혁명, 도시의 형성, 사회 불평등, 언어, 종교, 전쟁 등이라 한다면, 문명의 발생 이후 인류의 삶은 좋아지기만 했을까? 신석기를 지나 청동기로 진입하며 인류는 문명의 시대를 열 수 있었지만, 이로부터 시작된 문명의 역사는 그야말로 '타락의 역사'의 출발이었다. 문명 이전의 시대, 수렵·채취 시대는 인류의 황금시대였다. 클라이브 폰팅Clive Ponting에 의하면, 수렵·채집 시대 사람들은 삶을 비교적 손쉽게 영위하는 것으로 나타날 뿐만 아니라, 별 노력 없이 식량을 손에 넣고 영양이 풍부한 균형 잡힌 식단을 섭취하며 여가 활동 시간도 넉넉하였다. 수렵·채취 집단은 소유물을 거의 갖지 않고 살았으며, 집단 내의 사회 구조도 대체로 평등한 편이었다.[20]

스티브 테일러Steve Taylor 역시 수렵·채취 사회가 원초적 풍요 사회였

---

20 클라이브 폰팅 저, 왕수민 외 역, 2019, 102, 128.

다고 말한다. 그는 '타락'21이라는 사건의 시작을 서기전 4000년 무렵으로 잡고, 이 무렵부터 비로소 항시적 전쟁, 대규모 사회적 억압, 남성 지배와 같은 사회적 폭력이 고질화되었다고 본다. 흔히 선사 시대의 생활이 고난과 고통으로 가득 차 힘들고 황량했으리라 가정한다. 기대 수명이 짧고 야생 동물의 공격을 받을 위험이 있고 폭풍우를 막거나 질병으로부터 안전할 수 없었다고 생각한다. 그러나 그들의 삶은 현대의 우리의 삶보다 편안했다. 오히려 수렵·채취 사회는 원초적인 풍요의 사회였다. 180만 년 전에서 서기전 1만 년 사이 인간의 삶은 스트레스가 적고 공동적이었으며 평화롭고 많은 측면에서 풍요했다는 것이다. 그리하여 그는 초기 인류에 대한 일반적인 가설, 즉 이들이 늘상 입에 게거품을 물고 공격적인 행동을 한다거나 몽둥이로 상대방의 머리통을 후려갈기는 '야만인들'이라는 신화는 전혀 정확하지 않다고 말한다.

그는 이러한 점이 인류가 나타나서 서기전 8000년까지인 역사상 수렵·채취 단계 전체에서는 전쟁의 흔적이 거의 발견되지 않는다는 것을 통해 뒷받침할 수 있다고 본다. 후기 구석기 시대(서기전 4만 년~서기전 1만 년)에 걸쳐서 전쟁의 흔적은 전혀 나타나지 않고, 폭력에 의한 죽음이나 부상, 전쟁으로 인한 혼돈의 흔적도 전혀 없다. 테일러에 의하면, 서기전 4000년 이전에는 사망률이 높고 의학적인 치료도 없고 여러 문제점들은 있었지만 마치 낙원인 듯하였다. 어떤 인류 집단도 다른 영토를 침략하거나 정복하려들지 않았으며 소유물을 훔치려하

---

21 '타락(The Fall)'이란 구약에서 아담과 이브가 선악과를 먹고 하나님의 노여움을 사서 에덴 동산에서 추방당한 사건을 말한다.

지도 않았다. 마을을 공격하는 떠돌이 약탈자 무리도 없었고, 해안가 주민을 공격하여 살아가는 해적도 없었다. 어디서나 여성과 남성의 지위는 평등했으며 지위와 부의 차이를 수반하는 계급이나 카스트의 차별도 없었다. 동시에 자연적 조화의 정신, 인간과 자연 사이의 조화 및 인간들 사이에서의 조화를 이루는 정신이 지구 전체에 충만했던 것 같다.[22] 타락 이전의 시대, 그 때는 한마디로 '황금 시대'였다.

문명의 지표로 이러한 물질적 요소도 중요하지만, 필자는 그에 못 지않게 관심을 가져야 할 것이 정신 문화라고 본다. 인간은 사회적 동물이다. 인간은 다른 사람들과 더불어 살아가는 존재이다. 문화란 사회 구성원들이 함께 살아가면서 배우고 습득한 생활 양식 총체를 말한다.[23] 그러므로 문화라고 하면 의식주는 물론 관습, 예술, 종교, 도덕 등을 포괄한다. 사람들은 살아가며 흔적을 남긴다. 그 흔적은 의식주와 같은 물질적인 것은 물론, 종교나 사상과 같은 비물질적인 것에서도 찾을 수 있다. 의식주로 대변되는 인간이 환경에 적응하기 위해 축적된 지식을 통해 발전시킨 삶의 기술과 그 결과물을 문화의 물질적 측면이라고 한다면, 관습이나 예술, 종교, 규범 등은 이른바 문화의 비물질적 요소이다. 인간이 살아가면서 남긴 물질적 비물질적 모든 삶의 표현, 생활 양식이 문화인 것이다.

---

22 스티브 테일러 지음, 우태영 옮김, 2011, 42~69, 70~95.

23 '문화'에 대한 고전적 정의는 영국 인류학자인 에드워드 버넷 타일러(1832~1917)에게서 찾을 수 있다. 그는 문화 혹은 문명을 '지식, 믿음, 예술, 법, 관습, 그리고 사회 구성원으로서 인간이 습득한 모든 다른 능력과 습관을 포함하는 복합적 전체'라고 정의하였다. 에드워드 버넷 타일러 지음, 유기 쁨 옮김, 2018, 19 참조.

종교 역시 문화를 구성하는 하나의 요소이다. 사람들의 일상적 삶의 길·방향을 안내하는 특별한 가르침을 동양의 용어로 말하면 도道, 서양의 용어로는 종교로 번역하는 'religion'도 문화의 한 측면이다. 종교·도道는 정신 문화의 핵심이다.[24] 이러한 정신 문화는 시대에 따라 다양하게 발전하였다. 샤머니즘, 애니미즘은 인류가 삶을 시작한 후 긴 기간 동안 살아오면서 의지해온 중요한 타자였다. 현대 사회에서 흔히 말하는 과학이나 인간의 이성과는 큰 차이가 있으나 그것을 미신이라고 하거나 천한 것으로 낙인찍을 수는 없다. 상고 시대 사람들은 인간 사회는 물론 자연계의 모든 생성과 변화 현상이나 알 수 없는 일은 '신神'이라는 존재의 주재 하에 일어난다고 여겼다. 그리하여 인간의 삶을 위협하는 자연 현상이 발생하면 그것을 주재한다고 여기는 신에게 빌었고, 나아가 신을 받들기도 하였다. 인간을 둘러싼 환경·세계를 이해할 수 없을 때나 불가사이한 일을 직면하였을 때는 초자연적 존재에게 손을 내밀었다.

24　우리나라에서 '종교'라는 개념이 사용되기 시작한 것은 그리 오래되지 않았다. 그것은 겨우 19세기 말 20세기 초에 들어온 개념으로 'religion'을 번역한 것이다. 그 이전에는 지금 말하는 유교나 불교, 도교 등을 '도道'라는 맥락에서 흔히 '유도'니 '불도'니 '선도'니 하였다.

　　동양에서 주로 칭하였던 '도'는 성인들이 밝힌 인간 사회의 윤리는 물론 자연의 이치, 천지 만물이 흘러가는 이치를 포함하는 신념 체계라고 할 수 있다. 그리고 사람들이 그러한 도를 실천하기 위한 수행 체계를 '학學'·'법法', 그리고 이 도를 닦아서 사람들에게 준칙을 가르치는 것을 '교敎'라고 할 수 있다. 그러므로 도道라고 하면 신神을 포함할 수는 있지만 도가 신을 필수 요건, 절대 요소로 하는 것은 아니다. 이런 맥락에서 보면 '도'는 신을 절대 요소로 하는 서양의 '종교' 개념과 차이가 있다. '교' 역시 서구에서 근대 이후 나온 흔히 '종교'라고 번역하는 'religion'보다 광의의 개념이라고 할 수 있다. '도道', '학學', '교敎', '법法' 등 동양의 전통적 개념을 서구적 개념인 '종교'로 환원시키려는 것은 문제가 있다. 이들 개념에 대한 논의로는 조성환, 2022, 제2장: 표영삼, 2004, 106~108을 참조하라. 종교의 개념, 'religion'의 어원 등에 대한 구체적 논의는 윌프레드 켄트웰 스미스 지음, 길희성 옮김, 1991; 황선명, 1983; 장석만, 1992를 참조하라.

인류 초기에 사람들은 그러한 인식을 바탕으로 다양한 '신'에 의지하였으며, 나아가 최고신을 향한 성스러운 신전이나 각종 의례를 만들기도 하였다. 다양한 종교 문화를 열어나간 것이다. 이런 맥락에서 보면 문화는 시간적 공간적 환경에 따라 차이는 있을 수 있지만, 어느 하나의 문화가 다른 문화보다 우월하거나 열등하다거나 또는 고급이거나 저급하다는 식으로 평가되어서는 안 된다.

종교는 인류 문명을 구성하는 중요한 한 요소이다. 좁은 의미로 본다면 종교는 신을 주요 요소로 한다. 신을 배제하고는 말할 수 없다.[25] 세계 4대 문명을 보면 각 문명에는 나름의 종교적 삶이 나타난다. 거기에는 다양한 신이 있고 신과 특별한 관계를 맺으며 살아간 사람들의 전통·문화가 남아있다. 종교 관련 기념물, 유물과 유적, 의식 등이 그 예이다.

특징적인 현상은 이름만 다를 뿐 같은 지위·성격을 갖는 신이 각 문명에 있었다는 점이다. 이를테면 태양신, 달의 여신, 천신天神, 지신地神, 조상신, 나아가 각종 동물이나 식물, 심지어 무생물조차 숭배하는 전통은 고대 문명의 출현 이전 선사 시대부터 있은 듯하다.

초기의 신들이 흔히 동물의 형태를 지녔다면 이 신들은 점차 외관뿐만 아니라 인간적 속성을 가진 신, 즉 인격신으로 대체되어 나갔다.

---

25 좁은 의미에서 보면 종교를 구성하는 가장 기본적인 요소의 하나는 특별한 속성과 힘을 갖는 존재, 신앙 대상으로서의 신, 신적 존재이다. 신이 종교의 핵심이며 신을 말하지 않는 종교는 없다고 보는 것은 종교를 이러한 배타적 정의의 관점에서 보기 때문이다. 그러나 넓은 의미에서 보면 종교가 반드시 신을 전제로 하는 것은 아니다. 포괄적 정의의 관점에서 보면 신 없는 종교도 가능하다. 신이 종교의 한 구성 요소일 수는 있지만 절대적 요소인 것은 아닌 것이다. 종교에 대한 이러한 맥락에서의 정의에 대해서는 이원규, 1997, 43~65; 이원규, 2006, 27~29를 참조하라.

여기에는 인간이 환경에 대한 통제력이 커짐에 따라 자신들과 비슷한 어떤 존재가 세계의 진행 과정을 통제하고 있다는 의식이 반영되었다. 신에 대한 인식은 또한 여러 신이 있고, 그 중 지고신이 있다는 사고로 나타났는데, 유일신 사상은 그런 맥락에서 나왔다.[26]

월 듀런트는 종교적 숭배의 대상이 된 것을 여섯 가지로 분류하는데, 하늘·땅·성교·동물·인간·신이다. 그는 최고신 하늘이 출현하는 과정을 이렇게 말한다. "원시 시대 전설에서는 달을 여자를 유혹해 월경을 하게 만드는 대담한 남자라고 생각했다. 특히 여자들은 달을 수호신으로 숭배하며 누구보다도 좋아했다. 창백한 달은 시간을 가늠하는 기준이기도 했으며, 날씨를 관장해 비와 눈을 내리는 존재로 여겨지기도 했다. 그러나 언젠가부터 해가 달을 밀어내고 원시 종교에서 하늘의 제왕 역할을 했다. 아마도 사냥 대신 식물을 재배해 먹기 시작하면서, 태양의 위치에 따라 파종하고 수확하는 계절이 결정되고 태양의 열이 땅에서 무언가를 끝없이 나오게 하는 요인이라고 생각하게 되면서였을 것이다. 그리하여 땅은 뜨거운 광선의 힘으로 만물을 잉태하는 여신이 되었고, 인류는 거대한 태양을 살아 있는 모든 것의 아버지로 숭배하게 되었다. 하늘은 그 자체가 위대한 신으로, 사람들은 비를 뿌리고 또 거두는 이 존재를 헌신적으로 숭배했다. 많은 원시 종족에게 신이란 말은 곧 하늘을 뜻했다. 몽골인들은 하늘이란 뜻의 '텡그리Tengri'를 최고의 신으로 여겼다. 중국에서도 하늘[天]이 최고신이었고, 인도에서는 베다 시대 초기의 '하늘의 아버지'란 뜻의 '디아우스 삐따Dyaus Pita'와 이후 신

---

26 커크 헤리엇 지음, 정기문 옮김, 2009, 40~41.

중의 신을 의미하는 '인드라Indra(帝釋天)'를 최고신으로 모셨다. 그리스 인에게는 하늘이자 구름의 신인 제우스Zeus가 그런 존재였고, 페르시아 인에게는 '푸른 하늘'을 뜻하는 아후라Ahura가 최고신이었다."[27]

메소포타미아에서도 그랬고 이집트에서도 그랬고 인도에서도 그랬 으며 황하에서도 그랬다. 그런 신을 향해 의례를 올리고 봉헌한 기념물 로서 신전이나 신의 모습도 이따금 남아있다.

신을 향한 문명의 흔적

그리스어로 '강 사이'를 뜻하는 '메소포타미아' 지역에서 문명다운 문명을 처음으로 연 것은 수메르Sumer 사람들이었다.[28] 어디서 왔는지 지금까지 분명하게 밝혀지지 않았지만,[29] 그들이 지금의 이라크 땅으로 메소포타미아 남부의 수메르 지역에 나타난 것은 서기전 4000년 무렵

---

27 윌 듀런트 저, 왕수민·한상석 옮김, 2017, 164~166.

28 메소포타미아 지역에서 인간의 삶이 처음으로 시작된 것은 서기전 5000년 이전이었다. 메소포타 미아 북부에서 형성된 하라프Halaf 문화, 하수나Hassuna 문화와 같은 신석기 문화가 있었다. 그러 나 이들과 차별화되고 흔히 말하는 문명의 조건을 갖춘 삶의 시작은 서기전 50세기 무렵 메소포타 미아 남부에서 수메르인들에 의해서였다.

29 수메르인들은 지금의 중동 사람들과 그 뿌리가 다르다. 그러나 그들이 어디서 왔는지에 대해서는 견해가 분분하다. 카스피해 연안의 산악 지대로부터 왔다거나 인더스강 계곡에서 발원했다는 등 다양하다. 특히 주목할 만한 곳은 안경전의 견해이다. 그는 크레이머S. N. Kramer가 수메르인들이 '동방東方에서 왔다'고 한 말을 근거로 이렇게 말한다. "그가 말한 동방의 정체는 바로 『환단고기』 의 환국桓國 문명에서 찾을 수 있다. 환국의 서남쪽에 위치한 우루국과 수밀이국 사람들이 이란의 산악 지대를 거쳐 메소포타미아 지역으로 남하하여 개척한 문명이 바로 수메르이다. 수메르인들의 원 고향은 환국인 것이다."(안경전 역주, 2016a, 163)

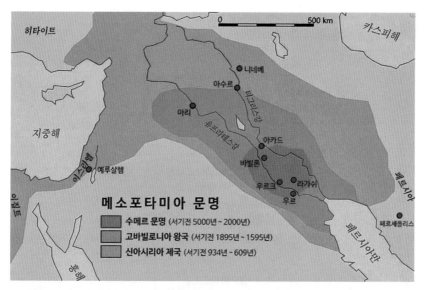

수메르Sumer와 메소포타미아 문명. (출처: https://blog.naver.com)

이다. 신석기 시대 후기이자 초기 청동기 시대였다.

메소포타미아는 두 강 사이에 있는 저지대여서 강이 자주 범람하였다. 그러나 수메르인들은 범람으로 형성된 퇴적 평야에 수로를 만들어 물을 잘 다스려 보리와 밀과 같은 곡물을 재배하며 문명을 여는 토대를 마련하였다. 농사를 통해 정착 생활이 이루어지고 잉여 농산물이 생기자 각종 교환·교류가 활발해졌다. 수많은 사람들이 강 유역으로 모여들었고, 이러한 인구 증가는 도시를 형성하는 바탕이 되었다. 비옥한 초승달 지역이라고 하는 이 메소포타미아 남부 지역을 중심으로 수메르인들이 일군 문명이 바로 수메르 문명이며, 메소포타미아 문명의 뿌리이다.

서기전 3500년경까지 메소포타미아에는 수메르인들이 일군 우르Ur를 비롯하여 우르크Uruk, 라가시Lagash와 같은 여러 도시가 형성되었다.

메소포타미아 문명의 주요 고대 도시. (출처: https://www.doopedia.co.kr)

수메르의 도시 국가들이 교역로와 영토 문제로 전쟁을 되풀이하며 왕
과 같은 권력자가 등장하고, 계급이 분화되면서 '초기 왕조 시대'(서기
전 2900년~서기전 2350년)가 열렸다. 서기전 2350년경에는 아카드인이
수메르 사람들을 정복하고 처음으로 통일 왕국을 세웠다. 셈족 가운데
하나인 아카드인 사르곤 왕이 메소포타미아 최초의 통일 제국인 아카
드 제국(서기전 2350년~서기전 2193년)을 연 것이다. 그러나 이 제국
은 메소포타미아 땅을 150여 년 정도 지배할 뿐이었다. 5세 왕에 이르
러 북쪽의 구티인에게 멸망당하였기 때문이다.

　아카드 왕조 시대가 끝나고 약 80년이 지나 수메르 출신의 우르 남
무Ur-Nammu(재위 서기전 2112년~서기전 2095년)가 이민족을 축출하고

다시 통일 왕조를 세웠다. 우르 제3 왕조 시대(서기전 2112년~서기전 2004년)가 시작된 것이다. 약 100년에 걸친 우르 제3 왕조는 수메르의 전성기이자 마지막 통일 왕조였다. 그러나 이 왕조도 동쪽에 자리한 엘람인의 침입을 받아 5대 109년 만인 서기전 2004년경에 멸망하였다.

수메르 멸망 후 메소포타미아 땅은 아모리인들이 다시 통일하여 바빌론을 수도로 바빌로니아 왕국(서기전 1830년~서기전 1595년)을 건설하였다. 이 왕국의 함무라비 왕은 서기전 18세기에 메소포타미아 전역을 통일하였다. 그리하여 각지에 관료를 파견하였는가 하면, 도시들이 가지고 있던 사법권 등도 박탈하며 중앙 집권 정치를 펴나갔다. 특히 물적 기반인 도로와 운하 등을 만들어 수도 바빌론을 중심으로 하는 새로운 질서를 열어나갔다.

이처럼 바빌로니아가 세력을 떨치고 있을 때 북메소포타미아에서는 또 다른 셈족, 아시리아인이 세력을 키우고 있었다. 결과적으로 수메르 문명이 멸망한 뒤 메소포타미아는 북부는 아시리아가 남부는 바빌로니아가 차지하였다. 그 뒤 이 지역은 오랫동안 분열과 혼란을 되풀이하다가 철기 문화를 바탕으로 하는 아시리아의 통일(서기전 689년)-페르시아 지배(서기전 539년)-알렉산더 대왕의 바빌론 정복(서기전 331년) 등의 역사로 이어졌다.

설형문자 점토판에서 알 수 있듯이 메소포타미아 지역 사람들은 문자를 사용하였다. 구리와 주석을 사용하여 청동을 제조할 수 있는 기술을 가진 세련된 문명을 열었다. 나아가 법전을 사용할 정도로 문명 수준도 높았다. 수메르의 우르 남무Ur-Nammu 왕 때인 서기전 21~22세기 무렵에 수메르어로 쓰인 성문 법전은 지금까지 알려진 가장 오래 된

서기전 2100년 경 수메르 우르 3왕조의 우르 남무Ur-Nammu 왕이 제정한 인류 최초의 법전. (출처: https://ko.wikipedia.org)

함무라비 법전The Code of Hammurabi. (출처: https://en.wikipedia.org)

법전으로, 이는 훗날 수메르 문명의 뒤를 이은 바빌로니아의 함무라비 법전The Code of Hammurabi[30]으로 계승되었다.[31]

이러한 역사 과정을 거친 수메르 문명의 기반은 도시였다. 도시는 정치는 물론 교역의 중심지로 같은 언어를 쓰고 같은 신을 섬겼다. 도시는 신을 섬기는 제의祭儀 공간이었다. 수메르인들은 원래 높은 고산지대에 산 것으로 보인다. 그런데 그들이 메소포타미아로 왔을 때 그곳

---

30 함무라비 법전은 우르 남무 법전보다 1,300년쯤 뒤에 만들어졌는데, 고대 바빌로니아 함무라비 왕이 서기전 1750년에 편찬하였다. 2미터가 넘는 돌기둥의 윗부분에는 태양신 사마쉬가 함무라비에게 법전을 수여하는 모습이 그려져 있다. 법전은 전문, 후문, 그리고 282개 조항으로 이루어져있다. 그 원형이 파리 루브르 박물관에 소장되어 있다.

31 새뮤얼 노아 크레이머Samuel Noah Kramer는 『역사는 수메르에서 시작되었다』에서 법전을 비롯하여 학교, 양원제 등 인류 문명사에서 중요한 39가지가 수메르 사람들에 의해 처음 시작되었음을 밝힌다. 이에 대한 자세한 내용은 새뮤얼 노아 크레이머 지음, 박성식 옮김, 2018을 참조하라.

은 평야 지대, 저지대였기 때문에 신들을 예배할 만한 높은 장소가 없었다. 그리하여 수메르인들은 도시 높은 곳에서 하늘을 향한 의례를 행하던 전통을 따르기 위해 도시의 신성한 곳에 '인공 언덕', '하나님의 산', '하늘 언덕', '꼭대기가 하늘에 닿는 탑'이라고도 하는 지구라트 Ziggurat라는 '높이 솟은 물체', 거대한 건축물을 세우기도 하였다.

꼭대기에 신전이 안치된 점을 고려하면 지구라트는 수메르 사람들의 정신 문화를 이해할 수 있는 단서이다. 왜냐하면 그 기능의 하나가 메소포타미아 사람들이 신에게 제사지내고 신을 만나기 위한 것이었기 때문이다. 지구라트는 하늘에 있는 신神과 지상의 인간을 연결시키기 위한 거대한 성스러운 인공 탑 겸 신전이었다. 메소포타미아 지역의 도시에는 나름의 수호신이 있었다. 도시 통치자는 지구라트에서 신의 뜻을 받들어 도시를 다스렸다. 통치자는 자신의 말과 행동을 신의 뜻이라 말하면서 자신의 권위를 높일 수 있었다. 또한 도시의 시민들도 지구라트를 보면서 신에게 현실 생활의 안녕을 빌었다. 지구라트는 메소포타미아 사람들에게 중요한 종교 시설이었다.[32]

지구라트는 메소포타미아 문명의 상징이다. 메소포타미아의 주요 도시에는 서기전 4000년대 말부터 지구라트가 세워졌다. 가장 오래된 것은, 오늘날 '하얀 신전White Temple'이라 하는, 최초의 문명 도시 우르크에 서기전 3500년~서기전 3000년 무렵에 만든, 하늘의 신 안An(아카드어로 아누Anu)에게 바치는 신전이다.

지구라트는 지금도 이라크와 이란 등에 다양한 형태로 남아있다. 신

---

32 정동연, 2018, 52.

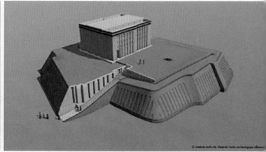

우르크(오늘날 이라크 남부의 와르카Warka 지역)의 '하얀 신전White Temple'. 우르크에 서기전 3500년~서기전 3000년 무렵에 만든, 하늘의 신 안An(아카드어로 아누Anu)에게 바치는 신전. 지구라트 형식의 최초 신전으로, 신전은 높이 12미터의 계단식 기단 위에 세워졌다. 오른쪽 그림은 복원 모형도. (출처: https://blog.naver.com)

전의 일부로 만들어진 지구라트는 점토질 벽돌로 점점 작아지는 사각의 기단을 많게는 7층까지 높이 쌓아 만들었는데, 가장 대표적인 예가 서기전 2100년경, 우르 남무 왕 때 만든, 지금의 이라크 텔 알무카아르Tal el-Muqayyar 지방에 있는 우르의 지구라트이다. 이것은 밑변이 64×43미터에 이르는데, 당시에는 세 단으로 구성되어 있었으며 위로 올라갈수록 단은 작아지고 높이는 낮아졌다. 꼭대기에는 네모난 신전이 있었는데 3층으로 이루어진 계단으로 올라가 거기에서 여러 신에게 제사를 올리는 등 종교 의례를 행하였다. 이를테면 우르에서는 달의 신인 난나Nanna를 모셨다.

우르 제3왕조 때 지어진 우르Ur의 지구라트. 3층의 지구라트 위에 신전이 세워졌으나 일부가 파손되었다. 고대 메소포타미아의 지구라트 중 가장 보존이 잘 된 지구라트이다. (출처: https://namu.wiki)

지구라트는 수메르인들의 대표적인 제천 문화 유산이다. 이로 보면 당시 사회는 신 중심의 사회였고, 나아가 정치 지도자는 신의 대리자였음을 짐작케 한다. 왕이 최고의 사제가 되었으며, 신권 정치가 펼쳐졌다.

메소포타미아 문명에서 주목할 점은 메소포타미아 문명이 수메르 문명을 계승·발전시켰다는 것이다. 수메르 문명은 메소포타미아 문명의 바탕, 원류이다. 하나의 예로 조르주 루Georges Roux에 의하면 수메르의 신들은 메소포타미아에서 3천 년 넘게 숭배되었다. 이는 달리 말하면 수메르 신들은 수메르를 이은 아카드, 바빌로니아, 아시리아 등으로도 이어졌음을 말한다. 특징적인 것은 수메르, 메소포타미아의 많은 신들은 마치 그리스·로마의 신들처럼 인간과 같은 모습으로 희로애락을 느끼고 특별한 능력과 초자연적 힘을 지녔다는 것이다. 사람의 모습과 특성을 가졌음은 곧 신을 인격적 존재로 여겼음을 말한다. 신들은 결혼을 하여 아이를 낳기도 하고 병이 들기도 하였다. 신들이 자식을 낳아 계속 다른 신들이 만들어짐으로써 수메르에는 신들의 족보가 있다.[33] 신의 세계에도 위계가 있었고 그들은 각자 맡은 역할이 있었다.

이러한 신들을 분류하면 그 위계의 가장 위를 차지하는 하늘의 신을 정점으로 그 아래에 다양한 하위의 신들로 구성된 신의 왕조를 이룬다.[34] 신성神聖 가족에서 가장 높은 위치를 차지하는 것은 안An(아누Anu)이다. '안'은 수메르어로 '높은 존재'로 나중에 '신God'과 동의어가 되었다. 안은 하늘의 신으로 모든 신들의 아버지, 신들의 왕이다. 그의 거

---

33 조르주 루 지음, 김유기 옮김, 2013, 108~111.

34 수메르 창조 신화에 의하면 태초에 인간은 없었다. 신만 있었다. 원시의 바다를 의인화擬人化한, 하늘과 땅 및 신들의 어머니인 남무Nammu에게서 하늘의 신 안An과 땅의 신 키Ki가 나왔다. 그리고 이 둘의 결합에서 물의 신 엔키Enki와 대기의 신 엔릴Enlil이 나왔다. 엔릴은 한 몸으로 붙어 있던 하늘과 땅을 분리시켰으며, 그가 처녀신인 닌릴Ninlil을 겁탈하여 남신인 난나Nanna가 탄생했다. 주동주, 2018, 42 참조.

처·옥좌·공간은 하늘인데, 별이 그를 상징한다.[35] 안은 하늘에 머물렀지만 그를 위해 우르크에는 그를 위한 '높은 집'이 마련되었다고 한다. 우르크에는 오늘날까지도 거대한 인공 언덕이 남아 있는데, 그 신전은 거대한 벽이 구름에 닿을 정도로 높다란 처소로, 안이 하늘로부터 내려오기 위한 것이었다고 한다.

수메르 신화에서 두 번째로 강력한 신은 공기와 바람의 신 엔릴Enlil이다. 그는 안의 큰 아들로 하늘의 거처에서 태어났으나 땅으로 내려온, 하늘과 땅의 신 중 가장 으뜸신이다. 그는 모든 땅의 지도자로 불렸고 하늘에서는 왕자이며 지구·땅에서는 우두머리였다. 그리하여 그는 인간을 지배할 왕을 선택하는 신이었다. 수메르에서 왕은 지배자가 아니라 신이 내린 정의로운 법을 집행하는 의무를 부여받은 신의 종이었다. 수메르인들은 왕권은 하늘에서 내려왔고 왕들은 신의 아들이라 여겼다.

수메르에서 세 번째로 위대한 신은 안의 또 다른 아들인 엔키Enki이다. 그는 물의 주인, 바다의 신이다. 그래서 메소포타미아에서 중요한 신이다. 그는 기술, 과학, 예술의 발명가와 보호자이며 마술사의 수호신이다. 그리하여 엔키는 흔히 인류의 가장 위대한 후원자이자, 인류에게 문명을 가져다 준 신으로 묘사된다.[36] 그 외 신들의 어머니, 대지의 여신으로 안의 아내인 키Ki(닌후르삭Ninhursag), 태양신 우투Utu, 달의 신 난나Nanna 등이 있다.

---

35 수메르인들은 신을 '딘기르Dingir'라 하였다. 수메르의 설형문자 딘기르는 '하늘' 또는 '천국'을 나타내거나, 안An의 표의문자이기도 하다. 하늘을 상징하는 설형문자의 다양한 기호는 별 모양으로 표시된다. 신을 '밝은', '번쩍이는' 하늘의 현현으로 보았다.

36 제카리아 시친 지음, 이근영 옮김, 2004, 131~132.

수메르, 메소포타미아의 정신 문화는 유대교는 물론이고 기독교, 이슬람교에도 영향을 미쳤다. 수메르 문명은 서기전 2천 년쯤 사라졌다.[37] 이때는 유대인이 역사에 등장하기 이전이다. 예수 탄생으로 보면 그보다 약 2천 년 전의 일이다. 수메르인들은 유대인들이나 기독교와 직접적 접촉은 없었지만 그들의 정신 문화 유산은 유대교나 기독교에 알게 모르게 스며들었다.

유대교뿐만 아니라 기독교나 이슬람교가 믿음의 조상으로 여기는 아브라함Abraham은 갈대아 우르Ur에서 태어났다. 「창세기」가 알려주듯이 그는 하나님의 교시를 받고 하란Haran(메소포타미아 북부, 지금의 튀르키에)으로 갔고, 또 다른 부름을 받고 가나안Canaan으로 갔다. 우르나 하란은 바로 수메르의 도시이다. 이는 곧 아브라함이 출생하고 살았던 공간이 수메르 사람들의 숨결과 정신이 남아있던 곳이라는 것이다. 아브라함을 조상으로 여호와를 유일신으로 섬기는 유대교가 성립되고, 이후 기독교와 이슬람교와 같은 세계 종교가 출현한 배경에는 바로 메소포타미아가 있다.

---

37 수메르인들이 사라진 근본적 배경은 전쟁에서 패하고, 살아남은 자들도 다른 나라나 민족의 오랜 지배 하에서 동화되었기 때문일 것이다. 그러나 수메르인들의 그 많은 삶의 흔적이 거의 자취를 감춘 것은 왜일까? 물론 전쟁에서 파괴되고 오랜 시간이 흐르면서 땅에 묻힐 수도 있겠지만, 훨씬 후대에 로마 제국이 기독교를 국교로 삼은 이후 다신교나 그들의 문화 유산을 파괴하고 말살시킨 것도 하나의 배경으로 볼 수 있다. 기독교와 이슬람교 시대를 지나면서 수메르, 수메르인, 그들의 문화는 더욱 사라져갔다. 잊힌 고대 문명이 다시 드러날 수 있었던 것은 유럽의 동양에 대한 제국주의적 침략을 위한 자료 수집, 고대의 보물을 찾으려는 상업적 목적, 성경을 과학적으로 증명하고자 하는 종교적 목적 등이 복합적으로 작용한, 근대에 들어서이다. 특히 나폴레옹의 이집트 침공 때 발견한(1799년) 로제타 스톤Rosetta Stone은 중동 역사에 대한 관심의 출발점이었다. 수메르 문화와 기독교와의 관계 등은 주동주, 2018, Ⅲ장을 참조하라.

길가메쉬 부조. (출처: https://en.wikipedia.org)

길가메쉬 서사시가 기록된 점토판. (출처: https://en.wikipedia.org)

메소포타미아 종교의 창세 신화와 홍수 설화 등은 일찍이 유대교에 영향을 미쳤으며, 결과적으로 기독교와 이슬람교 사상에도 영향을 끼쳤다. 대홍수 이야기는 천 년 이상의 시간이 경과하면서 바빌론, 히타이트, 아시리아 사람들이 계속 각색하여 새로운 이야기로 만들었다. 그러나 그 원본은 수메르인들이 최초로 만들었고 고대 메소포타미아의 베스트 셀러였던 「길가메쉬 서사시Epic of Gilgamesh」[38]이다. 「창세기」에 나오는 '노아의 홍수 이야기'의 원형이 「길가메쉬 서사시」이다. 역시 「창세기」에 나오는 바벨탑도 7층 탑 형식의 지구라트라고 한다.[39] 뿐만 아니라 천지 창조, 에덴 동산 이야기 등

---

38 길가메쉬는 서기전 2800~2500년 사이 고대 메소포타미아 지방에서 번성했던 수메르 남부 도시 국가인 우르크의 제1왕조 때 왕이다. 「길가메쉬 서사시」는 이 길가메쉬에 대한 이야기를 담은 서사시이다. 길가메쉬는 수메르의 단편적인 신화 이야기에 등장하는데, 이를 토대로 아카드어(수천 년 전 고대 메소포타미아에서 점토 위에 글자를 표기하기 위해 사용한 설형 문자)로 기록된 것이 이 서사시이다.

39 바벨탑은 19세기 말 독일인 로베르트 콜데바이Robert Koldewey(1855~1925)의 의해 밝혀졌다. 바빌론에서 발굴된 이 탑은 7층 탑 형식의 지구라트로 밑변과 높이가 각각 91미터에 이른다. 이 탑은 바빌론을 대표하는 탑이었기 때문에 바벨탑이라고도 하였다. 정기문, 2021, 31~32 참조.

도 모두 바빌론과 관련이 있다고도 한다. 이는 곧 수메르, 메소포타미아의 정신 문화가 서양의 정신 문화가 된 유대교, 기독교 종교 사상을 낳은 중요한 문화적 공간이었음을 말한다.

메소포타미아 일대에 청동기 문화가 시작된 서기전 4000년 무렵, 이집트의 나일 강 유역에서도 농사를 짓는 등 문명이 열렸다. 동북 아프리카의 넓은 사막을 흐르는 나일 강은 그 길이가 6,700킬로미터로 세계에서 가장 길다. 나일 강은 우간다 빅토리아 호수에서 발원하는 백나일과 에티오피아 고원을 수원으로 하는 청나일이 수단에서 만나 하나의 강으로 되어 지중해로 흘러들어간다. 바로 이 강 중류 지역과 삼각주의 비옥한 땅에서 문명이 성장하였는데 이것이 이집트 문명이다.

나일 강은 매년 6월 중순부터 10월 하순까지 많은 비가 내려 주기적으로 범람하였다. 홍수가 가져온 흙은 비옥하여 농사짓기에 좋았고 이집트인들은 달력, 측량술, 기하학 등을 발전시키며 이러한 범람을 잘 예측하고 이용하여 문명을 여는 기틀을 마련하였다. 그리스 역사가인 헤로도토스Herodotos(서기전 484년?~서기전 430년?)가 '이집트는 나일 강의 선물'이라고 한 것은 이집트 사람들이 이러한 나일 강의 물을 잘 이용하여 문명을 발전시켰기 때문이다.

서기전 5000년경, 나일 강을 따라 남쪽으로 지금의 수단에 해당하는 지역에 이르기까지 채집과 재배가 혼합된 생업 방식이 소 사육과 곡물 재배를 기초로 하는 단순 농경 방식으로 대체되었다. 이를 통하여 선왕조 시대가 도래한 것으로 보인다.[40] 이집트 역사는 '왕조 이

---

40 브라이언 M. 페이건·크리스토퍼 스카레 지음, 이청규 옮김, 2015, 179~180.

바벨탑. 에테메난키(하늘과 땅의 기초가 되는 집)라 명명된 7층 탑 형식의 지구라트. 네덜란드 화가 피테르 브뢰헬Pieter Brueghel이 1563년에 그린 중세 유럽의 바벨탑 상상화. 빈 미술사 박물관 소장. (출처: https://ko.wikipedia.org)

고대 이집트 문명권. (출처: https://www.doopedia.co.kr)

전 시대', '초기 왕조 시대(서기전 3210년~서기전 2686년. 제1·2 왕조)'를 거쳐, 약 2,000년간의 고·중·신 왕국 시대(고 왕국 시대: 서기전 2686년~서기전 2040년, 중 왕국 시대: 서기전 2040년~서기전 1540년, 신 왕국 시대: 서기전 1540년~서기전 525년)를 거치는데, 서기전 525년에 아케메네스 왕조 페르시아 캄비세스 왕의 공격에 완전히 무너졌다.

서기전 31~2세기까지 나일 강에는 강을 따라 형성된 여러 소규모 공동체들이 많았다. 40개가 넘는 부족 단위의 많은 도시가 있었는데,

각 도시에는 각각의 신과 통치자가 있었다. 이 작은 도시들을 정복하여 통일 왕조의 기틀을 연 것은, 서기전 3000년 무렵, 이집트 남쪽, 즉 나일 강 상류에 있던 히에라콘폴리스Hierakonpolis의 통치자 나르메르Narmer였다. 그는 나일 강을 따라 상 이집트와 하 이집트 여러 도시 국가를 정복하고 나일 강 하류 삼각주에 멤피스를 수도로 하여 통일 이집트 왕국의 기반을 마련하였다. 그가 바로 이집트 제1 왕조, 첫 번째 왕조의 제1대 왕 메네스Menes로 보인다.

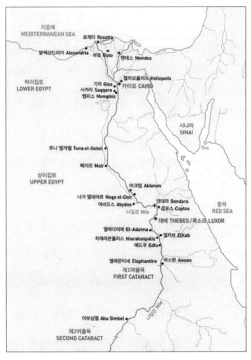

고대 이집트의 주요 도시. (출처: 국립중앙박물관, 2019)

초기 왕조라 할 수 있는 제1·2 왕조 시대(서기전 3050년~서기전 2700년)에 국가 모습을 갖추어가던 이집트는 제3 왕조부터 시작된 고왕국 시대에 이미 강력한 통일 국가의 모습을 갖추었다. 이때 왕권과 관료제의 기본 틀이 만들어졌고, 문자 기록이 등장하였다. 특징적인 점은 이 고 왕국 시대에 의례용 건축물이 많이 만들어졌는데 피라미드Pyramid가 바로 그것이다. 서기전 2145년 경 제6 왕조의 붕괴와 더불어 고왕국은 멸망했다.

이후 약 100여년 뒤인 서기전 2040년 무렵에 대립하고 있던 상 이집트와 하 이집트가 통일되면서 중 왕국 시대가 열렸다. 그리고 약

500년 뒤 신 왕국 시대가 열렸다.

메소포타미아 문명에서 제천 문화의 자취가 지구라트였다면, 이집트 문명에서는 피라미드Pyramid이다. 이집트 문명의 상징이라 할 수 있는 피라미드를 통해 우리는 고대 이집트 사람들의 삶과 죽음, 하늘에 대한 의식, 정신 문화를 들여다 볼 수 있다.

피라미드는 사각형의 바탕 위에 측면이 삼각형을 이루며 위로 갈수록 좁아지는 형태의 구조를 말하는데, 그리스인들이 먹는 사각뿔 모양의 빵인 '피라미스pyaramis'와 비슷하다고 하여 붙인 이름이라고도 한다. 피라미드는 태양신 숭배와 관련이 있다. 피라미드를 정사각뿔 모양으로 만든 것은 태양 빛이 구름을 뚫고 내려오는 것을 형상화한 것이라고 한다. 이집트에서 피라미드를 '하늘로 올라간다'는 의미의 '메르Mer'라고 하였던 것은 이를 반영한 말이다.

고대 이집트 사람들은 파라오가 죽으면 영생하기 위해 하늘로 올라간다고 여겼다. 이집트의 왕 파라오는 태양의 아들로 죽으면 자신을 낳았던 태양신과 일체가 되기 위해 하늘로 떠난다. 왕의 영혼이 하늘로 오른다는 것이다. 피라미드는 바로 파라오가 태양빛을 타고 하늘로 올라가는 것을 상징한다. 피라미드는 이러한 사상을 반영하여 죽은 후 하늘로 올라갈 수 있는 길로 만들어진 것으로 보인다.[41]

최초의 피라미드는 서기전 2630년경에 축조된, 이집트 제3 왕조의 두 번째 파라오인 조세르Djoser의 계단식 피라미드이다. 재상이었던 임호

---

41 피라미드가 태양신 신앙의 상징적 건축물이 된 것은 특히 제4 왕조 때부터이다. 피라미드는 태양 광선을 상징하는 형태가 되어 동쪽 지평선에서 영원함을 의미하는 태양의 일출로 영생과 부활을 상징하였다. 곤도 지로 지음, 김소영 옮김, 2022, 72 참조.

테프Imhotep가 설계하여 만들었다는 이 피라미드는 위로 올라갈수록 조금씩 작아지는 여섯 개의 정사각형 단을 쌓은 계단식 구조물로, 각 층의 높이는 7~12미터, 피라미드 전체의 높이는 62미터에 달한다.[42] 원래 계단식으로 몇 층을 쌓고 상단이 평평한 형태의 구조물이었다. 초기의 피라미드는 사다리꼴 형태였으나 이후 각뿔 형태로 서서히 변화되었다. 그 평평한 꼭대기는 하늘을 향한 의례를 행하는 등 인간이 하늘과 소통할 수 있는 공간이었다. 피라미드는 하늘과 통하는 매개체였다. 이렇게 계단식 측면과 평평한 상단을 갖춘 피라미드는 지구라트와 유사하다.

그러나 이후 명실상부한 피라미드 시대였던 제4 왕조(서기전 2613년~서기전 2500년)의 첫 파라오인 스네프루Sneferu 때부터 그 양식이 바뀌었다. 종래대로 계단식 피라미드를 지은 후 그 외벽에 돌 판을 붙여 사각뿔 모양의 피라미드로 그 양식을 바꾸었다. 완전한 정삼각형 사각뿔 형태를 갖춘 것은 서기전 2570년경 제4 왕조 쿠푸 왕의 대 피라미드부터이다. 스네프루는 앞 파라오인 후니Huni의 피라미드와 자신의 피라미드 두 개를 만들었다.

피라미드는 제4 왕조의 파라오들에 의해 크게 건축되었는데 그 중 가장 거대한 것은 세계 최대의 피라미드인 파라오 쿠프Khufu(서기전 2551년~서기전 2528년)의 피라미드이다. 기자Giza의 3대 피라미드의 하나인 이 피라미드는 서기전 26세기경(서기전 2530년 무렵)에 만들어

---

42 조세르의 계단식 피라미드는 처음에는 조그마한 무덤으로 시작되었으나 몇 번의 증축을 거쳐 62미터에 이르는 현재의 계단식 피라미드가 되었다.

카이로에서 남쪽 약 25킬로미터 떨어진 사카라Saqqara 유적지에 있는 이집트 최초 피라미드인 조세르Djoser의 여섯 층의 계단식 피라미드. (출처: https://www.osiristours.com)

카이로 박물관에 소장된 이집트 제3 왕조 두 번째 파라오인 조세르 석상. (출처: https://ko.wikipedia.org)

제3 왕조 네체리케트 파라오(조세르)의 계단식 피라미드 구조. (출처: https://brunch.co.kr)

진 것으로 정사각형의 밑변이 각각 230미터나 되고 원래 높이가 147미터에 이르렀다.

3대 피라미드의 가운데 있는 파라오 카프레Khafre(서기전 2520년~서기전 2494년) 피라미드는 높이가 136미터인데, 피라미드 옆에 스핑크스Sphinx가 세워진 것이 특징이다. 고대 이집트 사람들은 스핑크스를 '하르마키스Harmakhis(떠오르는 태양신)', '쉐세프 앙크Shesep ankh(살아있

기자Giza의 쿠프Khufu, 카프레Khafre, 멘카우레Menkaure 3대 피라미드. (출처: 케이 로빈스 저, 강승일 옮김, 2008, 41)

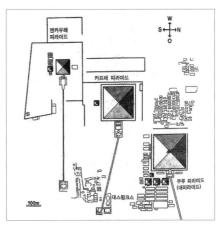

기자 피라미드군 평면 배치도. (출처: 맹성렬, 2018, 28)

는 파라오의 모습)' 등 여러 가지로 불렀다고 한다. 얼굴은 사람이고 몸은 사자인 스핑크스는 흔히 피라미드의 수호신으로 여겨지지만 확실하지는 않다. 혹자들은 스핑크스 사람 얼굴이 파라오 얼굴이라고도 한다.

파라오 카프레Khafre 피라미드 옆에 있는 석회암을 깎아 만든 몸 길이 73미터, 높이 22미터의 스핑크스. (출처: 상생문화연구소)

세 피라미드의 가장 오른쪽에는 높이가 65미터인 멘카우레Menkaure(서기전 2490년~서기전 2472년) 피라미드가 있다. 이들 피라미드 남쪽에는 왕비들의 작은 피라미드 3개가 나란히 있다.

그런데 주목할 만한 것은 피라미드가 단순한 무덤이 아니라는 점이다. 어떤 피라미드에서는 무덤으로 쓰인 흔적을 찾아볼 수 없기도 하다. 왕의 미라가 발견되지 않았다는 것이다. 피라미드는 처음에는 이집트 왕인 파라오가 천상의 신과 교통하고 죽은 후 하늘로 올라가기 위해 세워졌지만, 그러나 후대로 내려오면서 무덤으로 쓰이는 등 그 용도가 바뀐듯하다. 피라미드는 주벽, 장례 신전, 제사 신전 등이 복합적으로 이루어졌다. 다양한 시설로 구성된다.

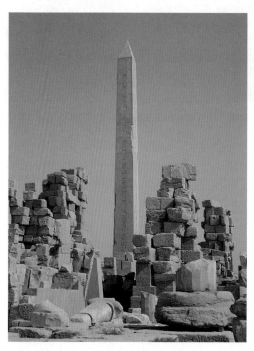

카르나크 신전에 있는 이집트 제18 왕조 5대의 여왕 하트셰프수트 Hatshepsut(재위 BC 1503~BC 1482) 때 만든 29.56미터의 오벨리스크Obelisk. (출처: https://en.wikipedia.org)

고대 이집트 사람들의 하늘 관련 자취는 오벨리스크Obelisk에서도 찾을 수 있다. 오벨리스크는 고대 이집트에서 돌로 만든 사각주四角柱로 태양신에게 바치기 위해 신전 앞에 세운 건축물이다. 오벨리스크는 태양 신앙을 상징한다. 그 단면은 사각형이고 위로 올라갈수록 가늘어지며 끝은 태양의 빛남을 상징하는 피라미드 모양이다. 그런데 피라미드 모양의 끝부분을 장식한 황금은 온 세상을 환하게 밝힌다는 상징적 의미를 함축한다. 하늘을 찌를 듯이 곧게 서있는 오벨리스크의 위상은 하늘, 신, 태양을 향한 인간의 지극한 마음을 표현하였다.

4대 문명 발생지의 하나라고 하는 인더스 강 유역에 사람들이 정착 생활을 시작한 것은 대략 서기전 7000년 무렵, 아프가니스탄 고원의 가장자리에서였다. 그러나 이로부터 사람들이 이곳에서 농사를 짓고 도시를 형성하며 흔히 말하는 문명을 연 것은 그로부터 한참 후이다. 인더스 강 유역은 비록 강수량은 적었지만 히말라야 산맥이 차가운 바람을 막아 주어 기후가 따뜻하고 이따금 홍수로 인해 강이 범람함으로써 발생한 침적토가 자연 비료의 역할을 해줌으로써 농사짓기에 편리한 곳이었다. 그리하여 서기전 3500년경 무렵에는 인더스 강 주변에서 11월에 쌀, 보리, 밀 등의 씨를 뿌리고 다음해 4월에 수확하며 살아가는 정착민들이 늘어났다. 그리고 도시도 형성되었다. 이른바 인더스 문명(서기전 3000년~서기전 1500년)이 열렸다.

인더스 문명을 연 주체는 드라비다족Dravidians이다. 그들은 인더스 강 유역에서 농경을 하며 먹고 남은 것을 이웃 마을로 가서 필요한 물건과 교환했다. 교통이 편리한 마을은 자연스레 물물 교환의 중심지가 되었다. 그리하여 서기전 2500년경에는 인더스 강을 따라 도시들이 들어서고 이를 중심으로 청동기 문명이 꽃을 피웠다. 이것이 인더스 문명이다.[43]

인더스 문명은 그 범위가 단순히 인더스 강 유역에만 제한된 것이 아니었다. 히말라야 산록에서 아라비아 해에 이르는 1,600킬로미터와 동서로 펀자브Punjab 지방을 가르는 1,100킬로미터에 이르는 광대한 지역에 걸쳐 형성되었다. 그 대표적인 도시가 지금의 파키스탄 신드 주의 라르카나 지역의 모헨조다로Mohenjo daro와 역시 파키스탄 펀자브 몬테고리 지역의 하라파Harappa이다. 인더스 강을 통해 연결된 두 도시는 그 거리가 500~600여 킬로미터나 된다.[44]

---

43 전국역사교사모임 지음, 2019, 24.

44 조길태, 2018, 28.

인더스 문명

기원전 1,500년경

힌두쿠시 산맥

카라코룸 산맥

하라파

델리

히말라야 산맥

메르가르

인더스 강

기원전 1,000년경

모헨조다로

갠지스 강

기원전 500년경

아라비아 해

로탈

캘커타
(콜카타)

데칸 고원

벵골 만

인더스 문명
인더스 문명의 주요 유적지
아리아인의 정착지
아리아인의 이동

©doopedia.co.kr

인더스 문명과 주요 도시. (출처: https://www.doopedia.co.kr)

인더스 문명은 농경을 바탕으로 고도로 발달한 도시 문명을 특징으로 한다. 이를테면 모헨조다로는 해마다 강물로 범람하는 평원 지대의 산 위에 있는 도시였다. 전성기에 인구가 수만 명이나 되었을 이 도시는 그 구조가 특징적이다. 마치 계획 도시와도 같다. 광장의 약간 높은 지역은 성채 구역인데, 여기에는 인공적인 기초를 만들고 흙을 높이 쌓아 올린 언덕 위에 지은 성채 건물이 있다. 그 아래 주변에는 기둥이 늘어선 공공 집회장, 거대한 곡물 창고, 길이와 폭이 각각 12미터, 7미터나

되는 붉은 벽돌로 만든 저수 시설물(大浴湯)[45] 등이 있다. 이곳은 이 도
시의 종교와 정치의 중심 역할을 한 것으로 보인다.

성채 아래 도시 중심 지역은 주민 주거지인데, 폭이 10미터나 되는
잘 정비된 넓은 도로가 바둑판 모양으로 나 있고 길 양쪽에는 불에 구
운 벽돌로 지은 집이 늘어서 있었다. 그리고 그 집은 방과 욕실을 갖추
었음은 물론, 도로 쪽으로는 창문이 나 있었다. 주거지에는 심지어 우
물과 더불어 하수 시설까지 갖추어져 있었다.

인더스 문명의 하라파와 모헨조다로 유적에서는 수많은 유물이 나
왔다. 청동으로 만든 약 11센티미터의 춤추는 여성 조각상을 비롯하여

---

45 혹자는 이를 거대한 욕조를 갖춘 목욕탕으로 보기도 한다. 마이클 우드는 이를 인도 여러 곳
    에서 눈에 띄는 제식용 침례지浸禮池를 연상시킨다고 말한다. 마이클 우드 지음, 강주헌 옮김,
    2002, 76 참조.

좌) 모헨조다로Mohenjo-daro에서 나온 4,500여 년 전 청동으로 만든 '춤추는 여성Dancing Girl' 조각상.
우) 모헨조다로Mohenjo-daro 유적에서 나온 상반신 남성 조각상. 도시를 통치하던 제사장으로 보인다. (출처:
https://www.britannica.com)

상반신 남성 흉상, 각종 동물이나 문양을 새긴 다수의 인장 등의 유물
이 출토되었다.

인도 정신 문화의 맹아는 이 인더스 문명에서 비롯되었다. 인더스
문명에서는 물, 불, 나무, 동물과 같은 자연의 대상을 신격화하였다. 그
리고 여성 형상의 테라코타Terracotta (적갈색 점토로 만들어 유약을 바르
지 않고 구운 것)가 많은 것으로 보아 당시에 여신 숭배의 전통이 있었
음을 알 수 있다. 또한 당시가 모계 중심의 사회였음도 짐작케 한다. 그
러나 이런 여성·여신 중심의 문화도 아리아인들의 베다 시대가 도래함
에 따라 쇠퇴하였다. 남성 신 중에서 눈길을 끄는 것은 도장에 조각된
것으로, 중앙 보좌 위에 결가부좌를 하고 있으며 요가 수행 자세를 취
하는 상像인데, 뿔이 셋 달린 호랑이 가면을 쓰고 있다. 그 주변에는 호
랑이, 코끼리, 코뿔소 등의 동물들이 둘러서 있다. 이것은 후대 힌두교
의 신 시바Siva를 연상시킨다.

좌) 모헨조다로에서 발굴된 진흙으로 만든 초기의 여신상. (출처: https://en.wikipedia.org)

우) 인더스 문명 모헨조다로 유적에서 발굴된 인장의 인물 상像. 두 발은 마주한 채 양 옆으로 펴 있고 두 손도 가지런히 무릎 위로 올려놓아 요가 자세를 취한 듯하다. 혹자는 이를 힌두교 시바 신의 원형, 요가의 기원이라고도 한다. (출처: https://en.wikipedia.org)

당시는 또한 죽은 자를 매장하는 풍습이 있었는데, 죽은 자가 평소에 쓰던 물건들을 부장품으로 함께 묻었다. 이는 그들이 조상을 숭배하는 전통을 가지고 있음을 보여준다.[46]

청동기 문명에 속하던 이러한 인더스 문명은 서기전 1800년을 전후해서 1~2백년 사이에 사라졌다.[47] 모헨조다로와 하라파와 같은 도시를 발전시키고 있었던 인더스 문명이 어떻게 사라질 수밖에 없었을까? 그 배경의 하나는 중앙아시아와 코카서스 일대에 살고 있던 유목민인 아리아Arya인의 인도 이주이다. 강한 힘과 철을 다룰 줄 알던 호전적인 유목민 아리아인들과 농경을 중심으로 살아가던 청동기 문화의 담지자

---

46   김형준, 2017, 55~57; 이병욱, 2016, 84~85.

47   아리아인에게 밀려난 드라비다인들은 인도 남부로 이동하여 남인도와 스리랑카 일원에서 아리아인들과는 다른 문명을 꽃피웠다.

드라비다인들 간의 싸움에서 승부는 뻔한 듯하였다. 그렇다고 인더스 문명 붕괴의 결정적 요인이 아리아인의 침입이라고 단정할 수는 없다. 왜냐하면 아리아인이 인도 땅으로 들어온 것은 청동기 시대 말경이었던 서기전 20세기 무렵인데, 이때는 인더스 문명이 이미 무너지기 시작한 뒤이기 때문이다. 그러므로 급격한 기후 변화, 홍수, 가뭄과 같은 자연 환경적 요인도 고려해볼 수 있을 듯하다.

인더스 문명은 서기전 1900년까지 이어진 청동기 시대의 하라파 시기와 그 이후 철기 시대의 베다 시대로 구분된다. 아리아인들이 선주민이었던 드라비다족의 인더스 문명의 뒤를 이어 새로이 연 시대가 베다 시대(서기전 2000년~서기전 600년)이다. 아리아인의 삶을 잘 보여주는 것은 그들의 종교 찬가인 『베다』이다. 여기에는 인더스 문명 이후 아리아인들의 정신 문화가 담겨있다.[48] 공자의 『춘추』를 따서 춘추 시대라는 말을 썼듯이, 인도로 들어와 새로이 연 아리아인의 삶과 역사가 『베다』에 잘 녹아있으므로 이 시대를 베다 시대라 할 수 있다. 유목 생활을 주문화로 하던 그들은 신드와 펀자브를 중심으로 하는 서북 인도로 들어와 철기 문화를 바탕으로 청동기의 인더스 문명을 대체하며 또 다른 시대인 베다 시대를 열었다. 아리아인들이 인더스 문명을 정복하며 주로 인도 북부 일원에서 머물면서 이주민으로서의 기반을 마련하고 정착적 삶의 길을 찾아가던 시기를 베다 시대 전기(서기전 2000년~서기전 1000년)라고 한다면, 그들이 각종 정복 전쟁을 통해 갠지스

---

48 『베다』에는 아리아인들이 인도로 들어와 살아간 그들의 삶, 신화, 종교, 문화, 사상 등이 총체적으로 담겨 있다. 특히 그들이 신을 찬양하고 숭배하는 모습, 제사 의례, 만트라 수행과 같은 다양한 종교적 삶의 흔적이 풍부하다.

강 유역으로 진출하며 지배 영역을 확장한 서기전 1000년부터 서기전 600년까지는 베다 시대 후기라고 할 수 있다.

아리아인들은 중앙 아시아의 대초원 지대(Steppe)와 카프카즈(코카서스. 유럽의 동쪽, 아시아의 서북쪽, 러시아의 남부, 카스피해와 흑해 사이의 지역)에서 유목 생활을 하던 사람들이다. 그들의 한 무리가 서기전 20세기경에 민족 이동을 하였는데, 인도 북부로 들어온 때는 서기전 1500년 무렵이었다. 수세기에 걸쳐 이주한 그들이 처음 정착한 곳은 오늘날 인도와 파키스탄 국경에 걸쳐있고, 인더스 강을 이루는 다섯 지류가 있는 인도 서북부의 펀자브Punjab 지역이었다. 힌두쿠시 산맥을 넘어와 선주민, 인더스 문명을 정복·대체한 아리아인들은 유목민들이었다. 그들은 염소와 양과 말과 같은 동물을 키우며 유목 생활을 이어갔다. 그리고 브라만교를 신앙하며 베다 시대를 열었다.

이후 인더스 평야에서의 삶을 바탕으로 동쪽으로 진출하면서 그들은 선주민들로부터 농사를 배워 곡물을 재배하고 선주민들의 문화도 수용하였다. 그리하여 서기전 1000년경에 그들은 갠지스Ganges 강과 야무나Yamuna 강 사이의 비옥한 땅을 터전으로 정착 생활을 하였다. 선주민들을 몰아낸 아리아인들은 철제 도구를 사용하여 어느덧 농토 개간은 물론 농업 생산력을 크게 개선하며 발전된 농경 문화를 열었다. 이는 자연스럽게 인구 집중, 상업 발전, 계급 분화 등을 가져왔다. 그리하여 서기전 6세기경, 갠지스 강 유역에는 부족 공동체, 부족 국가 수준의 정치 체제, 왕국의 초기 체제를 넘어 군주·왕을 지도자로 하는, 즉 실질적 왕국 체제를 갖춘 도시 국가가 많이 출현하였다. 코살라Kosala, 비데하Videha, 카시Kashi, 마가다Magadha, 앙가Anga, 아반티Avanti 등 16개 도시 국가(16대국, Mahajanapadas)가 바로 그것이다.

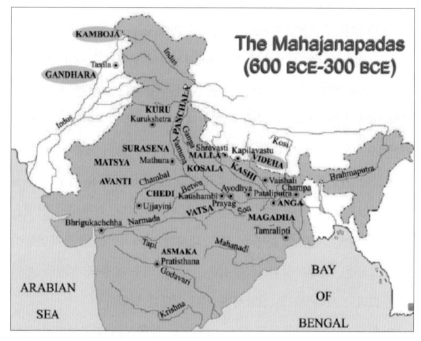

16개 도시 국가(16대국, Mahajanapadas). (출처: https://selfstudyhistory.com)

주목할 만한 점은 이들 도시 국가 간 전쟁과 같은 갈등이 일상적인 가운데 왕권은 물론 제사장의 권위가 강화되었다는 것이다. 전쟁과 같은 큰 일이 있을 때는 물론, 사람들의 생애 주기상의 사건에서도 제례는 중시되었다. 그런 일을 주관한 것이 사제·제사장이었는데, 네 바르나 중 브라만이었다. 이는 브라만을 중심으로 사회 질서가 형성되었음을 의미한다. 심지어 왕도 브라만이 주재하는 의례를 통해 왕으로서의 정당성을 확보할 수 있었고, 그런 왕은 신성한 존재로 여겨질 수 있었다. 결국 브라만에 의해 제사 의례가 중시되고, 나아가 그들에 의한 제사 만능주의적 경향이 나타났다. 뿐만 아니라 브라만은 이를 독점하며 부를 확보하고 배타적 특권 계급이 되었다. 결국 브라만에 의해 카스트 시스템이 강화된 브라만교Brahmanism(바라문교婆羅門敎)[49]가 만들어졌다. 『리그 베다Rig Veda』는 바로 브라만이 자신들이 숭배하는 신을 찬

산스크리트어로 쓴 리그 베다Rig Veda. (출처: https://commons .wikimedia.org)

양하는 기도문 형식의 경전이자 운문 찬가이다.

아리아인들이 신을 숭배하며 찬양한 노래, 주문, 의례 등을 담은 『베다』에는 수많은 신들로 가득하다. 많은 신들 중 베다 시대 아리아인들은 특히 인드라Indra, 아그니Agni, 그리고 바유Vayu 세 신(三神)을 숭배하였다.

『리그 베다』에 등장하는 신들 중에서 가장 신성한 신이자 신들의 제왕으로 숭배되는 것은 인드라이다. 인드라는 천공天空의 신 디아우스 Dyaus(하늘의 아버지라는 뜻의 디아우스 삐따Dyaus Pita)와 대지大地의 여신 프리티비Prthivi(대지의 어머니, 대지모신으로 모성, 생식력, 창조성 또는 대지의 풍요함을 상징하는 여신이라는 뜻의 프리티비 마타Prthivi Mata)의 아들이라고 한다. 인드라는 전쟁의 신으로 아리아인들의 수호신이자

---

49 인도로 들어온 아리아인들이 서기전 1200년경에 만든 종교로, 수많은 자연신들을 숭배하는 다신교이다. 그들은 신들에게 희생을 바치며 신의 은총을 바라, 신에 대한 제사 의례를 절대 중시한다. 4종의 베다에 근거한 가르침을 펴는데, 우주의 최고 원리로서의 브라흐마Brahma(梵天)에 대한 신앙을 중심으로 한다. 또 정복 민족으로서의 우월성을 강조하기 위해 계급을 중시하는데, 그 중심에 브라만이라는 사제 계급이 있다. 카스트 제도가 이로부터 나왔으며, 힌두교도 이러한 브라만교에서 발전하였다.

천둥과 번개를 지휘하고 비를 관장한다. 그러므로 인드라는 아리아인, 그들의 삶의 환경과 떨어질 수 없다. 그래서였을까? 『리그 베다』에는 이런 인드라에게 바치는 찬가가 250여 개로 압도적으로 많다.

여신들이 많은 드라비다인들의 문화와는 달리, 아리아인들에게 신은 주로 남성으로 나타난다. 이는 유목민의 특성이 반영된 것으로 보인다. 가장 특기할만한 점은 아리아인의 종교가 주로 제식주의적이었다는 것이다. 그들은 제식을 통한 신들의 경배를 인간의 가장 중요한 의무로 여겼다. 제물을 올려 신들을 기쁘게 만들어 부와 행복, 자손의 번창 등 현실의 바람을 이루고자 했다.[50] 예를 들면 아그니는 브라만교 전통의 번제燔祭 의례儀禮인 야즈나 의례Yajna Ritual에서 중요한 신이다. 이 제사 의례는 성화聖火를 피운 제단을 차리고, 기이Ghee(요리에 쓰는 일종의 버터), 곡물, 음식, 술 등을 제물로 바치고 태우며, 베다의 만트라를 낭송하는 순서로 이루어진다. 이 의식은 불을 통해 연기가 하늘로 올라감으로써 인간의 뜻이 신의 세계에 전달된다는 믿음을 바탕으로 하는데, 이를 통해 세속적 복을 기원한다.

아리아인이 만들고 연 베다 시대의 인도는 현대의 인도 사회에 많은 것을 유산으로 남겼다. 아리아인들의 삶은 『베다』에 잘 담겨져 있는데, 그들의 종교 문화, 계급 의식을 보여주기에 충분하다. 특히 『리그 베다』는 자연을 신격화하여 찬양하는 내용으로 가득하다. 특기할 만 한 점은 불교와 자이나교Jainism과 같은, 그리고 현대에도 영향을 미치는 새로운 정신 문화가 이러한 베다 시대에, 서기전 6세기경에 갠지스 강을

---

50 김형준, 2017, 85.

중심으로 출현하였다는 것이다. 그리하여 우주의 기원을 찾고 자연의 법칙을 찾으려는 경향이 나타났다. 그 열매가 집대성된 결과물이 베단타라고 불리는 우파니샤드이다. 이러한 새로운 사상, 정신 문화의 발전은 아리아인들의 살아있는 희생을 바치는 관습으로부터의 해방, 카스트 제도 등을 중시하는 브라만교에 대한 반발 등에 기인하였다.

춘추 전국 시대 중국의 정치사가 그러했듯이 인도에서도 베다 시대 후기에 수많은 도시 국가들이 전쟁 등으로 대립하는 가운데, 서기전 4세기(서기전 321년) 무렵에 찬드라굽타 마우리아가 마우리아 왕조를 열었다. 그리고 그의 손자 아소카 왕에 의해 최초의 통일 국가가 들어섰다. 그 때가 서기전 261년경이다. 그리고 정치적 분열과 대립, 혼란을 거쳐 기원 후 4세기에 굽타 왕조가 출현하였다.

이처럼 고대 문명은 각기 상이한 지역에서 발생하였지만 문명을 여는 조건들을 상당히 공유하였다. 그렇다고 모든 문명의 내용이 같은 것은 아니다. 그 형식과 내용이 우연하게도 유사할 수 있지만, 그 내용에 있어서는 차이가 있을 수밖에 없다. 이를테면 삶의 철학, 신념 체계, 세계관 등이 다를 수 있다. 그 결과가 바로 문명 간에 발생하는 정신 문화의 차이이다.

그럼에도 불구하고 이들 문명들에는 하늘·신을 향한 신념의 흔적이 공통적으로 나타난다. 메소포타미아 문명에서 그러한 특징을 보여주는 단서는 지구라트이다. 이집트에서의 그것은 피라미드였다. 인더스 문명에서 나아가 베다 문명에서 주문화도 영성 문화였다. 아리아인들 이전의 인도 토착 종교의 흔적으로 힌두교 시바 신의 원형으로 여겨지기도 한 요가 자세로 앉아 있는 형상의 상像과 모헨조다로에서 발굴된 진흙으로 만든 초기의 여신상이 이를 뒷받침한다. 그렇다면 황하 문명에서는?

중국 고대 문명의 뿌리, 황하 문명

중화 문명의 기원을 말할 때 이전에는 흔히 중원의 황하 문명이라는 일원론적 시각에서 접근하는 경향이 있었다. 즉 세계 4대 문명의 발상지의 하나인 중원 황하 유역의 앙소 문화를 중화 문명의 바탕으로 여겼다. 그러나 언제부턴가 이를 수정하는 목소리가 커졌다. 이를테면 부사년傅斯年은 중국 상고대 하나라 역사가 하夏(서방의 하족)와 동방의 맹주인 이夷(동방의 동이족)의 각축·투쟁이었다며, 지난날 주대 이후 사마천司馬遷에 이르기까지 이족夷族을 배제하고 하족夏族 중심으로 역사를 재구성해 왔음을 비판함으로써 단원론을 반대하였다.[51] 서욱생徐旭生도 요·순·우 이전 시기 중국 상고 시대에 황하 연안에는 수많은 씨족 집단들이 난립해 있었다며, 특히 화하 집단, 동이 집단, 묘만 집단을 3대 집단으로 여기고 이들 간의 관계를 밝혀 다원론적 입장을 취한다.[52] 1970년대 이후부터는 중화 문명의 기원을 뿌리 째 뒤집는 일도 벌어졌다. 중원의 황하 문명보다 훨씬 앞서고 황하 유역의 생활 양식과는 차이를 보이는, 장강(양자강) 유역의 하모도河姆渡 문화나 요하 일대

---

51 부사년傅斯年 지음, 정재서 역주, 2011, 155, 175~182.

52 중국 상고 시대의 이들 3대 부족 집단에 대해서는 서욱생 저, 조우연 역, 2012, 제2장을 참조하라.

동북아 문명의 3대 원류. 이들 세 문명권의 주요 신석기 또는 청동기 문화를 보면, 황하 중류를 중심으로 발흥한 황하 문명은 앙소 문화, 장강(양자강) 하류를 중심으로 일어난 장강 문명은 하모도 문화, 요하 일대를 중심으로 한 요하 문명은 흥륭와 및 홍산 문화를 고고학적 특징으로 한다. (출처: https://www.bing.com)

의 홍산 문화 등이 발굴되었기 때문이다.[53] 그리하여 중국 문명이 하나가 아닌 여러 지역에서 출현하였다는 다원론적 인식이 더 설득력을 얻었다. 그 와중에 중국은 가장 역사가 오래된 요하 유역의 홍산 문화를 중화 문명의 뿌리로 삼는 '중국 고대 문명 탐원 공정'을 통해 중화 문명을 세계에서 가장 먼저 발생한 문명으로 만들어 갔다.

---

53 1973년에 장강 하류 지역에서 앙소 문화보다 약 1천년 앞서는 하모도 문화(서기전 6000년~서기전 3330년)가 발굴되었다. 이에 중국은 이를 중화 문명의 기원으로 간주하였다. 그러다가 1980년대 이후에는 요하 일대에서 장강의 하모도 문화보다도 앞서는 신석기 유적들이 대량으로 발굴되었다. 이것이 바로 홍산 문화이다.

그렇다면 세계 4대 문명의 하나로, 화하족華夏族·한족漢族[54] 문명의 뿌리라는 황하 문명은 어떻게 시작되었을까?

청해성靑海省, 사천성四川省, 감숙성甘肅省, 영하회족寧夏回族 자치구, 내몽골 자치구, 섬서성陝西省, 산서성山西省, 하남성河南省, 산동성. 이것은 황하가 굽이치며 지나는 9개 성省 및 구區이다. 곤륜 산맥에서 시작하여 그 마지막인 발해만渤海湾으로 유입되는, 약 5,500킬로미터에 이르는 황하黃河. 지금으로부터 약 5,000년 내지 4,000여 년 전, 이 황하 유역에는 혈연을 중심으로 모여 사는 부족 공동체가 많았다. 그들은 홍수로 떠내려 온 황토를 이용하여 농사를 지었으며, 사방이 네모난 방형으로 이루어져 있다고 해서 붙여진 방방方邦 고국古國의 도성을 도읍으로 하여 국國을 형성하였다. 『서경』의 「주관周官」과 「요전堯典」에 '만국萬國'과 '만방萬邦'이라는 말이 나온다. 여기서 '국'이나 '방'은 통일 국가 출현 이전의 제후국, 부족 소국으로 볼 수 있다.[55] 그 수를 만방萬邦으로 표현한 것으로 보아 당시 국이 매우 많았던 것으로 보인다. 거기에는 석기를 이용하는 사람들도 있었지만 기름진 평지에서는 청동으로 만든 도구를 사용하는 집단들도 있었다. 이들이 바로 황하 문명을 연 사람들이다.

중국 대륙에서 신석기 문화가 나타난 것은 서기전 6000년 무렵이다. 황하 유역에서 섬서를 중심으로 하는 노관대老官臺 문화(섬서성 화

---

54 중국은 화하족華夏族을 한족漢族의 선先 민족으로 보았다. 나아가 한족 중심주의, 중화 민족주의 사고에 따라 자신들 이외의 주변 이민족을 동이東夷니 서융西戎이니 남만南蠻이니 북적北狄이니 하면서, 오랑캐·야만인 취급하고 차별화하였다.

55 채침蔡沈은 '만방萬邦'을 많은 제후의 나라로 본다. "만방은 천하의 제후국이다. 萬邦 天下諸侯之國也."(『書經集傳』「堯典」) 『서경집전』의 원문 및 번역은 성백효 역주, 1998을 참조하였다.

현 노관대), 하북성에서 하남성 북부로 확대되는 자산磁山 문화(하북성 무안현 자산), 황하 남쪽의 하남성 남부에서 호북성 북부에 분포하는 배리강裴李崗 문화(하남성 신정현 배리강), 산동성 서남부에서 강소성 북부에 걸친 황하 하류의 북신北辛 문화(산동성 등현 북신) 등이 바로 그것이다.[56] 이런 문화를 기반으로 후에 앙소 문화, 용산 문화, 이리두 문화, 이리강 문화, 소둔 문화 등이 발전하였다.

황하를 따라 살아가던 신석기 시대 사람들이 이룬 대표적인 문화는 그 중류에 있는 산서성을 중심으로 동으로는 하남성河南省 동부, 서로는 감숙성甘肅省과 청해성靑海省 접경 지대, 남으로는 호북성湖北省 서북 지방, 북으로는 만리장성 지대에까지 분포한 앙소仰韶 문화(서기전 5000년~서기전 2500년)이다. 이전의 노관대 문화를 기반으로 발전한 앙소 문화는 중화 문명의 뿌리로, 초기에는 섬서성과 하남성을 중심으로 형성되었으나 이후 황하 유역 전체로 확산되었다.

서기전 약 5000년 무렵에 시작된 앙소 문화의 흔적은 하남성 앙소촌 등 다양한 지역에 남아있는데, 가장 대표적인 유적지는 황토 고원에 위치한 섬서성 서안西安의 반파半坡 유적지와 임동臨潼의 강채姜寨 유적지이다. 대체로 서기전 2500년까지 약 2,500년 동안 지속된 앙소 문화[57]에서는 수렵과 어로도 중요하였겠지만, 여러 유적지에서는 이보다 정착 생활을 하며 농작물을 재배하고 동물도 기르며 살았음을 보여주는 많은 도구가 나왔다. 이는 앙소 문화가 농경 생활이 중심이었음을 말

---

56 가이즈카 시게키 외 지음, 배진영 외 옮김, 2011, 54~55.

57 앙소 문화는 그 시기를 초기의 서안西安 반파半坡 문화, 중기의 삼문협三門峽 묘저구廟底溝 문화, 후기의 정주 대하촌大河村 문화 등 크게 세 시기로 구분할 수 있다.

한다. 이들이 지금의 중국 사람, 화하족, 한족을 구성하는 주류라고 할 수 있다.

황하 유역에서는 이 황하 중류의 앙소 문화와는 시간적 공간적으로 다른 문화가 형성되기도 하였는데, 용산龍山 문화(서기전 2500년~서기전 1800년)[58]가 바로 그것이다. 특히 산동 용산 문화는 산동과 강소 북부에 분포한 약 4,500년 전 동이東夷계 사람들이 창조한 대문구大汶口 문화가 발전한 것이다.[59] 중원 용산 문화는 서기전 2500년경에 시작되었는데 앙소 문화가 거의 끝날 무렵이다.

그 지역적 기반을 보면 비록 앙소 문화권과 중첩되는 지역도 있지만, 서로는 섬서 지역에서 동으로는 발해 만에 이르기까지 황하의 중·하류 전역을 포함한다. 용산 문화는 산동 반도를 중심으로 해안선을 따라 동남부에 확대되고 또 황하 유역을 거슬러 하남성 동부 및 은 왕조의 수도였던 안양安養에까지 미쳤다. 이 용산 문화권이 훨씬 넓다. 용산 문화는 서기전 1800년까지 계속되었는데, 이 때는 바야흐로 선상先商 시대에 해당한다. 은나라 문화는 이 용산 문화를 모태로 해서 발생했다.

용산 문화는 앙소 문화와 어떤 관계일까? 결론부터 말하면 용산 문화는 앙소 문화보다 늦게 형성되었다. 앙소 문화가 먼저 출현하였고 그 후에 용산 문화가 형성된 것이다. 시간적 순서로 보면 앙소 문화에서 용산 문화로 계기적으로 이어졌다고 할 수 있다.[60] 용산 문화는 신석기

---

58 용산 문화도 더 구체적으로 보면 섬서 용산 문화, 진남 예서 용산 문화, 하남 용산 문화로 대표되는 중원 용산 문화와 대문구 후기 문화를 모체로 하였던 산동 용산 문화로 구분할 수 있다.

59 저우스펀 지음, 김영수 옮김, 2006, 27.

60 1931년, 하남성 안양시에 가까운 후강後崗에서 한 유적지가 발굴되었다. 여기서 채도를 가진 앙

문화인 앙소 문화와 일정 기간 공존하는 신석기 후기 문화로 청동기 시대를 여는 바탕이었다. 이는 곧 용산 문화가 앙소 문화로부터 영향을 받았을 여지가 많음을 의미한다.

이러한 용산 문화의 대표적인 유적지는 산동성 용산진龍山鎭 성자애城子崖을 비롯하여 산동, 하남, 섬서, 산서, 하북 등에 있다. 이들 유적지에서는 다양한 토기를 비롯하여 생활 도구·장신구 등이 발굴되었는데, 특히 흑색의 토기가 특징적이다. 앙소 문화가 여러 가지 색을 조합한 채색 토기를 특징으로 한다면 용산 문화는 검은색 토기를 특징으로 하며 그 모양이나 쓰임이 더 다양하였다.

용산 문화 각 지역은 농경을 주로 하거나 가축을 사육하고 정착 생활을 한 공통점이나 문화적 공통성도 있지만 차이를 보이기도 한다. 이는 경제적 삶이 향상되면서 부의 분배, 사회 분화, 계급의 발생과 같은 현상이 진전되었음을 말한다. 방대한 성보城堡가 대량으로 나오고 호화로운 대규모 무덤이 나온 것은 용산 문화 시대가 평등을 기조로 하는 씨족 사회의 붕괴를 상징하는데, 이는 곧 용산 문화가 이미 초기 문명 사회로 진입했음을 암시한다.

이로 보면 중국의 황하 문명은 황하 중류의 농경을 바탕으로 하는 신석기 앙소 문화와 용산 문화를 바탕으로 서기전 5000년까지 거슬러 올라가는 시점에서 형성되었다. 그러나 이는 황하 유역이 아닌 지역에서 앙소 문화보다 먼저 형성된 문화가 발견됨으로써 더 이상 유효하지

소 유적은 최하층, 흑도를 포함한 용산 유적은 중간층, 그리고 은 문화의 유물은 최상층에서 발견되었다. 이는 앙소 문화, 용산 문화, 은 문화가 차례로 형성되었음을 말해준다. 이춘식, 2007, 28 참조.

않다. 바로 황하와는 다른 지역에서, 그것도 중원의 앙소 문화보다 약 1천년이나 앞서는 문화가 장강 하류 지역에서 확인됨으로써 중국 문명의 출현에 대한 수정이 필요하였다. 하모도河姆渡 문화(서기전 6000년 ~서기전 3330년)라고 하는 이 문화는 1973년 절강성浙江省 양자강 하류, 여요현 하모도에서 발견되었는데, 주로 동부 연해 지역에 분포하며, 요강姚江 연안에 집중되어 있다. 시기로 보면 서기전 6000년~서기전 3330년경에 있었던 신석기 문화로, 중원 황하의 신석기를 뿌리로 하는 앙소 문화나 대문구 문화보다 앞서는 것으로 밝혀졌다. 이 하모도 문화를 기반으로 서기전 4000년 무렵에 마가빈馬家濱 문화(절강성 가흥현 마가빈)가 출현하였다. 황하 문명의 실질적 바탕인 앙소 문화는 장강을 중심으로 형성되었던 신석기 문화인 하모도 문화보다도 늦게 형성되었다.

그러자 한족·화하족이 연 문명의 줄기라고 할 수 있는 중화 문명은 신석기 시대 황하 중류 지역에서 일어난 앙소 문화와 황하 하류 지역에서 일어난 대문구 문화(서기전 4100년~서기전 2600년) 및 용산 문화를 근간으로 하지만, 여기에 장강 하류에서 앙소 문화보다 수백 년이나 앞서 이루어졌던 하모도 문화 등이 어우러져 성립하였다고 여기게 되었다. 1973년에 양자강 하류에서 앙소 문화보다 더 오래된 하모도 문화가 발굴되자 중국에서는 이것도 중국 문명의 시발점으로 인정하여 '앙소 문화', '하모도 문화'를 중국 고대 문명의 2대 원류로 보게 되었다.

그런데 이마저 뒤집는 제3의 또 다른 문화가 발굴되었다. 이른바 홍산紅山 문화이다. 홍산 문화는 요하遼河 일대에서 신석기 시대를 연 문화로, 서기전 7000년 무렵까지 거슬러 올라가는 소하서 문화(서기전

94

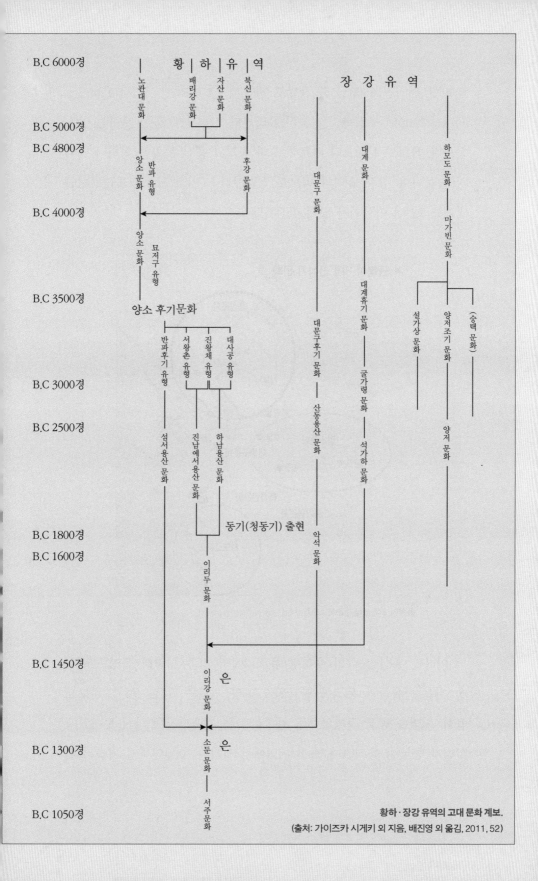

황하·장강 유역의 고대 문화 계보.
(출처: 가이즈카 시게키 외 지음, 배진영 외 옮김, 2011, 52)

7000년~서기전 6500년)를 출발로 하는데, 그 만기는 서기전 4500년~
서기전 2500년 무렵까지 거슬러 올라간다. 그러므로 홍산 문화는 앙소
문화나, 하모도 문화보다 빠르다. 요하 유역의 홍산 문화는 황하 유역의
앙소 문화나 장강 유역의 하모도 문화보다 시기적으로 적게는 1천년
많게는 2천년 이상이나 앞서 형성되었다.

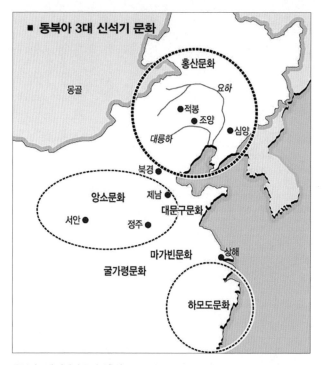

동북아 3대 신석기 문화. (출처 : https://www.seoul.co.kr)

이러한 홍산 문화의 우하량 유적지에서 기존의 중화 문명 기원설
을 뒤집는 유물과 유적이 발굴됨에 따라 이제는 '앙소 문화', '하모도
문화' 지역을 중국 문명의 2대 원류로 보는 견해까지 또다시 무너졌다.
그러자 중국이 움직였다. 요서 지역에서 서기전 7000년까지 거슬러 올

라가는 소하서小河西 문화가 발견되고 그 후 흥륭와興隆洼 문화(서기전 6200년) 등이 계속 발견되자 중국은 요하 유역을 중국 문명의 3대 원류의 하나로 여겼다. 중국은 그 중에서도 요서 지역의 신석기 문화를 중화 문명의 시발점으로 요하 일대의 문명을 세계에서 가장 오래 된 문명으로 새롭게 부각시키고 있다.

동북아에서 움튼 첫 문명

황하 문명의 역사적 흐름

그렇다면 황하 문명을 중심으로 하는 중국 고대의 역사는 어떻게 계승되었을까? 우리는 이를 뒤에서 다룰 환국 문명과 비교적 맥락에서 보기 위해 살펴볼 필요가 있다.

중국 역사의 기원을 말할 때 흔히 사람들은 반고盤古가 천지를 개벽한 이후 삼황오제三皇五帝로 이어졌다고 말한다. 그러나 삼황의 시대는 문헌에서 전설의 형식으로만 언급될 뿐이다. 그리고 삼황이 누구인지도 분명하지 않다. 삼황으로 수인씨·신농씨·복희씨를 말하기도 하고, 태호 복희씨·염제 신농씨·황제 헌원씨를 말하기도 하는 등 의견이 다양하다. 이를 뒷받침할 수 있는 자료나 고증할 방법이 없다.

사마천司馬遷. (출처: 『삼재도회』)

그런데 사마천은 『사기』에서 황제 헌원을 중

국 문명의 첫 군주로 여기며 황제로부터 시작되는 오제五帝의 역사를 중화 민족의 역사로 그린다. 이른바 『사기』는 황제 헌원黃帝軒轅, 제전욱 고양帝顓頊高陽, 제곡 고신帝嚳高辛, 제요 방훈帝堯放勳(唐堯), 제순 중화帝舜重華(虞舜) 다섯 제왕[五帝]을 중국 역사의 출발로 보고 이들 간의 관계 및 계승 등을 총체적으로 담고 있다. 사마천은 『사기』를 통해 화하족의 민족사, 한漢족의 민족사의 얼개를 처음으로 구성하였다. 오늘날 동북아의 많은 사람들이 황제를 중국, 화하

중국 최초의 기전체 역사서 『사기史記』. (출처: 위안싱페이, 2007, 423)

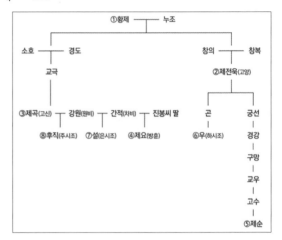

사마천이 설정한 오제와 하은주 시조 계보도. (출처: 한가람역사문화연구소, 2020(3), 14)

족, 중화 문명의 시조로 여기는 경향은 바로 이에 기인한다.[61]

『사기』「오제본기」에 의하면 황제는 하늘과 땅을 제사하는 봉선封禪을 행하였다. 또한 하늘로부터 제위를 상징하는 보배로운 솥[寶鼎]을 얻었을 뿐만 아니라 점치는 시초蓍草(나뭇가지, 풀)을 얻어 역수曆數를 추산해 다가오는 날을 예측하였다.[62] 황제는 점을 쳐서 천지, 음양, 사시

---

61 춘추 전국 시대 이후 화하족은 흔히 중국의 종족을 지칭하는 것으로 여겨졌다. 그들은 나아가 중원 주변의 이민족을 '이夷', '적狄', '융戎', '만蠻' 등으로 불렀다.

62 "귀신이나 산천에 봉선하는 일들이 더욱 많아졌다. 보정을 얻어 날을 맞이하는 책을 추산했다.

라는 벼리[紀]에 따랐다는 것이다.

황제가 죽자 그의 둘째 아들인 창의昌意의 아들인 고양高陽이 제위에 올랐다. 그가 바로 전욱顓頊이다. 그는 우주의 운행에 따라서 계절에 맞는 일을 하였고, 귀신의 권위에 의지하여 예의를 정하였으며, 기를 다스려 백성을 교화하고 깨끗하고 정성스럽게 천지 신령에 제사를 지냈다.[63]

전욱이 죽자 고신高辛이 왕위에 올랐는데 그가 제곡帝嚳이다. 전욱의 아들은 아버지의 뒤를 잇지 못했다. 전욱을 이은 것은 그의 사촌의 아들 제곡이다. 제곡 고신은 황제의 증손자이자 전욱의 사촌의 아들이다. 고신은 하늘의 뜻에 순종하였고, … 귀신의 권위를 이해하여 그들을 공손히 섬겼다.[64]

제곡 고신은 여러 아내를 두었는데 그의 뒤는 넷째 아내인 추자씨娵訾氏 딸을 맞이하여 낳은 지摯가 이었다. 그러나 지가 정사를 제대로 보지 못하자 이복 동생인 방훈放勳이 그 자리를 차지했다. 그가 바로 요堯이다.

요는 왕의 자리에 올라 국호를 당唐이라 했는데 이때가 서기전 2357년 무렵이다.[65] 요는 하늘을 공경하여 따르고 일월성신의 운행 법

… 천지의 기강과 음양의 점수占數와, 생사의 의제와 존망의 설에 순응했다. 而鬼神山川封禪與爲多焉. 穫寶鼎, 迎日推筴. … 順天地之紀, 幽明之占."(『史記』 「五帝本紀」) 이하에서 『사기』 원문 및 번역은 정범진 외 옮김, 1994; 정범진 외 옮김, 1996; 신동준 옮김, 2015; 한가람 역사문화 연구소 사기 연구실 번역·신주, 2021; 신동준 역, 2018b를 참조하여 인용하거나 수정·보완하였다.

63 "載時以象天, 依鬼神以制義, 治氣以教化, 絜誠以祭祀."(『史記』 「五帝本紀」)

64 "順天之義, … 明鬼神而敬事之."(『史記』 「五帝本紀」)

65 요가 당을 세운 때는 우리의 역사로 보아 환웅의 배달 시대 말 무렵이다. 요가 당을 세운지 수십 년 뒤에 단군 왕검이 배달국을 이어 서기전 2333년에 조선을 열었다. 『삼국유사』에 위서魏書를 인

칙을 헤아려서 백성들에게 농사의 적기를 가르치게 하였다.[66]

요 임금은 만년에 자신의 후계 문제를 두고 신하들과 상의한 결과 서민이었던 순舜을 추천받았다. 그러나 순이 왕위에 오르기까지는 28년 이라는 많은 시간이 걸렸다. 왜냐하면 순이 어떤 사람이고 그의 인간 됨됨이나 능력이 어떤지를 평가하기 위해 요 임금이 긴 시간을 보냈기 때문이다. 그 일환의 하나로 요 임금은 두 딸인 아황娥皇과 여영女英을 순에게 시집보내 순의 덕행을 살피고 아홉 아들을 보내 함께 생활하게 도 하였다.

서른 살에 요 임금에게 등용된 순은 늙어 은거한 요 임금을 대신하 여 쉰 살부터 천자의 정치를 대행하였다. 그리고 요 임금이 죽자 쉰여덟 살에 마침내 요 임금을 이어 제위에 올랐다. 그가 바로 순 임금이다.

당시 요 임금에게는 맏아들인 단주丹朱가 있었다. 단주는 전쟁에서 큰 공을 세우기도 하였지만 요의 자리를 잇지 못했다. 단주의 정치적 능력이 약하다고 본 요가 순에게 자리를 물려주었기 때문이다. 순은 단주에게 천하를 양보하고 자신은 남하南河의 남쪽으로 피하기도 했다. 그렇지만 사람들이 따른 것은 단주가 아니라 순이었다. 이에 순은 자신

용하여 고조선의 개국을 알리는 말이 있는데, 단군 왕검이 아사달에 도읍을 정하고 조선을 연 때 가 요 임금과 같은 시기이다. 『삼국유사』는 또한 단군 왕검은 당요唐堯가 즉위한지 50년이 되는 경 인년에 평양성에 도읍을 정하고 비로소 조선이라고 불렀다고도 한다. "魏書云, 乃往二千載, 有壇 君王儉, 立都阿斯達(經云, 無葉山 亦云, 白岳, 在白州地. 或云, 在開城東, 今白岳宮是), 開國號朝鮮, 與高(堯)同時. … 以唐高(堯)卽位五十年庚寅(唐高(堯)卽位元年戊辰, 則五十年丁巳, 非庚寅也, 疑 其未實), 都平壤城(今西京), 始稱朝鮮."(『三國遺事』「古朝鮮」)『삼국유사』의 원문과 번역은 김원중 옮김, 2008; 이가원·허경진 옮김, 2006; 서철원 번역·해설, 2022를 참조하였다.

66 "敬順昊天, 數法日月星辰, 敬授民時."(『史記』「五帝本紀」)

이 왕위에 오르는 것을 하늘의 뜻으로 받아들였다. 흔히 이런 선양 과정을 두고 유교에서는 혈연 관계를 뛰어넘는 파격적 왕위 계승으로 언급하고 나아가 요순 시대를 이상 사회로 본다.[67]

쉰 살부터 천자의 일을 대행한 순 임금은 왕위에 오른 후 하늘의 상제에게 여러 가지 일들을 보고하는 제사, 즉 유사類祀는 물론, 육신六神(六宗)[68]과 산천 등 여러 신에게도 두루 제사를 올렸다. 태산에 올라서 장작을 태워 하늘에 제사를 지내기도 하고, 자신의 지배하에 있는, 신이 내려오고 신과 소통할 수 있다고 여긴, 산천을 대상으로 제사를 올리기도 하였다. 이러한 요·순 시대는 인류학적으로는 신석기 시대에 해당한다.

황하 유역에서 청동기 시대가 열릴 무렵인 서기전 2000년경, 순 임금의 제위는 이후 우禹에게 넘겨졌다. 그렇다면 우는 어떻게 왕위에 올랐을까? 그는 순 임금 때 물과 토지를 다스리는 일을 하는 관리, 즉 사공司公으로 임명되어 큰 공적을 이루었다. 그의 가장 큰 공적은 황하 강변의 물길을 바로잡은 일이다. 황하는 요 임금 때는 물론 순 임금 때도 홍수로 강물이 물길을 따라 흐르지 못하고 역행하는 일이 자주 있었다. 강 주변에 정착해 살면서 농경을 하던 사람들에게 홍수는 그야말

---

67 이런 요순 선양설을 비판하는 기록도 많다. 『환단고기』, 『순자』, 『한비자』, 『죽서기년』 등에 의하면 우가 치수에 성공하자 그 세력이 커져 무력으로 요를 굴복시키고 왕조를 세웠다고 한다. 이에 대한 구체적 내용은 『환단고기』의 『태백일사』, 「삼한관경본기」 번한세가 상; 이재석, 2008, 54~59를 참조하라.

68 육신에 대한 설은 천·지·춘·하·추·동이라는 설과 성星·신辰·사중司中·사명司命·풍사·우사라는 설, 그리고 사시四時, 한서寒暑, 일, 월, 성, 수한水旱이라는 설 등 다양하다. 수水, 화火, 뢰雷, 풍風, 산山, 택澤도 그 하나이다.

로 재앙이었다. 사람들은 이러한 자연 재해를 하늘이 노하여 자신들에게 일종의 경고로 내린 것으로 여겨 두려워하였다. 그러므로 치수, 즉 물을 다스리는 일은 그 무엇보다도 중대한 일이었다. 요 임금의 말을 보자.

> "아, 사악四嶽아, 넘실대는 홍수가 지금 한창 사나우니 거대한 물 줄기가 산을 휘감고 언덕을 덮쳐 넘실넘실 하늘까지 집어삼킬 듯하다. 백성들의 걱정이 태산이니 할 수 있는 자가 있다면 그로 하여금 다스리게 하리라."[69]

하늘을 찌를 기세의 홍수가 강 주변의 경작지는 물론 거주지까지 몰아쳐 사람들의 삶을 위협하였다. 이에 요 임금은 곤鯀에게 명하여 치수를 시켰다. 그러나 그게 어디 그리 쉬운 일일까? 9년이라는 오랜 시간에 걸쳐 홍수를 다스리려고 시도했으나 끝내 성공하지 못했다.[70]

홍수는 순 임금 때도 마찬가지였다. 거듭되는 홍수에 순 임금은 곤의 아들 우禹를 천거하여 곤의 치수 사업을 잇게 하였다. 그가 얼마나 열심히 일하였는지는 그가 밖에서 13년을 지내면서도 자기 집 대문 앞을 지나갈 때도 감히 들어가지 않았다는 『사기』 기록을 통해 짐작할

---

69 "咨四嶽, 湯湯洪水方割, 浩浩懷山襄陵, 浩浩滔天. 下民其咨, 有能俾乂."(『書經』「堯典」) 이 책에서 『서경』의 원문 번역은 유교문화연구소 옮김, 2011; 이세동 옮김, 2020; 이기동 역해, 2020; 김동주 역주, 2019; 성백효 역주, 1998을 참조하였다.

70 "아홉 해가 되어도 일이 이루어지지 않았다. 九載績用弗成."(『書經』「堯典」)

수 있다.[71]

우는 흙을 쌓아 제방을 축조하는 방식의 치수법을 쓴 아버지와는 다른 방법을 사용하였다. 물길을 터주는 새로운 방식으로 치수를 한 것이다. 그리고 이는 성공적이었다. 『서경』「우공禹貢」에는 우가 홍수를 다스린 대요가 담겨있는데, 우는 구주九州의 지역을 분별하여 산의 형세에 따라서 나무를 베고 길을 통하게 하여 다스렸으며, 또 그 지역에 있는 산 중 높은 것과 천川 중 큰 것을 정하여 기강紀綱을 삼았다. 『사기』「오제본기」에 의하면, 우는 전국 아홉 개의 산을 개간했고 아홉 개의 호수를 통하게 하였으며 아홉 개의 강 물길을 통하게 했고 전국 구주를 확정하였다. 이는 곧 산만하게 흩어져 있던 물줄기들을 터서 물이 황하 주류로 잘 유입되게 한 것으로 볼 수 있다.[72]

황석림黃石林은 이러한 다섯 제왕 시기를 거치며 크게 세 단계의 변혁이 있었다고 본다. 즉 황제가 중원의 여러 작은 부락을 제패하여 일

---

71 "우는 아버지 곤이 치수 사업 실패로 처벌받은 것을 아파하였으므로 노심초사하면서 부지런히 일하느라 집 밖에서 13년을 지내면서 그동안 집 앞을 지나칠 때도 감히 들어갈 수 없었다. 禹傷先人父鯀功之不成受誅, 乃勞身焦思, 居外十三年, 過家門不敢入."(『史記』「夏本紀」)

72 그런데 이와 관련하여 『단군세기』에는 이런 기록이 있다. "재위 67년 갑술년(단기 67년, 서기전 2267년)에 왕검께서 태자 부루扶婁를 보내어 순 임금이 보낸 사공司空 우禹와 도산塗山에서 만나게 하셨다. 태자가 '오행의 원리로 물을 다스리는 법(五行治水法)'을 이들에게 전하고, … ". 수 년 동안 계속 반복되는 홍수는 어느 한 집단이 단독으로 해결하기는 어려운 문제이다. 이를 해결하기 위해서는 여러 나라나 집단 간 연대와 협동·공조가 절대 필요하다. 『단군세기』를 보면 우는 치수를 맡은 최고 책임자로서 고조선과도 접촉하였다. 그 때 고조선의 왕검이 태자 부루扶婁를 보내 도산塗山에서 만난 우禹에게 오행의 원리로 물을 다스리는 법을 전해주었다는 것이다. 물의 흐름을 관찰하고 그 원천을 밝혀, 물이 대평원 지대로 향하게 물꼬를 트는 새로운 치수법을 조선으로부터 전수받은 우는, 그리하여 성공적인 치수를 할 수 있었다. 이러한 치수는 우가 왕권, 정치 권력을 획득하는데 결정적이었다. 순 임금은 동이 나라인 고조선 왕검의 도움, 또는 동이의 현자 도움으로 성공적인 치수를 할 수 있었다는 것이다.

종의 부락 대연맹을 이루고, 전욱 시기에 이르러 씨족 사회가 해체되고 노동의 분화는 물론 특권 계급이 출현하는 등 사회 분화가 진전되었으며, 우禹의 성공적인 치수로 천하 만민이 언덕이 아닌 평지 땅에서 살며 생산성을 높일 수 있었고, 이로 인해 빈부의 격차가 발생하는 큰 변화이다. 이러한 역사적인 전환을 통해 화하 민족의 삶의 기반이 마련되었고 마침내 왕국도 탄생시킬 수 있었다는 것이다.[73]

넓고 평평한 그리고 기름진 땅이 많았던 황하 중·하류 대평원. 서기전 21세기 무렵 그곳에는 수많은 씨족 집단들이 모여 있어 물리적 충돌은 물론, 정치적 통일을 위한 갈등이 일어날 여지가 많았다. 상고 시대 황하 주변에 있던 대표적인 씨족 집단은 화하華夏, 동이東夷, 그리고 묘만苗蠻이었다. 오늘날의 섬서성 황토 고원 지대에서 기원한 화하 집단은 선사 시대에 이미 점차 황하의 두 연안을 따라 중국 북방 및 중부의 일부 지역으로 뻗어나갔다. 요하 남부의 농경 씨족인 황제 씨족이 화하 집단의 주요 구성원이었다. 동이 집단의 거주 지역은 북쪽으로 산동성의 북부 지역을 기점으로 하며, 가장 강성할 때에는 산동성 북부 전 지역을 아울렀을 것으로 추정된다. 그리하여 서쪽으로는 하남성 동부 지역까지 이르렀고, 서남쪽으로는 하남성의 남단, 남쪽으로는 안휘성 중부, 동쪽으로는 바다에 닿았다. 그 주요 씨족은 태호(복희씨, 포희씨), 소호, 요하 북부의 치우 등이다. 묘만 집단은 삼묘씨(苗民)를 대표적 씨족으로 하는데, 그들의 중심 지역은 지금의 호북성, 호남성 두

---

73 이러한 내용은 서욱생徐旭生의 중국 상고사 연구인 『중국 전설 시대와 민족 형성』이라는 책의 서언序言에 나온다. 이 서언은 서욱생이 작고한 후에 다시 출판된 위의 책에 실린, 서욱생의 제자 황석림이 쓴 글이다. 서욱생 저, 조우연 역, 2012, 6을 참조하라.

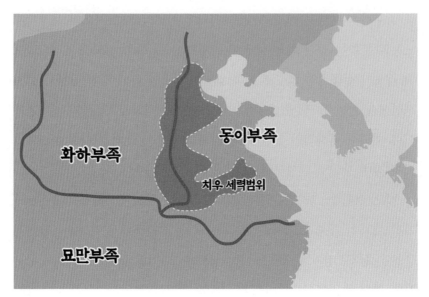

고대 황하 주변에 있던 대표적인 부족 집단. (출처: http://www.edujin.co.kr)

지역이다. 이들은 동쪽으로는 동이 집단과 접하였고 북쪽으로는 화하 집단과 접하였다.[74] 이들 세 갈래의 족속들은 춘추 전국 시대를 거치며 오랜 기간에 걸쳐 싸우고 화해하는 과정을 반복하더니, 진한 시기 이후에 이른바 '중국인'이라는 이름의 하나의 민족으로 규정되었다. 동이족도 그 과정에서 융합되었다.[75]

신석기 후기와 청동기 초기 시대를 거치며 이곳에서 가장 먼저 통일 왕조를 연 것은 서기전 2070년 무렵, 하夏족이다. 하나라가 열릴 무

---

74 서욱생 저, 조우연 역, 2012, 125, 149, 174.

75 당가홍唐嘉弘은 동이족의 원시 문화가 같은 시기 중원에 있던 다른 집단과 비교했을 때 문화를 선도하는 위치에 있었지 결코 뒤떨어지지 않았다고 본다. "상商 · 주周 시기에도 동이족 세력은 컸다. 그러나 춘추 전국 시기 이후에 이르면 동이족은 점차 제로齊魯 문화, 즉 화하華夏 문화에 융합되고 만다."(당가홍, 2011, 255~256)

렵, 주변에는 수많은 방국方國(나라)[76]이 있었다. 소규모의 고대 씨족 집단들이 존재하고 있었다. 그들은 아직 국가를 이룰 정도는 아니었다. 초기 국가 이전 수준의 공동체였다. 신석기 시대 말이나 청동기 시대 초기의 많은 유물은 제례祭禮와 관련된 것이 많다는 점을 고려하면, 이러한 씨족 연맹 공동체는 다분히 종교적 권위를 가진 자를 중심으로 정치 질서, 사회 질서가 열리던 제사장이 중심이었던, 초기 국가 형성 이전 단계의 씨족 집단으로 구성되었다. 중국 상고대 역사는 이러한 여러 방국들이 공존하던 중원의 황하 유역을 중심으로 하나라, 은나라, 그리고 주나라로 이어지며 펼쳐졌다.

서기전 2070년 무렵, 순 임금을 이어 왕위에 오른 우가 연 하나라는 산서성 남부, 하남성 중서부 지역을 중심으로 중원 지역에 세워진 중국의 첫 왕조이다. 그들은 낙양 평원의 이수伊水, 낙수洛水, 영수潁水 유역은 산서성 남쪽 평원의 분수汾水, 회수澮水, 속수涑水 유역을 주요 활동 무대로 삼았다.

사실 하 왕조는 지금까지 그 존재 여부가 수수께끼였다. 왜냐하면

---

76 방국方國(나라)은 국가 수준에 이르지는 못하지만 여러 씨족 및 부족이 결합된 연맹체로 서양으로 말하면 일종의 도시 국가라고 할 수 있을 듯하다. 하나라 주변에도 많은 방方이 있었다. 상 왕국 때에도 상나라 밖에는 상 왕국에 복속되지 않고 오히려 상나라와 대립하며 갈등 관계에 있었던 방국이 많았다. 상 왕실은 이들 방국과 전쟁과 관련하여 많은 점을 쳤다. 갑골문에는 주방宙方(『합집合集』 6834 정正), 토방土方(『합집』 6409), 주방周方(『합집』 23560), 파방巴方(『합집』 6480), 소방召方(『합집』 33017), 인방人方(『합집』 36499) 등을 비롯하여 수십 개의 방方이 나온다. 『합집合集』은 곽말약郭末若 주편主編, 1978, 『갑골문합집甲骨文合集』 탁본수취拓本搜聚 1~13을 말하고, 숫자는 여기에 실린 탁본 갑골편의 번호이다. 이하 〈갑골문〉의 이미지와 원문의 출처는 곽말약郭末若 주편主編, 중국사회과학원역사연구소 편, 1978; 팽방형彭邦炯·사제謝濟·마계범馬季凡 공저, 중국사회과학원역사연구소 편, 1998; 조금염曹錦炎·침건화沉建华 공편저, 2006; 양동숙, 2019이다. 특히 한역韓譯은 양동숙, 2019에 의존하였다.

하夏나라를 연 우禹 임금. (출처: 『삼재도회』)

이를 뒷받침할 수 있는 유물이나 유적과 같은 근거가 거의 없었기 때문이다. 그리하여 하나라는 흔히 전설로 여겨졌다. 중국 고대사를 설명하는 서양에서 나온 책은 중국 역사의 첫 왕조를 하가 아닌 상으로 규정하였다.[77] 나아가 하나라 역사는 실제 역사라기보다는 일정한 구조 속에서 만들어진 역사일 가능성도 제기되었다. 예를 들면 이유표는 '우禹'와 '하夏'에 대해 이렇게 말한다. "'우'는 원래 주족周族의 신화적 혹은 전설적인 치수 영웅으로 전승되어 오다가 춘추 시기에 이르러 구주九州 획정劃定의 고사가 더해졌고, 전국 시기에 이르러 '황제黃帝'에서 '곤鯀'·'우禹'로 이어지는 계보가 완성되었으며, 이와 동시에 요-순-우로 이어지는 선양禪讓, '대동大同'과 '소강小康'의 이상적 세계관 등이 결합되었다. '하'는 서주 시기에 처음 나타나는데, 사라 알란Sarah Allan은 주周가 상商을 멸망시킨 것을 정당화하기 위한 목적으로 '하夏'를 설정했다고 주장했다." 그러면서 한 발 더 나아가 "'우'의 전승이 '하'와 결합된 까닭에 대해, 천하의 홍수를 불식시키고 구주를 획정한 우의 영웅성이 주周가 설정한 '하夏'와 맞물리면서, 중국 최초의 세습 왕조인 '하'로 설정된 것은 아닌지 조심스레 생각"한다고 하였다.[78]

---

77 중국에서 하상주단대공정夏商周斷代工程이 한창이었던 1996년부터 2000년 사이에 서양에서는 고대 중국 연구의 결정체라 할 수 있는 『캠브리지 중국 고대사』가 편찬되고 있었다. 1994년부터 6년여의 준비와 집필 과정을 통해 출판된 이 책에서 중국의 역사는 상商에서 시작된다. 서양학계는 줄곧 하나라의 실존에 대해 물음표를 떼지 않았다. 사라 알란Sarah Allan이 그 대표적 인물이다. 이유표, 2020, 34 참조.

78 이유표, 2020, 40. 사라 알란Sarah Allan의 견해에 대해서는 사라 알란 지음, 오만종 옮김,

그러나 사마천은 『사기』를 통해 중국 역사의 틀을 만들며 「하본기」를 통해 우禹로 시작되는 하나라 역사를 밝힌다. 그리고 하나라는 중국 역사 논의에서 전설이든 무엇이든 간에 또는 믿건 말건 늘 그 첫머리에서 첫 왕조로 언급되는 경향이 있었다. 유교 사상이 오랫동안 지배 이데올로기로 작동한 동북아 문화에서 고대 성인으로 간주되는 우와 그가 세웠다는 하夏나라를 부정하기란 불가능하였다. 『시경』이나 『서경』, 『좌전』, 『국어』 등에는 하나라의 존재를 보여주는 여러 실마리가 남아있다.[79]

우와 하 왕조를 뒷받침할 만한 고고학적 자료가 많지는 않다. 그런데 1959년에 하남성 언사현偃師縣 이리두二里頭에서 동서가 약 2,400미터이고 남북이 약 1,900미터이며 두 개의 궁전 유적을 포함하여 전체 면적이 약 300만 제곱미터나 되는 유적이 발견되었다. 청동기 시대 유적으로 '이리두二里頭 문화'라고 하는 이 유적은 하남 용산 문화보다는 늦고 이리강 문화보다는 빠르다. 이를 두고 하나라 유적이니 상나라 유적이니 하며 말이 많았다.

흔히 하나라 역사는 시기적으로 보면 가장 멀리로는 약 서기전 2070년까지 거슬러 올라가고 그 하한은 서기전 1600년으로 여긴다.[80]

2009를 참조하라.

79 이에 대한 구체적 내용으로는 부사년傅斯年 지음, 정재서 역주, 2011, 155~182를 참조하라.

80 하나라 초기 문화는 용산 문화 말기에 해당한다. 그러므로 용산 문화는 하나라는 물론 상나라 문명이 열리는 바탕을 제공했다고 볼 수 있다. 하夏나 상 시대 사람들의 물질 문화는 그들의 선조들 문화인 용산 문화의 물질 문화와 유사한 점이 많다. 고고학자들은 그 예로 흔히 질그릇을 든다.
하나라의 기원에 대한 설은 다양하다. 그 하나로 하대의 총 연수를 우부터 걸까지 17대, 471년이라는 『죽서기년』의 기록("自禹至桀十七世, 有王與無王, 用歲四百七十一年."(『竹書紀年』卷一)으로 추정하면, 은나라의 시작이 서기전 1600년이므로 하나라의 상한은 서기전 2071년이 된다.

하늘에서 본 이리두 유적(빨간 선). (출처: https://blog.naver.com)

이리두 유적 평면도. (출처: 리링李零 외 저, 정호준 역 2021, 69)

이리두 문화가 하 왕조의 문화 유적이라면 그 시간이 증명되어야 한다. 그러나 방사성 탄소 연대에 의하면, 이리두 유적의 연대는 서기전 1900년보다 빠를 수 없다. 하상주단대공정의 결과는 이보다 더 늦은 서기전 1750년으로 나타났다고 한다. 이로 보면 이리두 유적은 하나라 초기의 유적은 아니다. 이리두 문화는 하나라 전체 역사를 대변한다고 볼 수 없다는 것이다. 하 왕조가 다른 곳에 궁전을 만들었다가 이리두로 천도한 이후 새로 조성한 궁전으로 보면 이리두 유적은 하 왕조 중기 이후의 문화이다.[81]

이리두 유적은 그 공간이 잘 분화된 특징을 보인다. 동남부에는 궁

---

81 흔히 이리두 문화의 1기 2기가 하 문화이고 3기 4기가 상 문화라고도 한다. 하지만 2기와 3기가 문화의 대전환을 가져올 정도의 차이를 보이는 지는 의문이다. 이를테면 질그릇의 경우 차이점도 있지만 유사성도 있다. 그러나 그 차이가 두 문화를 완전하게 차별화할 수 있는 별개의 문화로 여길 정도의 차이는 아니다. 왕조의 교체로 문화의 급격한 변화를 야기할 정도의 변화가 아니다. 이런 맥락에서 보면 두 문화는 비록 차이점도 있으나 어느 정도 연속성을 지닌다고 할 수 있다. "중국에서는 이리두 유적을 하대의 유적으로 결론내린 상태이다. 즉 이리두 1~4기는 매우 두터운 퇴적층을 보이고 유물의 형태상 연속성을 보이기 때문에 1기는 하대의 전기에 해당되고, 상에 의해 멸망하기까지 계속 하대의 도성 유적으로 사용되었다는 견해가 공통적이다."(안신원, 2013, 153)

전이 있고, 동쪽에는 주거지와 무덤군이 있다. 남쪽에는 청동기로 무기나 각종 용기, 공구 및 장신구 등을 만드는 공방이 있다. 그리고 북쪽은 제사 공간이다. 이로 보면 하나라는 도시를 계획적으로 만들었다. 이를 통해 우리는 당시 이리두에 일종의 전문 직업이 있었고, 나아가 상업도 어느 정도 발전하였던 것으로 추측해 볼 수 있다. 이처럼 계획된 도시와 전문적인 직업군, 상업과 종교 활동을 통해, 이를 종합적으로 관리하는 공권력의 존재도 유추해 볼 수 있다. 이는 곧 이리두 문화에 계급이 있었고 신분이나 직업에 따른 사회 분화가 있었음을 뒷받침한다.

그러나 필자가 더욱 주목하는 것은 정신 문화 관련 유적이다. 그 가운데 종교 관련 유적은 궁전구에서 북쪽으로 약 2~300미터 떨어진 '제사구祭祀區'에 집중되어 있다. 제사구의 총 면적은 동서 300미터, 남북 200미터 정도이다. 여기에서 원형으로 쌓아 올린 '단壇' 3기와 지표면에서 장방형으로 약간 파 들어간 '선墠' 2기가 발견되었다. 이러한 제사구 유적은 당시 이리두 사람들이 공통된 종교 문화를 가지고 있었음을 짐작케 한다.[82]

하남성 경내의 용산 문화를 기초로 발전한 이리두 문화는 석기도 사용하였다. 그러나 청동 바탕에 문양을 넣고 터키석 조각을 붙인 방패 모양의 장식품은 물론, 제사 때 쓰는 청동 술잔과 같은 제사 용기가 출토된 점을 고려하면, 이리두 문화에서는 청동기도 사용하였음을 알 수 있다. 청동기 제작 공방도 나왔다. 중국 중원에서 청동 시대의 막을

---

82 이유표, 2020, 27~28.

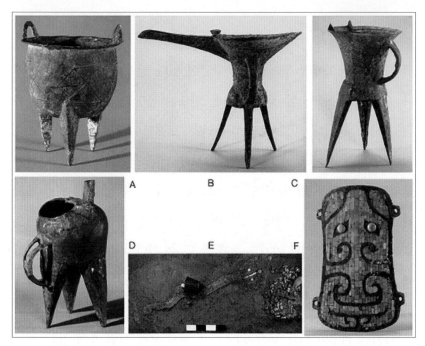

이리두 유적 출토 청동기 유물. A. 정鼎(세 발 솥). B. 작爵(술잔). C. 가斝(큰 술잔). D. 화盉(세 발 주전자). E. 용패龍牌. F. 패식牌飾. (출처: https://blog.naver.com)

올린 것은 하나라였다.

　이리두 유적에서 나온 청동기 유물 중 특징적인 것은 의례용 용기이다. 청동 예기禮器로는 작爵(술잔), 가斝(큰 술잔), 화盉(양념 그릇), 정鼎(솥)을 들 수 있다. 청동 예기는 고대 중국에서 주로 제사 때 제물을 바치는 그릇으로 사용되었으며, 연회 등의 중요한 의례에 이용되기도 하였다. 그 외에도 유적에서는 장식품으로 보이는 패식牌飾과 용패龍牌도 나왔는데 여기에는 용으로 보이는 동물 문양도 있다.

　우가 연 하나라는 계啓, 태강太康으로 이어지더니 17대 제帝 이발履發(桀)이 상나라 탕과 싸움에서 패함으로써 막을 내렸다. 하 왕조는 마지막 군주 걸에 이르러 상商족의 수령인 탕湯의 공격을 받고 무너졌다. 그때가 서기전 1600년이다. 하 왕조를 무너뜨리고 새로운 왕조를 세운 것은 황하 하류에 거주하고 있던 동이의 하나인 상족이다.[83] 하나라는 청동기 문화를 배경으로 고조선과 동일한 동이족 일파가 열었던 상 왕조에 의해 멸망하였다.

상나라는 문명의 흔적을 선명하게 보여준다. 특히 상나라 후기 수도인 안양의 은허 유적지는 상이 왕을 중심으로 하는 정치 체제를 갖추었음은 물론 문자, 도시, 계급 등을 갖춘 문명을 열었음을 보여준다. 은허 유적지에서 발굴된 궁전, 주거지, 도로, 묘 등이 공간적으로 차별적으로 배치된 모습은 은나라 후기 사회가 이미 문명의 단계에 진입했음을 보여준다. 그러나 은허는 어디까지나 상나라 후기의 문화를 상징한다. 상나라 초기나 중기의 모습을 보여줄 수는 없었다. 은나라의 밝혀진 역사는 반경이 은허로 천도한 이후의 시기, 즉 반경부터 주에 이르는 약 270여 년 뿐이다.

그런데 1983년에 하남성 언사현偃師縣에서 상나라 초기 혹은 중기에 해당하는 대형 성터 유적이 발굴되었다. 이 도성은 하남성 언사현 서쪽 교외 구릉에 위치하는데, 그 남쪽에는 낙하洛河가 흐르고 약 6킬로미터 떨어진 서쪽에는 하나라 문화인 이리두 유적이 있다. '언사偃師 상성商城'이라고 하는 도성은 전체적으로 장방형의 거대한 성벽을 갖추고 있는데, 큰 성[大城, 外城] 안에 다시 작은 성[小城, 內城]이 어우러진 구조이다. 그리고 큰 성의 10미터 외곽으로 깊이 약 6미터, 상단부 너비 약 20미터의 사다리꼴 환호가 둘러져 있다.

---

83 상商 · 은殷은 이夷족과 결코 무관하지 않다. 은나라 사람들을 고대에 이인夷人이라 한 것은 우연이 아니다. '이夷'는 하나의 민족을 지칭하는 고유 명사가 아니라 집합 명사이다. '동이東夷'는 '이인夷人'의 한 범주이고, 은족은 동이의 하나이다.

중국 고고학에서는 이리강 유적에서 발굴되는 상나라 전기 및 중기 문화를 이리강二里崗 문화[84]라 하는데, 이 언사 상성과 더불어 1950년대 초에 발견된 하남성 정주시 동쪽에 위치한 성터(정주鄭州 상성商城)가 이리강 문화의 대표적인 도성 유적이다.

이리강 유물과 유적은 은허에서 나온 은나라 문화와 비슷한 점도 있지만 그 연대가 서기전 1600년 무렵으로 측정되어 은허의 것보다 연대에 있어서 앞선다. 그러나 이는 이리두 문화보다는 늦다. 그러므로 이리강 문화는 진정한 상나라 초기 문화라고 할 수 있다. 은나라 후기 이전에는 용산 문화를 뿌리로 이리두 문화, 이리강 문화가 계기적으로 발전하고 있었다. 이리두 문화는 바로 하나라 문화이고 이리강 문화는 하를 무너뜨린 상의 초기 또는 중기 문화이며, 은허는 상나라 후기 문화유산이다.

상나라 청동 후모무방정后母戊方鼎. (출처: https://www.iqv.cn)

흔히 말하는 문명 시대는 대체로 청동기 사용과 일치한다. 상나라는 석기 시대와는 결별한 청동기 사회였다. 청동기로 만든 수많은 제사용 유물이 이를 뒷받침하는데, 그 대표적인 유물은 가로 110센티미터, 세로 79센티미터, 높이 130센티미터나 되는 청동 후모무방정后母戊方鼎을 비롯하여, 여러 종류의 술잔과 같은 제사용 기물이다. 문명 사회가 문자의 발명, 문자의 기록을 거쳐 열린다

---

84 이리강 유적은 안양의 은허보다 앞서는 상나라 유적이다.

면 상나라의 문명 흔적 역시 이를 충족시킨다. 수천 자의 해독할 수 있는 갑골에 새겨진 문자는 당시에 문자가 보편적으로 사용되었음은 물론, 상나라 말기 훨씬 이전에 만들어졌음을 말한다. 문자가 문명 출현의 중요 지표의 하나라면 상나라는 분명 고대 문명을 연 국가였다. 혹자는 한자의 뿌리를 이런 갑골문에 기록된 문자에서 찾기도 한다.

주목할 만한 것은 〈갑골문〉에 의하면, 상의 왕은 나라의 큰일이나 날씨와 같은 자연의 변화에 대해 이를 주재한다고 여기는 상제·제의 뜻이 무엇인지를 알기 위해 점을 치게 하였고 스스로 정인貞人이 되기도 하였다는 점이다. 이는 곧 상나라 시대에 이미 상제를 받드는 문화가 있었음을 말한다. 상제를 지고신·최고신으로 여기고 받들었다. 상제를 향한 이런 모습, 상나라 사람들의 정신 문화는 이런 은허의 갑골문뿐만 아니라 『시』·『서』와 같은 유교의 원시 경전에서 흔히 찾을 수 있다. 상나라 시대는 신정神政, 정교政教 일치의 시대였다. 그런데 이런 점을 위한 정인이나 그에 필요한 물품을 어디서 조달했느냐면 바로 연맹을 맺고 있는 읍邑을 통해서였다.

상나라는 외부의 침입을 막기 위해 흙을 높이 쌓아 담으로 둘러싼 여러 성읍城邑 연맹체였다. 수도인 상읍商邑·천읍상天邑商·대읍상大邑商을 중심으로 하여, 거주지·농경지 등으로 이루어진 주변의 수많은 성읍으로 조직된 나라였다. 상나라 수도, 대도시에는 왕궁이 있었으며 네 방위에 따라 공간이 분화되었다. 이를테면 조상신을 모시는 묘는 궁 동쪽에 배치하였고 시장은 북쪽에, 거주지는 남쪽에 있었다. 이미 발굴된 상나라 때의 대도시는 위에서 살펴본 정주 상성, 언사 상성을 들 수 있는데, 이들 도시에는 하나같이 종횡으로 뚫린 큰 도로는 물론 사람들이 거주하던 지역, 나아가 각종 물건을 교환하던 공간이 있었다.

한편 각 읍은 그 규모가 크지는 않았으나 왕가의 대리인, 왕실과 연이 있는 사람들이 살았다. 이는 곧 왕실과 읍은 씨족적 관계였음을 의미한다. 그 고리가 혈연 관계였던 것이다. 그리하여 읍에서는 조상신을 모셨다. 전쟁시에 군사 동원도 읍을 통해 이루어졌다. 이는 상 왕실이 이들 읍을 혈연 관계는 물론 제사 의례, 종교 의례, 군사적 관계를 통해서 지배하였음을 말한다. 상 왕실은 연맹 부족과 혈연적 신정적神政的 군사적 관계로 결합되어 있었다. 그리하여 상의 왕은 이들 각 읍에 대하여 영향력을 행사할 수 있었다. 그들 간의 관계는 곧 상하 관계, 지배 종속 관계였다.[85]

막강한 군사력을 가졌던 상나라는 도읍의 땅이 천 리에 달하였고, 영역이 사해에 미쳤다고 한다. 그러나 서기전 1100년 무렵, 약 500년간 맹수의 자리를 차지하던 상 왕조의 마지막 왕 주紂가 주周족의 무왕에 의해 정복되었다. 황하 지역에서 동이족에 눌려있던 화하족이 상 왕조를 무너뜨리고 주 왕조를 열었다. 이로써 철기 문화의 주 왕조 시대가 열렸다. 그 이후의 역사는 흔히 우리가 아는 바와 같다.

여기서 한 가지 더 언급할 것은 하, 은, 주 사이의 관계이다. 흔히 우리는 하·은·주 역사를 말하면 후자가 각각 전자를 멸망시키고 하나의 왕조만 있었던 것으로 보지만 실상은 그렇지 않았다. 이를 테면 상 왕조는 하 왕조가 아직 멸망하지 않은 상태에서 일어났다.

하, 은, 주의 영역을 보면 하남성 서북부 지역을 차지한 하를 중간

---

85 이춘식, 2007, 66. 갑골문의 읍邑자는 ꆞ이다. 그런데 '읍邑'에 대한 풀이가 재미있다. '邑'은 '구囗'와 '파巴'로 이루어진 회의 문자이다. 여기서 囗는 사람들이 거주하는 '성城'이나 '지역'을 나타내고, 巴는 그 아래 무릎을 꿇고 있는 사람의 모습이다. 邑자는 곧 성안에 사람들이 모여 살고 있다는 뜻으로 만들어졌다. naver 한자 사전(https://hanja.dict.naver.com) 참조.

갑골문에서 '룜읍'자 사례. (출처: 중국 사회과학원 고고연구소 편저, 2012 상·하)

'룜읍'자. (출처: naver 한자 사전)

에 두고 그 동쪽은 상족이 그 서쪽은 주족이 차지하였다. 그런 가운데 어느 한 씨족 연맹체가 힘이 강해져 주변 씨족 연맹체를 정복하여 지배 세력이 된 것으로 볼 수 있다. 이러한 여러 연맹체 중 가장 먼저 나라를 이루고 왕조를 연 것은 하나라였다. 하나라는 이夷족의 하나인 상족과 대립 관계였다. 상나라가 왕조를 열었을 때는 주변에서 주족이 힘을 기르고 있었다. 그리하여 하나라가 첫 왕조를 연 이후 하나라는 주변에서 그들만의 문화를 가지고 있었던 또 다른 씨족인 상족에게 무너졌고, 상나라는 다시 상과 힘을 겨루던 주족에 의해 멸망하였다. 따라서 세 왕조의 상호 관계는 연속적인 계승 관계만은 아니었다. 3대의 지배 집단은 하나의 세력이 쇠퇴하면서 순차적으로 다른 세력이 일어난 것이 아니다. 세 왕조는 같은 시기의 나라로서 평행적으로 존재하였다. 그들은 상당히 긴 기간 동안 병존해 있으면서 서로 대항 및 견제하였으며 그러한 상호 자극 아래서 정치력을 키워

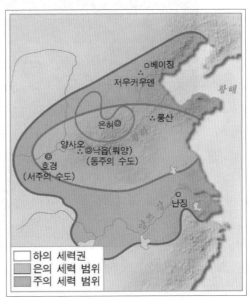

중국 상고대 하·은·주 영역. (출처: 부사년傅斯年 지음, 정재서 역주, 2011, 10)

가고 있었다.[86]

황하 문명 그 너머의 문화, 홍산紅山 문화

우리는 흔히 인류 4대 문명을 세계의 다른 어떤 지역에서보다도 일찍 문명을 일군, 그야말로 인류의 첫 문명으로 여긴다. 그러나 과연 서기전 4000년~서기전 3000년경 이후 티그리스·유프라테스 강, 나일 강, 인더스 강, 그리고 황하를 중심으로 열린 문명이 인류의 첫 문명일까? 다른 것은 제쳐 두고 황하 문명을 보자. 우리는 대부분 황하 중류의 신석기 문화인 앙소仰韶 문화를 바탕으로 형성된 황하 문명이 중화 문명,

요하 문명과 세계 4대 문명 발상지. (출처: https://m.cafe.daum.net)

---

86 윤내현, 1984, 30~31; 장광직 지음, 윤내현 옮김, 1988, 441~443.

동북아 문명의 뿌리라고 여긴다. 어릴 때부터 우리는 그렇게 배웠고 그 것은 당연시되었다.

그런데 20세기 초 중국 땅에서 황하 문명보다 훨씬 앞선 시대를 살 았던 사람들의 삶의 흔적이 발굴되었다. 황하 문명과는 다른 문명으로 서 좁게는 '홍산紅山 문화' 넓게는 '요하遼河 문명'으로 명명되는 이 새로 운 문화는 신석기 시대에 뿌리를 둔 인간 삶의 자취로, 지금으로부터 약 6,700년 이전부터 시작된 것으로 평가된다. 홍산 문화의 발생은 위 에서 말한 세계 4대 문명들보다 시기적으로 훨씬 앞선다.

홍산紅山. 요령성 적봉시 동북쪽 약 6킬로미터 지점 영금하라는 하천 동편 언덕에 있다. (출처: 상생문화연구소)

그렇다면 홍산 문화란 어떤 것인가? 홍산紅山은 내몽고 자치구 적봉 시 동북쪽 교외에 있는 철분이 많아 붉은 색을 띠는 돌로 뒤덮힌 산이 다. 홍산 문화란 이 홍산을 중심으로 서기전 4700년 무렵부터 서기전 2900년 무렵까지, 내몽고 자치구의 동남부 일대와 요령성 서부 지역을 중심으로 형성된 신석기 후기부터 청동기[87] 초기에 이르는 문화이다.

홍산 문화는 완전 독립적으로 형성된 것이 아니다. 요하 일대에는 이전에 형성된 여러 문화가 있었는데, 이들은 각각 독특한 문화를 이루고 있었다. 요하遼河 일대에서 신석기 시대가 열린 것은 서기전 7000년 무렵이다. 그 중 가장 오래된 문화 흔적은 내몽고 자치구 적봉시赤峰市 오한기敖漢旗 소하서小河西를 중심으로 형성된 소하서 문화(서기전 7000년~서기전 6500년)이다. 동북아의 가장 오래된 신석기 문화는 황하 유역의 앙소 문화나 장강 유역의 하모도 문화보다 많게는 약 2천여 년이나 앞선다.

소하서 문화는 이후 흥륭와興隆洼 문화(서기전 6200년~서기전 5200년), 사해查海 문화(서기전 5600년~서기전 4000년), 부하富河 문화(서기전 5200년~서기전 5000년), 조보구趙寶溝 문화(서기전 5000년~서기전 4400년)로 이어진다.[88] 이런 신석기 문화는 이후 신석기와 동기가 공존하는 홍산 문화(서기전 4700년~서기전 3000년)로 이어졌다. 전기 홍산 문화는 요서 지역의 전기 신석기 문화인 흥륭와 문화와 비슷한 면이 많아 큰 차이를 보이지 않는다. 홍산 문화는 빗살무늬 토기, 적석총 등 흥륭와 문화를 이어받은 면이 있다. 이런 것은 황하 문명에서는 나타

---

87 "요서 지역 청동기 시대는 하가점 하층 문화부터 시작되었다는 것이 공통적인 견해였다. 그러나 홍산 문화 후기 유적인 적봉 오한기 서태 유적과 우하량 유적에서 구리 귀고리와 같은 청동 유물이 발견되면서 북방 청동기 시대 기원이 새로운 문제로 부각되었다. 이 유물들을 근거로 현재 요서 지역이 홍산 문화 후기에 이미 청동기 시대에 진입했다는 견해도 제기되고 있다."(복기대, 2019, 210~211)

88 이들 각 문화의 주요 유적과 유물 및 계승 관계에 대해서는 우실하, 2014, 100~194; 복기대, 2019, 214~318을 참조하라.

나지 않는다. 홍륭와 문화의 요소를 많이 계승한 홍산 문화는 조보구 문화와 병존하기도 하였지만 조보구 문화가 무너진 뒤에도 오랫동안 발전하였다. 소하서 문화로부터 시작되어 홍륭와 문화, 조보구 문화로 이어지는 문화를 초기 및 중기 홍산 문화라면, 이를 이어받아 크게 발전시킨 홍산 문화 후기의 문화는 좁은 의미의 홍산 문화라고 할 수 있다.

홍산 문화가 서기전 3000년 무렵에 해체되면서 많은 홍산 문화 요소는 소하연 문화(서기전 3000년~서기전 2000년)를 거쳐 초기 청동기 문화로 서기전 2000년부터 서기전 1500년까지 유지되었던 적봉 일대의 하가점夏家店 하층 문화로 이어졌다. 바로 이러한 흐름 속에서 고조선이 출현하였다.[89] 하가점 하층 문화와 하가점 상층 문화는 홍산 문화를 계승한 후속 문화로, 이 지역에서 발원한 고조선과 밀접하게 연결되어 있다. 하가점 하층 문화, 위영자 문화 지역 등이 바로 비파형 동검이

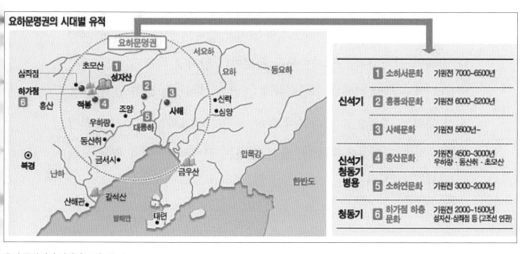

홍산 문화권과 시대별 유적. (출처: http://www.kookje.co.kr)

---

89 이덕일, 2019, 40.

나오는 지역이기 때문이다.[90]

그런데 중국은 홍산 문화와 하가점 하층 문화를 상商(殷)의 선대先代 문화로 규정하고, 홍산 문화의 주된 흐름을 홍산 문화-하가점 하층 문화-하가점 상층 문화-상(은) 문화로 이어지는 것으로 여긴다. 이는 마치 홍산 문화와 하가점 하층 문화를 상(은)의 선대 문화로 여겨 은 상殷商의 문화가 홍산 문화에서 기원하는 것으로 여기게 한다. 그런데 실상은 홍산 문화, 하가점 하층 문화의 발전 과정에서 고조선이 출현 하였고 홍산 문화, 하가점 하층 문화가 중원 지역으로 남하하여 들어 가 연 왕조가 상(은)나라라는 것이다.[91]

요하 유역의 신석기 문화는 중원의 황하나 장강 유역에서 발생한 문 화보다 훨씬 앞선다. 이는 또한 중화 문명, 황하 문명의 근간을 이루는 중원의 앙소 문화나 대문구 문화, 용산 문화, 그리고 장강 유역의 신석 기 문화인 하모도 문화 등과는 크게 앞서고 문화도 이질적 특성을 보인 다. 요하의 전기 홍산 문화는 황하 문명이나 양자강 하류의 하모도 문 명보다 먼저 문명 단계로 진입하였다. 그리고 만리장성 밖의 요하 문명, 홍산 문화는 중원으로 남하하여 황하 문명을 대표하는 신석기 문화인 앙소 문화에도 영향을 미쳤다. 홍산 문화는 곧 황하 문명의 원류라 해 도 과언이 아니다.[92]

---

90   우실하, 2014, 194.

91   정경희, 2016b, 136~140.

92 "중국 문화사에서 중원 지역의 앙소 문화와 요서 지역의 홍산 문화가 남북으로 확산하면서 합
     류하고 충돌하는 현상은 서기전 3000년 전후에 전국적으로 영향을 미친 중대한 문화 현상이

서기전 3500년을 기점으로 '와이Y'자형 문화 벨트를 통해서 요서 지역과 중원의 앙소 문화가 교류되었다는 것이다. 중원의 앙소 문화와 본격적인 교류가 시작되는 시기가 홍산 문화 만기(서기전 3500년~서기전 3000년)에 해당하고, 그 대표적인 유적이 바로 우하량 유적이다.[93]

홍산 문화는 원시 씨족의 취락 단계를 넘어서서 도시 국가(城邦) 형식의 고국古國을 형성함으로써 원시 국가가 북방에서 출현하는 계기를 마련했다. 특히 그 후기에는 국가 형성과 같은 요소를 갖추어 이미 문명의 초기 단계, 초기 국가 단계에 진입했다. 필자의 관심은 홍산 문화가 문명 단계에 들어섰는지, 국가를 이루었는지, 석기를 넘어 청동을 사용했는지

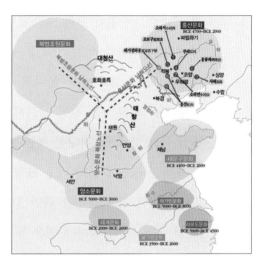

Y-Belt. 소병기蘇秉琦(1909~1999)는 요하 문명과 황하 문명과의 관계를 밝히기 위해서 'Y자형 문화 벨트' 이론을 제시했다. (출처: 안경전, 2016a, 266)

다. 이 현상은 서기전 3000년 전의 요서 지구에만 한정되는 것이 아니다. 서기전 3500년 전후에서 서기전 3000년 이후까지, 요서 지구의 문화는 하투河套(오르도스) 지역까지 뻗어 나갔고, 관중關中(섬서성 위하渭河 일대)의 서부에서 발생한 문화는 위하를 따라 황하로 들어오고 다시 분하汾河를 따라 산서성 전 지역으로, 또 진북晉北(산서성) 서쪽과 내몽골 하곡河曲 지구로 이어지는 곳, 진북에서 동북으로 상간하桑干河와 기冀 서북으로, 다시 그곳에서 동북으로 요서의 노합하老哈河와 대릉하 유역으로 이어지는 '와이Y'자형의 문화 벨트(문화대文化帶)를 형성했다."(우실하, 2014, 328)

93 우실하, 2014, 328~329.

등을 알고자 함이 아니다. 필자의 주된 관심사는 홍산 문화를 일구었던 사람들이 무슨 생각으로 어떤 삶을 살았는지, 그들의 정신 문화에 대한 것이다.

그런데 홍산 문화 유적, 특히 우하량 유적지에서 이를 밝혀줄 수 있는 다양한 유물·유적이 발굴되었다. 서기전 4700여 년 전, 지금으로부터 6700여 년 전에 요하 일대에서 살았던 사람들이 남긴 총·묘·단에서 우리는 그들의 정신 세계를 일부나마 엿볼 수 있을 듯하다. 문명의 조건이라면 도시의 발생, 문자의 사용, 청동기의 발명 등도 중요하지만, 제례 문화의 흔적은 정신 문화에 있어 매우 중요한 요소이다. 다양한 홍산 문화 유적 중 거대한 제단과 여신묘 및 적석총 등을 보노라면 홍산 문화는 정신 문화가 매우 활성화되고 있었던 것으로 여겨진다.

그렇다면 황하 문명을 과연 동북아 문명의 첫 문명이자 중심이었다고 할 수 있을까? 황하 문명은 동북아 여러 지역에서 발생한 문명의 하나에 지나지 않는다. 황하 문명이 열렸을 때 동북아에서는 그 이전부터 황하 문명과는 다른 성격의 문명이 발전하고 있었는데, 그 하나가 바로 요하의 홍산 문화였고 우하량 유적은 그 흔적이다.

오늘날 중화 문명은 서기전 4000년 무렵 황하 유역의 앙소 문화와 이를 이은 용산 문화, 그리고 서기전 5000년 무렵 장강 하류에서 발생한 하모도 문화를 뿌리로 형성되었다. 홍산 문화를 꽃으로 하는 북방의 요하 문명은 이들 중원의 황하 문명보다 시기가 앞서고 성격도 다르다. 이렇게 보면 동북아 문명은 그야말로 그 출발이나 내용 및 계통이 서로 다른 여러 문명이 다발적으로 발전한 것이다. 황하 중심의 문명이 주변으로 독점적으로 확대·이식된 것이 아니다. 그러므로 황하 문명이 동북아 문명의 뿌리라고 할 수 없다. 중화 문명의 뿌리라고 하면 모르겠지만.

중국은 중원의 황하 문명보다 훨씬 앞서고 이질적인 북방의 요하 문명, 홍산 문화를 중화 문명의 출발점으로 삼으려는 시도를 하고 있다. 홍산 문화가 황하 문명의 원류일 수는 있다. 그러나 그것이 중국 문명의 뿌리인 것은 아니다. 중국의 그런 시도는 역사 왜곡이다.[94] 요하의 홍산 문화는 황하 문명에 앞서고 한족과는 다른 집단, 동이족이 이룬 신석기 문화이다.

홍산 문화에 담긴 정신 문화 메시지

홍산 문화 사람들은 돌로 만든 농기구를 이용하여 농사를 지었다. 그들은 다양한 종류의 석기를 사용하였다. 그들은 대체로 10여 호, 많게는 100여 호가 모여 취락을 이루었으며, 이런 취락과 떨어진 곳에는 성소聖所를 마련하여 제사와 같은 의례를 행하였다. 이러한 의례는 홍산 문화 사람들 간에 권력의 차이가 있었음을 보여주며, 그러므로 사회 불평등도 나타난 것으로 볼 수 있다.[95]

홍산 문화의 특징을 파악하고 이를 다른 문화와 비교할 수 있는 하

---

94 중국은 10여 년 전부터 중국 고대 문명 탐원 공정探源工程이라는 이름으로 중화 민족과 주변 국가 및 중국 소수 민족의 시원을 연구하며, 중화 문명이 수메르 문명, 메소포타미아 문명, 이집트 문명보다 앞선 세계 최고의 문명임을 밝히기 위해 홍산 문화, 요하 문명을 끌어들여 중국 문명의 기원을 거슬러 올렸다. 이는 동이족의 문화인 홍산 문화를 중국의 한족의 것으로 둔갑시키는 역사 왜곡이다.

95 김정열, 2014, 49.

나의 근거가 유물이나 유적과 같은 물질 문화적 자료라면, 거기에 남겨진 정신 문화는 그 사람들의 삶을 읽을 수 있는 중요한 실마리이다. 그런데 앙소 문화와 용산 문화를 주축으로 하는 황하 중류 유역의 문명보다 앞서고 한족漢族의 문화와는 이질적인 북방 요하의 홍산 문화에서 그 사람들의 정신 세계를 알 수 있는 신석기 시대 유물이 발굴되었다. 그 대표적인 유적지는 내몽골 동부와 요서 일대의 적봉赤峯, 조양朝陽, 능원陵園, 객좌喀左, 건평建平 등이다.

내몽골 홍산 문화 유적지. (출처: https://blog.naver.com)

그 중 가장 주목할 만한 유적은 요령성 건평현 대릉하 상류의 우하량촌牛河梁村 유적이다. 우하량 유적은 동산취의 북쪽 약 30킬로미터 지점에 위치한 능원현과 건평현의 경계 지점인 노로이호산努魯爾虎山 동북쪽 골짜기 언덕에 분포하고 있다.

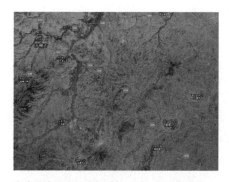

홍산 문화 유적 중심지, 적봉, 능원, 건평, 조양. (출처: https://earth.google.com)

우하량 유적지. (출처: https://earth.google.com)

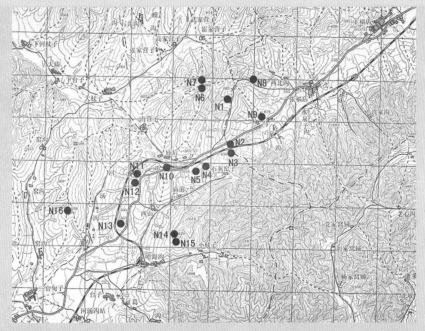

우하량 1지점(N1)부터 16지점(N16)까지 유적 지점 분포도. (출처: 요령성문물고고연구소, 2012(상), 9, 도圖5)

　이 유적이 주목을 받을 수밖에 없었던 것은 지난날 중국 문명의 정설이었던 황하 유역의 하나라에서 상나라와 주나라로 이어진다는 역사 인식을 단칼에 무너뜨렸기 때문이다. 황하 유역도 아니고 하·은·주보다 앞서고 중국 문명과는 다른 문화적 특성을 가진, 이전에 볼 수 없었던 새로운 문화이니 그럴 수밖에 없다.

　우하량 유적은 홍산 문화 후기에 해당하는 데 여기에서는 사람들이 신·하늘을 지향하며 살았던 수많은 유적과 유물이 나왔다. 이를테면 1980년대 중반에 이 유적에서는 서기전 4500년까지 소급할 수 있는 돌무지무덤[塚], 신전[廟], 제단[壇] 등이 발굴되었다. 흔히 문명의 출현을 가늠하는 지표로 문자, 도시, 청동 등을 말한다. 그런데 홍산 문화의 특징적인 유물이나 유적은 정신 문화와 관련한 것들이다. 그 대

표적인 것이 이른바 신, 하늘, 조상을 향한 제사 유물과 유적이다. 제단이나 옥기, 여신묘 등의 우하량 유물·유적은 지금으로부터 약 6,500여 년 전 홍산인들의 종교적 삶, 신에 대한 생각 등을 밝혀주는 주요 단서이다.

적석총은 죽은 사람을 묻는 방법의 하나로 돌을 쌓아 만든 무덤이다. 즉 주검을 놓고 그 위에 돌을 쌓아 묘역을 만들었다. 이런 형식의 묘제는 그냥 땅에 구덩이를 파서 주검을 묻는 묘제와는 차이가 있다. 적석총의 지상 부분은 규질의 석회암을 쌓아 만든 백색 구조물이다. 그리고 외곽은 가공된 석재로 축조되었고, 그 경계선을 따라 원통형 토기, 돌 등이 줄을 이루어 매설된 사례도 있다. 적석총 지상부 형태는 정사각형, 직사각형, 원형 등 다양한데, 3층 구조이기도 하다.

우하량 2지점(N2)에는 무덤과 제단이 결합된 적석총이 있다. 즉

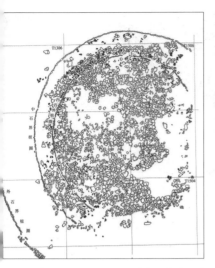

우하량 2지점 3호 적석총(N2Z3) 평면도. (출처: 요령 성문물고고연구소, 2012(상), 133, N2 도圖 87)

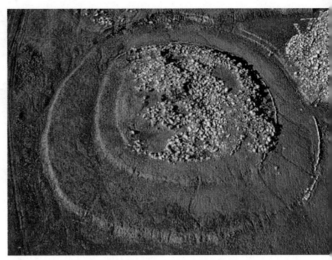

우하량 2지점 3호 적석총(N2Z3) 전경. (출처: 요령성문물고고연구소, 2012(하), 도판 118)

우하량 2지점 2호 적석총(N2Z2, 방형 제단). (출처: 요령성문물고고연구소, 2012(하), 도판 108)

적석총은 무덤인 동시에 제단이다. 적석총의 중심에 있는 삼중 원형 제단(N2Z3)은 많은 메시지를 전한다. 이 원형 제단은 직경 22미터의 원형 평면에 높지 않으나 3단의 피라미드를 이룬다. 그 옆에는 길이 19.2미터, 폭 14.6미터 방형 제단(N2Z2)도 있다.

우하량 2지점 1호 적석총(N2Z1) 둘레를 장식한 원통형 채색 토기(도통형기陶筒形器). (출처: 요령성문물고고연구소, 2012(하), 도판 45)

우하량 2지점 4호 적석총(N2Z4) 둘레를 장식한 원통형 채색 토기(도통형기陶筒形器). (출처: 요령성문물고고연구소, 2012(하), 도판 154)

통형 토기로 3단 원형 제단을 복원한 모습. (출처: 우실하, 2014, 175)

특징적인 점은 묘실을 덮은 바깥 윗부분에 대한 처리이다. 흔히 상부는 돌이나 흙을 둥글게 쌓아 봉분을 만들 수 있으나 우하량 2지점 적석총의 제단은 그와는 다르다. 그 상부는 흙으로 지면보다 높게 쌓은 다음 그 위를 돌로 덮어 마감하였다. 그런데 그 돌로 처리한 부분이 봉분처럼 둥글거나 피라미드처럼 뾰족하지 않다. 평평하게 처리하였다. 그리고 그 외곽은 돌로 마감하고 그 위 가장자리에는 원통형의 토기를 만들어 일정하게 세웠다.[96] 돌 제단의 경계에는 '석붕'들이 삼중 원형 형태로 줄지어 세워져

---

96 이 원통형 토기의 기능에 대한 견해는 다양하다. 궈다순 등에 의하면, 어떤 사람은 북[鼓]이라고 하고 어떤 사람은 지지대라고도 한다. 또 저부가 없는 통형 토기는 적석총의 변계邊界에 가지런히 줄맞춰 세워졌으므로, 적석총 정부頂部의 봉석과 측변이 잘 무너지지 않도록 하는 제방 역할을 할 수도 있다. 궈다순 등에 의하면, 최근에는 위와 아래가 관통되어 있는 통형기의 형태적 특징에 의거하여, 이것이 천지교통天地交通의 신앙과 관련이 있을 것이라는 견해도 있다. 궈다순郭大順·장

N2Z4에서 나온 원통형 토기. (출처: 요령성문물고고
연구소, 2012(하), 도판 137)

N2Z4에서 나온 원통형 토기. (출처: 요령성문물고고
연구소, 2012(하), 도판 157)

N2Z2에서 나온 원통형 토기. (출처: 요령성문물고고
연구소, 2012(하), 도판 114)

N2Z3에서 나온 원통형 토기. (출처: 요령성문물고고
연구소, 2012(하), 도판 121)

N2Z1에서 나온 원통형 토기. (출처: 요령성문물고고
연구소, 2012(하), 도판 54)

N16에서 나온 원통형 토기. (출처: 요령성문물고고연
구소, 2012(하), 도판 263)

있다. 제단의 구조를 보면 기단 층은 밖에서 안쪽을 향해 일정한 간격의 높이 차이를 보이면서 위를 향해 층층이 쌓여 있다. 백색 규질 석회암으로 된 적석총과는 원자재와 축조 방법에서 차이를 보인다. 원형 테두리 주변에는 통형기들을 밀착해서 세웠다.[97] 이렇게 하기를 한 번으로 끝난 것이 아니다. 삼단으로 처리하였다. 즉 3층이라는 것이다. 그러므로 위에서 보면 적석총 외형 전체 구조가 원형이거나 방형인 경우가 눈에 띈다. 즉 적석총 제단은 원형이거나 방형의 3단 구조로 이루어졌다.

적석총의 상부가 평평한 구조라는 것은 그 용도가 있는 듯하다. 상부가 평탄면인 것은 적석총이 무덤이지만 그것이 제단으로 사용되었을 여지가 있다. 그리고 제단으로 사용되었다면 그것은 적석총 안에 있는 죽은 자들을 향한 제단이 아니라 밖의 어떤 신들을 향한 것으로 볼 수 있다. 곧 제천 의식을 위한 천제단으로서 기능과 상징성이 뚜렷하다.[98] 만일 적석총 안의 망자 제사를 위한 제단이라면 그것은 적석총 전면 어딘가에 마련하였을 것이기 때문이다. 적석총 앞의 작은 방형 제단은 바로 그런 용도였을 것이다.

적석총에서 발굴된 눈여겨볼 만한 유물은 옥기玉器이다. 옥기는 홍산 문화를 특징짓는 대표적 유물이다. 요서 지역에서 옥이 처음 나타난 것은 흥륭와 문화였다. 그러나 이를 이어받아 다양한 옥기를 만들고 발전시킨 것은 홍산 문화에서였다. 홍산 문화는 중원 황하 유역에서는

싱더張星德 지음, 김정열 옮김, 2008, 372~373; 김선주, 2011, 113을 참조하라.

97   요령성문물고고연구소, 2012, 137~138; 원중호, 2020, 113~114.

98   임재해, 2014, 413.

발견되지 않는 북방 문화 고유의 빗살무늬 토기나 옥玉의 사용을 특징으로 한다.[99] 홍산 문화 옥기는 그 종류의 다양성이 특징적이다. 옥패, 옥벽玉璧, 옥고玉箍, 옥조룡에 이르기까지 다양하다. 이를테면 우하량 옥기는 사람, 호랑이, 거북, 새, 물고기 등 다양한 형태로 만들어졌다. 이들은 대부분 무덤에서 나온 부장품인데, 옥기는 토템일 수도 있고 하늘과 소통하기 위한 매개체였을 수도 있다.[100]

홍산 문화를 대표하는 옥 유물이나 용龍·봉鳳 등의 숭배 흔적이 황하 문명을 구성하는 장강 유역의 하모도 문화에서 발견되는 것을 보면 홍산 문화가 남쪽 중원으로도 전파되어 황하 유역 사람들의 삶에 영향을 미쳤다고 할 수 있다. "빗살무늬 토기, 세석기, 적석총, 석관묘, 비파형 동검, 고인돌 등도 중원 한족의 황하 문명권에서는 보이지 않는다. 이는 시베리아 남단, 몽골 초원, 만주, 한반도, 일본 열도로 이어지는 전형적인 북방 계통의 문화와 연결되는 동이족의 문화 흔적이다."[101]

옥기가 장식품이었다면 왜 옥기로 만들었을까? 『예기』에 "군자는 반드시 옥을 허리띠에 찬다",[102] "군자는 연고가 없거든 옥을 몸에서 제거

---

99   "빗살무늬 토기는 한반도를 비롯하여 요동 반도, 만주 지역, 요서 지역 등에서 발견되는데, 특히 한반도의 대표적인 빗살무늬 토기 유적으로는 압록강 유역의 미송리 유적, 두만강 유적의 서포항 유적, 대동강 유역의 궁산리 유적, 평양의 남경 유적, 청천강 유역의 지탑리 유적, 한강 유역의 암사동 유적, 강원도 양산의 오산리 유적과 문암리 유적, 부산 동삼동 유적, 통영 상노대도 유적 등을 들 수 있다."(이형구, 2015, 80)

100   복기대, 2019, 182~183.

101   이덕일, 2019, 39~40.

102   "君子, 必佩玉."(『禮記』「玉藻」) 이 책에서 『예기』의 원문과 번역은 서정기 옮김, 2011; 성백효 외

흥산 문화 우하량 유적에서 출토된 다양한 옥기 (출처: 요령성문물고고연구소, 2012(하))

하지 않으니 군자는 옥을 덕에 비유한다",[103] "대저 옛날에 군자의 덕을 옥에 비유했다. … 『시경』에 이르기를 군자를 생각하건대 따뜻함이 옥과 같도다 하니, 그러므로 군자가 옥을 귀하게 여기느니라"[104]고 하였다. 『시경집전』에서 주희는 정자가 소강절에게서 들은 말이라며 '옥의 온윤溫潤함은 천하에 지극히 아름다운 것이고 돌의 거침은 천하에 지극히 나쁜 것'이라는 말을 소개하고 있다.[105] 옥은 군자를 상징한다. 옥은 군자다운 덕을 모두 갖추었다는 것이다. 그리고 허신許愼(30~124)의 『설문해자說文解字』에서는 '옥돌 곤琨'자에 대해 돌중에서도 아름다운 것이라 하였다.[106] 이는 모두 옥이 갖는 상징성을 대변하는 말이다. 옥은 사회적 지위나 신분을 나타낸다. 옥이 지위나 신분과 관련이 있음은 이를테면 '홀笏을 만드는데 있어 천자는 아름다운 옥으로 만들고 제후는 상아로 만들고 대부는 상어 수염으로 대나무에 문채를 내고 선비는 대나무로 만드나 손잡이를 상아로 장식한다'는 것에서도 알 수 있다.[107] 옥은 신분에 따라 가질 수 있지 아무나 가질 수 있는 것이 아니었다. 장신구용 옥기를 가진 사람들은 사회적으로 특별한 지위·신분을 가졌던 사람들로 보인다.

역, 2021을 참조하였다.

103 "君子無故, 玉不去身, 君子於玉比德焉."(『禮記』「玉藻」)

104 "君子比德於玉焉. … 詩云, 言念君子, 溫其如玉, 故君子貴之也."(『禮記』「聘義」)

105 "程子曰, 玉之溫潤, 天下之至美也."(『詩經集傳』「鶴鳴」) 『시경집전』의 원문 및 번역은 박소동 역주, 2019; 성백효 역주, 2010을 참조하였다.

106 "琨, 石之美者."(『說文解字』「玉部」) 『설문해자』 원문과 번역은 금하연 역주, 2016; 하영삼 역주, 2022를 참조하였다.

107 "笏, 天子以球玉, 諸侯以象, 大夫以魚須文竹, 士竹本象可也."(『禮記』「玉藻」)

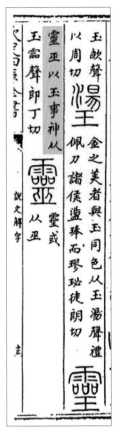

『설문해자』의 '영靈(靈)'. (출처: 『설문해자』(흠정사고전서본欽定四庫全書本)

옥기는 옛사람들의 정신 세계를 엿볼 수 있는 단서로 여겨지기도 한다. 특히 용이나 새와 같은 동물을 형상화하여 만든 옥기는 종교적 관습과 무관하지 않다. 그 쓰임새가 신과 관련한 도구일 수 있기 때문이다. 『설문해자』의 '영靈'자에 대한 풀이[108]나 『주역』[109] 등에 의하면, 옥은 무巫가 신神과 소통하며 신에게 바친 예물이고, 하늘의 덕성, 하늘의 마음을 상징한다. 옥기의 용도 중의 하나는 하늘과 소통하는 매개체, 신을 섬기는 의식, 상제(天)와 결코 무관하지 않다. 그것은 신기神器이다.

중국에서는 홍산 문화의 동물 형상의 옥기에 주목하여 토테미즘 관점에서 짐승에 신격을 부여하여 짐승 모양의 옥기는 곧 신神의 상징이라 해석한다. 이를테면 용은 하늘과 땅과 소통하는 주요 매개 동물이다. 그리하여 C 자형 옥기를 용으로 해석하기도 한다.[110] 옥으로 만든 용, 그것이 매우 신성시된 것은 신과 무관하지 않았기 때문이다.

C자형 옥기, 옥으로 만든 용 형상. (출처: https://ko.wikipedia.org)

---

108 "령은 무(무당)이다. 옥으로 신을 섬긴다. 靈, 巫也. 以玉事神."(『說文解字』「玉部」)

109 "건乾은 하늘, 둥근 것, 인군, 아버지, 옥, 금, … . 乾爲天, 爲圜, 爲君, 爲父, 爲玉, 爲金, … ."(『周易』「說卦」)『주역』원문과 번역은 김석진, 2001~2002를 참조하였다.

110 복기대, 2019, 66.

이런 옥기는 당시에 홍산 문화 지역에서만 널리 사용되었다. 비록 서기전 40~30세기에 장강 하류 유역의 양저 문화 지역과 황하 중류의 앙소 문화에서도 옥기가 사용되기는 하였으나 그 발견 사례가 매우 적다. 옥기는 홍산 문화의 특징으로 볼 수 있다.

제단도 홍산 문화의 중요한 유적의 하나이다. 우하량 유적에서 제단은 앞에서 언급하였듯이 적석총과 한 몸체를 이룬다. 즉 제단은 적석총 형태로 되어 있다. 그 전형적인 것이 우하량 2지점(N2)의 3중 원형 제단과 5지점(N5)의 방형 제단이다. 곽대순郭大順 등은 적석총과 제단이 결합된 것이 홍산 문화 적석총의 또 다른 특징이라고 말한다. 그러면서 홍산 문화에서는 제단을 만들어 그곳에서 제사를 올렸다는 사실을 이렇게 입증한다. "적석총 그 자체가 대규모이고 또 정연하게 만들어진 지상 석축물이다. 적석총의 사방의 둘레는 층층이 쌓인 단으로 구성되지만, 그 꼭대기 부분은 넓고 비교적 평탄했던 것으로 보인다. 형태는 방형 혹은 원형이다. 혹은 위쪽은 원형 아래쪽은 방형이든지, 방형과 원형이 서로 중첩되든지 하여 방형과 원형이 잘 결합되어 있다. 그 형태로 보건대 이들은 원래부터 제단의 성격을 지니고 있었던 것으로 생각된다."[111]

적석총이 제단으로 사용된 점도 특징적이지만 제단의 구조, 외형 또한 주목할 만하다. 우하량 2지점(N2)에는 두 개의 적석총이 있는데, 2호 적석총(N2Z2)은 사방이 선명한 방형方形의 구조, 3호 적석총(N2Z3)은 바닥면이 상이한 크기의 세 겹의 원형(3단의 원형) 구조를 특징으로 한다. 특히 후자는 홍산 문화 유적에서 발굴된 제단 중 규모

---

111 궈다순郭大順·장싱더張星德 지음, 김정열 옮김, 2008, 378.

우하량 5지점(N5) 전경(1998년). 1호 적석총(Z1)과 2호 적석총(Z2) 사이에 3호 적석총(Z3)인 방형 제단이 있다. (출처: 요령성문물고고연구소, 2012(하), 도판 199)

우하량 13지점(N13) 계단식 적석총(토구土丘, 대형 제단). (출처: 요령성문물고고연구소, 2012(하), 도판 2)

가 가장 큰데, 삼중 원형 제단인 3호 적석총은 하늘에 제사를 지내는 곳으로 보인다. 5지점(N5) 적석총은 동서로 배열된 1호(N5Z1)와 2호 적석총(N5Z2)으로 이루어졌는데, 두 개의 적석총 사이에 방형 구조의 제단(N5Z3)이 있다.

제단 중 피라미드 형태를 갖춘 건축물도 있다. 1992년에 발견된 13지점(N13) 유적은 7층의 계단식 적석총으로, 대형 제단 건축물이다. 우하량 남부 전산자轉山子라고 하는 구릉의 꼭대기에서 발견된 이 건축물은 돌과 흙으로 된 원구형圓丘形으로 지름이 60~100미터 사이이다. 총 면적이 1만 제곱미터에 달하는데, 그 중앙부는 토구土丘로 지름이 40미터이다. 하부의 기암基巖 면에서 현존하는 꼭대기까지의 잔고殘高는 7여 미터이다.[112] 중국 학자들은 이를 후대 원·명·청대에 황실이 하늘에 제사지내는 천단의 원형으로서 금자탑金字塔이라 부른다고 한다.[113]

홍산 문화 제단 구조는 왜 원형이거나 방형일까? 동북아 문화권에서 하늘과 땅에 대한 고전적 관념의 하나는 천원지방天圓地方이다. '하늘은 둥글고 땅은 방정하다, 모나다, 네모나다'는 천원지방[114]은 인간이 하늘과 땅을 포함하는 이 우주, 천지를 어떻게 보았는지를 보여주는 그야말로 원시의 원형적 우주관이다.

---

112 귀다순郭大順·장싱더張星德 지음, 김정열 옮김, 2008, 379.

113 이청규, 2013, 215.

114 천원지방은 하늘과 땅의 형태를 반영하기도 하지만 이런 천지의 형태적인 것보다는 천지를 형이상학적 관점에서 해석하여 그 상징으로 볼 수도 있다. 이를테면 하늘의 마음, 하늘의 본성은 모든 것을 감싸 안는다, 원만하다는 것을 천원天圓이라면, 지방地方은 땅의 마음, 땅의 본성은 방정하다는 것이다. 하늘과 땅의 성격, 하늘과 땅이 지닌 양과 음의 도道를 상징하는 것으로 보려는 것이 그 예이다.

'천원지방' 사상을 반영하고 있는 〈천지정위지도天地定位之圖〉. 동북아 고대 사람들은 하늘은 둥글어 삿갓처럼 땅(대지)를 덮고 있으며 그 중심은 북극성과 북두성의 자리로서 천상의 가장 높은 신인 태일太一이 그곳에 있다고 여겼다. 반면에 땅은 네모져서 바둑판과 같은 모양이며 그 중심 땅에 왕이 있다고 보았다. (출처: 거자오꾸앙葛兆光 지음, 이종미 옮김, 2014, 23, 25)

'천원지방' 구조. 천지는 둥근 원으로 그린 하늘과 평평한 사각으로 나타낸 땅으로 이루어졌다. (출처: https://kknews.cc)

하늘을 둥글게(원) 땅을 평평하게(네모) 여기는 경향은 동서양에서 고대부터 있었다. 중국의 경우 그 역사가 매우 오래되었다. 전국 시대 이전에 원형이 이루어졌고 후한 때 편찬되어 송대에 간본된 고대 중국의 천문수학서(曆算書)인『주비산경周髀算經』에 '하늘을 삿갓 모양, 땅을 엎어놓은 쟁반 꼴'에 비유하는 말이 있다.[115] 천지의 형상을 언급하는 내용으로 하늘은 둥글고 땅은 평평하게 묘사하고 있다. 그리고 "방정한 것은 땅에 속하고 둥근 것은 하늘에 속하니, 하늘은 둥글고 땅은 방정하다"[116]라고 하여, 하늘과 땅을 형이상학적 관점에서 그리기도 한다.『주비산경』에 '천원지방'의 세계관이 담겨 있는 것이다.

동북아에서는 서양의 지구 구체설球體說이 들어오기 전 일찍부터 오랫동안 이런 천원지방 사상을 공유하였다.[117] 홍산 문화의 제단 형태가 원형이나 방형인 것은 이런 '하늘은 둥글고 땅은 모나다'는 의미의 동북아 고대 우주론인 '천원지방' 사상을 반영한 것으로 보인다. 이런 사상을 반영한 건축물은 동북아 역사에 여럿이 나타났다. 고조선 시대에 만들었다는 강화도 마리산 참성단이 그런 구조이다. 고종 황제가 '대한大韓'을 선포하고 황제의 자리에 오르기 전 하늘의 상제에게 고유제를

---

115 "天象蓋笠, 地法覆槃."(『周髀算經』)

116 "方屬地, 圓屬天, 天圓地方."(『周髀算經』)

117 그러나 그 이전에 천원지방을 천지의 형태로 해석하는 경향을 비판하는 모습이 있었다. 이를테면 공자의 제자 증삼曾參이 천원지방에 대해 묻는 제자 단거리單居離의 질문에 대해 답한 것이 대표적이다. 그는 여기에서 천지의 형태가 원형과 방형이라면 하늘이 네모진 땅을 가릴 수 없다는 문제를 제기하며, 천원지방을 형태적인 관점보다는 형이상학적 관점에서 이해하려 하였다.『여씨춘추』에서도 형이상학적 관점의 해석을 볼 수 있는데, 천도天道와 지도地道를 '원圓'과 '방方'이라 하여 천지의 본질을 해석하기도 하였다. 오상학, 2001, 37~38 참조.

강화도 마리산 참성단. (출처: https://www.ganghwa.go.kr)

북경 천단 공원 원구단. 원형의 삼단 구조. (출처: https://baijiahao.baidu.com)

1897년 고종이 상제에게 고유제를 올린 환구단 일대 원경. 이후 고종은 황제위에 올라 '대한'을 선포하였다. 원경에 북한산 보현봉과 백악산이 왼쪽으로 치우쳐 있고, 중앙부에 황궁우와 그 오른쪽에 환구단이 있다. 특히 서향으로 정면 세 칸, 측면 두 칸 크기의 맞배지붕 형태를 한 환구단 전체의 정문이 보인다. (출처: 홍순민 외, 2009, 79)

지낸 환구단 역시 그러하다. 북경 천단 공원에 있는 원구단도 천원지방의 양식을 취하고 있다. 당나라 때 원구단의 원형이라고 하는 중국 서안 섬서 사범대학 옆의 원구단 역시 원형 제단이다.

우하량 제단은 또한 3단 구조라는 특징을 보인다. 북경 천단 공원에 있는 원구단도 3단이다. 이렇게 3三층으로 한 것, 삼원의 구조인 것에는 고대 사람들의 삼三이라는 수數에 대한 사상, 3이라는 수를 중시한 사유, 동양 고유의 상수象數 원리가 반영된 것으로 볼 수 있다.

동양에서는 흔히 만물의 본질을 사물 자체의 상象에서 찾고자 하였다.[118] 그것은 하나의 생활 철학이었다. 수는 일반적으로 사물을 계산하거나 측정하는 수단과 방법이자 그 값이다. 그러나 동양적 사유로 보면 수는 사물의 기미機微이며 유有와 무無의 변화하는 상이다. 만물의 변화는 기의 율동인 상으로 드러나고 그러한 변화 운동의 모습은 자연수로 드러난다. 이 수를 상수象數라 하였다. 수는 바로 상의 의미를 밝혀준다.[119]

만물에는 그 본질대로 상이 나타나고 상에는 반드시 그 상의 내용인 수數가 있다면 삼三은 어떤 상수인가? '삼三'은 '일一'이 자기의 기본음을 쓰고 발한 상을 표시한다. '이二'는 두 개의 '일一'이 합한 것이다. '삼'은 자전字典에서 '일가어이一加於二'라고 한 것에서 알 수 있듯이 '일一'과 '이二'를 더한 수이다. 여기서 '일一'이 '기본양基本陽'이라면 '이二'는 '기본음'이다. 그리고 '일一'과 '이二'에서 1은 최초의 양수陽數이지만 불완전한 독양獨陽 수이다. 그리고 2 역시 최초의 음수이지만 불완전한 독음獨陰 수이다. 그런

118   상수 원리는 약 5,000년 전으로 추산되는 복희伏羲 때 하도河圖에 기원을 두고 있다. 하도가 자연수가 통일하는 상을 표시한 것이라면 낙서洛書는 자연수가 발전하는 상을 나타낸다.

119   한동석, 2001, 55, 172~173, 175, 191; 안경전, 2014, 278~279.

데 3은 이러한 불완전한 독양과 독음을 합하여 이루어진, 그야말로 음양의 조화가 이루어진 수로, 이른바 완성을 상징하는 수이다.[120] 완전수이다.『춘추번로春秋繁露』에 의하면, "하늘은 만물의 시조이다. 만물은 하늘이 없으면 태어나지 못했을 것이다. 독음에서는 생명이 태어나지 못하고 독양에서도 생명이 태어나지 못한다. 음과 양과 하늘과 땅이 참여한 연후에 태어나는 것이다."[121] 양기의 대표격인 하늘, 음기의 대표격인 땅이 서로 합해 조화를 이룸으로써 세상의 만물이 생겨난다. 음기와 양기 둘이 합한 조화, 이런 3에서 만물이 생겨난다. 음양이 조화를 이루는 수가 바로 삼三이다.

『회남자淮南子』에도 "도는 일一[하나]에서 시작하는데 일一로는 그 무엇도 낳을 수 없다. 그러므로 나뉘어 음과 양이 되며 음과 양이 합하여 만물을 발생시킨다. 고로 '일一은 이二를 생하고 이二는 삼三을 생하며 삼三은 만물을 낳는다"[122]고 한다. 삼수 원리는 노자老子에게서도 엿볼 수 있는데, "도道는 하나[一]를 낳고 하나는 둘[二]을 낳고 둘은 셋[三]을 낳으며 셋은 만물을 낳는다"[123]고 하여, 삼三을 만물이 생성되는 기본 요건으로 간주한다. 삼은 현상계를 구성하는 중심적인 수이다.

3수에 대한 사유는 하늘과 땅 그리고 인간이 우주 만물의 근간이자 그 변화의 동인動因이라는 삼재三才 사상에서도 읽을 수 있는데, 제

---

120 박태봉, 2020, 12.

121 "天者, 萬物之祖, 萬物非天不生. 獨陰不生, 獨陽不生. 陰陽與天地參然後生."(『春秋繁露』「順命」)

122 "道始於一, 一而不生. 故分而爲陰陽, 陰陽合和而萬物生. 故曰, 一生二, 二生三, 三生萬物."(『淮南子』「天文訓」)『회남자』 원문과 번역은 이준영 해역, 2015; 안길환 편역, 2013을 참조하였다.

123 "道生一, 一生二, 二生三, 三生萬物."(『道德經』四十二章) 최진석, 2016, 337; 오강남 풀이, 1999, 183; 김용옥, 2020, 345 참조.

단 구조가 3층인 것은 삼재 사상을 반영한 것으로도 보인다. 동양에는 예로부터 하늘을 아버지로, 땅을 어머니로 모시며 살아가는 전통이 있었다. 삼재는 바로 하늘, 땅, 그리고 인간을 말하는데, '일一', '이二', '삼三'은 각각 천·지·인을 상징한다. 『춘추번로』도 '삼三의 세 획은 하늘과 땅과 사람'[124]이라 한다. 3수를 상징하는 인간은 천지를 받들며 천지와 하나 되는 삶을 지향하였다.

'삼三' 수에 대한 고대 사람들의 인식은 '일시무시일一始無始一 석삼극무진본析三極無盡本'으로 시작되는 81자로 이루어진, 하늘의 뜻을 밝히는 〈천부경天符經〉에서도 엿볼 수 있다. 여기에서는 하늘과 땅과 인간을 천일天一, 지일地一, 인일人一이라 한다. 천, 지, 인을 모두 일一이라고 한 것은 하늘과 땅과 인간이 생겨난 바탕이 같다는 것이다. 하늘과 땅과 인간이 하나라

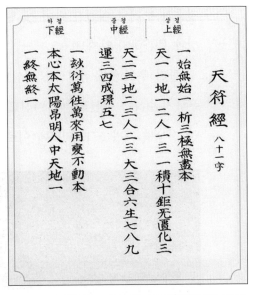

『환단고기』에 실려 있는 81자로 이루어진 〈천부경天符經〉. (출처: 안경전 2016a, 503)

는 것이다. 그런데 〈천부경〉에서는 '천일일天一一 지일이地一二 인일삼人一三'이라고 하여, 수數로서 말하면 하늘은 1이고 땅은 2이고 인간은 3이라고 한다. 이는 곧 일一로 상징되는 하늘, 이二로 상징되는 땅, 그리고 삼三으로 상징되는 인간이 모두 '일一'이라는 한 근원에서 비롯하였음을 말한

---

124 "三書者, 天地與人也."(『春秋繁露』「王道通三」)

다. 3을 상징하는 인간은 하늘과 땅이 하나로 조화되어 나온 천지의 자녀이다. 〈천부경〉에도 삼재 사상이 함축되어 있는 것이다.

제단의 삼원 구조 외에도 동양에는 일상적 삶이나 여러 종교 사상에도 3수, 3수 원리를 반영한 다양한 문화가 있다. 원圓(○)·방方(□)·각角(△)이나 삼극三極 사상 역시 이런 삼수 원리를 배경으로 한다. 광명 숭배를 상징하는 삼족오, 신물神物로 여겨져 왕권을 상징하거나 왕위 전승의 보기로 여겨진 발이 셋 달리고 귀가 둘인 솥 정鼎 등도 3수 사상과 무관하지 않다.[125]

한편 우하량 유적에서는 여신묘도 발굴되었다. 우하량 유적의 중심은 1지점(N1) 여신묘인데, 여신묘는 우하량의 중심 줄기인 북쪽 산 중앙 정상부 해발 671.3미터에 이르는 높은 지대에 위치해 있다. 앞에서

우하량 1지점(N1) 여신묘(신전) 전경. (출처: 요령성문물고고연구소, 2012(하), 도판 6)

---

125 김선주, 2011, 109.

살펴본 원형 및 방형 제단과 적석총은 이 여신묘의
아래 남쪽 평지에 흩어져 있다.

여신묘는 방이 여럿인 F자형의 주 건물과 그 남
쪽에 방이 하나인 일—자형의 부속 건물로 구성되었
는데, 두 건축물은 남북으로 동일 선상에 배치되어
있다. 이 여신묘는 돌을 사용하지 않은 토목 구조인
데, 여기에서 여신 좌상 파편이 발견되었다. 그 조각
으로 보아 여신묘에서는 실제 사람보다 크거나 같은
크기의 여러 신상이 모셔진 것으로 보인다. 이는 여
신묘에서는 주신을 중심으로 여러 신을 모셨음을 말
한다. 그리고 이러한 여신묘는 주변의 적석총, 대형
제단과 밀접한 관련이 있음을 말하기도 한다. 즉 우

**우하량 1지점 신전(여신묘, N1J1)
평면도.** (출처: 요령성문물고고연구
소, 2012(상), 19, N1 도圖 2)

하량 총·묘·단 유적은 신을 향한 의례, 신과 교통하려는 홍산인들의
의지의 표출이다.

우하량 1지점의 흙속의 여신상 두부(N1J1). 발굴 당시 코가
떨어진 상태였다. (출처: 요령성문물고고연구소, 2012(하),
도판 9)

**우하량 1지점 여신상 두부(N1J1) 평
면도.** (출처: 요령성문물고고연구소,
2012(상), 20, N1 도圖 3)

**우하량 1지점의 여신상 두부
(N1J1).** (출처: 요령성문물고고
연구소, 2012(하), 도판 10)

여신묘에서 가장 주목할 만한 것은 원형 주실 서편에서 나온 거의 온전한 모습의 여신 안면상이다. 여신의 얼굴이 매우 인상적인데 곽대순郭大順 등은 그 모습을 이렇게 전하고 해석한다. "두상은 방원형으로 얼굴은 납작하며 광대뼈가 튀어나왔다. 눈은 비스듬히 섰으며, 눈꺼풀, 특히 안쪽 눈초리에는 발달한 췌피贅皮가 세밀하게 표현되었다. 눈의 윤곽 안에 원형의 옥편을 안구로 집어넣었다. 눈썹은 두드러지지 않고 콧등은 낮으면서도 짧다. 코는 둥그스름하면서 낮고 편평하며 콧날이 없다. 윗입술은 길고 얇다. 이마 부분은 융기되어 있으며 이마 표면은 가파르다. 귀는 작은 편이며 섬세하다. 얼굴 표면은 둥글고 매끈하며 뺨은 풍만하다. 아래턱은 뾰족하면서도 둥글다.

이런 것들은 모두 몽골 인종의 특징이다. 여성의 얼굴임을 잘 보여준다. 그리고 전체적으로 보면 미묘한 표정을 드러내고 있다. 그야말로 일종의 신비감을 불러일으킨다. 전체 두상의 조형은 사실적 기초 위에서 적당한 과장을 가미하여 생동감·표정·동태를 하나로 융합해 내고, 사람의 정신 상태와 내재적 감정을 추구하였다. 그리하여 매우 생명력 있고 또 고도로 신격화한 여성의 두상을 성공적으로 빚어냈다."[126]

복원된 여신상. (출처: https://blog.naver.com)

복원한 여신상을 보면 두 손을 배 하단전에 가지런히 모으고 반가부좌를 튼 자세로 수행하는 형상이다. 이 여신상이 구체적으로 어떤 신격인지는 분명

---

126 귀다순郭大順·장싱더張星德 지음, 김정열 옮김, 2008, 386~387.

하지 않다. 제천의 대상이었을 수도 있고 조상신의 모습일 수도 있다. 그런데 정경희는 이 여신상이 "여신묘에서 행하였을 제천의 수행적 면모를 단적으로 보여준다"며, "제천에서는 신격이 여신이었다"고 말한다.[127] 여신상이 제천의 대상으로서의 신이었다면 당시 사람들은 제천 대상으로서의 신격을 사람과 완전히 같은 것으로 여기고 있었음을 보여준다. 홍산인들은 신을 사람 모습으로 형상화하였다. 신을 인격화한 것이다. 그리고 제천 대상으로서의 신이 여신이었다는 것은 홍산인들이 지모신을 숭배한 것으로 볼 여지도 있다. 신석기 시대에 이런 여신을 숭배한 것으로 보아 당시 사회는 모계 사회, 여성의 역할을 중시한 사회였음도 짐작하게 한다.

이 신전에서는 다른 유물도 많이 나왔다. 주 건물 주실에서 나온 붉은 색의 질그릇을 비롯하여 향로 뚜껑 등이 그 예이다. 이 질그릇은 다양한 용도일 수 있겠지만 제사를 위해 사용한 그릇[祭器]으로 보인다.

이러한 홍산 문화의 우하량 유적·유물로 보아 홍산 문화는 상당한 문명 수준에 이르렀던 것으로 볼 수 있다. 신을 모시는 신전, 제천단, 옥기 등으로 미루어 보아 홍산 문화는 계급이 분화되고, 종교적 영역과 세속이 분화되고, 나아가 제사장 중심의 나라를 형성하였던 것으로 추정된다.

홍산 문화는 중원의 황하가 아닌 요하 유역에서 발생하였다. 그리고 그 발전 시기는 서기전 4700년부터 서기전 2900년 무렵까지이다. 중국은 중원 지역과 전혀 다르고, 황하 문명과는 그 문화적 전통을 달리하고, 한족과는 다른 사람들이 요하 지역에서 일으킨 요하 문명, 홍산 문화를 중화 문명의 또 다른 시원으로 삼으려 한다. 그렇다면 이 시기 요

---

127 정경희, 2016a, 122~123.

하 유역에서 발생하여 문명을 발전시킨 주체는 어떤 사람들이었을까?

『환단고기』『삼성기전三聖紀全』에 나오는 환국·배달·조선으로 이어지는 역사로 추정해 보면, 홍산 문화의 시기는 환국을 이은 배달국의 시대와 중첩한다. 홍산 문화 후기 무렵에 배달국이 들어서고 발전하였다. 조심스럽게 그리고 단순하게 추정하면 홍산 문화는 요하 지역에서 살았던 동이 사람들, 배달국 사람들의 삶의 흔적으로 보인다.

이렇게 볼 때 홍산 문화 유적과 유물은 홍산 문화가 인류의 4대 문명이라는 여러 문명과는 차이가 있으며, 특히 황하 문명과는 다름이 분명하다. 또한 황하 문명보다 앞서는 홍산 문화의 적석총, 제단, 여신묘로 대표되는 우하량 유적과 옥으로 대표되는 유물은 당시 사회에서 신을 향한 의례가 널리 행해졌음도 보여준다. 대형 제단과 여신묘가 상징적으로 보여주듯이, 홍산 문화에서는 신에게 제사를 올리며 신을 받들고 신의 가르침을 따르는 삶의 길[道]이 널리 행해졌음도 알 수 있다. 홍산 문화 유물과 유적은 홍산 문화 사람들이 오래 전부터 신을 섬기고 신에게 제사를 올리는 전통을 가지고 있었다는 메시지를 전한다.

동북아 문명의 모태, 환국桓國 문명

그러면 동북아 문명의 뿌리는 무엇일까? 중국 문명이 시작된 때를 황하 문명을 중심으로 말하면 흔히 은나라 때를 말하고, 좀 더 거슬러 올라가면 하나라 때를 말하기도 한다. 하나라가 서기전 2070년 무렵에 시작되었으니 지금으로부터 약 4,100년 전이다. 그러나 서기전 4500년

~3000년경에 있었던 홍산 문화 만기의 유적이 발굴됨으로써 중국 문명은 물론 동북아 문명의 기원은 훨씬 소급되고 있다. 특히 초기 홍산 문화로까지 거슬러 올라가면 그 상한은 서기전 6천년 이상으로까지 소급된다. 홍산 문화의 존재는 황하 문명이 동북아 문명의 뿌리라는 지금까지의 주장을 완전 뒤엎는 것이다. 홍산 문화는 동북아 신석기 문화의 최고봉으로, 중국 한족 문화와는 계통이 전혀 다르다. 중국이 홍산 문화를 황하 문명의 뿌리라고 하고 있지만 사실이 아니다.

황하 문명이 동북아 문명의 뿌리가 아닐 수 있고 동북아에 황하 문명이 아닌 다른 문명이 있을 수 있다는 것은, 상고 시대 지금의 중국 땅에 황하 문명의 주인공인 화하족華夏族 뿐만 아니라 다른 씨족 집단이 있었다는 주장을 통해서도 엿볼 수 있다. 앞에서 언급하였듯이 중국 상고대를 구성하였던 씨족은 화하 집단뿐만 아니라 치우蚩尤로 대표되는 동이東夷 집단과 남방의 묘만苗蠻이라는 다른 부족 집단도 있었다. 이들 3대 집단은 이러저런 복잡한 상호 관계를 거치며 마침내는 춘추전국 시대를 지나고 진·한을 거치며 사상적으로 화하 문화라는 하나의 중국 문화를 이루었다.

그러나 다르게 볼 수도 있다. 여러 집단이 비슷한 시기에 공존하였다는 것은 동북아 상고대 문명이 황하 문명이라는 하나의 뿌리에서 기원하지 않았을 가능성도 말한다. 근접한 문화는 서로 동화될 수도 있지만 같은 문화라도 멀리 떨어져 있는 경우에는 동화되지 않고 그들만의 독특한 문화를 유지할 수 있다. 이를테면 화하족은 화하족 중심의 문화, 동이족은 동이족 중심의 문화, 묘만족은 묘만족 중심의 문화를 서로 다른 지역을 기반으로 형성할 수 있다. 황하 문명과는 다른 문명이 형성될 수 있었다는 것이다.

이쯤에서 이런 의문이 든다. 홍산 문화가 중원 황하 유역의 앙소 문화나 용산 문화, 하모도 문화를 줄기로 하는 황하 문명과 문화적 차이가 있다면, 홍산 문화를 연 주체는 어떤 집단일까? 황하 문명을 연 주체가 화하족·한족이 중심이었다면, 북방 문화 계통인 홍산 문화는 어떤 사람들이 열었을까? 중원과는 다른 요하 지역에서 홍산 문화를 연 사람들은 누구일까?

요하 지역은 지난날 동이東夷의 강역이었다. 여기에는 중원 문화의 상징인 황하 문명을 일군 사람들인 화하족과는 다른 계통의 사람들이 살았는데, 동이족인 예濊·맥貊계, 숙신肅愼계, 동호東胡계의 선조들이 바로 그들이다. 이들이 요하 일내 신석기 문화의 주도 세력이었는데, 요하 중앙은 예맥·부여계가, 요하 서쪽은 동호계가, 요하 동부는 숙신계가 차지했다. 예맥족은 배달국과 고조선을 이룬 중심 세력으로 추정된다. 요하 문명이 중국과 한민족 모두에게 시원 문명이 되는 것이 명확하지만 그 주도 세력은 동이족 예맥의 선조들이었고, 그 문명의 주맥主脈은 요서遼西·요동遼東, 그리고 한반도로 이어진다.[128] 이들이 요서, 요동을 중심으로 북방 고유의 홍산 문화를 일궜다. 당시 요동, 요서, 연해주, 한반도 일대는 하나의 문명권이었다.

그런데 중국은 한때 오랑캐라고 부르며 자신들과 차별하였던 이족夷族 사람들이 연 문화가 중원의 황하 유역을 중심으로 발전하였던 문명보다 훨씬 이전에 형성되었다는 것을 알고, 자신들의 문명사를 세계 문

---

128 양대언, 2010, 231.

명사에서 가장 먼저 발전한 것으로 만들기 위한 작업을 진행하였다. 이덕일에 의하면, "중국의 장박천張博泉은 홍산 문화를 중국 고대 오제五帝의 첫 인물이자 중화 민족의 시조라는 황제黃帝의 후손들인 황제족의 문화라고 주장하였는데, 특히 홍산 문화의 주도 세력은 황제의 손자인 전욱顓頊의 후예라고 하였다. 소병기蘇秉琦 역시 이런 설을 지지하였는데, 그는 홍산 문화의 주도 세력은 황제족이고, 황제의 활동 무대가 내몽골 동부, 요령성 서부, 북경과 천진, 하남성 북부 등이라는 문헌 기록과 일치한다고 주장했다."[129] 여기에 곽대순郭大順 등도 힘을 싣는다. 그들은 홍산 문화의 고고학적 발견은 고사에서 전하는 황제를 비롯한 오제 시대 전기의 대표적인 인물들이 북방 지역에서 활동하였을 가능성을 더욱 신뢰할 수 있게 해 주는 것이 분명하다[130]며, 홍산 문화를 오제五帝와 관련시켜 오제 시대의 산물로 보려고 한다.

중국은 고대 문명 탐원 공정探原工程을 통해 요하 지역에서의 문명을 중국 문명의 원류로 편입하고자 하였다. 이에 중국 중화족의 신화적 존재로서 시조로 여기는 황제를 등장시켜 이 지역에서 요하 문명을 이룩한 사람들인 동이족을 황제의 후예로 보는 견해가 지금 중국의 입장이다. 따라서 동이족 역시 고대로부터 중화 민족의 일원이었다는 것이 현재 중국의 다민족 국가 건설에 타당한 입장으로서 새로운 역사 해석으로 자리 잡고 있다.[131]

---

129   이덕일, 2019, 36.

130   궈다순郭大順·장싱더張星德 지음, 김정열 옮김, 2008, 422.

131   양대언, 2010, 210.

그런데, 동북아에 첫 문명이 들어선 것은 약 1만 년 전이다. 네 번째 빙하기가 거의 끝날 무렵, 지구를 뒤덮었던 얼음 층이 북쪽으로 물러나 기후가 따뜻해졌다. 그러자 5만 여 년 전 출현하였지만 빙하기의 추위로 인해 사라졌던 현생 인류의 후손 일부가 따뜻해진 기후를 틈타 새로운 생명의 씨를 뿌리기 시작하였다. 그 하나가 중앙 아시아 천산 일대에서 새로운 삶의 기지개를 켰다. 그들은 지혜가 발달하여 도구를 사용하는 등 새로운 문명을 열 능력을 갖추고 있었다. 그리하여 부족 공동체, 씨족 공동체를 이루기도 하였다. 이때는 인류학자들이 흔히 말하는 신석기 시대였다.

『환단고기』에 의하면, 신석기 시대가 열린지 얼마 되지 않은, 지금으로부터 약 9,200여 년 전, 천산 일대를 중심으로 농업에 바탕을 둔 문명 집단이 형성되어 나라를 열었다. 천산 아래에 형성된 인류의 첫 나라, 그것은 밝은 나라, 광명의 나라를 뜻하는 '환국桓國'이었다. 『삼성기전』에서 "우리 환족이 세운 나라가 가장 오래 되었다"[132]고 하거나, 『태백일사』 「환국본기」에서 "옛적에 환국이 있었다"[133]고 한 것은

좌로부터 『삼성기전三聖紀全』 상上에 나오는 '환국桓國'. (출처: 운초 계연수 편저, 2011) 『삼성기전三聖紀全』 하下에 나오는 '환국桓國'. (출처: 운초 계연수 편저, 2011) 『태백일사太白逸史』 「환국본기桓國本紀」에 나오는 '환국桓國'. (출처: 운초 계연수 편저, 2011)

132 "吾桓建國最高."(『三聖紀全』上)

133 "昔有桓國."(『太白逸史』「桓國本紀」) 「환국본기」는 환국의 존재를 "환인씨의 나라가 있다. 有桓仁氏之國"는 말을 통해서도 밝힌다.

바로 이를 두고 한 말이다. 환국에 대한 언급은 『삼국유사』에도 나온다.[134] 동북아의 첫 나라, 가장 오래된 나라는 환국이다.

환국은 어떻게 열렸을까? 환국 개창에 대해 『삼성기전』은 이렇게 밝힌다.

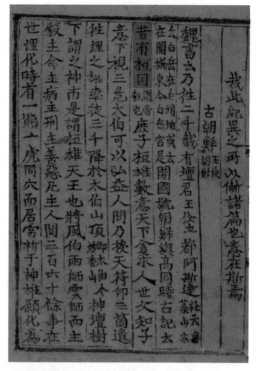

『삼국유사』「기이紀異」 고조선古朝鮮(규장각본(1512년). (출처: 국사편찬위원회 한국데이터베이스(https://db.history.go.kr)

　"하느님(一神)은 사백력斯白力(大光明)의 하늘에 계시며 홀로 우주의 조화를 부리는 신이시다. 광명으로 온 우주를 비추고 대권능의 조화(權化)로 만물을 낳으며 영원히 존재하고 만유를 지켜보시니 항상 즐거움을 누리신다. 지극한 조화 기운을 타고 노닐며 스스로 그러함(대자연의 도)에 오묘하게 합치하며, 형상 없이 나타나고 함이 없이 만물을 지으며 말없이 행하신다. 어느 날 동녀동남 800명을 흑수와 백산의 땅에 내려 보내셨다. 이에 환인께서 만백성의 우두머리가 되어 천계天界(파내류산)에 거주하며 돌을 부딪쳐서 불을 피워 음식을 익혀 먹는 법을 처음으로 가르치시니, 이

134　"昔有桓国."(『三國遺事』「紀異」卷第一 古朝鮮 王儉朝鮮)

나라를 환국桓國이라 했다."135

천산에 머물며 도를 깨친 환인이 하늘을 대행하여 널리 교화를 베풀어 연 나라가 환국이다. 이러한 환국을 다스리는 분을 천제 환인씨라하고 또한 안파견이라고도 불렀다. 「환국본기」에 의하면 당시 사람들은 환인을 천제(천상 상제)의 화신이라며 감히 거역하는 자가 없었다.

환국은 초대 통치자 안파견 환인으로부터 시작하여 7세 환인이 다스리며 3,301년 (서기전 7197년~서기전 3897년) 동안 지속되었다.136 환국은 그 넓이가 남북으로 5만 리, 동서로 2만 리나 되었다고 한다.137 이는 중앙 아시아에서 시베리아, 만주를 모두 포함하는 방대한 영역이었다. 환국은 열 두 나라로 이루어 졌는데, 그 이름은 비리국, 양운국, 구막한국, 구다천국, 일군국, 우루국, 객현한국, 구모액국, 매구여국(일명 직구다국), 사납아국, 선패국(일명 선비이국, 시위국 또는 통고사국), 수밀이국이다.

『환단고기』에 의하면, 동서 문명은 천산 지역에 형성된 이 첫 나라

---

135 "有一神, 在斯白力之天, 爲獨化之神. 光明照宇宙, 權化生萬物, 長生久視, 恒得決樂, 乘遊至氣, 妙契自然, 無形而見, 無爲而作, 無言而行. 日降童女童男八百於黑水白山之地, 於是桓因亦以監群, 居于天界, 搭石發火, 始敎熱食, 謂之桓國."(『三聖紀全』上)

136 『삼성기전』 하下에 의하면, 7대 환인은 초대 안파견 환인, 2세 혁서 환인, 3세 고시리 환인, 4세 주우양 환인, 5세 석제임 환인, 6세 구을리 환인, 그리고 7세 지위리 환인이다. 『태백일사』 「환국본기」는 『조대기朝代記』 기록이라며 환국의 역년歷年을 3,301년 혹은 63,182년이라고 전한다. 『삼성기전三聖紀全』 하에서는 '그 역년이 3,301년인데, 혹자는 63,182년이라고도 하니 어느 것이 옳은지 알 수 없다'고 한다.

137 이는 『삼성기전』 하의 『고기』 인용에 근거한 것이다. "古記云, 波奈留之山下, 有桓仁氏之國, 天海以東之地, 亦稱波奈留之國. 其地廣南北五萬里, 東西二萬餘里, 摠言桓國."(『三聖紀全』下)

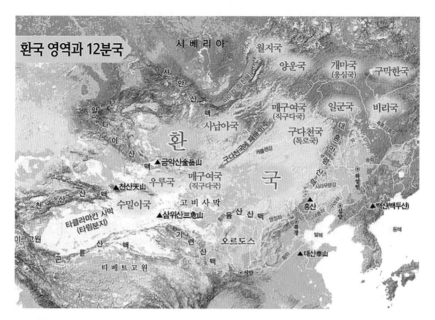

환국 영역과 12분국

시베리야 / 월지국 / 양운국 / 개마국(웅심국) / 구막한국 / 매구여국(적구다국) / 일군국 / 비리국 / 구다천국(독로국) / 사납아국 / 우루국 / 수밀이국 / 삼위산三危山 / 고비사막 / 음산산맥 / 오르도스 / 타클라마칸사막(타림분지) / 천산天山 / 금악산金岳山 / 매구여국(적구다국) / 티베트고원 / 태산泰山 / 홍산 / 백산(백두산)

동북아의 첫 나라 환국桓國의 영역과 12분국. (출처: 안경전, 2016a, 156)

환국에서 동서로 분화되었다. 동서 문명의 분화는 이 환국으로부터 시작되었다는 것이다. 동북아 문명이 천산을 중심으로 일어난 환국에서 출발하였다면, 지금의 한국과 중국은 어떤 역사적 과정을 거치며 지금에 이르렀을까? 동북아 문명의 주체를 크게 동이족과 한족이라고 볼 때 이들은 각각 어떻게 문명을 일구어 나갔을까?

먼저 『삼성기전』과 『태백일사』를 통해 환국을 이은 동이東夷 배달倍達의 역사를 보자. 때는 환국 말기였다. 인구가 늘어나고 물자가 부족해지자 사람들의 삶이 어려워져 갔다. 이에 환국의 마지막 지위리智爲利 환인은 백두산이 인간 세상을 널리 이롭게 할 만한 곳이라 여기고, 환웅에게 천부인 세 개를 주며 무리 3천 명을 이끌고 가 새로운 세상을 열어 재세이화在世理化할 것을 말하고 삶의 지표로 삼아야 할 규범도 내렸다. 이에 환웅은 백두산 신시神市에 도읍을 정하고 나라 이름을 밝음·광명의 동방 땅을 의미하는 '배달倍達'이라 하였다. 환웅이 동방 문명을 개창한 것이다. 그리고 백두산 신단수 아래에서 나라 세움을 하늘에 고하는 고유제(천제)를 올렸다. 이로써 동북아 한민족사의 최초 국가인 배달국이 열렸는데, 그 지도자가 커발환居發桓 환웅이다.

환웅은 풍백風伯(입법관)과 우사雨師(행정관)와 운사雲師(사법관)를 두었을 뿐만 아니라, 오가五加로 하여금 농사·왕명·형벌·질병·선악의 정사를 맡아 인간 세상의 360여 가지 일을 주관하게 하였다. 나아가 세상을 신교神敎, 삼신三神의 가르침으로 다스리고 깨우쳐 세상을 널리 이롭게 하였다. 배달은 개국한 지 1,565년 후 18세를 거치고(서기전 3898년~서기전 2333년) 막을 내렸다.

이러한 배달국의 시기는 고고학적으로 신석기 시대에 속한다. 동이 배달 시대는 우하량 유적이 발굴된 홍산 문화 시대(서기전 4700~서기전 2900년)의 중기 및 후기와 상당 부분 겹친다. 홍산 문화는 동북아 신석기 문화의 최고봉으로서 중국 한족의 것과는 계통이 전혀 다른 문화이다. 그것은 바로 한족漢族 문화에 지대한 영향을 끼친 동이족의 독자적인 문화이다.

이런 배달은 고조선으로 이어진다. 배달의 18세 거불단 환웅이 세상을 떠나자 단군 왕검이 등장하였다. 그는 배달 말의 혼란을 잠재우고 구환족을 하나로 통일하여 새로운 나라를 열었다. 때는 서기전 2333년, 단군 왕검은 송화강 유역(지금의 흑룡강성 하얼빈)의 아침 태양이 빛을 비추는 땅인 아사달을 도읍으로 정하고 '조선朝鮮'을 연 것이다.

고조선은 요하 지역의 홍산 문화를 배경으로 출현한 나라로 볼 수 있다. 고조선은 서기전 2333년 경 청동기 문화를 배경으로 요하 서부 지역에서 형성된 부족 연맹 국가였다. 이러한 고조선은 중원 지역에서

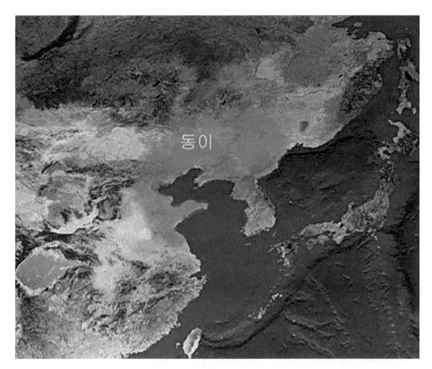

동이족의 활동 영역. (출처: https://blog.naver.com)

형성된 하 왕조보다 수 백 년 앞선다. 고조선이 세워진 2~3세기 후에 황하 중류에서 비로소 하 왕조가 성립했다. 고조선은 요하 지역으로부터 남하한 동이족의 일파가 중원에서 서기전 1700년 경에 상 왕조를 건설했던 시점에 이르러 난하 하류 근방의 백악산(일명 아사달)으로 천도해 내려갔고 그곳에서 연산 산록을 경계로 황하 지역의 상 왕조와 남북으로 대치하였다.[138]

고조선은 그야말로 광대한 제국이었다. 그 영토가 동쪽으로 한반도

---

138   김채수, 2012, 163~168. 고조선의 도읍지 위치와 천도에 대한 논의로는 윤내현, 2015, 2012를 참조하라.

고조선 후기 강역도. (출처: 윤내현, 2015, 371)

의 동해에 미치고, 북쪽으로 흑룡강을 지나 시베리아까지 이르고, 남쪽으로 큐슈와 일본 본토까지, 그리고 서쪽으로는 몽골에 이르렀다. 고조선은 동북아의 대국으로, 70여 개의 크고 작은 제후국을 거느릴 정도였다.[139]

고조선 시대에는 이미 청동을 사용하였다. 요서 지역의 하가점 하층 문화는 청동을 사용하였음을 보여주는 유적인데, 이는 고조선이 황하 유역보다 앞서, 서기전 2500경에 이미 청동기 문화를 이루었음을 말한다. 47세 고열가 단군에 이르기까지 2,096년 동안 고조선은 중국의 하·상·주 세 왕조와 때로는 손을 잡았고 때로는 갈등 관계에 있었다. 그러면서 문화적 교류도 이어갔다.

이러한 환국, 배달, 조선으로 이어지는 삼성조 시대에도 사람들의 하늘을 향한 제천 의례는 무르익고 있었다. 뒤에서 살펴볼 천제의 흔적이 이를 잘 말해준다.

---

139 안경전 역주, 2016a, 301, 303.

3

동북아 정신 문화의 키워드,
하늘·천·삼신·상제 그리고 천제天祭

동북아 문화에서 다양한 하늘님 호칭

우리는 일상에서 하늘이라는 말을 자주 쓴다. 일반적으로 하늘이라 하면 땅과 대비되는 지상地上의 공간을 말한다. '저 푸른 하늘', '울울창창鬱鬱蒼蒼한 하늘'은 공간으로서의 하늘을 말한다. 이 경우 하늘은 태양이나 달, 별, 산과 같은 자연이다.

그러나 하늘은 종교적 의미, 신적 의미를 가진 개념이기도 하다. '하늘이 무섭지도 않느냐?', '하느님이 보우하사 우리나라 만세', '하늘은 스스로 돕는 자를 돕는다'. 우리가 자주 쓰는 이런 말에서 하늘은 신과 같은 의미로 쓰이고 있다. 이런 맥락의 신적 존재를 동북아 문명의 옛사람들은 '제帝', '상제上帝', '천天', '천제天帝', '천신天神', '삼신三神' 등으로 다양하게 불렀다. 그러면서 일상에서 이를 받드는 의례[140] 문화가 형성되었다.

---

140 예禮는 원래 하늘이나 조상과 같은 신을 향한 종교적 의식에서 시작되었다. 그러던 것이 지금은

고대 동북아 사람들은 자신들을 이런 하늘과 분리해서 생각하지 않았다. 많은 경우 그들은 하늘에 의존하는 삶을 살았고 하늘의 가르침에 따르는 삶을 추구하였다. 늘 하늘과 소통하고자 하였으며 하늘을 삶의 준거로 삼았다. 나라의 군주가 하늘의 뜻에 따르는 정치를 하고자 한 것은 그 하나의 보기이다. 이는 곧 고대 동북아의 정신 문화가 하늘과 불가분의 관계가 있었음을 말한다.

동북아 문화에서 하늘님을 지칭하는 가장 전형적인 개념은 '제帝'이다. 이 용어를 일찍이 쓴 사례는 〈갑골문〉에서 찾을 수 있다. 갑골문에서 '제帝'의 전형적 형태는 釆이다. 이것은 무엇을 형상화한 것일까? 다양한 견해 중 하나로 '제'라는 글자는 제사를 지낼 때 쓰는 제단의 형

갑골문에서 '제帝'. (출처: naver 한자 사전)

갑골문의 '제帝'자 사례. (출처: 중국 사회과학원 고고연구소 편저, 2012 상·하)

'제帝'자의 변화. (출처: https://www.zdic.net)

예라고 하면 각종 종교 의례는 물론, 사회 관습이나 규범은 물론 인간 관계 등을 포함하는 의미로 확장되었다. 예의 본질적 의미나 그 기원, 변화 등에 대하여는 김인규, 2014, 11~17; 강영한, 2014, 20~22를 참조하라.

태를 본떠서 만든 글자라고 한다.[141] 釆라는 상형문자는 하늘의 절대적 존재에게 제사를 지낼 때 사용하던 제사 상床, 제단을 형상화하였다는 것이다. 이런 맥락에서 보면 제帝의 본래 의미는 '제사'와 관련이 있다. 제의 자형은 이미 하늘에 존재하는 '상제上帝'를 의미한다.[142] 그러나 호후선胡厚宣, 동작빈董作賓 등 중국 학자들은 갑골 복사에서 제는 제사의 대상이 아니었고, 또 복사에는 제를 제사지낸 기록이 보이지 않는다고 본다. 그러나 손예철은 갑골 복사 가운데는 제가 제사의 대상이 되었음을 분명하게 말해주는 복사가 있다고 주장한다.[143]

갑골문에 나오는 '제'는 조상신이나 자연신을 비롯한 모든 신적 존재 중 지고의 위상을 갖는다. 인간사는 물론 자연사도 다스리고 주재하는 주재자·통치자, 인간에게 상벌을 내리는 인격적 존재이다. '제'는 은나라 말기에 이르러 상제上帝와 하제下帝라는 개념으로 분화되었다고 한다. '상제'는 더 이상이 없는 최고의, 최상의 위상을 갖는 지고신, 최고신을 지칭하였다. 이는 갑골문에서 '상上'이라는 글자의 쓰임에서 알 수 있다. '상'자는 눈으로 볼 수 없는 무엇인가를 점이나 선 등으로 기호화하여 표현한 전형적인 지사문자指事文字로, '하늘'을 의미하기 위해 만든 글자이다.

---

141 금장태, 2009, 14.

142 김경일, 1995, 372.

143 손예철, 2016, 372~373.

갑골문에 나타난 '상上'자의 원래 형태. (출처: https://www.zdic.net)

30388

『합집』 30388의 '제帝' 자 위에 있는 '상'자. (출처: http://lib.3zitie.cn)

갑골문에서 '상'자는 ◡ ᐳ ◡와 같은 형태로 기록되어 있다. 『합집』 30388을 보면 '상'자는 두 획의 길이가 같은 갑골문 숫자 '이二'자와 비슷하다. 그러나 밑의 선이 위의 선보다 길고 조금 굽은 형태로 양 끝이 위를 향하는 모양이다. 그리고 위의 선은 상대직으로 짧고 평평한 모습이다. 이 조자造字는 '위'라는 뜻을 가진 '상上'자이다.[144] 여기서 밑의 굽은 형태는 하늘을 상징하고 위의 선은 거기에 있는 어떤 존재를 상징한다고도 볼 수도 있다.[145] 이러한 '상'과 '제帝'가 결합된 '상제'는 곧 하늘의 최고신, 지고신을 말한다.

한편 『설문해자』에서 '상'은 '丄'이다. 이는 ◡를 '二'자와의 구별하기 위해 윗부분의 획을 세운 형태이다. 『설문해자』는 '丄'에 대해 이렇게 말한다. "丄는 높다는 뜻이다. 이는 고문古文의 '상上'자로, 지사자指事字이

---

144 짧은 획을 밑에 두어 만든 것이 '하下'자이다.

145 김우진, 2017.

164

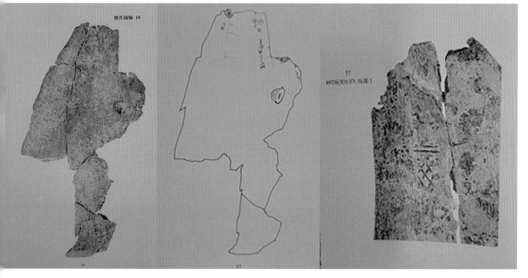

갑골문에 나타난 '상上'자의 다른 사례. (출처: 중국 사회과학원 고고연구소 편저, 2012 상·하)

다."[146] 즉 상은 어떤 위치보다도 높은 곳을 나타내거나, 어떤 사물이 특정한 위치보다 높게 놓여있는 상태를 의미한다. 소전小篆에서 하늘, 위를 뜻하는 '상'은 上이다.

甲骨文	金文	楚系簡帛	說文	秦系簡牘	楷書
二	二	上	丄	上	上

'상上'자의 변화. (출처: https://www.zdic.net)

한편 하제下帝는 하늘의 최고신인 상제에 대응하여 인간 세상의 지고적 존재인 왕과 관련시킨 지상의 왕을 의미한다. '제을帝乙'이나 '제신帝辛'에서 알 수 있듯이 제帝는 왕자王者를 지칭한 것이다. 제가 '천자'나 '임금'을 뜻하게 된 것이다. 『설문해자』에서 "제帝는 자세히 살핀다는 뜻

---

146 "上, 高也. 此古文上, 指事也."(『說文解字』「丄部」)

이다. 천하를 다스리는 사람에 대한 호칭이다"147라고 한 것은 이런 맥락에서이다.

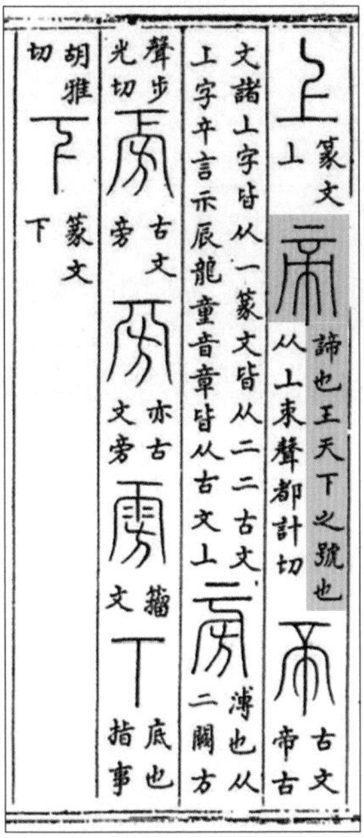
篆文丄
諦也王天下之號也从丄朿聲都計切
古文帝古文諸丄字皆从一篆文皆从二二古文丄字𢀖言示辰龍童音章皆从古文丄
溥也从二闕方聲步光切
古文旁
亦古文旁
籀文
底也指事胡雅切
篆文下

『**설문해자**』**의 '제帝'**. 자세히 살핀다는 뜻이다. 천하를 다스리는 사람에 대한 호칭이다. (출처: 『설문해자』(흠정사고전서본))

천지 만물의 주재자로서 '상제上帝'라는 용어는 특히 『시』·『서』 등 유가 경전에 많이 나온다. 유가 13경에 '상제'라는 말은 『서경』 32번, 『시경』 24번, 『예기』 20번, 『주례』 8번, 『춘추좌씨전』 6번, 『맹자』 3번, 『춘추곡량전』 1번, 『효경』에 1번, 그리고 『주역』에 2번 나온다.

하늘님을 지칭하는 상제의 다른 호칭의 하나는 '천天'이다. 그러나 천이 처음부터 신적 의미를 가진 것은 아니었다. 은대의 갑골문에도 '천'이라는 용어가 나온다. 그러나 그것에는 아직 인격적 존재로서의 '하늘, 하늘님'의 의미가 없었다. 그런 천 개념의 쓰임은 갑골문에 나타나지 않는다. 갑골문에는 은 시대 사람들이 천을 숭배했다는 흔적이나 하늘[天]에 제사를 올린 기록이 없다. '천'은 제천 의례의 대상이 아니었다.

그렇다면 천은 본래 무엇을 뜻하였을까? 갑골문의 천은 그 형태가 어떤 것인가? 바로 '대大'자 위로 동그란 모양이 그려진 이다. 갑골문에서 '천天'은 서 있는 사람의 머리, 정수리를 두드러지게 부각한 모양이다. 그리하여 갑골문에서 천은 머리, 정수리를 뜻하였다. '천'자는 정면으로 서 있는 사람의 머리·정수리를 형상화한 자형으로, 본의는 사람

147 "帝, 諦也. 王天下之號也."(『說文解字』「丄部」)

갑골문의 천天. 대大자 위로 동그란 모양이 그려져 있다. (출처: naver 한자 사전)

의 머리·정수리를 뜻한다는 것이다.[148]

갑골문에서 머리·정수리로서 천의 쓰임을 구체적으로 보자.

『합집』 20975

庚辰[卜], 王. 弗疾朕天.

경진일에 점을 치며 왕이 물었다. 저의 머리가 아픈데 심한 질병은 아닐까요.

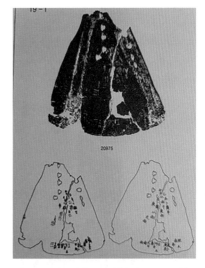

정수리·머리의 의미로 쓰인 『합집』 20975의 '천天'. 상대尙代에 천은 머리를 의미할 뿐 하늘이라는 의미가 없었다. (출처: 양동숙, 2019, 850)

갑골문에서 천天자는 크다는 의미의 '대大'자와 명확하게 구분되지 않기도 한다. 갑골문의 '천'자 ♉와 양팔을 벌리고 있는 사람을 상형하는 '대'자 ♉의 자형은 아주 비슷하며 특별한 구별 없이 '크다'라는 의미

---

148 손예철, 2017, 11.

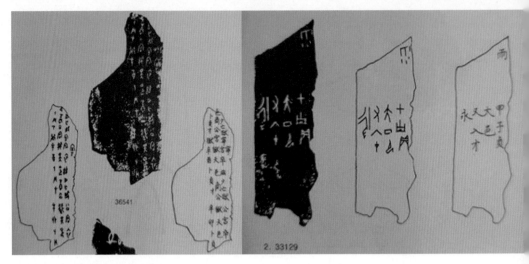

'천天'이 '크다'는 의미로 쓰인 갑골문 사례.

영역에서 혼용되고 있다.[149] '천天'자와 '대大'자가 '크다'는 같은 의미로
쓰인 갑골문 사례를 들면 이런 것이다.

『합집』36541

辛酉卜, 貞在獄. 天邑商公宮衣(卒), 茲夕亡戠, 寧.

신유일에 점을 치고 옥獄에서 물었다. 천읍상의 여러 조상을 모신
공궁公宮에서 의제衣祭를 지내려는데 당일 저녁 재앙이 없겠습니까, 평
안하겠습니까.

『합집』33129

甲子, 貞. 大邑又入. 才永.

갑자일에 물었다. 대읍에 들어오겠습니까. 영에서 점을 칩니다.

---

149   김경일, 1995, 373.

『합집』 13513 반反

貞. 作大邑.

물었다. 대읍을 조성할까요.

그 외에 『합집』 41758에도 '천읍天邑'이라는 글자가 나온다. 이들 갑
골문에 나오는 '천읍天邑', '대읍大邑'은 상나라의 큰 읍이라는 의미로 상
대의 도성, 상대의 왕실을 의미한다.

이처럼 갑골문에서 천은 신앙 대상으로서의 천, 초월적 존재로서의 천,
은인들의 제사 대상으로서의 천이 아니었다. 갑골문의 천은 제사, 기도의
대상이 아니며 인격적인 신명도 아니었다.[150] 거기에 절대자적 의미, 종교
적 신의 의미는 없었다.

『설문해자』의 천天에 대한 설명은 어떤가? "천
은 꼭대기(정수리, 顚)이다. 지극히 높아서 그 위
가 없다."[151] '천'을 '정수리', '꼭대기'를 의미하는
전顚으로 해석하고, 그 의미를 '지고무상至高無上'
으로 풀이한다. 더 이상 높을 수 없이 지극히 높
다는 뜻이다.

『역경易經』에도 '천'자가 나오는데, 그 중 하나
가 위에서 말한 갑골문이나 『설문해자』에서 말하

『설문해자』의 천天. (출처: 『설문해자』 흠
정사고전서본)

---

150   유명종, 1978, 69.

151   "天, 顚也. 至高無上."(『說文解字』 「一部」)

는 천과 같은 의미를 갖는다.

　　"수레를 당기고 그 소를 막으며 그 사람이 하늘(天)하고 또 코를
　　베임을 보게 되니."152

　　옛날에는 큰 죄를 저질렀을 때 그 형벌로 머리를 깎거나 코를 베기
도 하였다. 이 문장에서 '하늘하다'는 말은 바로 기른 머리를 깎는 것을
말한다.153 여기서 '천'은 정수리·머리의 의미를 함축하고 천을 머리를
깎는 형벌의 뜻으로 쓰이고 있다. 아직 우리 머리 위의 광범한 하늘을
대표하는 뜻으로 사용되거나 '신'으로서의 의미를 갖지 못하였다. 사람
의 몸에서 가장 높은 윗부분이 머리이기 때문에 머리를 형상화하는 것
에서 '높음[高]'의 의미가 나왔고, 이후 '넓음[廣, 大]'의 의미로 확장되
고, 다음에 가치의 의미가 첨가되어 '존경과 경외'의 대상으로 확장되어
만물의 주재자인 신神과 인간의 통치자인 군君 등의 의미로 확장된 것
같다.154
　　은대에는 종교적 의미의 천이라는 개념은 사용되지 않았으며 그런
맥락에서 사용되어 천이 신명神名이 된 것은 주나라 때부터이다. 하늘이
종교적 의미를 함축하게 된 것은 은대 말, 특히 주 왕조 때부터이다. 천
天자가 가차假借되어 하늘님·상제·신의 의미로 사용되기 시작한 것은 주

152　"六三, 見輿曳, 其牛掣, 其人天且劓."(『周易』「易經」火澤睽)

153　김석진, 2001, 137~138.

154　최영찬 외, 2003, 196.

170

나라가 상나라를 멸한 후인데, 주나라는 상나라의 제를 대신하여 천을 사용하였다. 그리하여 서주 때의 천은 사람들에게 복을 내릴 수 있고 벌로 재앙을 내릴 수도 있는 존재였다. 서주의 천은 상商의 제·상제와 다를 바 없었다.[155] 그러나 그런 의미의 천 개념도 영원하지는 않았다.

천이 외경과 숭배의 대상으로 확장되어 만물의 주재자인 신神의 의미로 확장된 것은 서주 시대부터이다. 은을 무너뜨린 주나라가 중원을 지배하자 주대에는 '제', '상제'라는 개념 대신 최고신 개념으로 '천天'이 주로 사용되었다.[156] 상나라를 정복한 후 주나라는 상나라의 상제 문화를 수용하고 발전시켜 천을 중심으로 하는 새로운 종교 문화를 이루어 갔다. 천을 통해 상대의 상제를 대체한 것이다. 그러므로 상제는 천의 원형이라 할 수 있다.

주나라에서는 상제를 은인들의 조상신으로 여겼기 때문에 지고신적 의미로 사용하지 않았다. 즉 주족은 '제'를 은족의 조상신으로 여기고 은족의 '상제'와 차별화한 '천'이라는 용어를 주로 사용하였다. 주나라에서 쓴 '천'은 흔히 종교적 의미로 사용되었다. 서주 시대에는 교사郊祀가 행해졌는데 정월 상신일上辛日에는 남교南郊에서 하늘[天]에 교사를 지냈다. 그리고 동지에는 원구圓丘에서 호천昊天에 제사하는 전통이 있었다. 원구와 남교 제사는 모두 하늘에 올리는 제사였다. 이렇게 보면 상제와 같은 성격으로서의 천이 등장하고 널리 사용되기 시작한 것은 서기전 11세기에 주나라가 상나라를 정복한 후이다.

---

155 허진웅 지음, 홍희 옮김, 1993, 536.

156 물론 여기에는 이론의 여지가 많다. 왜냐하면 어떤 이는 제와 천을 연속성의 맥락으로 보고 또 어떤 이는 제와 천을 완전히 별개의 신으로 보기 때문이다.

'천'이라는 용어는 『시』·『서』 등 유가 경전에 많이 나온다. 유교 경전을 관통하는 핵심 개념이다. 크릴H. G. Creel에 의하면, 『시경』에서 지상의 왕을 나타내는 '천자'의 용례를 제외하더라도 신적 존재를 의미하는 '천'의 용례는 118번이나 나온다. 반면에 '제'나 '상제'의 용례는 그 횟수가 43번에 불과하다. 그리고 『상서』에서 서주와 관련한 편들을 검토하면, 신으로서의 '천'은 116회나 등장하지만 '제'나 '상제'의 용례는 겨우 25번이다.[157]

그리고 『시』·『서』에서 천은 비록 형이상학적 또는 공간적 의미의 천으로 쓰임도 있지만 많은 경우 인격적 존재로서의 천으로 나타난다. 즉 천은 천지 만물을 다스리고 주재하는 지고적 존재를 지칭하였다. 이러한 천신으로서의 제, 상제, 천을 『환단고기』에서는 또 달리 '삼신상제三神上帝', '삼신일체상제三神一體上帝(삼신과 한 몸인 상제)', 또는 '삼신즉일상제三神卽一上帝(삼신은 곧 한 분 상제)'라고 하며, 줄여서 '상제'라 칭한다.[158]

---

157 빈동철, 2016, 11 재인용. H. G. Creel, 1970, *The origins of statecraft in China*, University of Chicago Press, pp.448~449.

158 "대시大始에 상하와 동서남북 사방에는 아직 암흑이 보이지 않았고, 언제나 오직 한 광명뿐이었다. 천상 세계에 '문득' 삼신이 계셨으니 곧 한 분 상제님(三神卽一上帝)이다. 大始, 上下四方, 曾未見暗黑, 古往今來, 只一光明矣. 自上界, 却有三神, 卽一上帝."(『太白逸史』「三神五帝本紀」)

상제와 천天은 한 존재에 대한 다른 호칭

그렇다면 상제와 하늘, 천은 서로 어떤 관계인가? 같은 존재를 의미하는가? 아니면 서로 다른 존재로 그 위격이 다를까? 결론부터 말하면 '하늘'이나 '상제'나 '천'은 모두 지고신, 최고신인 하늘님을 서로 다르게 표현한 것에 지나지 않는다. 하나의 존재에 대한 서로 다른 호칭이다. 봉래산, 풍악산, 개골산이 무엇인가? 그것은 금강산을 계절에 따라 서로 다르게 부르는 이름이다. 하나의 산인 금강산을 서로 다르게 부르는 호칭이지 다른 산을 지칭하는 것이 아니다. '상제'나 '천', '하늘'도 마찬가지다. 상제와 천은 오경五經에 오면 동일한 존재의 다른 명칭으로 쓰이는 사실을 볼 수 있으며, 후대로 오면서 '천'이 궁극적 주재자의 명칭으로 더욱 널리 쓰이게 되었다.[159]

마테오 리치(Matteo Ricci, 利瑪竇, 1552~1610).
(출처: https://en.wikipedia.org)

제나 상제 그리고 천이 하나의 존재에 대한 서로 다른 표현임은 많은 사람들이 말하고 있다. 이를테면 한대漢代의 왕숙王肅은 천天과 상제上帝를 동일한 신으로 간주하고, 이 모두를 '호천昊天'이란 이름 아래 하나로 통일하였다. 그에게 '상제上帝'는 곧 '천天'이자 '호천昊天'이었다.[160]

---

159 금장태, 2009, 14.

160 김선민, 2015, 100.

상제가 천과 다르지 않다는 견해는 다산 정약용도 마찬가지다. 그는 『주례』에서 "인제사禋祭祀로 호천상제에게 제사를 지낸다"[161]는 말을 근거로, "호천이 상제의 정식 호칭[正號]이다"[162]라 하였다. 하늘에 대한 호칭은 황천皇天, 호천, 민천旻天 등도 있지만, 이는 모두 하늘의 별호일 뿐이다. 천은 상제가 있는 자리이지만 상제를 가리키는 호칭이기도 하다.

'상제'를 '천주天主', 즉 '하늘의 주인'이라고 한 사례도 있다. 천주가 상제와 같은 존재에 대한 다른 이름이라고 밝힌 것은 명나라에 선교를 위해 왔던 예수회 소속의 마테오 리치(Matteo Ricci, 利瑪竇, 1552~1610) 신부이다. 리치는 『천주실의天主實義』에서 천주를 중국 고대 유교 경전에서 말하는 상제上帝와 같다고 밝힌다.

---

161 "以禋祀, 祀昊天上帝."(『周禮』「大宗伯」) 이 책에서 『주례』 원문과 번역은 이준영 해역, 2014를 따랐다. 『설문해자』는 이렇게 말한다. "인사는 청결하게 제사지내는 것이다. 혹은 정성스러운 뜻으로 제향을 올리는 것을 인이라고도 한다. 禋, 潔祀也. 一曰精意以享爲禋."(『說文解字』「示部」)

162 "昊天乃上帝之正號也."(『與猶堂全書』『尚書古訓』卷一「堯典」)『여유당전서』는 다산 정약용의 저술 154권 76책을 총 정리한 문집으로 시문집詩文集, 경집經集, 예집禮集, 정법집政法集 등 7집으로 구성되었다. 그 중 경집에는 사서와 『시경』, 『상서』, 『춘추』, 『주역』 등과 관련한 48권 27책이 실려 있는데, 이를 테면 『논어고금주』, 『상서고훈』, 『중용자잠』, 『중용자잠보』, 『춘추고징』, 『맹자요의』, 『주역사전』, 『역학서언』 등을 들 수 있다. 그리고 『경세유표經世遺表』, 『흠흠신서欽欽新書』, 『목민심서牧民心書』는 정법집에 속한다. 이하에서 경집과 정법집에 해당하는 자료의 출처는 『여유당전서』를 생략하고 경집명, 정법집명만 기록한다.
    다산의 경집과 법정집 관련 원문과 원문 이미지 및 번역은 다산학술문화재단(http://tasan.or.kr), 정본 DB; 한국고전종합DB(https://db.itkc.or.kr); 다산학술문화재단, 2013; 전주대 호남학연구소 역, 1989~1995; 실시학사 경학연구회 옮김, 2020~2022; 이지형 역주, 2010; 다산학술문화재단 맹자요의 강독회 옮김, 2020; 방인·장정욱 옮김, 2007; 방인, 2020; 박완식·강동석 옮김, 2023 등을 참조하여 인용 또는 수정·보완하였다.

"우리나라(서양)의 천주는 곧 중국 말로 상제입니다."[163]

"우리(서양)의 천주는 (중국의) 옛 경전에서 말하는 상제입니다."[164]

"옛날 경서들을 살펴보면 상제와 천주는 단지 이름만 다를 뿐임을 알 수 있습니다."[165]

"더욱 깊이 사색하여, 만일 하늘[天]을 상제로 이해한다면 말이 됩니다."[166]

『천주실의天主實義』(1607년 항주杭州 중각본). (출처: 한국학문헌연구소 편, 1976, 120; 한국학자료원, 1984(1) 415; 마테오 리치利瑪竇 지음, 송영배 외 옮김, 1999, 510; 북경대학 도서관 소장본)

『천주실의』에 의하면 서양 선비는 천지 자체가 주재하는 것이 아니라 그 위에 그것을 주재하는 유일신이 있다. 그 천지의 주인, 서양말의 '데우스'는 천주이다. 마테오 리치는 천주가 유교 경전에서 말하는 상제上帝라고 간주한다. 상제가 곧 천주라는 것이다.[167]

---

163 "吾國天主, 卽華言上帝."(『天主實義』 上卷 第二篇) 이 책에서 『천주실의』의 원문과 번역은 마테오 리치利瑪竇 지음, 송영배 외 옮김, 1999를 따랐다. 옮긴이들은 이 번역서가 1607년에 나온 『천주실의』 항주杭州 연이당 중각본을 저본으로 하였다고 밝힌다.

164 "吾天主, 乃古經書所稱上帝也."(『天主實義』 上卷 第二篇)

165 "曆觀古書, 而知上帝與天主, 特異以名也."(『天主實義』 上卷 第二篇)

166 "更思之, 如以天解上帝, 得之矣."(『天主實義』 上卷 第二篇)

167 김용옥은 『천주실의』에 대해 이렇게 말한다. "이 책의 최대의 논지는 서학이 말하는 천주天主가 바로 중국 『시경』, 『서경』 등 고경에서 말하는 '상제上帝'라는 것이다. 그리고 리기理氣를 말하는 근세 유학은 무신론으로 폄하해 버린다. 불교도 피타고라스 윤회론의 아류에 불과한 것으로 일축해 버린다. 이 책의 요지는 불佛·도道를 폄하하고 유교를 존중하면서, 오리지날한 유교Primitive Confucianism는 창창한 허공을 숭재한 것이 아니라, 초월적 인격신인 상제를 숭배하는 종교였다

한편 조선 후기에 성호星湖 이익李瀷(1681~1763)은 '천주실의 발문 [跋天主實義]'을 쓴 일이 있다. 여기서 그 역시 천주가 유가儒家의 상제와 같다고 하였다.

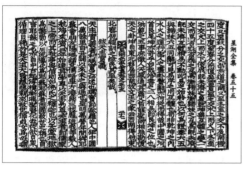

『성호전집星湖全集』「발천주실의跋天主實義」. (출처: 한국고전종합DB(https://db.itkc.or.kr)

『중국지도집』 겉면에 그려진 미켈레 루제리(Michele Ruggieri, 羅明堅, 1543~1607). (출처: https://m.blog.naver.com) 중국의 행정 제도를 서방에 처음으로 소개하는 『중국지도집』은 1987년 국립 로마 도서관에서 발견되었다. 유승상, 2011, 52 참조.

"천주는 유가에서 말하는 상제이다."[168]

그렇다면 중국에서 천주라는 말을 마테오 리치가 『천주실의』에서 처음 사용한 것일까? 아니다. 동북아 가톨릭에서 천주라는 말을 처음 사용한 것은 마테오 리치의 선배로 중국 선교를 위해 1580년에 마카오로 왔던 미켈레 루제리(Michele Ruggieri, 羅明堅, 1543~1607) 신

는 것을 강조하는 데 있다."(김용옥, 2021(1), 385)

[168] "天主者, 卽儒家之上帝."(『星湖全集』卷五十五「跋天主實義」) 풍응경馮應京(1555~1606)도 1601년에 쓴 '『천주실의』 초판 서문'에서 "천주란 무엇인가. 상제이다. 天主何. 上帝也."라 하여 천주가 곧 상제라 하였다. 육경과 사서에서 성현들이 말하는 상제를 천주라고 간주하였다. 이지조李之藻(1565~1630)도 '천주실의 중각重刻(1607, 항주杭州) 서序'에서 마테오 리치가 '하늘[天]을 모시는 것을 본으로 삼고 하늘이 하늘이 되는 이유를 명백하게 논하였다. 一本事天, 譚天之所以爲天, 甚晰."며, 그의 학설은 "하늘을 알고[知天] 하늘을 섬기는[事天] 큰 뜻은 바로 유교 경전에 근거한 바와 신표信標의 두 쪽처럼 꼭 합치한다. 知天事天大旨, 乃與經傳所紀, 如券斯合."고 하였다.

부이다. 그는 1582년 광주에 머물 때 십계명을 한문으로 번역하여 중국 사람들에게 강연하였으며, 이듬해인 1583년에는 조경肇慶에서 이를 정리하여 '조전천주십계祖傳天主十誡(조

조전천주십계祖傳天主十誡. 천주라는 말이 쓰이고 있다. (출처: https://ch.cat holic.or.kr)

상 대대로 전해오는 천주의 열 가지 계율)'라는 교리서를 냈다. 바로 여기에 천주라는 말이 공식적으로 처음 나왔다. 이로 보면 천주는 마테오 리치의 『천주실의』에 앞서 사용되었다.[169]

　루제리가 마테오 리치에 앞서 천주라는 말을 썼음은 그가 1584년에 출판한 『신편서축국천주실록新編西竺國天主實錄』에서 명확하게 입증된다. 루제리는 1581년 무렵에 『Vera et Brevis Divinarum Rerum Expositio(신성한 일들에 대한 진실하고 간략한 설명)』이라는 라틴어로 쓴 교리 문답서 초고를 작성하였다. 그리고 이를 한문으로 번역·필사하였다. 비록 출판하지는 않으나 필사본의 이 책이 주변에 알려지자 루제리는 리치와 중국 유생儒生의 도움을 받아 문체를 가다듬는 등 수정 과정을 거쳤다. 그리고 만력萬曆 갑신甲申(1584)년 가을 8월 보름 후 3일에 루제리는 '천주실록 인引'도 완성하여 그해 11월, 조경肇慶에서 중

169　이순자, 1995, 137; 유승상, 2011, 50. 김선희 역시 중국에서 '천주'라는 말이 사용된 것은 1583년 말부터 다음해 초 사이에 루제리가 간행한 '조전천주십계'라고 한다. 김선희, 2012b, 119 참조.

로마 예수회 고문서 자료실에 보존되어 있는, 루제리의 1584년『천주실록天主實錄』(『신편서축국천주실록新編西竺國天主實錄』) 중국어본 초판 표제지表題紙. (출처: 미켈레 루제리 지음, 곽문석·김석주·서원모·최정연 번역 및 주해, 2021, 528)

국어본을 출판하였다. 바로『신편서축국천주실록』[170]이다. 이 책은 1603년 이전까지 많은 사람들에 의해 읽혔는데 중국은 물론 조선, 일본, 유럽까지 전해졌다. 여기에 '천주天主'라는 말이 본문에만 약 177회 나온다.[171] 루제리의 이 책은 그

---

170 그런데 중국어본 초판 책 제목이 분명하지 않다. 여러 자료에서 알 수 있듯이, 이 책에는 '천주실록 정문正文', '천주실록 인引', '신편서축국천주실록新編西竺國天主實錄 목록', '신편천주실록'이라는 말 등이 나오기 때문이다. 책 제목이 하나가 아니라 여러 가지로 기술되고 있다. 간략하게『천주실록』이라고 할 수 있으나, 여러 가지 상징을 함축하는 제목으로는『신편서축국천주실록新編西竺國天主實錄』이 어울리는 듯하다. '신편'은 초판이지만 이전의 문답서를 새롭게 편찬했다는 의미를 함축한다. '서축국'이나 불교 용어 사용은 당시 선교 정책을 상징적으로 보여준다.

『천주실록』,『신편천주실록』,『신편서축국천주실록』. (출처: 미켈레 루제리 지음, 곽문석·김석주·서원모·최정연 번역 및 주해, 2021, 524, 520, 518)

171 1584년 11월 29일에 나온 이 책의 중국어본이 최근 국내에서 역주본으로 나왔다. 미켈레 루제리 지음, 곽문석·김석주·서원모·최정연 번역 및 주해, 2021이다. 여기에는 라틴어 원문과 번역문, 중국어 원본 이미지와 원문 및 번역문도 실려 있다.

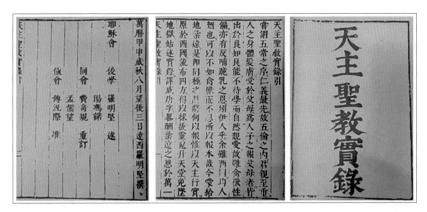

『천주실록』을 개정하여 1637년 이후에 출판된 미켈레 루제리(Michele Ruggieri, 羅明堅, 1543~1607)의 『천주성교실록天主聖敎實錄』 표지와 여기에 실린 '천주성교실록 인引'의 처음과 끝. (출처: 한국학자료원, 1984, 758~761)

와 리치가 죽은 한참 후인 1637년 이후에 『천주성교실록天主聖敎實錄』[172]으로 개칭 및 개정되어 출판되었다.[173]

루제리는 그리스도교의 신(라틴어 Deus)을 한자로 '천주天主'로 번역하였다. 루제리는 "천당 가운데 진실로 천지 만물의 주재이신 한 분이 계십니다. 우리 천축국天竺國 사람들이 '데우스(了無私)'라고 칭하는 분이 바로 그분입니다"[174]라며, 데우스를 천주라 번역하였다. 그에게 천주

---

172 『천주성교실록』의 원문과 원문 이미지는 한국학자료원, 1984 영인본(오상상 주편, 민국 55년, 『중국사학총서』 상·중·하, 대만학생서국)의 중中에 실린 『천주성교실록』에서 볼 수 있다.

173 『천주성교실록』은 초판인 『신편서축국천주실록』과 여러 면에서 차이가 있다. '인引' 부분을 예로 보면 1584년 초판의 '천주실록 인引'에서 루제리는 자신을 '천축국天竺國 승僧 명견明堅 서書'라고 할 뿐 다른 기록이 없다. 그러나 그의 사후에 나온 '천주성교실록 인'에는 '인'을 루제리가 '찬撰'한 것으로 밝히면서 그를 '야소회耶蘇會 후학後學'이라고 소개한다. 뿐만 아니라, 같은 야소회 소속의 양마약陽瑪諾(Manuel Diaz, 1561~1639), 비기규費奇規(Gaspard Ferreira, 1571~1649), 맹유망孟儒望(João Monteiro, 1603~1648)이 중정重訂(2차 교정)하였으며, 치회值會의 전범제傳汎際(Francisco Furtado, 1587~1653)가 준准(인준, 승인)하였다'는 기록을 더하였다.

174 "天庭之中, 眞有一位爲天地萬物之主, 吾天竺國人稱之謂了無私是也." 미켈레 루제리 지음, 곽

는 유일하고, 홀로 지고한 한 분으로 하늘보다 더 위대한 존재로서 '하늘의 주인', '하늘의 주님', '하늘의 지배자', '천지 만물의 주인, 천지 만물의 주재자'라는 의미이다.[175] 혹자들은 '천주'라는 말이 루제리를 도와 최초로 천주교의 주요 기도문을 한역漢譯한 중국인들이 만들어낸 용어로, 루제리와 마테오 리치는 이 용어를 그대로 수용하였다고 한다.[176]

그런데 루제리와 리치가 데우스를 천주와 같은 존재라고 본 데에는 마테오 리치의 보고서에서 전하는 이런 일화가 있다.[177] 이야기는 마테오 리치, 선임 선교사 미켈레 루제리, 그리고 진陳씨 성을 가진 명나라의 젊은 예비 신자로부터 시작된다. 진씨 청년은 신부들이 머물던 천녕

문석·김석주·서원모·최정연 번역 및 주해, 2021, 81. 루제리가 라틴어로 그리스도교의 신을 의미하는 '데우스Deus'를 '요무사了無私'라 한데 비해, 마테오 리치는 『천주실의』(1603)에서는 '데우스'의 중국식 발음을 '두사陡斯'라 하였다. "그분이 천주이시니, 우리 서양 나라에서 말하는 '데우스Deus'입니다. 夫卽天主, 吾西國所稱陡斯是也."(『天主實義』 上卷 首篇)

175　미켈레 루제리 지음, 곽문석·김석주·서원모·최정연 번역 및 주해, 2021, 32~33 참조. '천주'를 '하늘의 주인'이라는 뜻으로 본 것은 마테오 리치도 마찬가지다. "나라에도 주인[主]이 있는데, 천지에 유독 주인이 없겠습니까. 方國有主, 天地獨無主乎."(마테오 리치, '천주실의 인引') "(천지 만물의) 원주原主가 존재하고 있습니다. 有原主在也."(『天主實義』 上卷 第二篇) "저는, 사람들이 이 만물의 원래의 주인을 잘못 알게 될까 염려되어서, 실제로 그(원래의 주인)를 천주天主라고 말해야 함을, 변별하여 말씀드리지 않을 수 없습니다. 吾恐人誤認此物之原主, 而實謂之天主, 不敢不辨."(『天主實義』 上卷 第二篇) 천주의 '주主'에 대한 이러한 인식은 최수운이 창도한 동학東學에서 천주의 '주'와는 차이가 있다.

176　마테오 리치 지음, 송영배 외 옮김, 1999, 30 주注 4); 김석근, 2022, 185 참조. 한편 천주라는 명칭은 중국이 아닌 일본에서 먼저 사용하였으며, 일본에서 예수회 전 교구 사무를 주관하는 시찰원 겸 부주교로 임명되었던 알레산드로 발리냐노Alessandro Valignano(1539~1606)에 의해 천주 사용이 중국에 전달되었을 것이라고 보는 견해도 있다. 이와 관련한 더 구체적인 것은 김선희, 2012b, 119~121의 주注 6)을 참조하라.

177　마테오 리치 지음, 신진호·전미경 옮김, 2013, 225; 히라카와 스케히로 지음, 노영희 옮김, 2002, 115~116; 유승상, 2011, 63; 김선희, 2012b, 119 참조.

사 근처에서 살고 있었는데 그는 신부들과도 가깝게 지냈다. 천주교 교리를 배우고 입교를 준비하고 있었다. 그런데 뜻밖의 일로 루제리가 조경을 떠나게 되었을 때 미사 때 쓰던 제대祭臺, 제복祭服, 성물聖物 등을 그 청년으로 하여금 보관하게 했다. 그리고 1583년 9월 경, 루제리는 조경으로 돌아와 리치와 함께 진 청년을 찾아갔다. 그런데 집에 가 보니 진은 대청에 제단을 모셔놓고 있었다. 거기에는 작은 나무판 하나 세워져 있었는데, '천주天主'라는 한자 두 글자가 굵게 씌어 있었다. 바로 여기서 영감을 받은 일행은 신을 뜻하는 라틴어 Deus를 천주라고 번역하는데 주저하지 않은 듯하다.

특히 리치는 이후 『천주실의』에서 중국 사람들에게 천주교를 포교하기 위해 천주교의 하느님을 한자로 '천주'라 하고, 천주가 유교의 여러 경전에서 말하는 '상제'와 같다고 하였다. 나아가 리치는 중국어에는 'Deus'에 해당하는 이름이 하나도 없고 더욱이 탁음 'D' 발음에 해당하는 문자가 없어서 Deus라는 발음이 불가능해서 'T'로 시작되는 '천주(Tienchu)'라 부르게 되었다고도 한다.

'하늘[天]'과 그 '주인[主]'을 결합한 '천주天主'는 천주교의 최고의 인격신을 부각시키기에 안성맞춤이었다. 이후 천주는 동양 문화권에서 가톨릭의 신앙 대상을 지칭하게 되었다.[178] 개신교에서는 천주라는 말을 거의 쓰지 않는다. 신앙 대상도 가톨릭에서의 하느님과 달리 하나님이라고 한다.

---

178 물론 그 이전에 불교나 도교에서도 천주라는 말을 썼다. 중국 고대 제나라나 진나라에서는 팔신의 하나인 천주에게 제사를 올리기도 하였다. 그러므로 동양에서 '천주'라는 말은 오래전부터 사용되었다. 그러나 가톨릭에서 천주라는 말을 쓴 것은 16세기 후반부터였다.

그런데 마테오 리치가 보기에 『신편서축국천주실록』은 문제가 있었다. 왜냐하면 이를테면 '서축국西竺國'이라고 한 것, 루제리가 자신을 '서축국 승僧'이라 하여 스님으로 소개한 것, 승복을 입은 선교사 모습 등은 『천주실록』이나 천주교를 불교 사상과 관련이 있고 불교의 종파로 보이게 할 여지가 있었기 때문이다.[179] 그리하여 리치는 일찍이(1592년) 승복을 벗고 유복儒服을 걸쳤으며, 특히 선교사들로 하여금 『천주실록』을 이용하지 못하도록 하였다. 그리고는 새로운 교리서를 중국어로 쓰려고 하였다. 그 일환으로 서양 선비와 중국 선비가 문답하는 형식을 통해 천주교 사상을 전하고자 간행한 것이 『천주실의』이다.

서양 선비[西士] 마테오 리치와 중국 선비 [中士] 서광계徐光啟(1562~1633). 『천주실의』는 동서양 두 선비의 질의 응답 구조로 이루어졌다. (출처: https://blog. naver.com)

마테오 리치가 쓴 『천주실의』는 루제리의 『천주실록』과 여러 면에서 비슷하다. 묻고 답하는 형식으로 교리를 설명한다. 『천주실의』는 『천주실록』의 일부 내용을 그대로 사용하는 경향도 있다. 『천주실의』는 『천주실록』의 구성을 바꾸고 내용을 보완하거나 발췌한 형식에 가깝다. 그러나 가장 눈에 띄는 차이의 하나는 '상제'와 관련한 것이다. 루제리는 『천주실록』에서 '상제'라는 말을 쓰지 않았다. 이에 비해 마테오 리치는 『천주실의』에서 서양의 천주가 곧 중국말로, 그리고 유가 경전에서 말하는 '상제'라고 한다. 그리고 이를 뒷

---

179 『신편서축국천주실록』의 '천주실록 인引'과 본문에서 루제리는 각각 '천축국승명견서天竺國僧明堅書', '천축국승명견집天竺國僧明堅輯'이라 하여 자신을 '승僧'으로 소개한다.

받침하기 위해 리치는 『시경』과 『서경』 등 고경을 동원하는 것은 물론 당시 주자학자들이 말하는 태극太極이나 리理에 대해 비판하기도 한다.

그러나 천주가 곧 상제라는 견해는 리치의 뒤를 이어 중국과 일본의 예수회 책임자로 임명된 니콜라스 롱고바르디(Niccolo Longobardi, 龍華民, 1559~1654)에 의해 비판되었다. 롱고바르디는 천주를 상제와 일치시키는 마테오 리치의 주장과 달리 당시 중국 사람들은 상제를 더 이상 리치가 유교 경전까지 동원하며 말했던 그런 존재로 보지 않는다고 보았다. 그리하여 상제라는 말 대신 천주라는 말을 주로 사용하게 되고 이로 통일되었다. 결국 긴 전례 논쟁 후 마테오 리치가 말한 '천주'='상제'라는 등식은 깨졌다. '데우스Deus'도 상제와 동일시될 수 없었다. 클레멘스Clemens 11세의 금지령(1715년)은 예수회의 방침을 모두 철회시켰다.

마테오 리치의 『천주실의』는 1595년(남창南昌, 연이당 교재較梓)에 처음 나왔고 1601년에 수정되어 다시 나왔다. 그러나 정식 출판이 이루어진 것은 1603년, 북경에서였다. 『천주실의』는 이후 1607년에 항주杭州 연이당燕貽堂에서 중각본으로 나왔다. 여기에는 마테오 리치를 도왔던 중국 고위 관료 풍응경馮應京이 명明 만력 29년인 1601년 3월에 쓴 '천주실의 서序', 이마두(마테오 리치)가 쓴(1603) '천주실의 인引', 이지조李之藻가 쓴

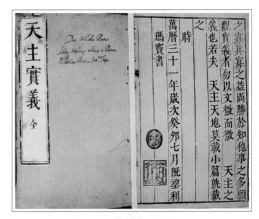

1607년 항주杭州 연이당燕貽堂 중각본에 실린, 마테오 리치의 『천주실의』 표지와 그가 1603년(만력 31년)에 쓴 '천주실의 인引'의 끝부분. (출처: http://www.msgr-byon.org)

(1607) '천주실의 중각(재판) 서序', 그리고 왕여순汪汝淳이 쓴(1607) '중각重刻(재판) 천주실의 발跋'이 실려 있다.

이 중각본은 이지조가 서학서의 집대성을 위한 편찬 사업의 일환으로 1628년에 간행한 예수회 한역서학서 총서인『천학초함天學初函』에 실려 있었다. 그런데 청대淸代에 들어 예수회의 내분, 교황청의 유교 의례에 대한 금지령, 강희제의 천주교 금지령(1720년)을 전후하여 천주교는 사교로 비판되고 억압을 받아 그 교세가 급격하게 쇠퇴하였다. 그리하여『천학초함』도 거의 소멸될 뻔한 위기를 맞았다.[180]

『천주실의』는 1800년대 후반에 주석註釋, 소제목 등을 넣은 새로운 체제의 주석목록본註釋目錄本으로 나왔다.[181] 특징적인 것은 이러한 과정을 거치며 우리의 관심인 '오국천주吾國天主, 즉화언상제卽華言上帝'가 '오국천주吾國天主, 즉경언상제卽經言上帝'로 바뀌었다는 점이다. 예를 들면 1607년 항주杭州 중각본에서는 '오국천주吾國天主, 즉화언상제卽華言上帝'였으나 19세기 후반부터 나온 새로운 체제의『천주실의』에서는 이것이 모두 '오국천주吾國天主, 즉경언상제卽經言上帝'로 바뀌었다. 주석목록본이 등장하면서 '경언상제'로 바뀐 것이다. 뿐만 아니라 항주본에 비해 후에 나온 1904년 향항본의 경우 '상제'를 '천주'로 바꾼 사례가 약 38회나 된다. 상제를 '상주上主'라 하기도 했다. '상제'가 이렇게 '천주'로 바뀐 것은 롱고바르디의 상제를 천주로 통일, 1715년에 반포된 교황 글레멘스Clemens 11세의 금지령에 따른 것으로 보인다.

---

180 금장태, 1976, iv.

181 이를테면 상해上海 토산만장판上海土山灣藏板(1868년 중간), 자모당장판慈母堂藏板(1868년 중간), 그리고 향항香港 납잠륵정원인판納匝肋靜院印版(1904년)을 들 수 있다.

『천주실의』는 1915년에 『천학초함』의 전질全帙이 발견되고 이지조의 탄생 400주년이던 1965년에 영인 간행[182]됨으로써 더욱 빛을 볼 수 있게 되었다.[183]

천이나 제 및 상제가 같은 의미, 같은 성격, 같은 속성의 존재, 상호 대체할 수 있는 개념임은 『시경』과 『서경』의 사례를 통해서도 뒷받침할 수 있다.

"(문왕의 밝은 덕이) 상제에게 알려지니 상제가 아름답게 여기셨다. 하늘이 이에 문왕에게 크게 명하여 은나라를 쳐서 멸하게 하셨다."[184]

"아! 황천상제가 그 큰아들과 이 대국인 은나라의 명을 바꾸셨으니, 왕께서 천명을 받은 것이 … 하늘이 이미 큰 나라인 은나라의 명을 후일에 끊고자 하시며,"[185]

"훌륭하신 문왕이시여, 아, 공경을 계속하여 밝히셨네. 위대하신 천명은 상나라 자손들에게 있었네. 상나라 자손들이 그 수가 헤아릴 수 없었건만 상제가 이미 명을 내리셨기에 주나라에 복종케 되

---

182   오상상 주편, 민국 55년, 『중국사학총서』 상上, 대만학생서국.

183   우리나라에서도 『천학초함』에 실린 『천주실의』 영인본이 나왔는데, 한국학문헌연구소 편, 1976; 한국학자료원, 1984 등이다. 『천주실의』 원문 이미지는 이들을 참조하였다.

184   "聞于上帝, 帝休. 天乃大命文王, 殪戎殷, 誕受厥命."(『書經』「康誥」)

185   "嗚呼, 皇天上帝, 改厥元子玆大國殷之命, 惟王受命, … 天既遐終大邦殷之命."(『書經』「召誥」)

었도다. 주나라에 복종하니 천명은 일정하지 않은지라."[186]

위의 세 인용문에서 천과 상제는 같은 존재의 다른 호칭일 수밖에 없다. 마지막 인용문의 천명과 상제의 명에서 천명과 상제의 명은 같은 의미이다. 서주 초에는 이처럼 상제가 천과 같은 의미로 사용되었다.

아래는 천과 상제가 같은 존재임을 더욱 분명하게 보여준다.

"나 소자小子가 감히 난을 일으키려는 것이 아니라, 하夏나라가 죄가 많으므로 하늘이 나에게 명하시어 걸을 정벌하게 하신 것이다. … 나는 상제를 두려워하여 감히 바로잡지 않을 수 없다."[187]

하나라 정벌을 명한 것은 하늘이고, 하나라의 죄를 바로잡지 않을 수 없는 것은 상제가 두렵기 때문이다. 천과 상제는 같은 존재이다.

"하나라 왕이 죄가 있어 상천(하늘)을 어기고 속여 백성들에게 명령을 내렸습니다. 상제께서 좋지 않게 여기시어 상나라로 하여금 명을 받도록 하셔서 백성들을 밝게 하셨습니다."[188]

---

186 "穆穆文王, 於緝熙敬止. 假哉天命, 有商孫子. 商之孫子, 其麗不億. 上帝既命, 侯于周服. 侯服于周, 天命靡常."(『詩經』「文王」) 『시경』 번역과 원문은 이기동 역해, 2004; 유교문화연구소 역, 2008; 박소동 역주, 2019; 성백효 역주, 2010을 참조하였다.

187 "非台小子, 敢行稱亂, 有夏多罪, 天命殛之. … 夏氏有罪, 予畏上帝, 不敢不正."(『書經』「湯誓」)

188 "夏王有罪, 矯誣上天, 以布命于下. 帝用不臧, 式商受命, 用爽厥師."(『書經』「仲虺之誥」)

위의 시는 "군주를 정벌한 자신의 행위가 이후 하극상의 구실이 될 것을 염려하던 성탕成湯을 위해 그의 좌상左相이었던 중훼仲虺가 지은 고誥의 일부로, 성탕의 행위가 신하의 하극상이 아닌 상제의 명[천명]의 실현이었음을 말하고 있다. 여기서는 명, 즉 천명을 내리는 주체로 상제가 등장하여 천과 상제가 동일함을 명확하게 알려준다."[189]

이렇게 볼 때 유교 경전에 나타난 상제, 하늘은 많은 경우 인격적 주재적 존재이다.

『환단고기』의 상제·하늘·천·천신도 역시 인격적 존재이며 인간처럼 감정과 의지를 지녔다. 상제는 삼신과 하나 되어 천지 만물을 낳고 기르고 다스린다. 한마디로 말해서 만물을 주재하며 온 세상을 다스린다. 주재主宰란 어떤 일을 중심이 되어 맡아 처리함을 뜻하고 주재자란 그런 일을 하는 자를 말한다. 즉 주재자는 어떤 일을 주장하거나 그러한 힘을 지닌 통치자, 혹은 무엇에 대한 절대 소유권을 지닌 자를 말한다. 우주의 주재자이자 통치자이자 으뜸신인 상제의 지배는 신의 세계도 예외가 아니다. 상제는 신들 중의 신, 지고신至高神이자 최고신이다.

하늘을 향한 삶의 실천 의례, 천제天祭

옛말에 "나라의 큰일은 제사와 전쟁에 있다"[190]는 말이 있다. 또 "무

---

189 홍승현, 2021, 161.

190 "國之大事, 在祀與戎."(『春秋左傳』 成公十三年) 『춘추좌전』의 원문과 번역은 中國哲學書電子化計劃(Chinese Text Project. https://ctext.org); 장세후 옮김, 2013을 참조하였다.

룻 사람을 다스리는 도는 예禮보다 급한 것이 없다. 예에는 오경五經이 있으며 제사보다 중요한 것은 없다"[191]는 말도 있다. 이는 곧 제사가 그만큼 중요하다는 것이다. 제사는 인간이 신에게 정성스럽게 마련한 제물을 바치며 신과 교류하는 의례이다. 그래서 『예기』는 제사에 대해 이렇게 말한다.

"공경을 다하고 정성과 신의를 지극히 한 뒤에야 신명을 섬길 수 있으며, 이러한 것을 제사의 도라 한다."[192]

그러면 이러한 제사의 으뜸은 무엇일까? 바로 지고신이자 최고신인 하늘·천·상제·삼신상제에 대한 제사이다. 이름하여 천제天祭이다. 천제는 동북아 문화는 물론 인류의 거의 모든 문화에서 찾을 수 있는데, 그것은 본질적으로 하늘·천·상제·삼신상제를 받들고 모시는 문화이자 의례이다.

동북아 상고 시대 사람들의 하늘을 지향한 삶과 생각을 생생하게 보여주는 자료가 있다. 한국 자료에서는 『환단고기』, 중국 자료에서는 『시경』·『서경』 등이 바로 그것이다. 여기에는 옛사람들의 종교적 삶의 모습, '천'이라는 존재에 대한 인식과 실천을 읽을 수 있는 풍부한 실례가 담겨있다. 하늘에 대한 믿음을 정신적 바탕으로 삼았던 삶의 자취, 천제의 흔적이 다양하게 남아있다. 춘추 시대 공자에 이르러 제사 대상

---

191 "凡治人之道, 莫急於禮, 禮有五經, 莫重於祭."(『禮記』 「祭統」) 『예기』 번역은 서정기, 2011; 성백
     효 외 역, 2021을 참조하였다.

192 "敬盡然後, 可以事神明, 此祭之道也."(『禮記』 「祭統」)

으로서 인격성을 갖춘 천의 모습이 점차 사라져갔지만, 전국 시대 사람인 묵자墨子는 이夷의 나라(동이족)에서도 천제를 올렸음을 다음과 같이 말한다.

> "옛날부터 지금까지 멀리 신령스럽고 독특한 이夷의 나라까지도 모두 소와 양과 개와 돼지를 기르고, 젯밥과 단술을 깨끗하게 마련하여 상제와 산천의 귀신들에게 공경하게 제사지내고 있다."[193]

즉 묵자는 인격적 천을 소환하여 동이의 나라에서도 묵자 이전 시대부터 당시에 이르기까지 하늘·상제의 뜻을 받들었을 뿐만 아니라 천에 제사를 올리며 공경하였다고 말한다.

『사기史記』「봉선서封禪書」는 고대 중국의 제왕들이 예로부터 행했다는 태산 천제의 구체적 기록을 이렇게 담고 있다.

> "관중이 간했다. "옛날에 태산에서 하늘에 제사지내고 양보산梁父山에서 땅에 제사 지낸 제후는 모두 일흔두 명이라고 하나 제 기억으로는 열두 명뿐입니다.""[194]

이는 진秦나라 목공 9년에 춘추 시대 제齊나라의 군주였던 환공桓公,

---

193 "自古及今無有遠靈孤夷之國, 皆犓豢其牛羊犬彘, 絜爲粢盛酒醴, 以敬祭祀上帝山川鬼神."(『墨子』「天志 下」)『묵자』 원문과 번역은 임건순, 2013; 신동준 옮김, 2018; 신동준 역, 2018; 이운구 옮김, 2012; 최환 옮김, 2019; 기세춘 역, 2021을 참조하여 인용 및 수정·보완하였다.

194 "管仲曰, 古者封泰山禪梁父者七十二家, 而夷吾所記者十有二焉."(『史記』「封禪書」)

즉 강소백姜小白이 패주가 되어 지금의 하남성에 있는 규구葵丘라는 지방에 제후들을 모아 놓고 봉선에 대하여 의논하던 중 관중管仲이라는 사람이 한 말이다. 그의 말에 의하면, 춘추 시대 이전까지만도 많은 사람들이 천명을 받아 제왕이 된 후에 봉선을 하였다. 태산에서 하늘에 제사를 올린 사람으로 관중은 무회씨無懷氏를 비롯하여, 복희씨伏羲氏, 신농씨神農氏, 염제炎帝, 황제黃帝, 전욱顓頊, 제곡帝嚳, 요堯, 순舜, 우禹, 탕湯, 그리고 주周나라의 성왕成王을 들며, 이들은 모두 천명을 받아 제왕이 된 후에 봉선封禪하였다고 했다.

『사기』「봉선서」에는 순 이후 봉선에 대한 기록이 실려 있다. 『한서漢書』「교사지郊祀志」에도 태산 봉선 기록이 있는데, 「봉선서」처럼 『상서尚書』「순전舜典」을 인용하여 이렇게 말한다.

"『우서虞書』에 이렇게 씌어 있다. 순舜 임금은 선기옥형璇璣玉衡[195]으로 천체 운행을 관찰하여 칠정七政을 살폈다. 또 상제에게 제사 지내고 육종六宗에게 연기를 피워 제사지내고 명산대천을 돌며 여러 신령에게 두루 제사지냈다. … 매년 2월에 동쪽의 제후를 순시하고 대종岱宗에 올랐다. 대종은 태산을 말한다."[196]

---

195 선璇은 아름다운 옥玉을, 기璣는 틀을 말한다. 옥으로 통을 만들어 빙빙 돌게 한 것이니 혼천의 渾天儀를 말한다.

196 "虞書曰, 舜在璇璣玉衡, 以齊七政. 肆類于上帝, 禋于六宗, 望秩于山川, 徧于群神. … 歲二月, 東巡狩, 至于岱宗. 岱宗, 泰山也."(『漢書』「郊祀志 上」) 이 책에서 『한서』 관련 원문과 번역은 中國哲學書電子化計劃(Chinese Text Project. https://ctext.org); 진기환 역주, 2016; 안대회 편역, 2010; 이한우 옮김, 2020을 참조하였다.

봉선 제사의 성지, 태산泰山. (출처: https://m.blog.naver.com)

봉선은 단순한 제천 의례가 아니다. 태산 정상에 제단을 만들어 누구나 올릴 수 있다면 왜 봉선을 행하지 못했겠는가. 거기에는 제한이 있었기 때문이다. 봉선은 '수명왕자受命王者'만이 할 수 있고 그 대상은 '상제'이다. 즉 천명을 받아 제왕의 지위에 오른 자만이 만물의 주재자인 상제에게 행할 수 있는 의례이다. 천자 고유의 배타적 특권적 제사이다. 그리고 그 의례 장소는 태산泰山이었다.

왜 태산이었을까? 여러 가지 배경이 있었지만 옛사람들이 생각한 하나의 이유는 태산이 동악東岳이기 때문이다. 오행론에 의하면 동쪽은 목木에 해당하고 사시四時 중 봄에 해당한다. 동쪽에 있는 태산은 만물이 생성되고 음양이 교체되는 곳이라고 여겨졌기 때문이다.[197] 태

---

197   왕닝·시에똥위엔·리우팡 저, 김은희 역, 2010, 54.

산은 곧 만물이 비롯하는 시작이고 음양의 교대가 일어나는 곳이기 때문이다.

태산은 고도가 1,545미터로 아주 높은 산은 아니다. 흔히 말하는 오악五岳 중에서도 그 높이는 셋째일 뿐이다. 태산은 히말라야와는 비교조차 될 수 없는 산이지만, 광활한 화북 평원의 단조로움을 깨기에는 충분하다. 비록 비유적이지만, 그 웅장함이나 신비함은 일찍이 맹자가 공자를 언급하며 밝힌 바도 있다.[198] 왜 태산은 신성시되고 성산聖山으로 여겨졌을까? 우리는 깊거나 높은 산 속에 들어가면 가끔은 평상시와는 다른 특별한 감정을 갖게 될 때가 있다. 알 수 없는 경외감, 무언가 그 산이 갖는 성스러움을 느낄 때가 있다. 태산이 주변 자연 환경에 비해 상대적으로 높고 경사가 급하였으니 그럴 가능성은 훨씬 크다. 바로 이러한 점에서 태산 주변 사람들은 역사적으로 태산을 성스러운 땅, 특별한 성소聖所, 그들의 마음속의 제1의 산, 지상의 중심으로 여겼을 수 있다. 태산에서 천제를 올린 것은 이러한 상징성 때문으로도 보인다.[199]

태산 봉선제는 흔히 천명을 받은 제왕이 상제에게 자신의 즉위나 치적을 고하고 이를 통해 하늘로부터 지배의 정당성과 권위를 확보하는 과정으로 여겨졌다. 진 시황은 그것을 황제권을 상징하는 의례로 간주하였다.

---

198 "맹자가 말씀하셨다. 공자께서 노나라 동산에 올라가서 노나라가 작다고 여기셨고, 태산에 올라가서는 천하가 작다고 여기셨다. 孟子曰, 孔子登東山而小魯, 登泰山而小天下."(『孟子』「盡心章句 上」)

199 이성구, 2004, 186.

천제의 으뜸 신, 상제上帝

인간이 제사를 통해 받든 신은 다양하다. 천신을 비롯하여 지신, 조상신 등이 그 대표적인데, 동북아에서는 예로부터 하늘 제사, 사직 제사, 종묘 제사, 조상 제사를 통해 이들을 받들고 모셨다. 그렇다면 이 다양한 신들 중 으뜸신은 무엇일까? 신의 위계에서 가장 상위를 차지하는 신, 즉 지고신至高神은 무엇일까?

동양에서는 전통적으로 천·하늘·상제를 지고신으로 여겼다. 그리하여 하늘을 공경하고[敬], 받들고[奉], 두려워하며[畏], 섬겼다[事]). 이러한 맥락에서 행해진 보편적 의례가 하늘에 대한 제사, 즉 천제天祭이다.

하늘에 제사를 올리는 예는 얼마나 중요하였을까? 길례, 흉례, 빈례, 군례, 가례 등 인간이 행해야 할 다양한 의례 중 으뜸이 되는 것은 길례吉禮[200]이다. 가장 우선시되는 예는 제사라는 것이다. 오례의 으뜸인 길례 중에서도 가장 중요한 제사는 무엇이었을까? 길례에도 제사 대상은 여럿이다. 『주례』「대종백」에 의하면, 길례에 속하는 제사는 호천상제를 제사하는 인사禋祀를 비롯하여 모두 열두 가지 제사가 있는데,[201]

---

200 '길례'는 제사에 대한 예제禮制를 뜻한다. 왜 제사(제례)를 길례라고 하였을까? 그것은 아마도 옛날에는 제사를 길吉한 일로 여겼기 때문이다. 슬픔 의례였던 상례喪禮 또는 흉례凶禮와는 달리, 제례는 경건한 마음으로 신과 접하고 신과 하나 될 수 있는 기회였기 때문에 길한 것으로 여겨졌다.

201 『주례』「대종백」은 길례의 제상 대상과 방식에 대해 말하는데, 그 일부를 보자. "길례로써 국가의 인귀와 천신과 지시를 섬기고 인사禋祀로써 호천상제를 제사지내고, 실시實柴로써 해와 달과 별들을 제사지내고, 유료槱燎로써 사중司中과 사명司命과 풍사와 우사에게 제사를 지낸다. 혈제血祭로써 사직과 오사五祀와 오악에 제사지내고, 매침貍沈으로써 산림과 천택川澤에 제사지내고, 벽고疈辜로써 사방의 온갖 사물에 제사지낸다. 以吉禮事邦國之鬼神示, 以禋祀祀昊天上帝, 以實柴祀日月星辰, 以槱燎祀司中司命飌師雨師, 以血祭祭社稷五祀五嶽, 以貍沈祭山林川澤, 以疈辜祭

모든 제사의 으뜸은 지고신, 최고신, 만물의 주재자, 모든 생명의 원천인 상제·하늘에 올리는 제사이다.

유교 문화권에서 사람들은 흔히 자기를 낳고 기른 부모와 조상에게 정성과 공경을 보여주는 의례로 제사를 올린다. 조상 제사는 보은의 실천 행위이다. 그렇다면 이런 인간이라는 보편적 존재를 낳은 근본은 무엇일까? 인간 생명의 원천, 인간을 낳은 부모는 무엇일까? 동양 문화에서 보면 그것은 하늘, 상제, 천이다. 천은 천지 만물을 낳고 기르는 모든 생명의 근본이다. 우리 개인이 자신의 부모나 조상에게 근본을 두고 있다면, 인간을 포함한 만유 생명은 하늘에 근본을 두고 있다. 그러므로 하늘에 올리는 제사(천제)는 모든 제사의 으뜸일 수밖에 없다. 그리하여 『예기』에서도 이렇게 말하고 있다. "만물은 하늘에 근본을 두고 있고 사람은 조상에 근본을 두고 있으니, 이러한 이유로 자신의 조상을 상제에게 배향하는 것이다. 교郊에서 지내는 제사는 근본에 보답하고 시원을 돌이키는 것이다."[202] 하늘에 대한 제사는 생명의 근원인 하늘, 상제에 대한 감사와 보은의 실천이자 공경을 지극히 하는 것이다.

사마천이나 반고는 일찍이 태산 봉선封禪의 의의에 대하여 이렇게 언급하였다.

"예로부터 천명을 받아 제왕이 된 자가 어찌 봉선을 행하지 않을 리 있겠는가. 하늘의 감응과 길조가 없어도 봉선 의례를 거행하였으

四方百物."(『周禮』「大宗伯」)『주례』원문 및 번역은 이준영 해역, 2014를 참조하였다.

202 "萬物本乎天, 人本乎祖, 此所以配上帝也. 郊之祭也, 大報本反始也."(『禮記』「郊特牲」)

며, 하늘의 상서로운 조짐이 나
타난 것을 보고도 태산으로 가
봉선 의식을 거행하지 않은 적
은 아직까지 없었다."[203]

　"왕이 역성易姓을 통해 새
왕조를 세우면 반드시 태산에
서 봉제를 올린 것은 어째서인
가. 하늘에 고하고자 하는 뜻
에서이다. 천명을 처음 받았을
적에는 제도를 바꾸어 하늘
의 뜻에 부응한다. 이에 천하
가 태평해지고 공업功業을 이룩
하게 되면 봉선제를 올려 태평
을 고유한다. 반드시 태산에서
올리는 까닭은 무엇인가? 그것은 만물(이 비롯하는) 시작이고 (음양
의) 교대가 일어나는 곳이기 때문이다."[204]

그만큼 하늘에 대한 제사는 지난날 황제들에게 중요한 의례였다. 이

『사기』「봉선서封禪書」(흠정사고전서본).

203　"自古受命帝王, 曷嘗不封禪. 蓋有無其應而用事者矣, 未有睹符瑞見而不臻乎泰山者也."(『史記』
　　「封禪書」)

204　"王者易姓而起, 必升封泰山何. 教告之義也. 始受命之時, 改制應天. 天下太平, 功成封禪, 以告
　　太平也. 所以必於泰山何. 萬物所交代之處也."(『白虎通義』卷五「封禪」) 신정근 역, 2005, 223~224
　　참조.

런 천제는 종교적 의례이기도 하지만, 다른 한편으로는 정치적 성격도 갖는다. 왜냐하면 황제는 순수巡狩를 통해 정치 권력을 만천하에 과시하고, 봉선제를 통해 상제로부터 정당성을 확보하였기 때문이다. 옛 제왕들은 봉선제를 행하기 전에 흔히 천하 순수를 하였다. 그런데 순수라는 것이 무엇인가? 그것은 천제 이전에 황제가 하늘을 대신하여 백성들을 지키고 보살피기 위해 길을 떠나 몸소 천하를 시찰하는 정치적 행위였다. 그러므로 순수는 여러 가지 정치적 기능을 가지고 있었다. 또한 황제의 순수는 여러 가지 잠재적 효과를 기대할 수 있었다. 이를테면 황제는 순수를 통해 자신의 통치에 정당성을 확보함은 물론, 자신의 권력 과시하고 백성들의 정치적 지지를 얻어 내고 제후국에 대한 통치 효과와 만민의 충성을 얻기에 충분하였다.[205]

천지의 무이無二의 최고신인 상제를 지상의 최고 정치 지도자인 황제가 의례를 통해 숭배하는 모습은 황제가 상제로부터 천명을 받은 유일한 최고 지도자임을 보여주며, 이는 황제의 천하 지배를 정당화하기에 충분하였다. 황제가 지상 권력을 집중시키고 강화하는 천하 순수 이후 행한 봉선제는 하나의 절대 전제 군주를 하늘을 통해 보증하는 정치적 의례이기도 하였다. 봉선제는 황제가 상제로부터 천명을 받은 절대자임을 온 천하에 알리고 상제에게 고하는 정치적 행위였던 것이다.

이로 미루어 보면 중국 역사에서 은나라나 주나라를 거치며 사람들이 삶의 준거로 삼았던 것은 상제·천·하늘이었다. 물론 삼성조 시대를 비롯한 우리의 고대 역사에도 상제 문화가 지배적이었다. 즉 삼신상

---

205 하워드 J. 웨슬리 지음, 임대희 옮김, 2005, 345~346.

제를 지고하게 받들며 제사하고, 하늘의 가르침을 절대적으로 따르며, 상제의 뜻에 전적으로 의존하며 살아가는 삶의 모습이 주문화였다. 그런 경향이 조선 시대에 들어 부침 과정을 겪더니, 조선 후기에는 개인의 사상적 맥락에서 상제를 재인식하려는 움직임으로 명맥을 유지하였다. 그것은 상제를 부활시키는 물꼬였으며 신교 부활의 전조였다.

이렇게 보면 동북아 문화를 읽는 핵심 코드, 동북아 정신 문화사를 이해하는 키워드는 하늘, 상제, 천, 삼신이라 해도 과언이 아니다. 동양 문화의 모든 길은 상제·천·하늘로 통한다. 그리고 이러한 개념들은 모두 한 존재에 대한 서로 다른 호칭일 뿐이다. 천이나 하늘이나 그것은 곧 상제, 삼신상제, 삼신일체상제三神一體上帝를 말한다.

2장

환국桓國 문명
삼성조三聖祖 시대의 천신

하늘에서 본 강화도 마리산 참성단 (출처: https://blog.naver.com)

『환단고기』에 나타나는
삼신, 천, 상제

『환단고기桓檀古記』, 무엇을 담고 있나

『환단고기』는 운초雲樵 계연수桂延壽(1864~1920)가 신라 때부터 조선에 이르기까지 서로 다른 시대를 살았던 다섯 사람들이 쓴 다섯 가지 사서를 모아 하나로 묶은 책이다. 『환단고기』에는 신라 진평왕(재위 579~632) 때 안함로安含老(579~640)가 쓴 『삼성기三聖紀』(『삼성기전』 상), 고려 시대에 원동중元董仲(?~?)이 쓴 『삼성기』(『삼성기전』 하), 고려 말에 이암李嵒(1297~1364)이 쓴 『단군세기檀君世紀』, 역시 고려 말 범장范樟(?~?)이 쓴 『북부여기北扶餘紀』, 그리고 조선 중종 때 이맥李陌(1445~1528)이 쓴 『태백일사太白逸史』[206]가 실려 있다.

그 초판은 1911년에 간행되었다. 그러나 이 초간본은 존재 유무가

---

[206] 『태백일사』는 다른 4권과는 달리, 총 8권으로 이루어졌다. 여기에는 한민족 9천년 역사는 물론, 특히 신교神敎에 대한 다양한 내용이 담겨 있다.

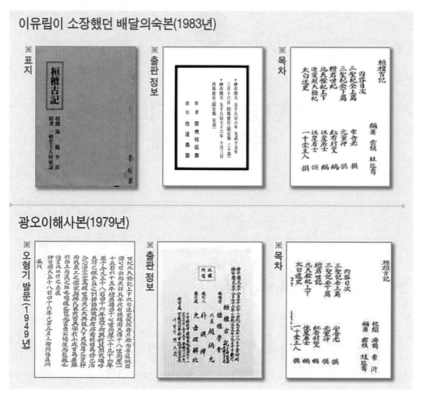

이유립이 소장했던 배달의숙본(1983년)

표지 | 출판 정보 | 목차

광오이해사본(1979년)

오형기 발문(1949년) | 출판 정보 | 목차

『환단고기』 판본. (출처: 안경전, 2016a, 78)

확인되지 않고 있다. 그런데 배달의숙倍達義塾에서 역사 강의를 듣고『환단고기』도 공부하였던 이유립李裕岦(1907~1986)은 광복 이후에 초간본 1부를 입수하였다. 1949년에 그의 문하생이었던 오형기가 이것을 빌려가 필사하였는데 이것이 〈오형기 필사본〉이다. 이유립이 1976년에 자신이 소장하고 있던 초간본을 분실한 가운데 1979년 9월, 이유립의 다른 문하생이었던 조병윤이 〈오형기 필사본〉을 광오이해사에서 영인·출간(〈광오이해사본〉)하였다. 그러자 이유립(단단학회)은 같은 해 10월에 오형기를 시켜 새로운 필사본을 만들었다. 이것이 〈배달의숙본〉이다. 우리가 흔히 접하는 『환단고기』는 1979년에 나온 것(광오이해사본光吾理解

社本)인데, 당시 『환단고기』는 대학가를 중심으로 광풍을 일으키기도 하였다.[207] 왜 였을까? 『환단고기』는 한민족의 새로운 역사 체계를 제시하기 때문이었다. 『환단고기』는 신화를 배경으로 단군조선에서 시작되었다는 한국사의 인식을 바로잡아, 환국-배달-고조선-북부여(열국 시대) 이후 현대에 이르는 9천년 역사의 국통 맥에 눈뜨게 한다.

뿐만이 아니다. 『환단고기』는 지난 1만 년 인류 문명의 발달과 분화 과정도 보여준다. 천산 동방에서 인류의 첫 나라인 환국桓國을 연 환족이 동북아시아로 이동하여 백두산의 신시神市를 중심으로 개창하여 동북아 문명의 뿌리가 된 배달 문명뿐만 아니라, 천산에서 서남아시아로 이동한 환족이 메소포타미아 땅에 연 서양 문명의 발원인 수메르 문명, 나아가 고조선에서 분화한 몽골, 흉노에 대해서까지 밝혀준다.[208] 이런 맥락에서 보면 『환단고기』는 한민족의 잃어버린 역사를 찾아줄 뿐만 아니라 그 원형의 정신 문화도 드러낼 수 있는 사서로 평가된다.

그러나 필자가 보기에 『환단고기』에서 가장 주목할 점은 옛사람들로부터 지금까지 이어진 정신 문화이다. 환국에서 발원한 배달의 동이족은 고대 동북아 문명을 열고 일군 주체 세력이었다. 지금으로부터 약 1만여 년 전에 동북아에서 문명 집단을 형성하고 나라를 세워 역사를 일구어 나간 동북아 문명의 뿌리인 이들 동이족은 어떤 생각을 가지고 어떤 삶을 살았을까? 그들은 어떤 정신 문화를 공유하고 있었을까? 9천년 동안 이어진 국통 맥을 관통하는 정신 문화는 무엇일까?

---

207 계연수 사후 『환단고기』를 대중화하는데 기여를 한 사람은 그의 제자인 한암당寒闇堂 이유립 李裕岦(1907~1986)이다.

208 안경전 역주, 2016a, 581.

9천년이라는 긴 세월동안 이렇게 저렇게 이어지던 정신 문화, 그것을 대표하는 용어는 신교神敎이다. 신교란 '신의 가르침'이라는 뜻인데, 여기서 말하는 신은 인간과 천지 만물을 다스리는 통치자 하늘님, 즉 삼신상제를 말한다. 신교는 곧 삼신상제를 모시고 받든 인류의 원형 문화이다.[209] 최치원崔致遠이 말한 현묘한 도道인 '풍류風流'도 알고 보면 '신바람의 도, 신령스러운 도'로서 신교이다. 특기할 만한 것은 최치원은 '포함삼교包含三敎'라 하여, 이 풍류도가 유교, 불교, 도교의 가르침을 모두 포함하고 있다고 한 점이다. 이것은 곧 신교·풍류도가 유교나 불교 및 도교보다 앞설 가능성과 유·불·도가 신교에 뿌리를 두었음을 말한다. 이런 맥락에서 보면 신교는 한민족의 고유 신앙이자 인류의 시원 종교이며 원형 문화라 할 수 있는데,『환단고기』에는 이런 신교에 대한 다양한 정보가 담겨있다. 그러므로『환단고기』는 신교의 온전한 모습을 총체적으로 밝혀줄 수 있는, 동북아 사람들의 정신 문화의 원천이다.

『환단고기』에는 삼신상제三神上帝, 천天으로 대표되는 다양한 하늘님 호칭은 물론, 상제를 받들고 모시던 자취이자 천신을 향한 숭고한 몸짓인 천제天祭에 대한 기록이 풍부하다. 그러므로『환단고기』는 한민족은 물론 인류 정신 문화의 원형인 신교의 역사와 문화를 총체적으로 담고 있는 사서이자 사상서라고 할 수 있겠다.[210]『환단고기』는 문명 여명기에 동북아 사람들이 하늘을 어떻게 여기고 어떻게 생각하였는지 그 단서를 제공하는 사상서로서 모자람이 없다.

---

209   안경전 역주, 2016a, 83.

210 『환단고기』가 어떤 책이고 그 가치는 어디에 있는지 등에 대한 보다 심도 있는 소개는 안경전 역주, 2016a의 해제를 참조하라.

지고신에 대한 다양한 호칭

환국에서 배달, 그리고 조선으로 이어지는 환인·환웅·단군의 삼성조三聖祖 시대에는 신神에 대한 관념이 뚜렷하였다. 『환단고기』에는 신의 가르침을 삶의 중심으로 삼았음을 보여주는 여러 가지 언급이 있다. '삼신설교三神設敎', '이신시교以神施敎', '삼신입교三神立敎'라는 말이 바로 그것이다. 신으로써 가르침을 베푼다는 의미를 함축하는 이러한 말은 모두 당시 사람들이 결코 신과 무관한 삶을 살지 않았음을 보여준다.

그렇다면 그 신을 무엇이라 하였을까? 호칭은 무엇이었을까? 『삼성기전』, 『단군세기』, 『북부여기』, 『태백일사』 등으로 구성된 『환단고기』에서 그 실마리를 찾아보자. 먼저 인류 창세 역사를 기록하고 있는 『삼성기』를 보자. 여기에는 이런 기록들이 있다.

『태백일사』 「신시본기」(좌)와 『단군세기』 (우)의 '신교神敎'. (출처: 운초 계연수 편 저, 2011)

"우리 환족이 세운 나라가 가장 오래되었다. 천지에 일신一神이 있어 … 홀로 천지의 조화를 부리는 신이다."[211]

"그 후 환웅씨가 환국을 계승하여 일어나

---

[211] "吾桓建國最古, 有一神在斯白力之天, 爲獨化之神."(『三聖紀全』 上)

천신天神의 명을 받들어 백산과 흑수사이의 지역에 내려왔다."²¹²

"삼칠일을 택하여 천신에게 제사지낼 때에는 바깥일을 꺼리고 삼가 문을 닫고 수도하였다."²¹³

"능히 선대 환인·환웅 성조의 법을 이어받고 하늘[天]의 뜻을 받들어 인류의 푯대를 세우니"²¹⁴

"하늘에 제사지내는 것을 근본 가르침으로 삼았으며"²¹⁵

"두 분이 꿈에 천신의 가르침을 받고 스스로 혼례를 올리니 … 하늘(天)을 대행하여 널리 교화를 베풀어 사람들로 하여금 싸움이 없게 하였다."²¹⁶

"환웅이 삼신三神의 도로써 가르침을 베풀고"²¹⁷

위의 예에서 알 수 있듯이 삼성조 시대에 우주를 주재하고 통치하는 주체로서 신은 '일신一神', '천신天神', '천', '삼신三神' 등으로 다양하게 불렸다.

그러한 호칭은 고조선사의 전모를 밝혀 주는 『단군세기』에서도 다양하게 보인다.

---

212 "後桓雄氏繼興, 奉天神之詔, 降于白山黑水之間."(『三聖紀全』上)

213 "擇三七日, 祭天神, 忌愼外物, 閉門自修."(『三聖紀全』上)

214 "乃能承詔繼天而建極."(『三聖紀全』上)

215 "祭天爲敎."(『三聖紀全』上)

216 "夢得天神之敎, 而自成昏禮, … 代天宣化, 使人無兵."(『三聖紀全』下)

217 "以三神設敎."(『三聖紀全』下)

"신인 왕검이 오가五加의 우두머리로서 무리 8백 명을 거느리고 단목 터에 와서 백성과 더불어 삼신에게 천제를 지냈다."[218]

"10월 상달에 나라에 큰 제전을 열어 하늘에 제사를 지내니"[219]

"매년 봄가을에 나라 안을 순행하여 살피고, 예를 갖추어 하늘에 제사지내고"[220]

"신시 개천 이래로 매년 하늘에 제사를 지낼 때 나라에 큰 축제를 열어 모두 삼신상제의 덕을 찬양하는 노래를 부르며 화합하였다."[221]

"임금이 친히 하늘에 기우제를 지냈다."[222]

"임금이 구환족의 모든 왕을 영고탑寧古塔에 모이게 하여 삼신상제에게 천제를 지낼 때,"[223]

이처럼 『단군세기』에는 '천신天神', '하늘', '천天' 외에도 '삼신상제三神上帝'라는, 『삼성기전』에는 보이지 않던 호칭도 등장한다.

『태백일사』에는 삼성조 시대에 하늘을 받들고 모신 수많은 기록이 담겨 있다. 여덟 권으로 구성된 『태백일사』의 「환국본기」에는 인류 문명의 모태인 환국의 역사를 담고 있다. 여기에는 『조대기朝代記』를 인용하여 환국 시대 때에 하늘에 제사를 올렸는데, 그 신을 천신이라 하였고,

---

218 "有神人王儉者, 五加之魁, 率徒八百, 來御于檀木之墟, 與衆奉祭于三神."(『檀君世紀』)

219 "國中大會, 上月祭天."(『檀君世紀』)

220 "每當春秋, 巡省國中, 祭天如禮."(『檀君世紀』)

221 "神市以來, 每當祭天, 國中大會, 齊唱讚德諧和."(『檀君世紀』)

222 "帝親禱天祈雨."(『檀君世紀』)

223 "會九桓諸汗于寧古塔, 祭三神上帝."(『檀君世紀』)

환인이 하늘(천, 삼신, 삼신상제)을 대행하여 나라를 다스렸으며, 사람들은 환인을 '천제'의 화신이라 하였다는 기록이 실려 있다.

> "옛날에 환인이 있었다. 천산天山에 내려와 거처하며, 천신에게 지내는 제사를 주관하였다."[224]

> "옛적에 환국이 있었다. 백성들은 풍요로웠고 인구도 많았다. 처음에 환인이 천산에 머물며 도를 깨쳐 장생하니, 몸을 잘 다스려 병이 없었다. 하늘(삼신상제)을 대행하여 널리 교화를 일으켜 사람들로 하여금 싸움이 없게 하였다."[225]

> "환인이 높고 높은 하늘 나라에 임어해 있으며 오직 온 천하가 모두 저절로 화평해지기를 간절히 생각하니, 이때에 백성 이 환인을 천제의 화신이라 부르며 감히 거역하는 자가 없었다."[226]

한편 「신시본기」는 환웅이 다스린 배달의 역사를 담고 있는데, 여기에는 환웅이 삼신에게 제사를 올렸다는 내용, 환인이 환웅에게 천신에게 제사를 지내라고 한 말, 백성들이 삼신을 숭배한 기록, 14세 치우천황이 하늘에 제사지낸 기록 등이 실려 있다.

> "『삼성밀기三聖密記』에는 다음과 같이 기록되어 있다. 환국 말기에

---

224 "昔有桓仁, 降居天山, 主祭天神."(『太白逸史』「桓國本紀」)

225 "昔有桓國. 衆富且庶焉, 初桓仁居于天山, 得道長生, 治身無病, 代天興化, 使人無兵."(『太白逸史』「桓國本紀」)

226 "桓仁, 高御上上天, 惟意懇切百途, 咸自和平, 時稱天帝化身而無敢叛者."(『太白逸史』「桓國本紀」)

다스리기 어려운 강한 족속이 있어 이를 근심하던 차에 환웅이 나라를 다스림에 삼신의 도로써 가르침을 베풀고, 백성을 모아 맹세하게 하니, 이때부터 은밀히 그 강족을 제거하려는 뜻을 두었다."227

"천신에게 제사를 지내 부권父權을 세우라."228

"신시 시대에 칠회제신력七回祭神曆이 있었다. 첫째 날에 천신(삼신 상제)에게 제사지냈다."229

"태호 복희씨가 어느 날 삼신이 성령을 내려 주는 꿈을 꾸고 천지 만물의 근본 이치를 환히 꿰뚫어 보게 되었다. 이에 삼신산三神山에 가서 하늘에 제사지내고 천하天河에서 괘도卦圖를 얻었다."230

"치우천황이 즉시 하늘에 제사를 지내 천하를 태평하게 할 것을 맹세하여 고하고, 다시 진군하여 탁록을 포위 압박하여 일거에 멸망시켰다."231

"신시 환웅이 강림함으로써 신령한 다스림과 거룩한 교화의 은택이 세월의 흐름에 따라 더욱 깊어 갔다. 나라를 세워 세상을 다스리는 큰 근본이 다른 나라와 판이하게 달라 우리의 신이한 기풍과 거룩한 풍속이 멀리 온 천하에 전파되었다. 이에 천하만방의 백성 중에 신령한 다스림과 거룩한 교화를 흠모하는 자는 반드시 삼신을

---

227 "三聖密記曰, 桓國之末, 有難治之强族, 患之, 桓雄爲邦, 乃以三神設敎, 而聚衆作誓, 密有剪除之志."(『太白逸史』「神市本紀」)

228 "主祭天神, 立父權扶."(『太白逸史』「神市本紀」)

229 "神市之世, 七回祭神之曆, 一回日祭天神."(『太白逸史』「神市本紀」)

230 "日夢三神降靈于身, 萬理洞徹, 仍徃三神山祭天, 得卦圖於天河."(『太白逸史』「神市本紀」)

231 "蚩尤天王, 乃卽祭天而誓告天下泰平, 更復進兵, 圍迫涿鹿, 一擧而滅之."(『太白逸史』「神市本紀」)

숭배하였고, 동북방을 신명이 머무는 곳이라 일컬었다."[232]

「삼한관경본기」는 고조선의 진한·번한·마한의 삼한 중 번한(요동·
요서)과 마한(한반도)의 역사에 대한 기록이다. 여기에 고조선 또한 하
늘[天]에 제사를 올렸다는 기록이 실려 있는데, 그 하늘을 삼신·삼신
상제라 하였다.

"(환웅 천황이) 상제에게 천제를 올리러 산에 가실 때 의장이 이
처럼 성대하고 엄숙하였다. 이 산의 이름이 불함不咸이다."[233]
"아사달은 '삼신께 제사지내는 곳'으로 후세 사람들이 왕검성王儉
城이라 불렀는데, 그 까닭은 왕검의 옛 집이 그대로 남아 있었기 때
문이다."[234]

「삼한관경본기」에는 단군이 지고신에게 제사를 올린 기록이 많은
데, 제사의 대상을 흔히 천, 삼신이라고 하였다.

"신유(단기 54, 서기전 2280)년 3월에 천왕(단군 왕검)이 친히

---

232 "盖神市以降, 神理聖化之漸, 逐歲而尤復益深. 立國經世之大本, 自與人國逈異, 其神風聖俗, 遠
播於天下. 天下萬邦之人, 有慕於神理聖化者, 必推崇三神, 至有東北, 神明舍之稱焉."(『太白逸史』
「神市本紀」)

233 "盖天帝就山之儀伏, 若是之盛嚴也, 山名曰不咸."(『太白逸史』「三韓管境本紀」)

234 "阿斯達, 三神所祭之地, 後人稱王儉城, 以王儉舊宅, 尚存故也."(『太白逸史』「三韓管境本紀」)

마리산에 행차하여 하늘에 제사를 올렸다."235

"임신(단기 785, 서기전 1549)년 3월 16일에 여을단군이 친히 마리산에 행차하여 참성단에서 삼신께 천제를 지낼 때, 은나라 왕 외임外壬이 사신을 보내 제사를 도왔다."236

"이제 천제일을 맞이하여 먼저 가서 몸과 마음을 재계하며, 천제 지낼 장소를 살펴 잘 청소하고, 희생과 폐백을 깨끗하게 준비하여 삼신께 보답토록 하라."237

"신미(단기 1204, 서기전 1130)년에 천왕(25세 솔나단군)의 조칙으로 동쪽 교외에 천단天壇을 쌓고 삼신께 제사 지낼 때, 많은 사람이 둥글게 모여 춤을 추고 북을 치며 노래를 불렀다."238

한편 「삼신오제본기」는 삼성조 시대의 정치·종교·건축·의식주·생활 문화를 구성하는 중심 사상인 삼신三神 철학을 담고 있다. 여기에는 만물의 존재 근거가 무엇인지를 밝히는 다음과 같은 단서가 있다.

"『표훈천사表訓天詞』에 이렇게 기록되어 있다. 대시大始에 상하와 동서남북 사방에는 아직 암흑이 보이지 않았고, 언제나 오직 한 광명뿐이었다. 천상 세계에'문득' 삼신이 계셨으니 곧 한 분 상제님(三神卽一上帝)이시다. 주체는 일신이니, 각기 따로 신이 있는 것이 아니

---

235 "辛酉三月, 天王親幸摩璃山祭天."(『太白逸史』 「三韓管境本紀」)

236 "申三月十六日, 親幸摩璃山, 祭三神于塹城壇, 殷主外壬, 遣使助祭."(『太白逸史』 「三韓管境本紀」)

237 "今當祭迎, 前往擇齊, 審掃神域, 潔備牲幣, 用答三神."(『太白逸史』 「三韓管境本紀」)

238 "辛未, 以天王詔, 築天壇于東郊, 祭三神, 衆環舞擊鼓以唱."(『太白逸史』 「三韓管境本紀」)

라 작용으로 보면 삼신이시다. 삼신三神은 조화로 만물을 빚어내고, 헤아릴 수 없는 지혜와 능력으로 온 세상을 다스리지만 그 형체를 드러내지 않으신다. 가장 높고 높은 하늘에 앉아계시니, 그곳은 천만억토이다. 삼신은 항상 광명을 크게 방출하고 신묘한 기운을 크게 발하며 상서로운 기운을 크게 내리신다. 기를 불어넣어 만유를 감싸고, 열을 내뿜어 만물의 종자를 자라게 하며, 신명神明들로 하여금 삼신상제의 천명天命을 집행하게 하여 세상일을 다스리신다."239

「소도경전본훈」을 보자. 이는 소도에서 사용되던 경전의 근본 가르침을 담고 있는데, 여기에도 지고신 개념이 담겨 있다.

"우리 환국은, 환웅 천황께서 배달을 개천할 당시부터 천신께 제사를 지내 오셨고, 『삼일신고』를 지으셨으며, 산하를 널리 개척하고 백성을 교화하셨다."240

여기에는 「대변설大辯說」 주註 기록이라며 이런 내용도 실려 있다.

"남해현 낭하리의 계곡 바위 위에 신시 시대의 옛 글자가 새겨

---

239 "表訓天詞云, 大始上下四方, 曾未見暗黑, 古往今來, 只一光明矣. 自上界, 却有三神卽一上帝. 主體則爲一神, 非各有神也, 作用則三神也. 三神有引出萬物, 統治全世界之無量智能, 不見其形體. 而坐於最上上之天所居, 千萬億土. 恒時大放光明, 大發神妙, 大降吉祥. 呵氣於包萬有, 射熱以滋物種, 行神以理世務."(『太白逸史』「三神五帝本紀」)

240 "吾桓國, 自桓雄開天, 主祭天神, 祖述神誥, 恢拓山河, 敎化人民."(『太白逸史』蘇塗經典本訓」)

212

저 있는데, 그 글에 환웅께서 사냥을 나가서 삼신께 제사를 올리셨다고 하였다."[241]

이러한 『환단고기』의 여러 기록으로 보아, 동북아 나아가 인류 역사의 출발점이었던 삼성조 시대에 지고신은 천, 하늘, 하늘님, 삼신, 삼신상제, 삼신일체상제, 상제, 천신, 일신 등으로 다양하게 불렸음을 알 수 있다. 하나의 지고적 존재에 대한 호칭이 이렇게 다양하였다.

조물주 하늘님, 삼신三神

하늘은 흔히 '저 푸른 하늘'이라고 할 때의 푸른 하늘, 즉 공간으로서의 하늘을 말한다. 『태백일사』에 "삼신이 하늘을 생겨나게 하고 만물을 지었으며"[242]라는 말이 나오는데, 여기서의 하늘은 곧 자연의 하늘을 말한다. 또 "하늘에서 내려오는 광명을 환이라고 하고"[243]에서도 하늘의 쓰임은 자연의 하늘을 지칭한다.

그러나 『환단고기』에서 그 쓰임은 다른 경우가 많다. 여기에서 천, 하늘, 신神은 많은 경우 삼신三神을 말한다. 『환단고기』에는 신이 곧 삼신임을 구체적으로 밝히는 내용이 있다.

---

241 "南海縣郎河里之溪谷岩上, 有神市古刻, 其文曰, 桓雄出獵, 致祭三神."(『太白逸史』「蘇塗經典本訓」)

242 "三神生天造物."(『太白逸史』「三神五帝本紀」)

243 "自天光明, 謂之桓也."(『太白逸史』「神市本紀」)

"환국 말기에 다스리기 어려운 강한 족속이 있어 이를 근심하던 차에 환웅께서 삼신의 도로써 가르침을 베풀고, … "[244]

"삼신의 도로써 가르침을 세우고 그 품고 계신 뜻을 전하는 글을 지으니, …"[245]

신의 도道로써 가르침을 폈는데, 그 신을 구체적으로 삼신이라고 말하고 있다. 『태백일사』「삼신오제본기」에는 「표훈천사表訓天詞」의 내용이라며 삼신에 대하여 아래처럼 인용하고 있다.

"대시大始에 상하와 동서남북 사방에는 아직 암흑이 보이지 않았고, 언제나 오직 한 광명뿐이었다. 천상 세계에 '문득' 삼신三神이 있었으니 곧 한 분 상제(三神卽一上帝)이다. 주체는 곧 일신(한 분 상제)이니, 각기 신이 따로 있는 것이 아니라 작용으로만 삼신이다."[246]

"삼신이 하늘을 생겨나게 하고 만물을 지으셨다. … 사람과 만물이 삼신에서 생겨났다."[247]

『도전』에도 이런 맥락의 내용이 담겨있다.

---

244 "桓國之末, 有難治之强族, 患之. 桓雄, 乃以三神, 說教, … "(『三聖紀全』下; 『太白逸史』「神市本紀」)

245 "以三神立教, 乃作布念之標, … "(『太白逸史』「三韓管境本紀」馬韓世家 上)

246 "大始, 上下四方, 曾未見暗黑, 古往今來, 只一光明矣. 自上界, 却有三神卽一上帝. 主体則爲一神, 非各有神也, 作用則三神也."(『太白逸史』「三神五帝本紀」)

247 "三神, 生天造物. … 人物, 同出於三神."(『太白逸史』「三神五帝本紀」)

"홀연히 열린 우주의 대광명 가운데 삼신이 계시니, 삼신은 곧
일신이요 …"[248]

위의 인용문에 의하면 우주가 열리기 직전에는 오직 광명뿐이었다.
그리고 홀연히 열린 우주의 대광명 가운데에 삼신이 있었다. 이는 우주
의 원초적 모습이 광명이고 광명의 실체가 삼신이며, 삼신이 우주 만물
의 생성·변화의 바탕임을 말한다.

삼신이란 무엇일까? 삼신은 우주에 충만한 조화를 짓는 신성, 대자
연의 순수 영기와도 같은 것으로, 우주의 조화성신造化聖神을 말한다.
만물은 이 삼신에서 생겨났다. 그러므로 삼신은 "모든 생명의 근원이
되는 조상"[249]이자, 인간을 비롯한 만유 생명의 뿌리이다. 하늘, 땅, 인간
은 하나같이 삼신의 거룩한 몸뚱이란 것이다. 만물, 천지의 모든 것에
는 삼신의 숨결이 깃들어 있다.[250] 천·지·인은 결국 삼신의 드러남, 삼
신의 자기 현현自己顯現이다.

그렇다면 삼신이 서로 다른 존재의 세 신을 말하는 것일까? 아니다.
삼신이라고 해서 각기 따로 있는 세 신을 말하는 것이 아니다. 삼신이
란 세 가지 신의 모습으로 작용하는 한 신이다. 한 무형의 신(一神)이
만물을 창조하며 변화를 열어 나가는데 있어 3수 원리에 따라 세 가지
신으로 기능·작용하는 것이다. 삼신은 하나의 신, 일신이지만 이 일신

---

248 『도전』 1:1:2.

249 "一源之祖."(『太白逸史』 「三神五帝本紀」)

250 황경선, 2010, 29~30.

이 현실 세계에 개입하여 작용을 할 때는 자신을 서로 다른 기능을 하는 세 종류의 신의 모습으로 드러내므로 삼신이라 한다. 삼신은 호칭으로 보면 세 신인 것 같지만 일신一神, 하나의 절대 근원, 한 조물주 하늘님이다.

『태백일사』「삼신오제본기」는 『대변경大辯經』의 기록이라며 삼신에 대해 이렇게 밝힌다.

> "오직 하늘에 계신 한 분 하늘님(天一神)이 깊고 깊은 천상에 계시어 하늘, 땅, 인간의 웅대함(三大)과 원만함(三圓)과 하나됨(三一)을 삼신의 신령한 근본 법도로 삼고, 이를 영원무궁토록 온 세계의 모든 백성에게 크게 내리니, 만유는 오직 삼신이 지은 것이다."[251]

삼신이 만물을 지었으며, 삼신은 곧 하늘에 계신 한 분 하늘님, 삼신상제三神上帝와 일체라고 하였다. 이런 모습은 「신시본기」에서도 찾을 수 있다. "대저 삼신은 우주 만물을 창조한 일신一神 하늘님",[252] "삼신은 천지 만물의 조상"[253]이라고 하였다. 「신시본기」에서도 삼신을 곧 일신이라고 여긴다. 삼신은 곧 한 분, 우주 만물을 창조한 일신 하늘님을 말한다.

이러한 삼신은 만물의 근본이며 모든 생명의 조상이다. "사람과 만

---

251 "惟天一神, 冥冥在上, 乃以三大三圓三一之爲靈符者, 大降降于萬萬世之萬萬民, 一切惟三神所造."(『太白逸史』「三神五帝本紀」)

252 "夫三神者, 卽創宇宙造萬物之天一神也."(『太白逸史』「神市本紀」)

253 "三神, 爲天地萬物之祖也."(『太白逸史』「神市本紀」)

물이 모두 삼신에서 생겨난 것이니, 삼신이 바로 모든 생명의 근원이 되는 조상이다",[254] "도의 큰 근원은 삼신에게서 나온다"[255]는 말은, 인간을 포함한 천지 만물이 삼신을 뿌리로 삼아 생겨났음을 말한다. 삼신이 모든 생명의 뿌리·근원이라는 것이다. 삼신이 조물주의 성격을 갖는 것은 바로 이런 맥락에서이다.

모든 생명이 하나에서 나왔고 그 뿌리가 같다면, 이를테면 천·지·인, 천지 만물은 단순한 신의 피조물이 아니다. 삼신의 자기 현현이다.

그렇다면 일신과 삼신은 어떤 관계인가? 일신과 삼신, 둘 사이는 체용體用 관계이다. 대자연의 모든 생명체가 태어나고 살아가는 주된 근거를 신이라고 할 때 그 신을 고대 동방 사람들은 일신一神이라 하였고, 그 일신이 자신을 현실 세계에 드러낼 때는 삼신三神으로 작용한다고 여겼다. 여기서 만유를 낳는 일신이 모든 생명의 본체[體]라면 삼신은 그 작용[用]에 해당한다. 일신이 만유의 본체라면 삼신은 일신이 현실에 작용할 때 기능을 달리하는 세 신의 모습, 즉 일신의 용用으로서의 신격인 것이다. 이를 뒷받침하는 논리가 신시神市 시대에 선인仙人 발귀리發貴理가 아사달에 와서 제천 행사를 보고 찬송한 글 등에서 나타난다.

"삼은 일로 본체를 삼고 일은 삼으로 작용을 삼으니, 무와 유, 텅 빔과 꽉 참(정신과 물질)이 오묘하게 하나로 순환하고, 삼신의 본체

---

254 "人物同出於三神, 以三神爲一源之祖也."(『太白逸史』 「三神五帝本紀」)

255 "道之大原, 出於三神."(『太白逸史』 「三韓管境本紀」)

와 작용은 둘이 아니다."[256]

　　"『고려팔관기高麗八觀記』의 「삼신설三神說」에 이렇게 기록되어 있다. "상계 주신上界主神은 천일天―로 불리니, 조화造化를 주관한다. 절대 지고의 권능을 갖고 있다. 일정한 형체는 없으나 뜻대로 형상을 나타내고 만물로 하여금 제각기 그 성품을 통하게 하니, 이분은 청정함과 참됨의 대본체이다. 하계 주신下界主神은 지일地―로 불리니, 교화教化를 주관한다. 지극히 착하며 오직 하나의 법력이 있어 함이 없이 만물을 짓고 만물로 하여금 각각 그 목숨을 알게 하니, 이분은 선함과 거룩함의 대본체이다. 중계 주신中界主神은 태일太―로 불리니, 치화治化를 주관한다. 최고 무상의 덕德을 간직하고 말없이 만물을 교화한다. 만물로 하여금 각기 그 정기를 잘 보존케 하니, 이분은 아름다움과 능함의 대본체이다. 그러나 주체는 '한 분 상제[一上帝]' 이니, 신이 각기 따로 있는 것이 아니라 작용으로만 삼신이다.'"[257]

　　위의 언급으로 볼 때 삼신과 일신은 체體와 용用의 관계에 있다. 일과 삼은 본체와 작용 관계로 서로 다른 실체가 아니다. 일신, 한 조물주 하늘님은 본체로 보면 하나·일신이지만, 작용으로 보면 셋·삼신이다. 하나이지만 서로 다른 세 기능을 하는 것이다.

---

256 "三一其體, 一三其用, 混妙一環, 體用無歧."(『太白逸史』「蘇塗經典本訓」)

257 "高麗八觀記, 三神說云, 上界主神, 其號曰天一, 主造化, 有絶對至高之權能, 無形而形, 使萬物各通其性, 是爲淸眞大之體也. 下界主神, 其號曰地一, 主教化, 有至善惟一之法力, 無爲而作, 使萬物各知其命, 是爲善聖大之體也. 中界主神, 其號曰太一, 主治化, 有最高無上之德量, 無言而化, 使萬物各保其精, 是爲美能大之體也. 然, 主体則爲一上帝, 非各有神也, 作用則三神也."(『太白逸史』「三神五帝本紀」)

이러한 체용 관계 외에도 일신과 삼신의 관계는 근원의 본체는 비록 하나이지만 그 작용으로 보면 셋이라는 의미의 삼일三─ 논리로, 나아가 하나 속에 셋이 들어 있다는 일즉삼─卽三 삼즉일三卽─ 이치로도 파악할 수 있다.

그렇다면 일신의 용用으로서의 삼신은 구체적으로 어떻게 나타나는가? 삼신은 조화·교화·치화, 즉 만물을 낳고 기르고 깨우쳐 다스리는 기능을 하는 세 신으로 나타난다. 바로 조화신造化神, 교화신敎化神, 치화신治化神이다. 만물을

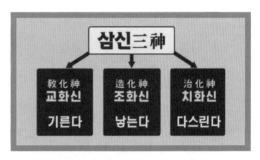

조화신造化神, 교화신敎化神, 치화신治化神. (출처: https://blog.naver.com)

낳는 조화신은 모든 창조와 변화를 이끈다. 교화신으로서의 삼신은 만물을 가르치고 기르는 역할을 한다면, 치화신으로서의 삼신은 만물의 질서를 잡아가는 기능을 한다. 일기─氣가 이렇게 조화·교화·치화의 삼신이 될 수 있는 것은 일기가 하나이면서도 셋으로 기능·작용할 수 있는 조화 능력이 있기 때문이다. 우주 만물의 통일적 기운인 일기는 모든 것을 창조·변화시킬 수 있는, 그야말로 조화의 원동력이다.[258]

삼신이 세 가지 신성으로 우주 만물의 생명을 주관하는 일신, 한 조물주 하늘님이라면, 이때의 삼신은 어떤 성격의 신일까? 우주 만유가 생성된 근원인 이 얼굴 없는 조물주 삼신은 원신元神으로서 비인격적 존재다. 삼신은 비인격적 신성인 것이다. 자연신이다. 그리하여 "삼신이

---

258 원정근, 2018, 117.

오실 때는 홀연하여 비롯함이 없고 가실 때는 아무런 자취가 없으니, 하나(一氣)로 관통하였으나 형체가 없고 만물을 이루되 소유하지 않는다"259고 하였다.

그러면 삼신은 어떻게 세상에 작용하는가? 삼신은 만물을 어떻게 생성·변화시킬까? 조물주 삼신이 홀로 자연과 만물을 창조하는 것은 아니다. 삼신은 항상 광명을 방출하고 신묘한 기운을 발하며 상서로운 기운을 크게 내린다. 기氣를 불어넣어 만유를 감싸고 열을 내뿜어 만물의 종자를 자라게 한다. 곧 삼신이 우주 만물을 생성하고 변화시키는 것은 일기一氣260와 밀접한 관계가 있다.

삼신은 먼저 우주에 충만한 '하나의 조화 기운', 즉 일기一氣를 발동시켜 만물을 태어나게 한다. 일기는 만유 생명이 되는 본체로, 곧 일신이기도 하다. 그래서 대우주에 충만한 일기 속에는 삼신이 있고, 삼신은 밖으로 일기를 둘러싸고 있다.261 신과 기는 일체 관계이다.

"우주의 한 조화 기운인 일기에서 세 가지 신령한 변화가 일어난 것이 곧 삼신이다.262 그렇다고 해서 기가 신에 앞서 생겨난 것은 아니다.

259 "其來也, 未有始焉者也, 其往也, 未有終焉者也, 通於一而未形, 成於萬而未有."(『太白逸史』「三神五帝本紀」)

260 이런 일기一氣를 『환단고기』 여기저기에서는 '지기至氣'니 '양기良氣'니 '대기大氣'니 하며 서로 다르게 표현한다.

261 일기와 신은 다른 것이 아니다. "무릇 만물의 생명을 이루는 본체는 바로 이 우주에 충만한 한 기운[一氣]이니, 이 속에는 삼신이 계신다. 지혜의 근원 또한 이 삼신에 있으니, 삼신은 밖으로 우주의 한 조화 기운을 감싸고 있다. 夫爲生也者之體, 是一氣也, 一氣者, 內有三神也. 智之源亦在三神也, 三神者, 外包一氣也."(『太白逸史』「蘇塗經典本訓」) 이는 일기 속에 삼신이 있고 삼신은 밖으로 일기를 둘러싸고 있다고 하여, 둘이 서로 다른 별개의 것이 아님을 말한다.

262 일기와 삼신의 관계를 『태백일사』「소도경전본훈」에서는 '회삼귀일會三歸一(셋을 모아 하나로

'신과 기'는 언제나 '일체 관계'로 존재한다. 삼신이 일기를 타고 조화를 부림으로써 만물의 생성 변화가 비로소 일어나는 것이고, 또한 기가 스스로 운동하고 만물을 창조하여 조화, 교화, 치화의 세 가지 창조 원리를 지닌 신이 되는 것이다."[263]

이러한 삼신은 인간의 몸에 들어와 인간의 본성을 이룬다. 조물주의 조화 손길, 삼신이 우리 몸에 들어와 세 가지 참된 성품이 된다.

"대저 삼신일체의 도는 무한히 크고 원융무애한 통일 정신에 있으니, 조화신이 내려 나의 본성이 되고 교화신이 내려 나의 목숨이 되며 치화신이 내려 나의 정기가 된다."[264]

이 「소도경전본훈」의 말에 의하면, "조화신, 교화신, 치화신이라는 삼신은 인간의 몸에 들어와 각각 인간의 성性, 명命, 정精이 된다. 즉 만물에 생명력을 부여하는 조화신이 내 몸에 들어와 내 생

성性, 명命, 정精. (출처: https://blog.naver.com)

명의 근원인 성姓이 된다. 만물을 양육하는 교화신은 내 몸에 들어와 나의 명命(목숨)이 된다. 그리고 만물의 생명 질서를 다스리고 바로잡

돌아간다)'과 '집일함삼執一숨三(하나를 잡으면 셋을 포함한다)'이라고 한다.

263 안경전 역주, 2016a, 395~396.

264 "夫三神一體之道, 在大圓一之義, 造化之神, 降爲我性, 教化之神, 降爲我命, 治化之神, 降爲我精."(『檀君世紀』「檀君世紀 序」)

신의 본래 호칭

삼신(元神) : 무형의 조물주
삼신 상제님(主神) : 유형의 참 하나님

조화신父

교화신師   치화신君
        성性
삼관三關 명命   정精 삼진三眞
        심心
삼방三房 기氣   신身 삼망三妄
        감感
삼문三門 식息   촉觸 삼도三途
        太一·인간

삼신과 성, 명, 정 관계. (출처: 안경전, 2016a, 409)

는 치화신은 내 몸에 들어와 내 몸의 생명력의 진액인 정精이 된다. 이는 결국 내 몸에는 신·삼신·삼신하느님의 신성과 생명력이 다 들어있다. 그러므로 인간은 살아 있는 대우주 자체요 신이다."[265]

그렇듯 하늘이나 땅에도 마찬가지다. 삼일 논리로 보면 하늘이나 땅, 그리고 인간에게는 모두 삼신의 생명과 신성과 지혜와 광명이 다 그대로 들어 있다. 그러므로 하늘도 하나의 신이고 땅도 하나의 신이며 인간도 하나의 신이다. 삼계 우주는 곧 일신의 삼신으로의 화현化顯이다.

이러한 천·지·인 삼계를 〈천부경天符經〉에서는 각각 천일天一, 지일地一, 태일太一로 표현한다.[266] 천일天一·지일地一·태일太一의 신神은 삼위三位

265 안경전 역주, 2016a, 407~408.

266 "天一一, 地一二, 人一三."(『太白逸史』「蘇塗經典本訓」) 〈천부경〉은 하늘의 뜻과 만물 창조의 법칙을 담은 경전이다. 「소도경전본훈」에 의하면, 이는 천제 환인의 환국 때부터 구전되어 온 글로, 환웅이 하늘의 뜻을 받들어 태백산으로 내려오신 뒤에 신지神誌 혁덕赫德에게 명하여 이를 녹도문鹿圖文으로 기록하게 하였다. 고운孤雲 최치원이 신지의 전고비篆古碑를 보고 다시 첩帖으로 만들어 세상에 전하였다고 한다. 안경전 역주, 2016a, 507 측주 참조.

의 신으로 곧 삼신이다.[267] 여기서 "인간을 '인일人一'이라 하지 않고 '태일'이라 한 것은 인간이 하늘땅의 뜻과 이상을 실현하는 존재로 하늘 땅보다 더 크고 이 우주에서 가장 위대하기 때문이다. 천·지·인에 각기 '한 일一 자'를 붙인 것은 살아 있는 삼신인 하늘과 땅과 인간이 모두 궁극으로는 '일신一神' 또는 '일기一氣'라는 하나의 근원 자리에서 나왔기 때문이다. 이렇듯 천·지·인은 하나의 절대 근원에서 태동되어 동일한 위격을 가진 삼위일체적 존재이다."[268]

삼신과 한 몸인 온 우주의 주재자이자 통치자 하늘님, 상제

삼신은 조화로 만물을 빚어낸다. 삼신은 헤아릴 수 없는 지혜와 능력이 있지만 그 형체를 드러내지는 않는다. 우주 만유가 생성된 근원인 삼신은 얼굴 없는 조물주로서 원신元神(Primordial God), 즉 근원의 신이다. 그러나 이런 삼신이 세상사를 직접 다스리거나 주재하는 것은 아니다. 그러기 위해서는 삼신의 조화와 삼신에 내재된 자연의 이법을 직접 주관하여 천지 만물을 주재하고 다스리는 다른 신이 있어야만 한다. 그 신을 『도전道典』은 이렇게 밝힌다.

---

267 "三神乃天一地一太一之神也."(『太白逸史』「蘇塗經典本訓」)

268 안경전 역주, 2016a, 397.

"태시太始에 하늘과 땅이 '문득' 열리니라. 홀연히 열린 우주의 대광명 가운데 삼신이 계시니, 삼신三神은 곧 일신一神이요 우주의 조화성신造化聖神이니라. 삼신께서 천지 만물을 낳으시니라. 이 삼신과 하나 되어 천상의 호천금궐昊天金闕에서 온 우주를 다스리시는 하늘님을 동방의 땅에 살아온 조선의 백성들은 아득한 예로부터 삼신상제三神上帝, 삼신하느님, 상제님이라 불러 왔나니, 상제는 온 우주의 주재자요 통치자 하느님이니라."[269]

그 신은 바로 '삼신일체상제三神一體上帝(삼신과 한 몸인 상제)', 또는 '삼신즉일상제三神卽一上帝(삼신은 곧 한 분 상제)'이다. 이를 줄여서 '삼신상제' 또는 '상제'라 부른다. 상제는 삼신의 조화와 삼신에 내재된 자연의 이법을 주관하여 천지 만물을 주재하고 다스리는 우주의 주재자요 통치자 하늘님이다. 상제는 삼신과 하나 되어 천상의 호천금궐에서 온 우주를 다스리는 하늘님인 것이다. 이 하늘님을 동방 조선의 사람들은 아득한 옛날부터 삼신상제, 삼신하느님, 상제라 부르며 받들었다.[270]

상제는 원신인 무형의 삼신과는 달리 사람의 형상을 하고 천상 보좌에서 온 우주를 다스리는 유형의 통치자로 주신主神(Governing God)이다. 이러한 유형의 인격신인 상제는 주재성을 본성으로 한다. 삼신의 조화는 상제의 주재를 통해 실현된다. 이는 곧 삼신의 권능이 상제의 주재를 통해서 비로소 완전하게 발현된다는 것이다. 원신인 삼신이 만

---

269 『도전』 1:1:1~4.

270 "동방의 조선은 본래 신교神敎의 종주국으로 상제님과 천지신명을 함께 받들어 온, 인류 제사 문화의 본고향이니라."(『도전』 1:1:6)

224

물을 낳았지만 삼신의 작용과 창조 목적은 상제의 통치 손길을 통해서 실현되고 완성된다는 것이다. 원신인 체體로서의 일신은 주신으로서 용用인 삼신상제를 통해서 역사에 드러난다.[271] 상제는 곧 조물주 하늘님이 낳은 천지 만물을 실제로 주재하여 다스리는 조화주, 통치자 하늘님이다. 천지 만물을 낳은 삼신·조물주 하늘님·원신이 음陰이라면, 그 짝으로 만물을 실제로 다스리는 유형의 상제·조화주·주신은 양陽이다. 원신과 주신, 삼신과 상제는 음양 짝을 이룬다.

삼신을 인격성에 초점을 둘 때 그 호칭은 흔히 '하늘님', '제', '상제', '삼신상제', '삼신일체상제' 등으로 불린다. 『환단고기』에 의하면, 삼신상제는 세상일을 다스리는 통치자로 사람들의 기도에 반응하고 감정을 지닌 인격적 존재이다. 『단군세기』의 한 부분을 보자.

"황충蝗蟲이 크게 번져 밭과 들에 가득 찼다. 임금께서 친히 밭과 들을 돌아보며 황충을 잡아 입에 넣어 삼키고 삼신에게 이를 멸해 주기를 비니 과연 며칠 만에 황충이 다 사라졌다."[272]

"이 해에 큰 가뭄이 들어 임금께서 친히 하늘에 기우제를 지내셨다. 기도를 마치자 곧 큰 비가 수천 리에 내렸다."[273]

삼신일체상제는 우주 주재자로 인간과 감응하는 존재이자 제사를

---

271 문계석, 2011, 39; 안경전 역주, 2016a, 395; 양우석, 2014, 116.

272 "蝗虫大作, 遍滿田野, 帝親巡田野, 吞蝗而告三神, 使滅之數日盡滅."(『檀君世紀』)

273 "是歲大旱, 帝親禱天祈, … 大雨立降數千里."(『檀君世紀』)

받는 우주 통치자이다. 삼신상제, 상제는 인격신이다. 신이 인격적 속성을 가졌다는 것은 흔히 신이 외형적으로 인간과 같은 모습을 하고 있다는 것으로 보는 경향이 있다. 그러나 이것이 온전한 답은 아니다. 신은 전지전능하거나 무궁한 조화를 부릴 수 있는 존재이기 때문에 인간의 모습으로 변화할 수는 있다.

그러나 신이 인격적 성격을 가졌다는 것은 신이 인간처럼 다양한 감정을 표현할 수 있는 존재, 자신의 의지를 대상에 반영할 수 있는 존재로 보는 것이 더 적절할 듯하다. 유교 경전 시·서에 상제가 인간사와 사회에 개입하는 존재, 상과 벌을 내리는 존재로 그려지는 것이 바로 그런 예이다. 기독교 경전에서 신이 웃고 냄새 맡고 휘파람 불고 후회하고 탄식하고 기뻐하고 진노하는 모습은 모두 신이 인격적 존재임을 말하는 것이다. 「소도경전본훈」에 나오는 "사람들이 둥글게 모여 노래를 불러 삼신을 크게 기쁘게 해 드리고, 나라에 복을 내려 길하고 창성하게 하고, 백성의 마음을 진실로 기쁘게 해 달라고 대신 말하였다"[274]는 내용은, 바로 삼신이 인격적 존재임을 말한다.

큰일이건 작은 일이건 모든 일에는 주재하는 주체가 있어야 한다. 주체가 없다면 일이 제대로 이루어지지 않는다. 한 집안의 어른과 한 집단의 우두머리가 지혜로워야 집안과 집단도 제대로 다스려진다. 천지간의 일도 마찬가지다. 천지 만물이 얼핏 보기에는 무질서하게 또는 함이 없이 저절로 그렇게 변화하는 것 같지만 거기에도 만물을 주재하는 존재가 있다. 주재란 바로 어떤 일을 책임지고 맡아서 하거나 이끈다는

---

274 "衆回列以唱聲, 使三神大悅, 代言國祚吉昌, 民心允悅也,"(『太白逸史』「蘇塗經典本訓」)

뜻이다. 일을 맡아서 책임지고 하는 그런 존재가 주재자이다. 상제가 바로 만물의 주재자이며 우주의 주재자이다.

상제는 세상의 모든 일에 끊임없이 작용하고 개입한다. 상제는 만물의 존재 근거인 우주의 이법을 주재하는데, 만물은 상제가 주재하는 이법에 따라 생성·변화한다. 상제는 낳고, 기르고, 추수하고, 쉬는 생장염장生長斂藏의 이법에 따라 만물을 주재한다. 해와 달 및 별이 운행하고 사시가 어그러짐이 없고 만물이 번성하는 것은 모두 상제의 주재에 의한 것이다. 그래서 수운 최제우도 『동경대전』 첫머리에서 이렇게 밝혔다.

"대저 아득한 옛부터 오늘에 이르기까지 봄과 가을이 서로 번갈아들고, 사계절이 성하고 쇠함이 변하지도 않고 바뀌지도 않았다. 이 또한 천주(하늘·상제)의 조화造化의 자취가 온 천하에 밝게 드러난 것이다. 어리석은 사람들과 보통 사람들은 비와 이슬의 은혜를 미처 알지 못하고, 그것이 그저 저절로 그렇게 되는 줄로만 알았다."[275]

천지 자연이 질서를 유지하며 운행하는 것은 모두 이처럼 하늘·천주·상제가 주재하고 있기 때문이다. 그런데 세상 사람들은 이 모두가 상제의 주재에 의한 것임을 모르고, 그저 저절로 그렇게 되는 것으로 생각한다.

그러면 상제는 어떤 신격일까? 상제는 수많은 신들 중 가장 높은 존

---

275 "盖自上古以來, 春秋迭代, 四時盛衰, 不遷不易, 是亦天主造化之迹, 昭然于天下也. 愚夫愚民, 未知雨露之澤, 知其無爲以化矣."(『東經大全』「布德文」)

재, 최고신, 지고신이다. 세상에는 수많은 신들이 있다. 상제·일월성신·풍사·우사 등의 하늘 귀신(天神), 사직·오악五嶽·산림·천택川澤 등 땅 귀신(地示), 선왕·선공·선비先妣 등 인귀人鬼도 그 하나이다. 상제는 모든 신들 중 가장 높은 신이다. '백신百神의 종宗'이다. 상제는 지위나 능력 면에서 여타의 신들보다 앞서는, 천지 만물을 지배하고 섭리하는 지고적 존재이다.

동서양 문명에서 지고신은 다양한 모습을 보인다. 서양 문명을 보는 창이라고 할 수 있는 기독교는 인격적 속성을 지닌 유일신 하나님을 믿는다. 유대교 역시 인격적 속성을 지니며 전지전능하고 천지 만물의 창조주인 유일신 야훼Yahweh를 믿는다. 불교에서도 다양한 신을 언급하지만 절대신, 유일신 의미의 신을 내세우시는 않는다. 이슬람도 예외가 아니어서 인격적 속성을 가진 유일신 알라Allah를 믿는다. 힌두교에서는 신을 세계와 개인 안에 있는 영원한 영Spirit이라고 말한다. 도교에서는 도道를 초월적이며 영원한 것으로 본다. 신유교에서는 선진 유교에서 받든 인격적 존재로서의 천[하늘]을 형이상학적인 원리[理]로 간주한다.

이처럼 오늘날 세계 종교에서 지고신을 보는 관점은 다양하다. 동북아 고대 문명에서는 원신과 일체가 되어 조화 권능을 행사하며 삼계대권으로 우주 만물을 주재하여 통치하는 지존무상至尊無上의 존재를 상제, 삼신일체상제, 천이라 하였다. 동북아 문명의 옛사람들, 한국 문명에서는 이런 온 우주를 다스리고 주재하는 최고의 통치자 하늘님, 즉 삼신일체상제·상제를 받들고 모시는 삶을 생활화하였고, 깨달은 사람들은 신교의 도로써 사람들에게 가르침을 베풀었다. 그리하여 신교 문화가 주문화였다.

2

동이東夷 사람들의 생활 양식,
신교神敎

신의 가르침을 받들고 따르던 신교

이러한 삼신일체상제, 삼신즉일상제, 상제를 받들고 모시던 생활 양
식을 무엇이라고 명명할 수 있을까? 그것은 서구적 의미의 '종교'라고
도 할 수 있고, 동양의 전통적 개념으로 보면 '도道'라고도 할 수 있다.
그런데 『환단고기』에는 신의 가르침을 삶의 중심으로 한다는 뜻을 함
축한 여러 가지 언급이 있다. '삼신입교三神立敎'(『태백일사』 「삼한관경본
기」), '이신시교以神施敎'(『단군세기』), '삼신설교三神設敎'(『삼성기전』 하;
『태백일사』 「신시본기」) 등이 바로 그것이다.

이런 말은 『규원사화揆園史話』[276]에도 나온다. '이신설교以神設敎'가 바

---

276 『규원사화』는 조선 숙종 때인 1675년에 북애北崖가 쓴 우리나라 상고사에 관한 책이다. 이 책
은 서문, 「조판기肇判記」, 「태시기太始記」, 「단군기檀君記」, 그리고 「만설漫說」로 구성되었는데,
특히 단군기에는 47대 단군 왕조의 임금과 그들의 재위 기간 및 치적 등은 물론, 천제에 관한 내용
도 담겨 있다. 이하 『규원사화』의 원문 및 번역은 고동영 역, 1986을 참조하였다.

로 그것이다.

　"내 생각에 우리나라는 신으로 가르침을 베풀고 옛 것을 좇으니 그것이 풍속이 되어 사람의 마음에 점차 스며들어 배어 있는 지가 이미 오래되었다."[277]

　"세상에서는 근본 유래를 알지 못하고 단지 한나라 책에 의지하여 '선교仙教는 황로黃老의 줄기에서 뻗어 나왔다'고 하나, 신령으로써 가르침을 베푸는 신교가 신시 시대 때부터 비롯되었다는 것을 알지 못하고 있다."[278]

　『주역』에서도 이런 맥락의 기록을 찾을 수 있다.

　"하늘의 신도神道를 봄에 사시가 어긋나지 아니하니, 성인이 신도로써 가르침을 베풂에 천하가 복종하느니라."[279]

　'삼신설교三神設教', '이신시교以神施教', '삼신입교三神立教', '이신설교以神設教'. 이런 말들을 한마디로 줄이면 '신교神教'라고 할 수 있지 않을까? 그렇다. 환국 시대부터 이어진 하늘을 받들고 모시던 생활 양식, 그것은 신교라고 명명할 수 있다.

277　"余以爲, 我國以神設教, 從古爲俗, 沈漸於人心者久矣."(『揆園史話』「檀君記」)

278　"世俗不知原由, 只憑漢籍曰, '仙教是黃老餘流', 特不知, 以神設教, 實自我神市之世也."(『揆園史話』「檀君記」)

279　"觀天之神道而四時, 不忒, 聖人, 以神道設教而天下, 服矣."(『周易』「易經」風地觀)

신교는 '신으로써 가르침을 베푼다', '신의 가르침을 인간 삶의 중심으로 삼는다', '신의 가르침으로 세상을 다스린다'는 뜻을 함축한다. 한마디로 신교는 신의 가르침이 인간의 모든 삶의 바탕이 되고 있음을 말한다. 이로 보면 신교는 우리가 흔히 쓰는 종교라는 개념이 나오기 이전에, 기성 종교들이 출현하기 이전부터 있었던 우리 고유의 개념이자, 종교 개념을 훨씬 뛰어넘는 용어이다.

이런 정신 문화의 근간이었던 신의 가르침인 신교는 뭇 종교의 뿌리로 동방 한민족의 역사 속에 면면히 이어졌는데, 최치원 崔致遠(857~?)은 이를 〈난랑비서鸞郎碑序〉에서 '현묘지도玄妙之道', '풍류風流'라고 한다.

고운孤雲 최치원崔致遠(857~?). (출처: 경주 최씨 중앙 종친회)

『삼국사기』「신라본기」 진흥왕(1512년 정덕본). (출처: 국사편찬위원회 한국사 데이터베이스(https://db.history.go.kr)

"나라에 현묘玄妙한 도道가 있는데, 풍류風流라고 이른다. 교화를 행하는 근원에 대해서는 선사仙史에 자세하게 갖추어 있는데, 실로 이에 삼교三教를 포함하여 중생衆生들을 접하여 교화하는 것이다."[280]

---

280 "崔致遠鸞郎碑序曰, 國有玄妙之道, 曰風流. 設敎之源, 備詳仙史, 實乃包含三教, 接化羣生."(『三國史記』「新羅本紀」第四 眞興王)『삼국사기』 원문과 원문 이미지 및 번역은 국사편찬위원회, 한국사데이터 베이스(https://db.history.go.kr)를 따랐다.

우리나라에는 예로부터 내려오는 우리 고유의 도, 즉 우리나라 사람들의 자생적인 삶의 방식, 생활 양식, 가르침이 있는데 이 현묘한 도가 풍류이다. 신은 비록 모습은 보이지 않지만 만물을 변화시키는 주체이다. 그렇듯 바람도 우리 눈에는 보이지 않지만 자연 변화의 근원이 된다. 김용옥에 의하면 "우주라는 유기체는 그것이 생명이기 때문에 숨을 쉰다. 바람은 우주가 숨 쉬는 현상이다. 바람은 곧 우주적 생명Cosmic Life의 증표이자 상징이다. 바람은 신령스러운 것이며 가믈한 것이며 그래서 현묘한 것이다. 가믈하고 또 가믈한 것이기에 어떠한 실체적 규정성도 거부한다. 그래서 성령Spirit이라 표현한 것이다."[281] 풍류는 신과 서로 통한다.

신교, 유·불·도 삼교를 포함하다

그러면 신교는 지금 세계 종교라 하는 불교나 유교, 기독교 및 도교 등과는 어떤 관계가 있을까? 최치원은 풍류가 유·불·도 삼교를 포함하는 것이라 하였다. 유교나 불교 및 도교에는 그 이전에 있었던 풍류의 내용, 풍류의 가르침과 일맥상통하는 문화나 사상이 들어있다는 것이다. 모든 종교가 우연히 공통적 사상이나 가르침을 가질 수 있겠지만, 풍류가 유·불·도를 모두 포함한다는 것을 좀 더 달리 말하면 유·불·도의 가르침, 그 사상은 풍류에 뿌리를 두고 있다. 삼교는 풍류를

---

281   김용옥, 2020, 85.

뿌리로 하여 뻗어나갔다는 것이다. 이로 보면 풍류는 유·불·도 이전에 나왔다. 유·불·도 삼교가 이 땅에 들어오기 이전부터 이 땅에는 삼교를 포함하는 현묘한 도가 있었는데, 최치원은 그런 우리 고유의 도를 풍류라고 하였다.

최치원이 '신령스러운 도', '풍류'라고 하였던 그 도는 한민족 고유의 신앙이자, 생활 문화의 뿌리인 '신교神敎'이다. 신교는 단순한 한민족만의 종교 문화가 아니다. 신교는 인간 삶의 모든 영역과도 불가분의 관계가 있는, 동북아 사람들의 일상의 생활 양식이자 삶의 철학이다.

『환단고기』와 〈갑골문〉, 그리고 『도전』에 따르면, 동방에서 옛사람들은 역사 초기부터 하늘·천·제·상제의 가르침에 따르는 삶을 살았다. 『환단고기』는 인류의 문명이 환국에서 시작되었으며, 동방 조선의 역사는 환국을 이은 배달, 조선으로 이어졌음을 보여준다. 그런데 이 역사 흐름에서 찾을 수 있는 인간의 생활 양식의 하나가 천·상제에게 제사를 올리고 받든 천제이다.

중국 은대 사람들의 삶의 자취가 담긴 〈갑골문〉에는 인간이 제帝의 가르침에 따르는 삶의 모습이 많다. 그리고 『도전』에 의하면, '동방의 조선은 본래 신교의 종주국으로 상제를 받들어 온, 인류 제사 문화의 본고향이다.'[282] 이로 보면 고대 동북아 사람들은 역사 초기부터 하늘·천·제·상제를 최고신·지고신으로 여기며 살았음이 분명하다. 그 흔적은 먼저 유교에서 찾아볼 수 있다.

현대 세계 종교 시장의 한 부분을 차지하고 있는 유교도 본래는 신

---

282 『도전』 1:1:6.

교의 한 부분이자 그 생활 양식의 하나였다. 우리는 흔히 유교라면 공자를 먼저 떠올리는데, 이는 유교가 공자에 의해 시작되었다고 여기기 때문일 것이다. 유교를 공자의 가르침, 공교, 공자교라 하는 이유도 바로 여기에 있다. 그러나 알고 보면 유교는 공자에 의해 만들어진 것이 아니다. 공자는 이전에 있던 사상을 집대성하여 유교라는 사상으로 체계화하였을 뿐이다.

공자 이전에 하늘·천·상제에 대한 사상이 있었으나 세련된 사상 체계를 갖추지 못했다. 하·은·주 시대를 거치며 전해지던 하늘·천天·제帝를 향한 생활 양식, 공자가 집대성하기 이전의 유교적 문화, 그것을 우리는 '원시原始 유교'라 할 수 있다.

원시 유교에서 원시라는 개념의 사전적 의미는 '시작하는 처음'을 말한다. 어떤 사상이 체계화되어 하나의 온전한 사상으로 발전하는 과정을 보면 아직 조직화되거나 체계화되지 않은 시기를 거친다. 이처럼 사상이 형성되는 초기, 그 시작, 그 처음을 원시라고 할 수 있다. 원시라는 말은 또한 인류의 역사 안에서 손꼽힐 만큼 거대한 사상적 조류의 시원으로서 새로운 사상의 태동기 및 그 태동이 체계화되어 확립되는 시기를 일컫는다.[283] 이런 맥락에서 보면 현대 문명 사회가 발전하기 이전의 초기 사회는 원시 사회라고 할 수 있듯이, 공자에 의해 유교 사상이 집대성되기 이전에 사람들에 의해 파편적 그리고 비체계적으로 공유되고 있던 유교의 뿌리 사상을 '원시 유교'라고 할 수 있다. 공자에 의해 유교 사상이 체계화되기 이전에 있었던 유교적 사상, 유교가 성립

---

283 김승혜, 2002, 18.

되기 이전에 있었던 유교적 가르침, 그것을 우리는 원시 유교라 명명할 수 있다.[284] 이렇게 유교라는 개념을 동원하는 것은 이런 정신 문화를 이어받은 삶의 가르침이 이후 유교로 성립되었기 때문이다.

원시 유교에는 신교의 잔재가 많다. 조상 숭배는 물론, 제나 천을 받들고 그 가르침을 따르는 생활 양식이나 사상은 공자가 유교를 만들기 이전에 이미 있었다. 당시 사람들은 조상신을 비롯한 여러 신을 받들며 살았는데, 그 중 특히 상제를 지고신, 최고신으로 간주하고 그를 향한 종교적 행위와 의례를 공유하며 살았다. 신을 지향한 행위는 그들의 정치적 사회적 삶의 모습에도 반영되었다.

이러한 원시 유교의 생활 양식은 하·은·주나라 사람들의 삶의 자취에서 풍부하게 발견된다. 예를 들면 〈갑골문〉에는 중국 고대 사회인 은나라 사람들의 종교적 삶, 그들의 정신 세계를 보여주는 많은 단서가 담겨 있다. 그것은 인간이 신神, 즉 제帝의 뜻을 파악하려는 종교적 몸부림이었다.

은을 이은 주周나라에서도 그 이름은 달랐지만 지고신으로서 하늘, 천天을 지향한 의례는 그치지 않았다. 『시경』이나 『서경』과 같은 자료에는 은·주 시대의 종교적 흔적이 선명하게 담겨있다. 『춘추』에는 비록 부

284　흔히 '선진 유교'란 춘추 시대 말 공자를 통해 전해진 가르침, 공자의 가르침, 그리고 전국 시대 말까지의 공자 가르침의 맥을 잇는 사상을 지칭한다. 그래서 공자는 유교의 창시자로 여겨지고, 유교는 영어로 Confucianism, 신유교는 흔히 Neo-Confucianism으로 번역된다. 그러나 공자 사상이나 오경이 모두 공자로부터 비롯되었거나 공자의 전적 독창물인 것은 아니다. 춘추 전국 시대 이전에도 유교적 가르침이 있었다. 공자는 하·은·주 삼대의 예를 추구하고 선왕들의 가르침을 고찰하였으며, 그것을 통해 훗날 유교라고 지칭되는 새로운 사상을 집대성하였다. 이것은 공자 가르침의 뿌리가 된 사상이 공자 이전에 있었음을 말한다. 필자는 이 책에서 좁게는 이런 공자 가르침의 뿌리가 된 유교적 사상을 '원시 유교'라 규정한다.

분적이지만 춘추 시대의 역사와 사상을 엿볼 수 있는 자료가 담겨있다.

원시 유교 사상은 춘추 전국 시대를 거치며 공자와 맹자를 통해 하나의 통일적이고 세련된 사상으로 체계화되었다. 그리고 하나의 독립적인 종교로 성립되었다. 그것이 바로 유교라는 사상 공동체이다.

그러나 공자에 의해 처음 집대성된 유교는 공자가 스스로 밝혔듯이 창의적으로 만든 것이 아니라 이전부터 내려오는 사상을 종합하여 집대성한 것이다. 공자의 유교, 유가 사상은 공자 이전부터 있었던 원시 유교와도 차이가 있고, 공자 이후 송대에 주희가 새로이 체계화한 신유교와도 다르다.

이런 유교를 비롯한 불교, 도교 및 기독교는 신교와 통하는 면이 있다. 이를테면 기독교 교리의 핵심인 성부聖父·성자聖子·성신聖神이라는 성삼위聖三位, 불교의 법신불法身佛·보신불報身佛·화신불化身佛이라는 삼신불三身佛, 유교의 무극無極·태극太極·황극皇極이라는 삼극三極 사상은 모두 조화신·교화신·치화신이라는 신교의 삼신일체 원리와 무관하지 않다. 물론 신교 실천 의례의 하나였던 천제의 흔적도 기성 종교에서 찾아 볼 수 있다. 그래서 『도전』은 '유儒·불佛·선仙·기독교가 신교에 연원을 두고 있으며, 지역과 문명에 따라 그 갈래가 나뉘었다'고 한다.[285] 오늘날 세계 종교의 위상을 차지하고 있는 종교는 바로 신교에 뿌리를 두고 있으며, 그것이 지역이나 문명에 따라 서로 다른 모습으로 체계화되

---

285 "본래 유儒·불佛·선仙·기독교(西仙)는 모두 신교에 연원을 두고 각기 지역과 문명에 따라 그 갈래가 나뉘었더니"(『도전』 1:6). 지금의 세계 종교 시장을 장악하고 있는 주요 종교들이 신교에 뿌리를 두었으며 신교에서 갈라졌다는 것이다. 그러므로 사상에 있어서는 닮은꼴이 많을 수밖에 없다.

었다는 것이다.

우리나라에서 신교는 이 땅에 새로운 종교가 들어오고 불교나 유교
가 국교로 되는 과정을 거치며 점차 사라져갔다. 더욱이 하늘을 관념화
하고 철학화시키며 그 인격성을 부정하는 성리학이 지배하던 조선 시
대에 들어오면서 그 일부 흔적만 남게 되었다. 이런 상제를 재발견하려
는 움직임이 조선 후기에 미수나 백호로부터 나타나기 시작하더니, 다
산은 상제로 돌아갈 것을 소리 높였다.

신교의 천제天祭, 그 실제

환국 시대 환인이 상제를 받든 천제 기록

　동북아 문화에서 하늘은 전통적으로 종교적 하늘이었다. 천지 만물의 주재자이자 궁극적 존재로 여겨진 하늘에 사람들은 지극 정성으로 예禮를 표하였는데, 그것이 바로 하늘에 올리는 제사, 즉 천제天祭이다.

　천제는 옛 동북아 사람들의 정신 문화 원형으로 하늘, 천, 상제, 삼신을 받드는 의례였다. 생활 문화였던 천제는 나라의 가장 큰 의례로 그 기능 또한 사회적이다. 나라의 으뜸 지도자는 하늘에 대한 믿음과 공경을 통해 정치적 안정을 꾀했고, 백성들은 한 자리에 모여 춤추고 노래하며 서로 결속을 다지는, 그야말로 제사와 축제의 한마당이었다. 이런 천제 기록은 한민족의 시원 국가인 환국을 비롯하여 배달, 조선으로 이어지는 역사 기록을 담고 있는 『환단고기』에 잘 나타나 있다.

　그렇다면 『환단고기』에는 천제에 대한 역사적 자취가 어떻게 남아 있을까? 동북아 역사 초기 사람들의 삶의 흔적을 담고 있는 『삼성기전』이나 『단군세기』 및 『태백일사』에 따르면, 수천 년 전 환국 시대에 천제가 행해졌다.

먼저 『삼성기전』에는 서기전 7000년 경 천산을 터전으로 한 '우리 환족의 나라 세움'을 인류사에서 가장 오래된 사건이라고 밝히며, 천지 만물을 낳은 하늘님(一神)에 대하여 이렇게 말한다.

"우리 환족이 세운 나라가 가장 오래 되었다. 하늘님(一神)은 사 백력斯白力(대광명)의 하늘에 계시며 홀로 우주의 조화를 부리는 신 이시다. 광명으로 온 우주를 비추고, 대권능의 조화로 만물을 낳으 며, 영원토록 사시며 항상 즐거움을 누리신다. 지극한 조화 기운(至 氣)을 타고 노니시고 스스로 그러함(대자연의 법칙, 道)에 오묘하게 부합하며, 형상 없이 나타나고 함이 없이 만물을 지으시며 말없이 행하신다."[286]

『태백일사』 「환국본기」에 의하면, 이런 일신一神, 즉 하늘님·상제에 대하여 환국 시대에 천제가 행해졌다. 「환국본기」는 환국 시대부터 천 제天帝의 화신인 환인이 천신·상제를 받드는 천제를 행하였다는 기록 을 이렇게 담고 있다.

"옛날에 환인이 계셨다. 천산에 내려와 거처하며 천신께 지내는

---

286 "吾桓建國最古. 有一神, 在斯白力之天, 爲獨化之神. 光明照宇宙, 權化生萬物, 長生久視, 恒得 快樂. 乘遊至氣, 妙契自然, 無形而見, 無爲而作, 無言而行."(『三聖紀全』上)

제사를 주관하였다."[287]

이는 동북아에서 문명이 처음 열렸을 때인 환국 시대부터 천신을 받드는 천제가 행해졌다는 의미이다. 천제 문화가 이미 9천 년 이전부터 있었음을 알려준다.

배달 시대 환웅의 천제 흔적

환국은 이후 환웅桓雄이 신시를 도읍으로 하여 세운 배달倍達로 이어진다. 환웅은 3천 명의 환족 무리를 이끌고 백두산으로 가 새 시대를 열었는데, 이 환웅 시대에 천신에게 제사를 지냈다는 기록이 몇 가지 있다.

먼저 『삼성기전』에서 그 자취를 찾을 수 있다.

"(환웅 천황은) 삼칠일(21일)을 택하여 하늘의 천신(상제)에게 제사지낼 때에는 바깥일을 그치고 삼가 문을 닫고 수도하였다. 주문을 읽으며 공덕이 있기를 기원하였다."[288]

여기에는 몇 가지 눈에 띄는 점이 있다. 먼저 천제에 앞서 일정 기

---

287 "昔有桓仁, 降居天山, 主祭天神."(『太白逸史』 「桓國本紀」)

288 "擇三七日, 祭天神, 忌愼外物, 閉門自修, 呪願有功."(『三聖紀全』 上)

간 동안 몸과 마음을 닦았다는 점이다. 환웅 천황은 그것을 3·7일, 즉 21일 동안 하였다. 여기서 21일은 흔히 정성 기도를 7일을 단위로 세 번 거듭한(3×7) 수치이다. 물론 7일을 7번 거듭(7×7)하기도 한다. 상 수학적으로 볼 때 3은 만물의 변화를 일으켜 전체를 완성하는데 필요 한 최소한의 수이다. 모든 변화가 생장성生長成으로 이루어질 것으로 보 거나, 일신을 조화신·교화신·치화신의 삼신으로 여기는 사고는 이를 반영한 것이다. 이러한 3은 반드시 7을 만나야 새로운 현실의 틀이 만 들어진다. 7은 3이라는 하늘의 완전수(삼신)와 4라는 지상의 완전수가 합쳐진 수이다. 옛사람들은 하늘과 지상이 합쳐지면 복이 온다고 믿고 7을 성스러운 수로 숭배했다. 칠성이 인간의 생사화복을 주관한다는 사고 방식이 그 보기이다. 결국 이 7과 3이라는 수는 3수를 본체[體]로 삼고 7수로 작용[用]하는 삼신·칠성 사상, 생명을 낳는 하늘님인 삼신 과 기르는 하늘님인 칠성 사상과 관련이 있다.[289]

또 한 가지 특징적인 것은 제사지내기 전에는 바깥일도 자제하며 문을 닫고 수도를 하였다는 점이다. 천제는 의례만으로 끝나는 것이 아 니라 수행을 동반한다. 하늘에 대한 제사를 올리기 전에 몸과 마음을 정화하고 음식과 행동을 삼가 부정을 피하는 것은 그 과정의 한 부분 이다.[290] 그러한 수행은 삼신상제로부터 조화성신을 받아 내리기 위함 이었고, 삼신으로부터 부여받은 내 안의 신성·본성을 찾는 길이다. 수 행을 통해 삼신이 부여한 자신 속의 성性·명命·정精 삼진三眞을 잘 닦으

---

289 안경전 역주, 2016a, 61; 안경전, 2005, 116~117.

290 『고려사』나 『조선왕조실록』에서 알 수 있듯이 이런 재계齋戒는 지난날 왕실에서 제사를 올리기 전에 하던 공식적 과정이다.

면 누구나 본연의 신성을 회복할 수 있었다. 삼신과 하나 되고 삼신의 조화 세계에 들어갈 수 있었다. 환웅 시대에 벌써 이런 수행도 이루어졌던 것이다.

『태백일사』에는 환웅 천황이 불함산에서 천제를 올린 자취도 담겨 있다.

"태백산(백두산)이 북쪽으로 달려가 우뚝 솟은 장엄한 모습이 비서갑斐西岬의 경계에까지 이어졌고, 그곳에 물을 등지고 산을 안고서 다시 꺾어져 감돈 곳이 있는데, 바로 대일왕大日王(환웅 천황)이 천제를 올리던 곳이다. 세상에 이런 말이 전해온다. 환웅이 이곳에 순행하여 머물면서 사냥하여 제사지낼 때, 풍백은 〈천부경〉을 거울에 새겨 진상하고, 우사는 북에 맞추어 둥글게 춤을 추고, 운사는 백 명을 칼로 무장시켜 제단 밑에 늘어서서 지켰다. 상제님이 천제를 올리러 산에 갈 때 의장이 이처럼 성대하고 엄숙하였다. 이 산의 이름이 불함이다. 지금은 완달이라 하는데, 그 음이 비슷하다."[291]

「신시본기」는 5세 태우의 환웅의 막내인 태호복희가 어느 날 삼신이 성령을 내려주는 꿈을 꾸고 천지 만물의 근본 이치를 환히 꿰뚫어 보았으며, 이에 삼신산에 가서 하늘에 제사지내고 천하天河에서 괘도를

---

291 "太白山, 北走, 屹屹然立於斐西岬之境, 有負水抱山而又回焉之處, 乃大日王祭天之所也. 世傳, 桓雄天王, 巡駐於此, 佃獵以祭. 風伯天符刻鏡而進, 雨師迎鼓環舞, 雲師佰劒陛衛. 盖天帝就山之儀仗, 若是之盛嚴也. 山名曰不咸, 今亦曰完達, 音近也."(『太白逸史』「三韓管境本紀」)

얻었음도 밝힌다. 뿐만 아니라 신시 시대에는 칠회제신력七回祭神曆도 있었다. 칠회제신력은 일곱 날로 나누어 제사를 올리는 책력인데, 그 첫날에 천신, 즉 삼신상제에게 제사지냈다.

이로 보아 동방 조선에서는 환국 시대였던 9천 년 전부터 이미 상제를 받들고 모시는 삶이 있었고, 상제의 가르침을 가장 근본으로 삼았음을 알 수 있다. 그리고 배달 시대에는 환국을 계승하여 삼신상제에게 천제를 올리는 전통이 더욱 체계화되어 유지된 것으로 볼 수 있다.

고조선 시대 천제 실행

한편 『단군세기』에는 이러한 배달을 계승한 고조선 시대에도 여러 단군들이 천제를 활발하게 실행하였다는 기록이 남아 있다. 『환단고기』에 실린 고조선 시대 천제 흔적을 정리하면 아래와 같다.[292]

"배달 신시 개천 1565년(서기전 2333) 상월(10월) 3일에, 신인 왕검이 오가의 우두머리로서 무리 800명을 거느리고 단목터에 와서 백성과 더불어 삼신상제에게 천제를 지냈다."[293]

---

292 필자는 이와 관련한 내용을 강영한, 2014에서 정리한 바 있다. 여기에서는 그 주요 내용을 발췌하였음을 밝힌다.

293 "至開天一千五百六十五年上月三日, 有神人王倹者, 五加之魁, 率徒八百, 來御于檀木之墟, 與衆奉祭于三神."(『檀君世紀』)

그리고 단군 왕검이 마리산에 제천단을 쌓게 하여 친히 행차하여 하늘에 제사를 올렸다는 기록이 눈에 띈다.

"단군 왕검 51년(단기 51, 서기전 2283)에 천왕께서 운사 배달신에게 명하여 혈구穴口에 삼랑성을 축조하고 마리산에 제천단을 설치할 때, … 신유(단기 54, 서기전 2280)년 3월에 천왕께서 친히 마리산에 행차하여 천제를 올리셨다."[294]

마리산摩利山 참성단塹星壇. (출처: https://blog.naver.com) 왕조실록에도 참성단 관련 기록이 있다.
"왕이 묘지사로 거처를 옮기고 마리산 참성에 초제를 지내다."(『고려사』 26권 「세가」 원종元宗 5년(1264) 기사)
"마리산摩利山 참성塹城 동면東面 중봉中峰의 큰 돌이 무너졌는데, 길이와 넓이가 각각 5척尺쯤 되었다. 서운書雲 부정副正 장득수張得壽에게 명하여 가서 보게 하고, 그 뒤에 서운 정正 애순艾純을 보내 해괴제解怪祭를 행하였다."(『태종실록』 22권 태종 11년(1441) 기사)
"부府 남쪽에 있다. 꼭대기에 참성단이 있는데, 돌로 쌓아서 단의 높이가 10척이며, 위로는 모지고 아래는 궁글며, 단 위의 사면이 각기 6척 6촌이고, 아래의 너비가 각기 15척이다. 세상에 전하기를, '조선 단군이 하늘에 제사지내던 석단石壇'이라 한다. 산기슭에 재궁齋宮이 있는데, 예로부터 매년 봄·가을에 대언代言을 보내어 초제醮祭를 지냈다. 금상今上 12년 경술에 비로소 2품 이상의 관원을 보내기 시작하였다."(『세종실록』 148권 「지리지」)

---

294 "檀君王儉五十一年, 天王命雲師倍達臣, 築三郎城于穴口, 設祭天壇于摩璃山, … 辛酉三月, 天王親幸摩璃山祭天."(『太白逸史』 「三韓管境本紀」)

2세 단군 부루 시대에도 천제를 올리는 전통은 이어졌다.

"매년 봄·가을에 나라 안을 순행하여 살피고, 예를 갖추어 하늘
에 제사지내고, … 신시 개천 이래로 매년 하늘에 제사를 지낼 때
나라에 큰 축제를 열어 모두 삼신상제의 덕을 찬양하는 노래를 부
르며 화합하였다."[295]

4세 오사구 단군 때에는 태백산에서 삼신상제에게 천제를 지냈다고 한다.

"겨울 10월에, 북쪽을 순수하고 돌아오는 길에 태백산에 이르러
삼신께 제사지내고 영험한 약초를 얻으셨다."[296]

6세 단군 달문은 재위 35년(서기전 2049)에 구월산에서 삼신께 제
사지냈다. 11세 단군 도해 재위 46년이었던 을해년(서기전 1846)에도
천제를 올렸다.

"3월에 산 남쪽에서 삼신께 제사 지낼 때 음식을 준비하여 제문
을 지어 초제를 지내고, 이날 밤에 특별히 술을 하사하여 백성과 함
께 돌려가며 드셨다."[297]

---

295 "每當春秋, 巡省國中, 祭天如禮. … 神市以來, 每當祭天, 國中大會, 齊唱讚德諧和."(『檀君世紀』)
296 "冬十月, 北巡, 而回到太白山, 祭三神, 得靈草."(『檀君世紀』)
297 "三月, 祭三神于山南, 供酒備膳, 致詞而醮, 是夜, 特賜宣醞, 與國人環飮."(『檀君世紀』)

14세 고불위 단군 재위 6년 을유(서기전 1716)년에는 큰 가뭄이 들자 임금이 친히 하늘에 기우제를 지냈다. 기도를 마치자 곧 큰 비가 수천 리에 내렸다고 한다.

『단군세기』에 의하면, 16세 단군 위나 재위 28년(서기전 1583)년에는 임금께서 구환족의 모든 왕을 영고탑에 모이게 하여 삼신상제에게 제사지냈다. 이 천제에서는 환인, 환웅, 치우, 그리고 단군 왕검을 배향하였다. 천제를 지낸 뒤에는 5일간 큰 연회를 베풀었는데, 백성과 함께 불을 밝히고 밤을 새워 〈천부경〉을 노래하며 마당 밟기도 하였다. 한쪽에 횃불을 줄지어 밝히고, 다른 쪽에서 둥글게 춤을 추며 노래도 불렀다.

천제와 관련한 특징적인 기록은 17세 여을 단군 때의 일이다. 위에서 밝혔듯이, 서기전 1549년 3월 16일에 여을 단군이 친히 마리산에 행차하여 참성단에서 삼신에게 천제를 올렸는데 「소도경전본훈」에 의하면, 이때 은나라 왕 외임外壬(11세 왕. 재위 서기전 1549~1535)이 사신을 보내 제사를 도왔다.[298]

21세 소태 단군은 나라를 순수하다가 남쪽 해성海城에 이르러 부로父老들을 크게 모아 하늘에 제사지내고 노래와 춤을 즐겼다.

22세 단군 때(병신년, 서기전 1285)에 색불루는 "천제일(대영절, 3월 16일)을 맞이하여 먼저 가서 몸과 마음을 재계하며, 천제 지낼 장소를 살펴 잘 청소하고, 희생과 폐백을 깨끗하게 준비하여 삼신께 보답토록 하라"[299]는 조칙을 내렸다. 이때에 색불루 단군은 7일을 택해 재

---

298 "은나라 왕 외임外壬이 사신을 보내 제사를 도왔다. 殷主外壬, 遣使助祭."(『太白逸史』「蘇塗經典本訓」)

299 "今當祭迎, 前往擇齊, 審掃神域, 潔備牲幣, 用答三神."(『太白逸史』「三韓管境本紀」)

계하고, 향과 축문을 내리니 16일 이른 아침에 여원흥이 백두산 천단에서 제사를 봉행하고, 색불루는 몸소 백악산 아사달에서 제사를 지냈다. 당시 백두산 〈서고문〉을 보면 삼신상제에게 제사를 올리며 새로 보위에 오른 임금의 건극建極을 보살펴주기를 비는 것은 물론, 세세토록 삼한의 무궁한 복과 매년 풍년이 들어 나라가 부강해지고 백성이 번영하게 해 달라고 기원하였다.

『태백일사』「삼한관경본기」〈번한세가〉 하에 의하면, 25세 솔나 단군은 신미(서기전 1130)년에 조칙을 내려 동쪽 교외에 천단을 쌓고 삼신께 제사를 지냈다. 당시 많은 사람들이 모여 둥글게 춤을 추고 북을 치며 노래를 부르기도 하였다.

서기전 909년 임자년에 30세 단군 내휴는 서쪽으로 순수하여 엄독홀에 이르러 분조分朝의 여러 왕을 모아 열병을 한 후 하늘에 제사지내고, 주나라와 수교를 맺었다.

삼신에게 제사를 올린 의식은 33세 단군에 대한 기록에서도 나타난다. 감물 단군은 무자년(서기전 813)에 영고탑 서문 밖 감물산 아래에 삼성사를 세우고 친히 제사를 드렸다. 그 〈서고문〉에는 삼신상제는 물론 신교에 대해서도 언급되고 있다.

『단군세기』에는 44세 단군 구물 역시 하늘에 제사를 올렸다는 기록이 있다. 구물이 장수들의 추대를 받아 3월 16일에 단을 쌓아 하늘에 제사지내고 장당경에서 즉위하였다. 당시 구물은 국호를 대부여로 바꾸고, 삼한(진한, 번한, 마한)을 삼조선(진조선, 번조선, 막조선)으로 바꾸었다. 이로부터 삼조선이 비록 대단군을 받들어 한 분이 다스리는 제도는 그대로 유지하였으나 화전和戰의 권한은 단군 한 분에게 있지

않았다. 구물 단군은 그 다음 해인 서기전 425년 3월 16일(大迎節)에
도 삼신 영고제를 올리자는 예관의 청에 따라 예를 행하였다.[300]

이런 기록으로 보아 단군 시대에는 하늘에 대한 제사가 제도화되고
있었으며, 의례를 인간 삶의 근본으로 삼았다. 한마디로 고조선 왕조는
신교, 상제 문화의 융성기였다. 상제 문화의 꽃인 천제가 많이 행해진
것이다.

『환단고기』를 텍스트로 삼성조 시대에 행해진 천제를 살펴본 결과 한
민족의 원형적 천제는 그 특징을 다음과 같은 몇 가지로 요약할 수 있다.

① 제천의 대상은 삼신상제이다. 삼신은 천신, 삼신상제, 일신 등으
로 다양하게 불리지만 이는 모두 동일한 한 존재에 대한 서로 다른 호
칭이다.

② 옛사람들이 지고신·최고신으로 인식하고 받들었던 삼신상제·천
신은 인격적 존재이다.

③ 삼신의 체는 일신(상제)이며 삼신은 작용상 셋일 뿐이다. '삼신'이
라고 할 때 신 앞에 '삼'을 붙인 것은 신이 셋이라는 것이 아니다. 한 신
이지만 이 신이 만물의 생성·변화를 조화, 교화, 치화라는 세 가지 신
성으로 다스리기 때문에 '삼'자를 붙였다.

④ 국중 대회 형식으로 치러진 천제는 하늘에 대한 감사와 보은의
마음을 담은 의례였다. 복을 바라는 기복적 성격이라기보다는 은혜에
대한 감사의 성격, 그리고 사회 통합적 성격이 강하다. 하늘에 제사를

---

300 삼신 영고제는 삼신상제를 맞이하는 제천 의식이다. 해마다 3월 16일에 행하였는데, 이날을 대
     영절이라 한다. 단단학회에서는 지금도 매년 3월 16일 대영절에 개천각에서 천제를 올린다.

드린 뒤에는 공통적으로 모든 사람들이 수일동안 밤낮으로 떠들썩하게 음주가무를 즐기며 축제를 벌였다. 이를 통해 남녀노소, 빈부귀천에 관계없이 모두 하나가 될 수 있었다.

⑤ 천제는 신성하다고 여겨지는 특별한 장소에서 이루어졌는데, 마리산, 불함산, 태백산 등이 그 예이다. 거기에 하늘과 땅을 반영한 제천단을 마련하여 제물을 설하고 천제를 올렸다.

⑥ 하늘의 천신(상제)에게 제사지낼 때에는 3·7일(21일)을 택하여 엄숙한 준비를 하였다. 이를테면 제사지내기 전에는 바깥일도 자제하며 문을 닫고 수도를 하였다. 이는 하늘에 대한 제사를 올리기 전에 몸과 마음을 정화하고 음식과 행동을 삼가 하여 부정을 피하고, 나아가 삼신상제로부터 조화성신을 받아 내려 삼신과 하나 되기 위함이었다.

『환단고기』에 담긴 삼신·천·상제, 그 뒷이야기

『환단고기』에는 하늘에 제사를 올린 의례, 즉 천제天祭의 구체적 실행을 뒷받침하는 다양한 흔적이 남아있다. 이를테면 신시 때 선인仙人 발귀리發貴理는 아사달 소도蘇塗에서 행하는 제천 행사를 본 후 이를 찬송하는 글을 지었는데,[301] 그 내용이 『태백일사』 「소도경전본훈」에 이렇게 나와 있다.

---

301 "신시 시대에 선인 발귀리發貴理가 있었다. … 아사달에 와서 제천 행사를 보고 예식이 끝난 후에 찬송하는 글을 지었다. 神市之世, 有仙人發貴理. … 及觀阿斯達祭天, 禮畢而仍作頌."(『太白逸史』「蘇塗經典本訓」)

"만물의 큰 시원이 되는 지극한 생명이여

이를 양기良氣라 부르나니

무와 유가 혼연일체로 있으며

텅 빔과 꽉 참이 오묘하구나

삼(三神)은 일(一神)로 본체體를 삼고

일(一神)은 삼(三神)으로 작용用을 삼으니

무와 유, 텅 빔과 꽉 참이 오묘하게 하나로 순환하고

삼신의 본체와 작용은 둘이 아니로다

우주의 큰 빔 속에 밝음이 있으니, 이것이 신의 모습이로다

천지의 거대한 기는 영원하니 이것이 신의 조화로다.

참 생명이 흘러나오는 시원처요, 만법이 이곳에서 생겨나니

일월의 씨앗이며, 천신의 참 마음이로다

만물에 빛을 비추고, 생명선을 던져 주니

이 천지조화 대각하면 큰 능력을 얻을 것이요

성신이 세상에 크게 내려 만백성 번영하도다

그러므로 원圓(○)은 하나[一]이니 하늘의 '무극無極 정신'을 뜻하고,

방方(口)은 둘[二]이니 하늘과 대비가 되는 땅의 정신(反極)을 말하고,

각角(△)은 셋[三]이니 천지의 주인인 인간의 '태극太極 정신'이로다"302

---

302 "大一其極. 是名良氣, 無有而混, 虛粗而妙. 三一其體, 一三其用, 混妙一環, 體用無歧, 大虛有光,
    是神之像. 大氣長存, 是神之化. 眞命所源, 萬法是生, 日月之子, 天神之衷. 以照以線, 圓覺而能, 大
    降于世, 有萬其衆. 故圓者一也無極, 方者二也反極, 角者三也太極."(『太白逸史』「蘇塗經典本訓」)
    사단법인 대한사랑, 2022, 110.

신선 발귀리의 깨달음을 노래한 대서사시는 이 우주의 본성이 허虛·텅 빔이고, 그 속에 무한의 생명이 출렁이고 있는데, 그것과 하나가 되려면 마음을 온전히 비워야 된다는 것을 전하고 있다. 마음을 그냥 적당히 비워서는 안 되고 완전히 100퍼센트를 비워서 완전한 허의 경계, 자연과 진정한 하나가 될 때 깨달음이 열린다는 것이다. 그런데 중요한 것은 이 우주 생명의 조화 바다 속에는 신이 있다는 것이다. 그 신이 바로 삼신이다. 삼신이라는 궁극의 존재가 이 대우주 생명의 바다, 기의 바다 그 기운을 가지고 우주 만유를 빚어내는 것이다.[303]

『단군세기』에 나오는 〈어아가於阿歌〉는 삼신상제의 덕을 찬양하는 노래이다. 신시 개천 이래 조선에서는 매년 하늘에 제사를 지냈다. 이 때 큰 축제를 벌이고 노래도 불렀는데, 어아를 음악으로 삼고 감사함을 근본으로 하였다. 「소도경전본훈」에 의하면, 부루 단군 때 어아지악於阿之樂이 있었는데, 이것은 신시의 옛 풍속으로 천제를 지내면서 삼신을 맞이할 때 부르던 제천가이다. 이 〈어아가〉의 내용은 다음과 같다.

"어아 어아
우리 대조신의 크나큰 은덕이시여
배달의 아들딸 모두 백백천천 영세토록 잊지 못하오리다
어아 어아
착한 마음 큰 활되고 악한 마음 과녁되네
백백천천 우리 모두 큰 활줄 같이 하나되고

---

303 안경전, 2016b; 세종출판기획, 2018(4), 36~37.

착한 마음 곧은 화살처럼 한마음 되리라

어아 어아

백백천천 우리 모두 큰 활처럼 하나 되어

수많은 과녁을 꿰뚫어 버리리라

끓어오르는 물 같은 착한 마음 속에서

한 덩이 눈 같은게 악한 마음이라네

어아 어아

백백천천 우리 모두 큰 활처럼 하나 되어

굳세게 한마음 되니 배달나라 영광이로세

백백천천 오랜 세월 크나큰 은덕이시여!

우리 대조신이로세

우리 대조신이로세"[304]

여기에 나오는 대조신大祖神이란 '천지의 인간과 신명의 큰 조상'을 말한다. 곧 삼신三神을 말하는데, 하늘의 주재자 상제上帝이다.[305] 천지의 인간과 신명의 큰 조상, 그것은 곧 하늘, 천지 만물의 주재자 상제이다. 나의 부모가 조상이라면 천지 만물의 부모는 상제·삼신상제인 것이다.

한편 6세 달문 단군 때는 구월산에서 삼신께 제사지낼 때 서원하

---

304 "於阿於阿, 我等大祖神. 大恩德, 倍達國我等, 皆百百千千年勿忘. 於阿於阿, 善心大弓成, 惡心 矢的成. 我等百百千千人, 皆大弓絃同, 善心直矢一心同. 於阿於阿, 我等百百千千人, 皆大弓一, 衆 多矢的貫破, 沸湯同善心中, 一塊雪惡心. 於阿於阿, 我等百百千千人, 皆大弓堅勁同心, 倍達國光榮. 百百千千年大恩德, 我等大祖神, 我等大祖神."(『檀君世紀』) 사단법인 대한사랑, 2022, 125.

305 "檀君扶婁時, 有於阿之樂. 盖神市古俗, 祭迎三神之歌. 則其曰大祖神, 謂三神, 爲天之主宰者 也."(『太白逸史』「蘇塗經典本訓」) 안경전, 2016a, 533.

는 글, 즉 서효사誓效詞를 신지神誌 발리發理가 썼는데, 이것이 〈신지비사神誌秘詞〉이다. 『단군세기』에는 이 서효사가 실려 있다.

"아침 햇빛 먼저 받는 땅으로
삼신께서 밝게 세상에 임하셨나이다.
나라의 제도가 있기 전에 환인께서 나오시어
베푸신 덕화가 크고도 깊나이다.
모든 신성한 이들이 의논하여 환웅을 보내시니
환웅의 성지聖志를 받들어 처음으로 나라를 여셨나이다
치우천황 청구에서 일어나
만고에 무용을 떨치셨나이다
회대(회수와 태산 일대)가 모두 천황께 귀순하니
천하에 그 누구도 침범할 수 없었나이다
단군왕검께서 하늘의 명을 받으시니
기뻐하는 소리가 구환에 울려 퍼졌나이다
물고기 물 만난 듯 백성이 소생하고
풀 위에 바람 불 듯 덕화가 백성을 새롭게 했나이다
원한 맺힌 자는 먼저 원한을 풀어주고
병든 자는 먼저 병을 고쳐 주셨나이다
일심으로 인과 효를 행하시니
온 천하가 밝아졌나이다
진한이 나라의 중심에 제자리 잡으니
다스림의 도가 모두 다 새로워졌나이다

모한(마한)은 동쪽을 지키고

번한은 남쪽을 제압하니

험준한 바위가 사방을 에워싼 듯한데

성주聖主께서 새 도읍에 납시었나이다

삼경三京이 저울대·저울추·저울판 같으니

저울판은 백아강이요 저울대는 소밀랑이요 저울추는 안덕향입니다

머리와 꼬리가 균형을 이루니

그 덕에 힘입어 삼신의 정기를 잘 간직하나이다

나라를 일으켜 태평성대를 이루니

일흔 나라가 조공하며 복종하나이다

삼한관경의 근본 정신을 영원히 보전해야

왕업이 흥하여 번성하오리다

나라의 흥망을 말하지 말지니

진실로 삼신을 섬기는 데 달려 있나이다"[306]

삼신께 제사지낼 때 서원하던 이 〈서효사〉로 보아, 무릇 상고 시대
에 하늘에 제사 지낸 근본 뜻은 백성을 위해 복을 빌고 나라가 잘 되

---

306 "朝光先受地, 三神赫世臨. 桓因出象先, 樹德宏且深. 諸神議遣雄, 承詔始開天. 蚩尤起靑邱, 萬
    古振武聲. 淮岱皆歸王, 天下莫能侵. 王儉受大命, 懽聲動九桓. 魚水民其蘇, 草風德化新. 怨者先解
    怨, 病者先去病. 一心存仁孝, 四海盡光明. 眞韓鎭國中, 治道咸維新. 慕韓保其左, 番韓控其南. 巉
    岩圍四壁, 聖主幸新京. 如秤錘極器, 極器白牙岡, 秤幹蘇密浪, 錘者安德鄉. 首尾均平位, 賴德護神
    精. 興邦保太平, 朝降七十國. 永保三韓義, 王業有興隆. 興廢莫爲說, 誠在事天神."(『檀君世紀』) 사
    단법인 대한사랑, 2022, 29~130.

도록 삼신상제에게 축원을 드리는 것이었다.[307]

『환단고기』에는 그밖에 하늘에 기우제를 지낼 때 하늘에 올리는 서고문誓告文도 있다. 14세 단군 고불 재위 때 큰 가뭄이 들었다. 단군이 친히 하늘에 기우제를 지냈는데, 그 서고문은 이러하다.

> "하늘이 비록 크다 하여도
> 백성이 없으면 어찌 베풀 것이며
> 비가 비록 대지를 기름지게 하지만
> 곡식이 없으면 어찌 귀하겠사옵니까
> 백성이 하늘처럼 섬기는 것은 곡식이요
> 하늘이 마음으로 삼는바 는 사람이옵니다
> 하늘과 사람이 한 몸일진대
> 하늘이 어찌 백성을 버리시나이까
> 어서 비를 내려 곡식이 잘 자라도록 하여
> 저희 백성을 제 때에 구제하여 주옵소서"[308]

기도를 마치자 곧 큰 비가 내렸다고 한다.

33세 단군 감물 재위 때도 하늘에 제사를 올렸는데, 그 〈서고문〉은

---

307 "신지비사는 달문단군 때 사람인 신지 발 리가 지은 것이다. 이것은 본래 옛적에 삼신께 제사 지낼 때 서원하던 글이다. 무릇 상고 시대에 하늘에 제사 지낸 근본 뜻은 백성을 위해 복을 빌고 나라가 잘 되도록 신께 축원드리는 것이었다. 神誌秘詞, 檀君達門時人神誌發理, 所作也. 本三神古祭誓願之文也. 夫上古祭天之義, 要在爲民祈福, 祝神興邦也."(『太白逸史』「蘇塗經典本訓」)

308 "天雖大, 無民何施, 雨雖膏, 無穀何貴. 民所天者穀, 天所心者人也. 天人一體, 天何棄民. 乃雨滋穀, 濟化以時."(『檀君世紀』) 안경전 역주, 2016a, 135.

아래와 같다.

　　　"세 분 성조(환인·환웅·단군)의 높고도 존귀하심은

　　　삼신과 더불어 공덕이 같으시고

　　　삼신(상제님)의 덕은 세 분 성조로 말미암아 더욱 성대해지도다

　　　텅 빔(무)과 꽉 참(유)은 한 몸이요

　　　낱낱과 전체는 하나이니

　　　지혜와 삶 함께 닦아

　　　내 몸과 영혼 함께 뻗어나가네

　　　참된 가르침이 이에 세워져

　　　믿음이 오래면 스스로 밝아지리라

　　　삼신의 힘을 타면 존귀해지나니

　　　빛을 돌려 내 몸을 살펴보세

　　　저 높고 가파른 백악산은

　　　만고에 변함없이 푸르구나

　　　역대 성조께서 대를 이어 예악을 찬란히 부흥시키셨으니

　　　그 규모 이토록 위대하여 신교의 도술 깊고도 광대하여라

　　　하나 속에 셋이 깃들어 있고

　　　세 손길로 작용하는 삼신은 하나의 근원으로 돌아가나니

　　　하늘의 계율 널리 펴서 영세토록 법으로 삼으리"[309]

309　"三聖之尊, 與神齊功, 三神之德, 因聖益大, 虛粗同體, 個全一如, 智生雙修, 形魂俱衍, 眞教乃
　　　立, 信久自明, 乘勢以尊, 回光反躬, 截彼白岳, 萬古一蒼, 列聖繼作, 文興禮樂, 規模斯大, 道術淵宏,
　　　執一含三, 會三歸一, 大演天戒, 永世爲法."(『檀君世紀』) 사단법인 대한사랑, 2022, 134.

256

지금까지 살펴보았듯이 인류 문명이 열린 이후 인간의 삶, 문명의 발전에는 물질적 조건도 중요하지만 그에 못지않게 정신 문화도 중요하였다. 동북아 문명의 출발점이었던 환국 문명 이후 인간은 늘 하늘, 상제를 받들어 모시고 하늘의 가르침을 따르는 삶을 지향하였다.[310] 그것을 일러 신교 문화라 하는데, 이러한 신교 문화는 환국-배달-조선으로 이어졌을 뿐 아니라 중국 고대 사회에서도 정신 문화의 근간이었다. 그렇다면 중국 상고대 역사에서 하늘, 천, 상제는 어떻게 살아있었을까? 이제 하, 은, 주 시대로 들어가 보자.

310　환국, 배달, 조선으로 이어지는 삼성조 시대 이후 부여, 예, 삼한, 고구려, 백제, 신라 등으로 희미하게 이어진 천제는 『삼국지』 『위서』 「동이전」이나 『환단고기』, 『삼국사기』와 같은 사료에서 엿볼 수 있다. 또한 이어지는 고려 시대, 조선 시대의 천제 양상은 『고려사』나 『조선왕조실록』에서 읽을 수 있다. 이에 대한 연구는 필자가 이미 다른 연구에서 정리하였다. 그 구체적인 내용은 강영한, 2014를 참조하라.

3장

은대殷代의 제帝, 상제

30388

'상제'라는 문자가 기록된 『합집合集』 30388.

은나라 이전 사람들의 상제, 하늘[天]에 대한 인식

요 임금 때의 하늘 제사

은나라 이전 사람들의 종교적 삶은 어떠하였을까? 신에 대한 숭배는 어떤 모습이었을까? 그 중 우리는 상제, 천, 하늘에 초점을 두고 이를 향한 옛사람들의 삶이 어떻게 펼쳐졌는지 알아보자.

은나라 이전 중국 사람들이 하늘을 어떻게 생각하는지를 보여주는 자료는 거의 없다. 그 중 오제五帝 시기와 관련하여 일부의 자료가 남아 있는데, 이 시대를 전설적 시대라고 하거나 당시를 기술한 자료가 후대에 기록된 것이라는 점에서 신뢰성에 의문이 있다. 이를 고려하면서 그나마 접할 수 있는 요·순과 그 이후 하 왕조 관련 자료를 보자.

그 자료의 하나가 『서경』, 즉 『상서』이다. 요·순 시대에 관한 내용은 「요전堯典」과 「순전舜典」에 일부 나와 있다. 이를 통해 우리는 당시 시대 상황을 일부나마 읽을 수 있을 듯하다.

『서경』「요전」과 『사기』「오제본기」에는 요 임금 당시 가장 핫 이슈

요堯 임금. (출처:『삼재도회』)

가 무엇이었는지 추측할 수 있는 단서가 있다. 바로 후계자와 홍수 문제였다. 요는 자리를 지킨 지 70년이 넘자 그 자리를 맡을 자를 찾고 있었다. 신하들이 요 임금의 아들인 단주를 추천하였지만 요는 단주가 덕이 없고 다투길 잘해 쓸 수가 없다며 거절했다. 공공共工이 추천되었으나 그가 비록 말은 잘하지만 사람을 치우쳐 등용하고 겉으로는 공손한 것 같지만 하늘마저 업신여길 것 같다며, 요 임금은 그 역시 안 된다고 하였다. 그 와중에 홍수까지 덮쳤다. 홍수가 하늘까지 넘쳐서 흙탕물이 넘치고 물줄기가 산을 감싸고 높은 언덕까지 덮치니 사람들의 걱정이 태산이었다. 이에 요는 곤鯀을 추천받아 맡겼으나 9년이 지났건만 성공하지 못했다. 그야말로 난감한 상황이었다.

그러자 요는 사악四岳에게 다시 천거를 명하였다. 이에 사악이 민간에 우순虞舜이라는 효성이 지극한 홀아비가 있다며 천거하였다. 제요帝堯는 시험해보고 등용하겠다며 두 딸인 아황娥皇과 여영女英을 순에게 시집보내 순의 덕행德行을 관찰하게 하였다. 그리고 3년 동안 여러 일을 맡겨 보았다. 백관의 일을 총괄하게 하자 일들이 질서 있게 행해졌다. 사방의 문에서 외부 손님을 접대하게 했더니 사방의 문 주변이 화목해져 제후와 먼 곳의 손님들이 모두 공경했다. 산림과 하천 그리고 연못의 일도 맡겨보았다. 한마디로 말해 그는 모두 성공적 처신을 하였다. 우는 많은 점수를 딸 수 있었다. 그래서였을까? 요 임금은 마침내 순에게 제위를 잇게 하였다. 그러나 요 임금 시대에 홍수 문제는 끝내 해결

되지 못하였다.[311]

요 임금에게서 보이는 특징 중의 하나는 정치 지도자로서 하늘을 중시하였다는 것이다. 그 기록을 보자.

"이에 희씨와 화씨에게 명하여 호천昊天을 공경히 따르고, 해와 달과 별을 관찰하여 역曆을 기록하며 모양의 변화를 살펴서, 공경하여 사람들에게 농사의 때를 알려주게 하였다."[312]

이는 요 임금이 큰 덕을 쌓고 덕성을 실천하였으며, 희씨羲氏와 화씨和氏 등 관리들로 하여금 호천상제를 공경히 따르고 역법을 만들게 하는 등 정치력을 발휘했음을 말한다. 요 임금은 하늘에 위배되지 않는 정치를 하였다. 이로 보면 하늘을 받들고 상제의 가르침을 따르는 전통이 이미 요 임금 시대에도 있었다.

상제에게 제사를 올린 기록의 처음, 순 임금

『서경』에 의하면 요 임금은 제위를 순에게 넘겼다. 순 임금의 언행을 담고 있는 「순전」은, 순이 그의 덕성으로 요에게 이름을 알리게 되

---

311 홍수는 계속되었다. 요 임금 때 치수에 실패하자 순 임금 때는 곤鯀의 아들 우禹가 그 뒤를 이어받아 치수에 성공하였다. 아버지 곤도 못하였던 황하 홍수 범람을 막는 치수에 성공한 덕택이었을까? 우는 순의 뒤를 이어 제위에 올랐다. 그가 세운 나라가 하나라이다.

312 "乃命羲和, 欽若昊天, 厤象日月星辰, 敬授人時."(『書經』「堯典」)

순舜 임금. (출처: 『삼재도회』)

었고, 그리하여 요의 계승자가 되었음을 밝히며 시작된다. 그런데 여기에도 순 임금이 상제를 비롯한 여러 신에게 두루 제사를 올렸다는 기록이 있다.

　　"드디어 상제께 유類 제사를 지내며 육종六宗에 인禋 제사를 지내며 산천에 망望 제사를 지내며, 여러 신에게 두루 제사하였다. … 그 해 2월에 동쪽으로 순수하여 태산(岱宗)에 이르러 시柴 제사를 지냈으며 산천의 등급에 따라 차례대로 망 제사를 지내고, 마침내 동쪽 제후들을 만나시니, 다섯 가지 옥玉과 세 가지 비단과 두 가지 살아있는 예물과 한 가지 죽은 예물이 폐백이었다. 사시와 달을 맞추어 날짜를 바로잡고, 율律·도度·량量·형衡을 통일시키며, 다섯 가지 예[五禮]를 정비하고, 오례에 사용되는 기물을 똑같게 하였다. 마치고 다시 복귀하였다. 5월에 남쪽 지방을 순수하여 남악(衡山)에 이르러 처음과 똑같이 하였다. 8월에 서쪽 지방을 순수하여 서악(華山)에 이르러 처음과 똑같이 하였으며, 11월에 북쪽 지방을 순수하여 북악(恒山)이 이르러 서쪽의 예와 똑같이 하고, 돌아와 예조藝祖의 사당에 이르러 소 한 마리를 써서 제사하였다."[313]

313　"肆類于上帝, 禋于六宗, 望于山川, 徧于羣神. … 歲二月, 東巡守至于岱宗, 柴, 望秩于山川, 肆覲東后, 協時月正日, 同律度量衡, 修五禮, 五玉, 三帛, 二生, 一死, 贄, 如五器. 卒乃復. 五月南巡守, 至于南岳, 如岱禮. 八月西巡守, 至于西岳, 如初. 十有一月朔巡守, 至于北岳, 如西禮, 歸, 格于藝祖, 用特."(『書經』「舜典」)

여기서 시柴, 유類, 인禋 등은 모두 제사 이름이다. '시' 제사란 불을 피워서 희생, 비단, 옥과 같은 무엇을 그 위에 놓고 태워 연기를 내어 천신에 올리는 제사이다. 이렇게 무엇을 태워 하늘에 제사를 올린 흔적은 고대 기록에 다양하게 남아있다. 『설문해자』에서는 시柴를 '나무에 불을 지피고 희생을 태워서 천신에게 제사를 지내는 것'이라 하였다.[314] 『예기』에서도 '제단에서 나무를 쌓아 불을 피워 하늘에 제사를 지낸다'고 하였다.[315] 『설문해자』에 의하면 '유類' 제사도 하늘, 천신에 지내는 제사이다.[316] 채침蔡沈은 『서경집전』에서 인禋이 뜻을 깨끗이 하여 제향하는 것이라고 하고, 유는 호천상제를 제사하는 교사郊祀와 절차가 같다고 해서 유라 하였다고 했다.[317] 또 『주례』 「사사肆師」에 "인사로써 호천의 상제를 제사지낸다. … 상제에게 유조類造했다"[318]는 말이 있다. 그러므로 호천의 상제·천신에게 올리는 제사인 교사나 몸을 정결히 하고 연기를 피워 제사를 올리는 인사는 모두 호천상제에게 올리는 제사 의례이다.

순 임금은 수많은 신들에게 두루 제사하였으며 순수하는 중에 태산 등에서도 제사를 올렸다. 많은 제사 가운데 순 임금은 상제에게도 제사를 올렸음을 알 수 있다. 이러한 사실은 앞에서 『한서』를 통해 밝

---

314 "시는 섶을 태워 하늘에 제사하는 것이다. 柴, 燒柴燎祭天也."(『說文解字』「示部」)

315 "큰 제단에서 장작불을 피우는 것은 하늘에 제사를 올리는 것이다. 燔柴於泰壇, 祭天也."(『禮記』「祭法」)

316 "유는 일의 종류에 따라 천신에게 제사지내는 것이다. 禷, 以事類祭天神."(『說文解字』「示部」)

317 "其禮依郊祀爲之. … 禋精意以享之謂."(『書經集傳』「舜典」)

318 "以禋祀, 祀昊天上帝. … 類造上帝."(『周禮』「肆師」)

했는데, 『사기』 「봉선서」에도 『상서尙書』의 기록이라며 같은 내용을 인
용하고 있다.

　　"『상서』에 이렇게 씌어 있다. 순舜 임금은 선기옥형璇璣玉衡으로 천
　　체 운행을 관찰하여 칠정七政을 살폈다. 또 상제에게 제사지내고, 육
　　종六宗(여섯 신)에게 연기를 피워 제사를 지내고, … 매년 2월에는
　　동쪽으로 제후를 순시하고 대종岱宗에 올랐다. 대종은 태산이다."³¹⁹

　　순이 제위에 오른 후 가장 먼저 한 정치적 행위가 천제天祭, 즉 하늘
에 자신의 왕위 오름에 대한 보고로 보인다. 순이 유 제사를 올린 것은
순 자신이 왕위를 계승하였음을 상제에게 고하거나 자신의 정치적 업
적을 보고하는 의례로, 천제였다. 중국 역사에서 천 제사 기록의 처음
은 순 임금이다.
　　순은 천제 후 해와 달, 별, 명산대천과 사방의 신성한 대상에게도
똑같이 제사를 올렸다. 제사가 끝나자 이번에는 옥을 준비하여 사방의
제후들이 알현할 때 증표로 그들에게 주었다. 2월에는 순은 동쪽으로
순수를 떠나 태산과 다른 산악에 제사를 올렸다. 순수를 통해 순은 정
치적 세력을 확대하고 나아가 태산 천제를 통해 자신의 정치적 위상과
지배의 정당성도 확보해갔다.
　　『서경』에는 순 임금의 신하였던 고요皐陶의 하늘에 대한 인식을 엿

319　"尙書曰, 舜在璇璣玉衡, 以齊七政. 遂類于上帝, 禋于六宗, … 歲二月, 東巡狩, 至于岱宗. 岱宗,
　　泰山也."(『史記』「封禪書」)

볼 수 있는 기록이 있다.

"하늘이 듣고 보는 것은 우리 백성들이 듣고 보는 것에 기인하고, 하늘이 (선한 자를) 드러내고 (악한 자를) 두렵게 함은 우리 백성들이 밝게 드러내고 두렵게 하는 것으로부터 말미암은 것이니, 위의 하늘과 아래의 백성이 서로 통하는 것입니다. 삼가소서, 땅을 가지신 군주시여."320

「고요모皐陶謨」가 당대 혹은 가까운 때 찬술된 것이 아니라 후대 사람들에 의해 추술追述된 내용이므로321 문제가 없는 것은 아니지만, 여기에서 하늘은 듣고 볼 수 있는 존재로 여겨져 인격신으로 그려지고 있다.

나아가 우리는 「순전舜典」에서 천지와 조상신에게 제사지내는 일을 담당하던 특정 직종이 있었음도 알 수 있다. "나의 삼례三禮를 맡을 자가 있는가? … 백아! 너를 질종秩宗으로 삼으니."322 이로 알 수 있듯이 그것은 바로 질종이라는 관직이다. 이는 순이 백이伯夷라는 강姜씨 성의 신하로 하여금 상제를 비롯한 천신과 인귀 및 지기地祇에 제사하는 예를 주관하는 관직인 질종을 맡게 하였음을 말한다. 제사를 담당하는 전문 관직까지 둘 만큼 제사가 중시되었음을 엿볼 수 있는 대목이다.

뿐만이 아니다. 제사에서 신과 인간이 조화할 수 있는 음악을 전담

---

320 "天聰明, 自我民聰明, 天明畏, 自我民明威, 達于上下, 敬哉, 有土."(『書經』「皐陶謨」)

321 『서경』의 「요전堯典」, 「고요모皐陶謨」, 「우공禹貢」 등은 춘추 시대에 찬술되기 시작하여 전국 시대에 완성되었다고 한다.

322 "有能典朕三禮, … 否伯, 汝作秩宗."(『書經』「舜典」)

하는 관직을 두기도 했다. "기夔야! 너를 명하여 전악을 삼으니, … 팔음의 악기가 잘 어울려 서로 차례를 빼앗음이 없어야 신과 사람이 화합할 것이다."[323] 전악典樂이 바로 그것이다. 이를 통해 우리는 요순 시대부터 벌써 하늘을 중시하고 받드는 의식이 형성되고 실천되었음을 알수 있다.

중국 상고대에 하늘을 공경하여 따르거나 상제에게 제사를 올렸다는 기록은 사마천司馬遷의 『사기史記』에도 나타난다. 황제로부터 전욱, 제곡, 요, 순으로 이어지는 역사 흐름을 말하는 「오제본기五帝本紀」에 의하면, 황제는 하늘로부터 보정寶鼎과 신책神策을 얻었을 뿐만 아니라 단을 쌓아 하늘에 제사지냈다.[324] 전욱은 천지 신령에 제사를 지냈고, 제곡 고신은 하늘의 뜻에 순종하고 귀신을 공손히 섬겼다.[325] 요 임금은 관리들에게 명하여 하늘을 공경하여 따르고 일월성신의 운행 법칙을 헤아려서 백성들에게 농사의 적기를 신중히 가르쳐주도록 하였다.[326] 요는 자신이 늙고 순이 등용되어 일한지 20년이 되자 순으로 하여금 정사를 대신 다스리게 하였는데, 주목할 만한 것은 「오제본기」에도 순은

---

323 "夔命汝典樂, … 八音克諧, 無相奪倫, 神人以和."(『書經』「舜典」)

324 "온 나라가 화평해지니 할 일이 적어졌으나 귀신과 산천에 제사 지내는 봉선의 일은 예전에 비해서 더 많아졌다. 황제는 하늘로부터 보정寶鼎과 시간을 추산하는 신책神策을 얻었다. 萬國和, 而鬼神山川封禪與爲多焉. 獲寶鼎, 迎日推筴."(『史記』「五帝本紀」)

325 "전욱 고양은 … 귀신의 권위에 의지하여 예의를 제정하고, 백성을 교화하였으며, 깨끗하고 정성스럽게 천지 신령에 제사를 지냈다. … 제곡 고신은 … 하늘의 뜻에 순종하였고, … 귀신의 권위를 이해하여 그들을 공손히 모셨다. 帝顓頊高陽者, … 依鬼神以制義, 治氣以教化, 絜誠以祭祀. … 帝嚳高辛者, … 順天之義, … 明鬼神而敬事之."(『史記』「五帝本紀」)

326 "敬順昊天, 數法日月星辰, 敬授民時."(『史記』「五帝本紀」)

상제에게 유사類祀를, 육종六宗에는 인사禋祀를, 산천에는 망사望祀를 올렸으며, 여러 신들에게 두루 제사를 올렸다는 기록이 있다[327]는 점이다. 나아가 순은 순수巡狩를 하던 중 태산에서 장작을 태워 하늘에 제사 지내기도 하였는데, 순수를 5년에 한 번씩 하였고 한다. 이는 『서경』 「순전」의 기록을 인용한 듯하다.

하夏나라의 천제 흔적

지금까지 밝혀진 많은 유물과 유적으로 볼 때, 중국 역사상 최초의 왕조는 서기전 2070년경에 황하 중류 지방, 하남성에 세워진 하 왕조라 할 수 있다. 하나라는 잦은 홍수로 범람하는 중원 황하의 치수에 성공한 우禹[328]가 산서성 남부, 하남성 중서부 지역을 중심으로 하여 중원에 세운 나라이다.

이러한 하 왕조의 실체를 뒷받침하는 유적지는 앞에서 언급한 하남성 언사偃師의 이리두二里頭 유적지이다. 여기서 청동으로 만든 칼, 검鉆, 송곳은 물론 화살촉이나 창과 같은 병기兵器, 그리고 작爵(참새 부리 모

---

327 "遂類于上帝, 禋于六宗, 望于山川, 徧于群神."(『史記』 「五帝本紀」)

328 우禹 임금의 이름은 문명文命이고 성姓은 사姒, 씨氏는 하후夏后이다. 성은 가족 계통에서 보다 큰 단위(대개 부족)이고 씨는 성 아래의 작은 단위(대개 씨족)인데, 뒷날에는 합쳐 하나로 된다. 우 임금의 성이 사란 것은 오제五帝와 같은 혈통 곧 황제의 자손이란 뜻이며, 씨를 달리했다는 것은 그만큼 번성한 집안에 속했다는 뜻이다. 하후씨夏后氏는 하후夏后로도 일컬어지는데 보통은 우禹 임금을 가리킨다. 그러나 우 임금이 세운 하夏나라, 하 왕조, 나아가 하족이라는 의미로도 쓰인다.

양의 술잔), 고觚(큰 술잔)와 같은 예기禮器가 출토되었다. 은허가 은 왕
조 후기 유적지이라고 한다면 이리두 유적은 하나라 유적 또는 상나라
전기나 중기의 유적이라고 할 수 있다.[329]

하나라의 정치 등을 반영하고 있는 『서경』「감서甘誓」에서 우리는 아
래와 같은 하늘 관련 내용에 주목할 필요가 있다. 하의 왕 계啟가 자신
의 동성 형이자 제후인 유호씨를 정벌하러 갈 때 장수들 앞에서 이런
말을 하였다.

"유호씨는 오행을 함부로 하고 업신여기며 삼정三正을 게을리 하
여 폐기하자 상천(하늘)이 그의 목숨을 끊으려하니, 이제 나는 하늘
의 벌을 삼가 집행할 것이다."[330]

여기에는 우의 아들인 계啟가 즉위한 뒤에 유호씨가 복종하지 않
자 그를 정벌하는 것에 대한 정당화가 담겨 있다. 계는 유호씨에 대하
여 하늘이 벌을 주는 것을 대신해서 자신이 하늘의 명을 받아 벌을 준
다는 명분으로 군사를 일으키고 훈시하였다. 여기서 읽을 수 있는 것은
벌을 주고 상을 주는 실질적 주체는 하늘이며, 왕은 그 하늘을 대신하
는 자로 여긴다는 것이다. 하나라 시대에 이미 천명 사상이 움텄음을
알 수 있다. 이때의 하늘은 인격적 하늘로 여겨진다.

329　하남성 정주의 이리강二里崗 문화는 상商의 전기·중기에 해당하는 문화로, 거대한 성벽을 갖
　　춘 것을 특징으로 한다. 그 대표적인 성벽 유적은 언사 상성偃師商城과 정주 상성定州商城이다.
　　이러한 성벽은 상나라가 국가와 같은 정치 체제를 갖추었음을 의미한다.

330　"有扈氏威侮五行, 怠棄三正, 天用勦絶其命, 今予惟恭行天之罰."(『書經』「甘誓」)

『서경』「대우모」에는 우禹가 제후들을 모아놓고 군사들에게 일장 연설을 하는 장면이 그려져 있다.

"씩씩한 군사들이여 모두 나의 말을 잘 들어라. 어리석은 이 유묘가 어둡고 미혹되어 공손하지 않다. 남을 업신여기고 스스로 잘난 체하며 도를 어기고 덕을 어그러뜨린다. 군자들은 초야에 있고 소인배들이 자리를 차지하였다. 백성들은 그들의 임금을 버리고 보전하지 않았으니 하늘이 재앙을 내리신다. 그래서 내가 너희 병사들과 함께 천자(순 임금)의 명을 받들어 그들의 죄를 묻고자 한다. 너희들은 마음과 몸을 한결같이 하기를 바란다. 공을 세울 수 있을 것이다.'"[331]

유묘, 즉 삼묘三苗가 하늘을 공경하지 않고 백성을 돌보지 않자 하늘이 벌을 내렸으므로 천자의 명을 받들어 삼묘족의 죄를 묻고자 한다는 이 연설문에는 인격신으로서 하늘의 주재성이 잘 드러나 있다.

『사기』「하본기」에도 상제와 관련된 내용이 실려 있다. 순 임금이 우를 천거하여 치수 사업을 하게 하였는데, 어느 조회 날 우가 순 임금에게 말한 내용이 있다.

"아, 임금이시여. 삼가 제왕의 자리에 계셔 편안히 머무르십시오. 덕으로 보좌하면 천하는 크게 호응할 것입니다. 밝은 덕행으로 상제

---

331 "濟濟有衆, 咸聽朕命. 蠢玆有苗, 昏迷不恭. 侮慢自賢, 反道敗德. 君子在野, 小人在位, 民棄不保, 天降之咎. 肆予以爾衆士, 奉辭罰罪. 爾尙一乃心力. 其克有勳."(『書經』「大禹謨」)

上帝의 명을 기다리시면 하늘은 거듭 복을 내리실 것입니다."³³²

이때 순 임금과 신하들은 여러 가지 이야기를 나누었다. 그리고 음악이 연주되자 순 임금이 노래를 지었는데, "하늘의 명령을 받들어서 때에 맞추어 일에 힘쓰고 무슨 일이든 기미機微를 잘 살피리라"³³³는 것이었다. 이후 순은 하늘에 우禹를 천거하여 계승자로 삼았는데, 70년이 지나 순 임금이 붕어하자 우는 삼년상을 마치고 천자에 즉위하였다.

위의 말에서 알 수 있듯이, 상제는 복을 내리는 주체이며 인간은 무슨 일에나 하늘의 기미를 잘 살펴야만 한다. 이는 곧 당시 하늘을 어떻게 생각하였는지를 읽을 수 있는 단서로 충분하다. 이러한 몇 가지 기록을 고려해 볼 때 은나라 이전에 하늘을 받들고 모시고 하늘을 제사하는 전통이 있었음을 알 수 있다. 그러나 이를 뒷받침하는 자료가 더욱 풍부한 것은 상商나라 때부터이다.

---

332 "於, 帝. 慎乃在位, 安爾止. 輔德, 天下大應. 清意以昭待上帝命, 天其重命用休."(『史記』「夏本紀」)
333 "陟天之命, 維時維幾."(『史記』「夏本紀」)

갑골^{甲骨}에 새겨진 은대^{殷代}의 제^帝·상제

갑골문, 은인^{殷人}들의 정신 세계를 밝히다

인류 문명의 초기에 사람들은 흔히 자신들의 힘으로 해결할 수 없는 자연사나 인간사에 대해 소위 신이라는 존재에 의존하는 모습을 보였다. 비가 안와도 문제요 비가 너무 많이 와도 문제였다. 농사가 잘되어 풍년이 들지 아니면 흉년이 닥칠지 앞날이 걱정스러웠다. 전쟁을 해야 하는데 신이 도와줄지 않을지 확신이 없었다. 새 부락을 만들려 하는데 순조롭게 될지 않을지 두렵기도 하였다. 문명 초기에 인류는 자신들의 삶에 재앙을 가져오거나 부정적 결과를 가져오는 자연 현상이나 사회 사건의 이면에는 이 모든 것을 주재^{主宰}한다고 여기는 존재가 있다고 보았다. 이른바 자연의 변화는 물론 인간 사회의 모든 일도 주재하는 존재를 늘 염두에 두었다. 그리하여 중요한 일을 직면하여서는 이에 대한 신의 의지, 신의 뜻을 파악하려 하였다. 나아가 제사라는 의례를 통해 그들과 소통하며 문제를 해결하고 그러한 존재를 숭배하였다. 제사가 얼마나 중요하였으면 『춘추좌씨전』에서 제사를 전쟁과 더불어 국가의 큰일이라고 하였을까.[334] 또 『예기』에서는 예禮 중 제사를 치인지도治人之道 가운데 가장 우선적이고 가장 중요하다고 하지 않았던가.[335]

이러한 제사를 행하면서 점복을 통해 신의 뜻을 파악하고자 한 가장 오랜 흔적은 은허殷墟에서 찾을 수 있다. 은나라 사람들은 거북 등껍질이나 소 어깨뼈를 이용하여 점복을 행하며 신의 뜻을 파악하고자 하였고 신을 향한 수많은 종류의 제사 의례를 행하였다. 그러한 흔적이 바로 은허의 갑골편甲骨片에 남아있다.

상 왕조는 탕湯이 하夏의 걸桀왕을 정벌하고 나라를 세운 서기전 1600년 이후 나라의 중심인 도성을 여러 번 옮겼다. 그 마지막 도성이 은殷이다. 은은 지금의 하남성 안양시 서북쪽 소둔촌小屯村 일대로, 상나라 중흥자인 반경盤庚이 지금의 산동성山東省 곡부현曲阜縣 엄奄에 있던 도읍을 옮긴 서기전 14세기 중반 무렵 이래 상 왕조의 마지막 주紂왕 제신帝辛이 무武왕에게 패한 서기전 1046년까지 12왕[336] 약 270여 년 이상동안 상나라의 도읍이었다. 이곳 은의 유적을 은허殷墟라 하는데, 여기에서 20세기 초부터 많은 유물들이 발굴되었다. 그 대표적인 것이 갑골문甲骨文이다.

은나라 왕실에서는 나라의 중요한 일이나 왕이 하는 일 등에 대해

---

334 "나라의 큰 일은 제사와 전쟁에 있다. 國之大事, 在祀與戎."(『春秋左傳』成公 十三年)

335 "무릇 사람을 다스리는 도는 예절보다 시급한 것이 없고, 예절에는 다섯 가지 경계가 있되 제사보다 중대한 것이 없다. 凡治人之道, 莫急於禮, 禮有五經, 莫重於祭."(『禮記』「祭統」)

336 『사기』「은본기」에 의하면, 12왕은 반경盤庚-소신小辛-소을小乙-무정武丁-조경祖庚-조갑祖甲-늠신稟辛-경정庚丁-무을武乙-태정太丁-제을帝乙-제신帝辛이다.

서는 그 길흉을 점쳤다. 이른바 신神의 뜻을 알기 위해 거북 등껍질이나 소 어깨뼈에 구멍을 뚫어 불에 굽고, 여기에 나타난 균열을 해석하여 점을 쳤다. 그 후 복사卜辭나 점복占卜과 관련한 여러 내용을 갑골에 새겼다. 이것이 이른바 갑골문이다.

이러한 갑골문을 처음 발견한 것은 1899년 왕의영王懿榮(1845~1900)이다. 당시 금문金文을 연구하던 그는 어느 날 병이 나자 한약을 사 먹었는데, 약제에 용골龍骨이라는 뼈 조각이 있었다. 용골에서 자신이 연구하던 금문과 비슷한 문자 흔적을 발견한 그는 한약방의 도움을 얻어 용골 약재를 판 사람인 골동상 범유경范維卿으로부터 12판의 갑골을 샀다. 그 다음 해에도 왕의영은 수천 편의 갑골을 구입하였다.[337]

왕의영이 갑골에 새겨진 문자를 감정해보니 그것은 금문이나 대전大篆, 소전小篆과는 다른, 전서篆書나 주문籀文 이전의 문자, 즉 고대의 문자였다. 그는 갑골에 새겨진 문자가 전설상의 나라인 상대의 시기와 비슷한 때의 문자임을 알아냈다. 그러나 다음해인 1900년에 그가 세상을 떠나자 갑골문의 비밀은 밝혀질 수 없을 듯했으나 그가 소장했던 갑골은 유악劉鶚(1850~1910)에게 넘겨졌고, 유악은 그동안 수집한 갑골 1,058편을 선별 탁본하여 『철운장귀鐵云藏龜』(1903, 6권)를 펴냈다. 이것이 갑골문을 세상에 처음으로 알린 책인데, 그는 갑골문이 은대 사람들이 칼로 새겨 쓴 문자로, 점복했던 복사임을 밝혔다.

---

337 갑골문이 나온 하남 안양 소둔촌 사람들은 갑골이 약으로 효험이 있다고 여겨 수십 년 전부터 갑골을 모았다가 한의원에 팔아왔다고 한다. 칼에 벤 상처에 뼈를 갈아 바르면 효험이 있다고도 여긴 듯하다.

『갑골문합집甲骨文合集』. (출처: https://image.baidu.com)

그가 얼마 되지 않아 죽자 그가 소장했던 갑골문은 팔려 해외로까지 유출되기도 했다. 이후 나진옥羅振玉(1866~1940)은 갑골이 안양安陽의 항하恒河 강변에 있는 소둔小屯이라는 마을에서 나온 것을 알았고, 그곳이 다름 아닌 은나라 도성이 있던 곳임도 알았다. 이후 많은 사람들의 갑골문에 대한 연구와 발굴이 확산되고 갑골문 관련 책들도 나왔는데, 『갑골문합집甲骨文合集』338도 그 하나이다.

은허의 갑골문은 어둠에 갇혔던 상나라의 역사를 복구하는 계기가 되었다. 갑골문은 은 시대 사람들의 삶과 사상을 밝힐 수 있는, 단편적이지만 가장 오래된 역사 자료이다. 거기에는 농사에 관한 정보나 상 왕조의 정치 상황은 물론, 주변 나라와의 전쟁, 기상, 천문 역법, 사냥, 도시의 건설, 질병, 교육, 음악 등 인간 삶의 많은 분야에 대한 정보가 담겨 있다.339 여기에는 상 왕실 역대 제왕들의 시호諡號도 기록

---

338 앞에서 언급하였듯이, 곽말약郭沫若 주편主編으로 1978년에 처음 나온 『갑골문합집』은 (유악劉鶚이 최초의 갑골문 탁본 도록으로 1903년에 낸 『철운장구鐵雲藏龜』 이후 수십여 년 만에 가장 많은) 41,956편의 갑골문 탁본을 모아 13권으로 집대성한 갑골문 도록집이다. 이것과 같은 체제의 책이 『갑골문합집甲骨文合集 보편補編』(펑방형彭邦炯 주편主編, 어문출판사語文出版社, 1999)인데, 이는 누락된 자료를 증보하고, 80년대 이후 발굴된 새로운 갑골편 등을 망라하여 7권으로 이루어졌다.

339 장광직張光直은 점복은 20개 정도의 여러 가지 문제들에 관해서 행하여졌다며, 이를 크게 ① 제물과 비나 좋은 날씨를 위한 요청과 같은 미래에 대한 제사 행위, ② 한 시기 동안(예를 들어 한 순旬이나 하루 저녁)의 왕의 운수, ③ 전쟁을 위한 원정이나 사냥, 이동, 순수巡狩와 같은 심사숙고

276

되어 있다.

그러나 뭐니 뭐니 해도 갑골문의 가치는 은대 사람들의 종교적 삶의 모습과 그들의 정신 문화, 그들의 생활 문화를 엿볼 수 있는 정보에서 찾을 수 있을 듯하다. 은허의 갑골문은 대체로 무정武丁부터 제신帝辛까지, 이른바 상나라 후기 약 200여 년 동안 은인들이 신의 의지를 파악하기 위해 상 왕실에서 시행한 점복占卜을 담고 있다. 은나라 왕실은 최고신인 제帝, 상제와 부단한 상호 작용을 시도하였다. 은 시대 사람들은 중요하거나 결정하기 어려운 문제 등을 스스로 결정한 것이 아니라 신적 존재의 의지가 무엇인지 알고자 했고 그 길흉을 점을 통해 파악하였다. 그러므로 갑골문의 핵심적 내용은 인간이 신의 뜻을 파악하려는 것이었다. 점복의 기록인 갑골문은 은대의 사람들이 생각하는 신에 대한 관념과 실천을 파악할 수 있는 살아있는 자료이다.

빈번하였던 점복 행위는 결국 사람들이 점복을 통하여 만물을 주재한다고 보는 다양한 신의 뜻을 파악하려는 시도였다. 따라서 갑골문에 나타난 점占 등은 종교적 구조로부터 직접적으로 생성된 총체적 믿음 체계의 발현이며, 그들의 종교 사상을 파악할 수 있는 중요한 단서이다. 이러한 갑골문의 내용은 비록 자료로서의 한계점도 있으나,[340] 당시 사람들의 종교적 삶, 그들의 정신 세계를 보여주는 많

하여 결정된 행위로부터 일어날 수 있는 결과, 그리고 ④ 꿈이나 자연 재해, 출생, 질병, 사망과 같은 독자적인 사건으로부터 일어날 수 있는 결과에 대한 해석이라는 4가지 범주로 나누었다. 장광직 지음, 윤내현 옮김, 1989, 262~263을 참조하라.

340 지금까지 발굴된 갑골문은 대부분 은 왕실이나 주 왕실, 또는 주가 아직 은의 제후국으로 있을

은 단서를 제공한다. 우리는 갑골문을 통해 당시 왕실이 무엇에 관심이 있었고 어떤 종교 문화를 이루고 있었는지를 밝힐 수 있으며, 특히 종교가 은인들의 일상 생활에서 얼마나 깊이 자리 잡고 있었는지를 알 수 있다.

그런데 은대에는 점을 치는 전문직도 있었다. 정인貞人이 바로 그것이다. 비록 후기에 이르러 왕이 직접 점복을 행하는 경우도 있었지만 정인은 왕의 지시로 점복을 독점적으로 행한 전문인이다. 상대에 활약했던 정인은 그 수가 최대 128명으로 추산된다고 한다.[341]

갑골문은 바로 그런 점복 내용, 즉 복사卜辭를 갑골 위에 새긴 글이다. 점을 통해 신과 소통한 기록이다. 그렇다면 점복은 어떻게 행해졌고 복사는 어떻게 이루어져 있을까?

그 과정은 점을 치는데 가장 중요한 재료인 갑골을 준비하는 것으로부터 시작된다. 거북을 잡기 전에 먼저 제사를 지낸다. 그리고는 톱이나 줄, 칼, 끌, 송곳 등의 도구를 이용하여 귀갑, 수골을 다듬는다. 이후 갑골 뒷면에 금이 나타나게 하기 위해 타원형이나 원형의 일정한 양식

때의 궁전 지역에서 나온 것이다. 따라서 엄격하게 보면 점을 치고 제帝를 접할 수 있는 것은 특히 왕을 중심으로 한 지배 세력이었다. 이런 맥락에서 보면 사실 은 시대 상제 사상은 지배층의 사상이었다. 갑골문에 일반 백성들이 상제를 향해 점을 친 사례가 없다는 점으로 보면 상제 의식, 상제 사상은 지배층만의 것으로 볼 여지가 있다. 그러나 당시 왕이 상제의 뜻에 따라 정치를 하고 백성들을 다스렸다는 점을 고려하면 민들도 역시 상제에 대한 의식을 공유한 것으로 보인다. 이를테면 『서경』에는 전쟁에 나가기 전에 왕이 상제의 의지를 전하며 사람들에게 전쟁에 나서기를 독려하는 장면이 여럿 있는데, 이는 곧 백성들 역시 상제가 어떤 존재인지를 알고 있음을 전제로 한다. 곧 상제 의식이 널리 공유되고 있었음을 말한다. 그러므로 갑골문의 왕의 상제에 대한 의식을 통해 간접적으로나마 민의 상제에 대한 의식, 상제를 향한 마음도 유추할 수 있을 듯하다.

341 양동숙, 2019, 111.

278

에 따라 작은 홈을 판다. 이제 무엇에 대하여 점을 치는지 점치려는 내용, 알고자 하는 사항에 대해 고한다. 그리고 미리 판 갑골의 홈을 불로 지져 복조卜兆를 낸다. 이어서 판 홈에 금이 가고 갈라진 형태를 보고 이를 해독하고 길흉을 판단한다. 이것은 주로 전문가인 정인이나 정인이기도 하였던 왕이 하였다.

　이러한 과정이 끝나면 갑골 뒷면에 복사를 새긴다. 그런데 이 복사도 일정한 양식에 따라 새긴다. 하나의 완전한 복사는 서사敍辭, 명사命辭, 점사占辭, 험사驗辭라는 4개 부분으로 이루어진다. 술사述辭 혹은 전사前辭라고도 하는 '서사'는 점을 친 날짜(卜日)와 점을 친 정인貞人(卜人)의 이름을 기술한 것이다. '명구지사命龜之辭'의 줄임말로, 항상 '정貞'자로 시작하기 때문에 '정사貞辭'라고도 하는 '명사'는 점복에서 물은 내용을 기술한 것이다. 복사라고도 하는 점사는 홈에 금이 간 모양을 보고 내린 판단과 예측을 기술한 것이다. 즉 복조의 무늬에 근거한 길흉에 대한 결정이다. 그리고 험사는 점친 결과를 실행한 뒤의 상황에 대한 기록, 즉 점을 친 후 실제 일어난 일을 기록한 것으로, 점복 결과에 대한 구체적 답이다.[342]

342　손예철, 2016, 235~236; 왕닝·시에똥위엔·리우팡 저, 김은희 역, 2010, 49.

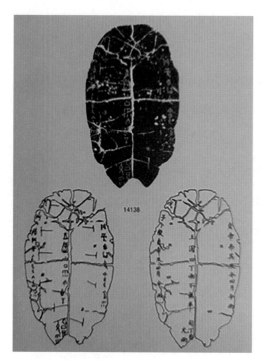

완벽한 구조의 복사문卜辭文, 『합집』 14138. (출처: 양동숙, 2019, 735)

『갑골문합집』 14138[343]을 예로 들어보자.

무자戊子일에 복을 하고 각殻이 물었다. 상제는 4월에 비를 내려 줄까요. 네 번 물었다.-서사

물었다. 상제는 이번 4월에 비를 내려 주지 않을까요. 네 번 물었다.-명사

왕은 점친 결과를 보고 판단해 말했다. 정丁일에 비가 올 것이다. 만약 그날 비가 오지 않으면 신辛일에 비가 올 것이다.-점사

열흘 후 정유丁酉일에 과연 비가 왔다.-험사

완벽한 복사문卜辭文의 보기이다. 이 갑골편은 좌우에 전사·명사가 대조를 이루며 잘 맞추어져 있고, 중앙 점사 하단에 험사를 새겨 정면을 조화롭게 장식했다. 여러 차례나 점쳐 물은 것을 보면 4월에 가뭄이 심했던 것으로 보인다. 다음의 『합집』 6834 정正도 점의 내용을 분명하

343 "戊子卜, 殻貞. 帝及四月令雨. 一二三四.
貞. 帝弗其及今四月令雨. 一二三四.
王固曰. 丁雨, 不重辛.
旬丁酉允雨."(『합집』 14138)

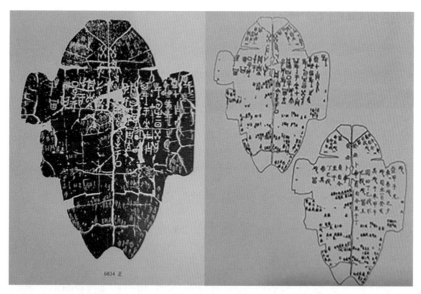

완벽한 구조의 복사문卜辭文, 『합집』 6834 정正. (출처: 양동숙, 2019, 358)

게 알 수 있는 몇 안 되는 생생한 자료이다.[344]

　　그러나 모든 복사가 이런 구조를 완전히 갖춘 것은 아니다. 대부분의 복사는 점친 날짜와 점친 사람, 점복의 대상과 내용을 중심으로 단순하게 구성된다. 특히 험사는 점복 당시에 각한 것이 아니라 시일이 지나서 추가한 기록이다. 점복 이후 시간이 흘러 응험하는 결과가 나온 뒤에 보충해서 새겨 넣기 때문에 이 부분이 없는 경우가 있다.

　　이러한 갑골문을 통해 우리는 은대의 신을 만날 수 있다. 은 시대 사람들이 상제, 하늘을 어떻게 인식하고 있었는지 그 자취를 엿볼 수 있다.

344　정正은 앞면, 반反은 뒷면을 말한다.

갑골문에 나타난 다양한 신

갑골문에 나타난 은대의 신의 범주는 다양하다. 그 전형이 자연신, 조상신, 그리고 최고신으로서 제帝, 상제이다. 자연신은 은인들의 일상적 삶에 직접적 영향을 주었던 가뭄·홍수·재해 등에 대한 공포와 고통, 그리고 생활 주변에서 일어나는 여러 가지의 불가사의한 자연 현상과 그 변화 등에 대한 외경심에서 주변의 산, 강, 바람, 구름 등을 신격화한 이른바 산신, 수신水神, 풍신, 운신雲神 등을 말한다. 달이나 별, 태양을 신격화한 것은 말할 것도 없다.

갑골문에는 그런 자연신을 숭배하며 신의 의지를 파악하려는 흔적이 많다. 태양신日神, 하신河神이나 악신岳神을 향한 점술의 흔적을 『갑골문합집』에서 보자.

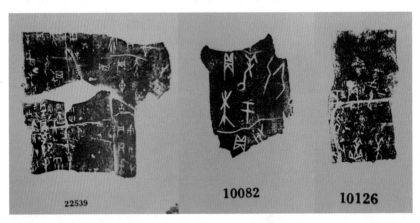

왼쪽부터 『합집』 22539. 자연신 태양신日神이 나온다. 『합집』 10082. 자연신 하신河神이 나온다. 『합집』 10126. 자연신 악신岳神.

"임자일에 복卜을 하고 여旅가 물었다. 왕께서 태양신에게 빈賓 제사를 올리면 비가 오지 않을까요."[345]

"물었다. (황)하신에 풍년을 구해야 할까요."[346]

"임신일에 복을 하고 물었다. 악신이 농작물을 망치게 할까요."[347]

이는 모두 은대 사람들이 자신들의 삶에 영향을 미친다고 보는 태양신을 비롯한 황하신이나 악산과 같은 자연신을 어떻게 여겼는지를 잘 보여주는 복서 내용이다. 자연신들은 인간에게 화복은 물론, 농사에도 큰 영향을 미치는 존재로 여겨졌다. 그러므로 은대에는 이들에 대한 제사도 빠뜨리지 않았다. 그 외 4방위신 역시 제사의 대상이었다.[348]

갑골문에 많이 나오는 다른 신의 한 범주는 조상신이다. 조상신은 크게 선공先公과 선왕先王으로 구분할 수 있다. 선공은 상 왕조 성립 이전의 전설적인 조상을 말한다. 이들은 원래 다른 부족의 수호신이었으나 상 왕실에 복속되면서 상의 수호신인 제帝의 지배하에 들어오면서 자연스럽게 상의 조상신으로 자리매김 되었다. 즉 상나라 왕의 직접적 조상으로 볼 수 없는 상갑上甲 이전의 조상을 말한다. 갑골 복사의 세계世系를 기준으로 볼 때 대표적인 조상신으로는 기夔(帝嚳), 계季(冥), 왕해王亥(王亥, 振) 등을 들 수 있다. 갑골문에는 이들을 '고조高祖 기夔', '고

---

345 "壬子卜, 旅貞. 王賓日, 不雨."(『합집』 22539)

346 "貞. 求年于河."(『합집』 10082)

347 "壬申卜, 貞. 岳害年."(『합집』 10126)

348 '방方'은 동서남북을 총칭하는 일종의 자연신인데, 갑골문에는 이들 4방위 신도 제사의 대상으로 삼아 기우와 풍년을 기구祈求한 복사가 있다. 이에 대해서는 윤창준, 2014, 270~271을 참조하라.

조高祖 왕해王亥'라 하여, 대개 '고조'라는 칭호를 덧붙이고 있다.[349]

한편 선왕先王은 상 왕조 개국 이후 왕위에 올랐던 부계 선조를 말한다.[350] 상 왕조의 시조인 상갑上甲 미微가 그 전형이다. 주목할 만한 점은 선왕의 배우자에 해당하는 선비先妣를 여자 조상신으로 간주할 뿐만 아니라 선신先臣, 즉 은 왕조 개국에 공이 컸던 개국 공신들과 현신賢臣들, 역대 왕들을 모신 신하 중 특정한 인물도 조상신에 포함시킨 것이다.[351] 갑골문에서 이러한 조상신을 향한 점복의 예를 찾을 수 있다. 선공 조상신인 제곡 기와 선왕 조상신인 상갑 미를 향한 갑골문 기록을 보자.

왼쪽부터 『합집』63 정正, 『합집』30447, 『합집』10109. 『합집』6384.

---

349 임현수, 2002, 82.

350 동작빈董作賓은 상나라 왕실 세계世系에서 제곡(夔)부터 진振까지를 선공先公 원조遠祖, 상갑上甲(微)부터 주계主癸까지를 선공 근조近祖, 천을天乙부터 양갑陽甲까지를 선왕 전기, 반경盤庚부터 제신帝辛까지를 선왕 후기로 구분한다. 동작빈 저, 이형구 옮김, 1993, 121 참조.

351 갑골문에 나타나는 대표적인 공신은 이윤伊尹, 황윤黃尹이다. 이들에게 제사를 지낸 갑골문 복사의 예는 손예철, 1988, 197~198을 참조하라.

"물었다. 다음날 신묘일에 인寅 지역에 비를 구하면 기夔가 비를 내려줄까요."³⁵²

"고조 왕해王夔에게 소 3마리를 가지고 기고제를 올릴까요."³⁵³

"정축일에 복을 하고 빈이 물었다. 상갑上甲에게 풍년을 구하면서 양 세 마리로 요제燎祭를 지내고 소 세 마리로 묘제卯祭를 지낼까요."³⁵⁴

"물었다. 토방土方(의 공격)을 상갑에게 고하는 제사를 지낼까요."³⁵⁵

이러한 갑골문 내용은 시간적으로 보아 먼 조상신인 기와 가까운 상갑 미를 향한 은대 사람들의 의식을 보여주기에 충분하다. 조상신을 기후나 농사의 풍년, 나아가 적의 침입과 관련시키고 있다. 은인들은 조상신이 천상에서 선왕을 중심으로 모여 지상의 후손들을 돌본다고 생각하였다. 그들은 선조들은 죽었지만 그들의 정령이 후손들에게 살아있는 존재처럼 영향을 미친다고 보았다. 따라서 은인들은 조상 숭배를 통해 바람이나 비, 농사의 풍년뿐만 아니라 전쟁에 대한 생각까지 물었으며 그들을 숭배하는 의례를 행하였다.

이러한 조상 숭배는 상제에 대한 숭배와 직결된다. 그들은 선왕이 죽은 후에는 상제의 곁에 있으면서, 자신들의 뜻을 상제에게 전하며, 이에 따라 반응을 보낸다고 여겼다. 은인들은 그들 조상신이 신중의 신, 최고신, 만물의 주재자인 제帝에게 자신들의 바라는 바를 전한다고

---

352 "貞. 翌辛卯, 寅求雨, 夔畀雨."(『합집』63 정正)

353 "其告于高祖王夔三牛."(『합집』30447)

354 "丁丑卜, 賓貞. 求年于上甲, 燎三小牢, 卯三牛."(『합집』10109)

355 "貞. 告土方于上甲."(『합집』6384)

믿었다. 즉 은인들은 자기를 낳아준 조상에게 의지하고 보은하지만 궁극적으로 만물을 주재하는 것은 상제라고 여겼다. 그리하여 이 상제를 가장 숭배하였다. 이런 맥락에서 보면 상제는 천지의 부모요 조상신은 인간 자신의 부모이므로 상제와 조상은 불가분의 관계가 있다.

갑골에 새겨진 제帝, 상제, 천天

최명희에 의하면 『합집』에는 '제帝'가 412회 나온다.[356] 그렇다면 갑골문에서 '제帝'는 어떤 존재로 그려지고 있을까? '제'는 갑골 복사에서 최고신의 호칭, 천신으로 쓰인다. 은대 사람들의 제에 대한 인식을 엿볼 수 있는 갑골문을 보자.

"신미일에 복을 하고 쟁이 물었다. 다음달 8월에 제께서 많은 비를 내리도록 하실까요. 물었다. 다음달 8월에 제께서 많은 비를 내리지 않도록 하실까요."[357]

『합집』10976 정正.

---

356 최명희, 2020, 177.

357 "辛未卜, 爭貞. 生八月帝令多雨. 貞. 生八月帝不其令多雨."(『합집』10976 정正)

"무자일에 복을 하고 각이 물었다. 제는 4월에 비를 내려줄까요. 네 번 물었다. 물었다. 제는 이번 4월에 비를 내려 주지 않을까요. 네 번 물었다."358

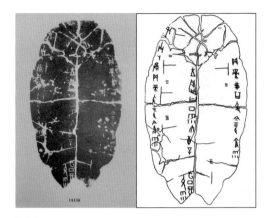

『합집』 14138.

"기유일에 복을 하고 선ᆯ이 물었다. 제가 우리 상商에 가뭄을 내리지 않을까요. 물었다. 제가 우리 상에게 가뭄을 내릴까요. 여섯 번 물었다."359

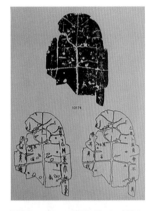

『합집』 10174 정正. (출처: 양동숙, 2019, 750)

"무신일에 복을 하고 쟁이 물었다. 제께서 우리에게 가뭄을 내리실까요. 때는 1월이다."360

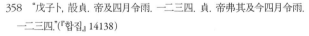

358 "戊子卜, 㲚貞. 帝及四月令雨. 一二三四. 貞. 帝弗其及今四月令雨.
     一二三四."(『합집』 14138)

359 "己酉卜, 亘貞. 帝不我莫. 一二三四五六. 貞. 帝其莫我. 不玄冥 小
     告."(『합집』 10174)

360 "戊申卜, 爭貞. 帝其降我莫. 一月."(『합집』 10171)

『합집』 10171.

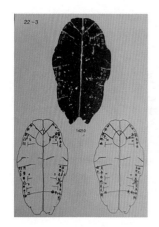

"병진일에 복을 하고 각이 물었다. 제가 이 읍을 오랫동안 번성하도록 할까요. 네 번째 물었다."[361]

『합집』 14210 정正. (출처: 양동숙, 2019, 968)

여기서 우리는 사람들이 알고 싶어 하는 내용, 점의 목적은 제의 의지·뜻임을 알 수 있다. 제가 어떤 존재인지에 대한 견해는 다양하다. 자연신이라고도 하고 은의 조상신·씨족신이라고도 한다. 그런데 복사를 보면 제는 인간을 둘러싼 자연사를 주재하는 존재로 그려진다. 복사의 점문占問을 보면 제는 비를 내리도록 명령하는 존재, 천둥과 가뭄, 바람을 주재할 수 있는 존재, 각종 재앙을 내리는 존재 등, 다양한 자연현상을 주재하고 통제하는 권능과 주재력을 갖춘 존재이다. 이는 결국 제가 농사 등과 관련하여 자연을 지배하고 통제할 수 있는 존재라는 것이다.

제의 권능은 여기에 그치지 않는다. 점문에는 제를 이를테면 전쟁, 정치, 교육, 도읍, 농사, 질병을 비롯한 인간의 삶에도 깊이 관여하고 주재하는 존재로 읽을 수 있는 내용이 많다. 인간사와 관련시켜보면 제는

361　"丙辰卜, 㱿貞. 帝隹其冬終玆邑. 四."(『합집』 14210 정正)

결국 인간에게 복과 화를 내리는 존재이다.

그런데 특징적인 것은 점을 치면서 제에게 비를 오게 해 달라거나 풍년이 들게 해 달라거나 전쟁에서 이기게 해 달라는 등 기복적 요구를 직접 하거나 바라지 않는다는 점이다. 이를테면 점을 통해 전쟁이 벌어지면 제가 우리가 전쟁에서 이기도록 도와줄지 않을지, 전쟁에 절대적 영향을 미친다고 여기는 제의 뜻, 의지가 무엇인지를 알고자 할 뿐이었다. 가뭄도 마찬가지다. 제에게 가뭄을 내리지 말라고 바라는 것이 아니라 점을 통해 그 주재자인 제가 가뭄을 내릴지 않을지, 제의 뜻이 무엇인지를 알고자 할 뿐이다. 그러므로 복사에서 제에게 그러한 목적을 달성하거나 기원의 성취를 위해 제물과 희생을 바치며 제사를 올린 흔적을 찾기란 쉽지 않다.

한편 제는 자연 세계와 인간 세계는 물론 신의 세계도 주재하는 존재이기도 하다. 갑골 복사에는 제가 이를테면 비를 직접 내리게 하는 존재가 아니라 우신雨神에게 비를 내리도록 또는 비를 그치게 하도록 명령하는 존재로 그려진다. 이런 맥락은 여러 갑골문에서 확인되는데 『합집』 5658 정正, 『합집』 10976 정正을 보자.[362]

---

362 『합집』 14132 정正, 『합집』 14135 정正, 『합집』 14149 정正 등도 같은 맥락이다. "貞. 今一月帝 令雨. 물었다. 이번 1월에 제帝가 우신雨神에게 비를 내리도록 명령할까요."(『합집』 14132 정正) "貞. 今三月帝不其令雨. 물었다. 이번 3월에 제帝가 우신雨神에게 비를 내리도록 명령하지 않을까 요."(『합집』 14135 정正) "癸丑卜, 㱿貞. 翌甲寅帝 … 令雨. 계축일에 점을 쳐 정인 각㱿이 묻습니다. 내일 갑인일에 제帝가 우신雨神에게 비를 내리도록 명령할까요."(『합집』 14149 정正)

『합집』5658 정正.

『합집』5658 정正

"丙寅卜, 爭貞. 今十一月帝令雨. 一 二告 二 三 [四] 五 六 七

병인일에 점을 치고 쟁爭이 물었다. 이번 11월에 제帝가 우신雨神에게 비를 내리게 명령할까요.

貞. 今十一月帝不其令雨. 一 二 三 四 二告 五 六 七

물었다. 이번 11월에 제帝가 우신雨神에게 비를 내리게 명령하지 않을까요."

『합집』10976 정正.

『합집』10976 정正

"辛未卜, 爭貞. 生八月帝令多雨

신미일에 점을 치고 쟁爭이 물었다. 다음달 8월에 제帝가 우신雨神에게 많은 비를 내리도록 명령할까요.

貞. 生八月帝不其令多雨

물었다. 다음달 8월에 제帝가 우신雨神에게 많은 비를 내리지 않도록 명령할까요."

점을 쳤는데 정인이 '제가 우신에게 비를 내리게 명령할까요? 명령하지 않을까요?' 하고 물었다. 즉 비를 내리게 하는 것은 우신이지만 그것을 우신으로 하여금 그렇게 하도록 명령하는 것은 제이다. 제의 명령으로 우신이 비를 오게 할 수도 그 반대일 수도 있다. 제는 자신 아래 여러 신들을 두고 거느린다. 점을 치는 사람은 제가 우신에게 그런 명령을 내릴지 않을지를 알고 싶어 한다. 그것이 목적이지 제에게 이를테면 비를 내려달라고 청하지는 않는다. 천둥, 번개, 우박, 바람 등 자연 현상에 대해서도 마찬가지다. 제가 그런 현상을 다스리는 신들에게 그런 현상이 발생하도록 명령을 할 것인지 않을 것인지를 점쳐 제의 뜻이 어디에 있는지를 알고자 하였다.

이렇게 보면 제는 휘하에 여러 신을 두고 거느리고 있다. 지고의 신인 제는 신하들을 두고 있다. 그 흔적을 갑골문의 '제신帝臣', '제오신帝五臣', '제운帝雲', '제풍帝風' 등에서 짐작할 수 있다.

『합집』 30391도 보자.

"王又侑歲于帝五臣, 正, 隹亡雨.
왕께서 제의 다섯 신하에게 유제侑祭·세제歲祭를 드리면 비가 오지 않겠습니까.
□又于帝五臣, 又大雨.
제의 다섯 신하에게 유제를 드리면 큰 비가 내릴까요."

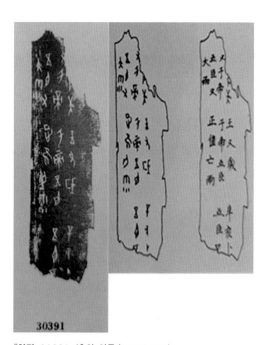

『합집』 30391. (출처: 양동숙, 2019, 934)

여기서 말하는 제帝의 다섯 신하가 어떤 신격인지는 분명하지 않다. 구체적 호칭이 없다. 그러나 제의 측근으로 제 주변에서 제의 명령을 받드는 신격으로, 농사와 관련한 자연신으로 특정의 기능을 수행한 기능신으로 보인다. 주목할 만한 것은 제는 제사 대상이 아니지만 이들은 제사 대상이라는 점이다. 제를 제사지내지 않았지만 제의 신하인 다른 신들에게는 희생을 올리며 제사를 지냈다. 그 하나의 예가 제의 신하 풍風이다. 위의 유제侑祭나 세제歲祭 외에 풍에게는 장작을 태워 연기를 피워 올리는 제사인 요제燎祭[363]를 지냈다.[364]

이렇게 보면 제는 다양한 신들로 구성된 신의 세계의 우두머리이자 최고신이다. 은인들에게 제帝는 천지 만물을 다스리고 주재하는 지상至上·지고至高의 존재였다.

갑골문에서 초월적 절대자를 칭하는 가장 많이 쓰인 '제帝'와 같은 존재에 대한 다른 호칭으로 '상제上帝'가 나온다. 앞에서 언급하였듯이 갑골문에서 상제의 '상'자 자형은 ᒎ = ᒉ이고, '제'자 자형은 ᛘ이다. 갑골문의 '상제' 표기는 ᒉᛘ인 것이다. 갑골문에 이러한 '상제'의 쓰임이 많지는 않는데 다음의 세 가지 사례를 보기로 들 수 있다.

먼저 『합집』 10166을 보자. 그 내용을 보면 이렇다.

"(…일에) 점을 치고 쟁이 물었다. 상제가 가뭄을 내리겠습니까."[365]

---

363 "제의 신하인 풍에게 소 한 마리를 희생으로 하여 요제燎祭'를 올릴까요. 遼帝史風一牛."(『합집』 14226)

364 노수미는 갑골 복사에 등장하는 '제'의 신하에 대한 제사와 그 대상, 성격, 목적을 잘 정리하였다. 이에 대해서는 노수미, 2022, 151을 참조하라.

365 "□□卜, 爭[貞]. 上帝降莫."(『합집』 10166)

10166

'상제上帝'라는 용어가 나오는 갑골문, 『합집』10166.

아래 각주에서 □는 글자 하나가 빠진 것을 나타낸다. 아마도 점을 친 해[年]일 것이다. 그리고 쟁爭이라는 이름을 가진 정貞이 복을 하고 점을 친 내용이 나온다. 그것은 '상제'가 가뭄을 내릴 것인지에 대한 것이다. 여기서 莫의 현대어는 '한旱'으로 바로 가뭄이다. 그러므로 이 갑골문은 쟁이라는 정이 모모의 해에 상제가 가뭄을 내릴 것인지를 알고 싶어 점을 쳤다는 내용이다.

이로 보면 상제는 가뭄을 내릴 수도 있고 그렇게 하지 않을 수도 있는 존재로 인식되었다. 점을 통해 알고 싶은 것은 상제의 뜻이었다. 이

24979

로 보면 상제는 세상 만사를 다스리고 주재하는 존재로 여겨졌다.

『합집』 24979에도 상제라는 상형이 있다. 그 내용은 이런 것이다.

"(…일에 점을 치고 물었다.) 출병하려고 하는데 상제가 (정벌을) 축원할까요."366

이 갑골문에는 점을 친 날짜[卜日]와 점을 친 정인貞人[卜人]의 이름을 기술한 '서사敍辭'가 빠졌다. 남은 것은 점복에서 물은 내용을 기술

---

366 "□□[卜], 出, … 上帝 … 祝."(『합집』 24979)

한 '명사命辭'인데 이마저도 온전하지 않다. '명사'의 '출出'자는 '출병하다', '침범하다'는 뜻이다. 그리고 남은 것이라고는 '상제'와 '축'이라는 글자뿐이다. 이를 종합해보면 이 갑골문의 명사는 다른 방국을 치기 위해 출병을 하려고 하는데 상제가 이 정벌을 기꺼이 허락할 것인지, 축원해줄 것인지를 알고 싶어서 점을 쳤음을 알려준다. 상제는 전쟁을 포함한 인간사에도 권능을 행사하는 존재로 그려지고 있다.

『합집』 30388도 보자.

'상제上帝'라는 용어가 나오는 갑골문, 『합집』 30388. '상제上帝'라는 용어가 나오는 『합집合集』 30388의 모사摹寫와 해서楷書. (출처: 양동숙, 2019, 936)

"5개의 북으로 제사하면 상제가 기원하는 바를 허락해 왕에게 신의 가호가 있을까요."[367]

이 갑골문 역시 '서사'는 없고 '명사'만 남았다. 이 갑골문의 이해를 위해 양동숙의 설명을 들어보자. "'고鼓'는 깃털로 장식한 북을 받침대 위에 올려놓고 채를 잡고 치는 모양으로, 북을 치며 드리는 제사이다. '약若'은 손으로 머리를 고르는 모양으로, '순조롭다', '허락하다'는 뜻이다. '수受'자가 잘렸으나 점복 술어이기 때문에 보충할 수 있다. '수우우受又又'는 '수유우受有祐'로 '신의 가호를 받는다'는 뜻이다. 두 번째 우又는 중복부호 =를 썼다."[368] 이로 보면 이 점은 북을 치며 드리는 제사를 올리면 왕에게 상제의 가호가 있을 것인지를 알고 싶은 것이었다. 상제는 정치 지도자, 정치에도 영향력을 행사하는 존재로 인식되고 있었다.

갑골문에 나타난 상제는 이처럼 천지 자연은 물론 인간사도 주재하는 존재이다. 가뭄을 내리고, 전쟁은 물론 왕에게도 영향을 미친다. 특징적인 것은 인간이 점을 치면서 상제에게 무엇을 바란다거나 해 주기를 기원하는 것이 아니라는 것이다. 사람들이 점을 통해 알고 싶어 하는 것은 그런 권능을 지닌 상제의 뜻, 상제의 의지이다. 사람들은 점을 통해 만물의 주재자·통치자인 지고신 상제의 뜻을 알고 싶어 하였다. 그리고 그런 상제의 뜻을 따르려고 하였다.

이러한 갑골문에서 상제는 제와 그 성격이 다르지 않다. 상제는 제

---

367 "重五鼓 … 上帝若, 王[受]又=."(『합집』 30388)

368 양동숙, 2019, 937.

의 다른 호칭이다. 그러나 당시 천天에는 이러한 지고신적 의미가 없었다. 천이 그런 의미로 쓰인 것, 천이 제·상제와 같은 의미로 여겨지기 시작한 것은 서주 시대에 들어서이다. 서주 시대에 들어서 은대의 지고신, 최고신 제·상제는 천으로 대체되었는데 서주의 천은 은대의 상제와 그 성격이 다르지 않았다.

『서경書經』으로 읽는
상나라 사람들의 신을 향한 삶

상나라, 종교적 삶을 일상화하다

요순堯舜의 시대에 황하 유역에는 서로 접하며 각축을 벌이던 여러 유력 씨족이 있었다. 그 대표적인 집단이 하족, 상족, 주족이었다. 이들 중 주변 씨족과 부족을 통합하며 가장 먼저 왕조를 연 것은 하족으로 하 왕조가 바로 그것이다. 상족의 활동 무대는 하 왕조가 황하 유역을 지배하고 있었을 때는 장수 지역 일대로, 서남쪽(산서성 남부 및 하남성 서부)으로는 하나라와 맞닿아 있었다. 그들은 정치적으로 하 왕조의 영향아래 있었다. 상족은 하나라의 영향을 많이 받으면서도 자신들만의 생활 양식과 전통도 가지고 있었다. 황하 하류에 거주하며 새를 토템으로 하였던 상족은 이미 절대 권력자를 중심으로 상당히 통합되어 있었다.

그런데 마지막 군주인 걸(帝辛)에 이르러 하 왕조 세력이 크게 약해졌다. 그런 와중에 걸이 포악한 정치를 하고 주색에 빠져 지내는 틈을 타 주변 부족들이 반란을 일으키기도 하였다. 특히 주변 부족과 동맹을 맺으며 탕을 중심으로 강력한 힘을 가진 정치 집단으로 성장한 상족이 가만히 있지 않았다. 상족은 하나라를 정벌하여 걸왕까지 무너뜨렸다. 그 중심에 있던 사람이 탕湯[369]이다.

상나라는 서기전 1600년 경, 탕이 하를 무너뜨리며 연 왕조이다. 그리고 약 500년 후 하나라 마지막 왕 걸이 그러하였듯이, 상나라의 마지막 왕 주紂 역시 나라를 벼랑 끝으로 몰아가고 있었다. 폭군의 대명사로 알려진 주왕은 술과 음악을 좋아할 뿐 선정을 베풀지 못하고 갈수록 음란하고 포악하여 민심을 잃었다. 그의 기행이 얼마나 심하였는지는 『사기』「은본기」에 실린 기록을 통해 짐작할 만한데, 그의 음란함은 흔히 주지육림酒池肉林이라는 말로 표현된다.[370] 그 결과는 뻔했다. 마침

---

369 탕湯은 누구인가? 상나라의 시조는 설契이라고 한다. 『사기』에 의하면, 상나라 시조인 설은 하나라와 주나라 시조인 우禹와 후직后稷와 더불어 요순堯舜의 궁전에서 신하로서 그들을 섬겼다. 설은 하나라 우의 치수 사업을 도와서 공을 세운 바 있다. 이에 순이 설에게 상商을 봉지로 내리고 자씨子氏라는 성을 하사하였다. 『사기』「은본기」, 『국어』「국어」하, 『순자』「성상」등에 의하면, 설이 상에서 자리를 잡은 이래 상에는 탕이 상 왕조를 세우기 이전에 14명의 군주가 있었다. 상 왕조는 탕으로부터 열렸다.

370 "술을 좋아하고 음란과 향락에 빠졌으며 여자들을 좋아했다. 달기를 사랑하여 달기의 말이라면 이를 따랐다. 이에 사연師涓을 시켜 새로 음란한 음악을 만들게 했으니 북리北里의 춤과 호사스런 음악이었다. … 사구沙丘에 많은 악공들이나 광대들을 불러 모으고 술로써 연못을 만들고 고기를 매달아 숲을 만들어서 남자와 여자들을 벌거벗게 하고 그 사이로 서로 쫓아다니게 하면서 긴 밤 동안 술을 마셨다. 好酒淫樂, 嬖於婦人. 愛妲己, 妲己之言是從. 於是使師涓作新淫聲, 北里之舞, 靡靡之樂. … 大聚樂戲於沙丘, 以酒爲池, 縣肉爲林, 使男女裸相逐其間, 爲長夜之飮."(『史

내 상나라와 접하면서 강력한 힘을 키우고 있던 주족의 무왕武王이 상나라 정벌에 나섰다. 결국 상 왕조도 서기전 1046년에 그 막을 내렸다.

이러한 고대 은나라 사람들의 삶은 거의 종교적이었다. 그들은 인간과 자연 현상을 포함한 우주 만유를 항상 신적 존재와 관련시켰으며 천지간에는 신이 가득하다고 보았다. 뿐만 아니라 인간과 신神간에는 엄격한 한계가 없고 사람이 죽은 후 영혼은 여전히 존재한다고 보았다. 따라서 그들은 다양한 신을 숭배하였다. 『예기』「표기表記」에는 은나라 사람들의 신을 지향한 삶을 읽을 수 있는, 공자의 말이 기록되어 있다.

"은나라 사람은 신을 존숭해서 신을 섬김으로써 백성을 거느리고 귀신을 앞세우고 예를 뒤에 두었다."[371]

은인들의 정신 문화를 이루고 있던 핵심 개념은 아마도 제사였을지도 모른다. 상의 마지막 두 왕인 제을帝乙과 제신帝辛(紂) 시대에는 제사가 얼마나 많았던지 모든 제사를 다 지내면 360일이나 되었다고 한다. 이는 곧 1년 내내 거의 매일 제사를 지냈다는 것이다. 그래서 당시에는 1년을 1사祀라고 하여 사祀가 년年을 대신하는 명칭으로 사용되었을 정도였다. 제사는 상나라 사람들의 일상적 삶, 생활 문화였다.

그런데 이 제사란 게 무엇인가? 그것은 바로 산 자들이 신, 죽은 사람에게 먹거리를 바치며 그들의 정성을 보여주고 무엇인가를 기원하기

記』「殷本紀」)

371 "殷人尊神, 率民而事神, 先鬼而後禮."(『禮記』「表記」)

도 하는 의례이다. 그러므로 제사에는 그 대상이 있다. 그것이 바로 신이다. 그만큼 은인들에게 신은 그들 삶에 있어서 중심이었다. 상나라 사람들에게 신에 대한 의존은 일상적이었다.

그렇다면 그들이 섬기던 신은 어떤 종류였을까? 상대의 사람들이 늘 염두에 두고 있던 제사의 가장 중요한 대상은 조상신이었다. 이에 속하는 것이 상나라가 만들어지기 이전의 조상인 '선공先公'과 상나라가 만들어진 후 지배한 왕들인 '선왕先王'이다. 상나라 사람들은 이들이 죽은 후 하늘로 올라가 상제의 좌우에 머무는 것으로 믿었다.

상나라 사람들이 제사를 올리거나 모셨던 신에는 다양한 자연신도 포함된다. 그러나 으뜸 신은 제帝였다. 상나라 사람들에게 제는 가장 위력을 갖춘 신으로 여겨졌다. 제는 온갖 신들을 거느린 지고무상의 신으로, 인간사는 물론 자연사를 포함한 천지 만물을 다스리고 주재하는 최고의 신이다.

은대의 제 혹은 상제에 대한 호칭을 보면 대개 초기에는 '제帝'라는 말로만 사용되었고, 말기인 무정武丁 이후에 최고신·지상신至上神을 '상제上帝'로, 조상신인 왕제王帝를 '하제下帝'로 구별하여 불렀다.[372] 상대 초기에는 모든 신들을 지배하는 최고신의 개념이 없었다. 그런데 상제와 같은 최고신 개념이 등장한 것은 상나라 왕들이 통일 왕조를 세운 이후 여러 부족에 대해 자신들의 통치권의 정당화를 위하여 상제라는 유일무이한 최고의 신을 내세우고 숭배함으로써 권력의 정당성을 꾀

372　김승혜, 1990, 47.

한 것으로 보인다.[373] 상 말에 상제라는 개념이 나오고 이를 하늘에 있는 존재라고 보자 땅에 있는 지고의 존재로서 왕도 하제, 제로 호칭하게 되었다. 이를테면 25대 늠신廩辛을 거쳐 경정庚丁에 이르자 왕을 제帝라고 칭하는 경우가 나타났다. 상 말의 대표적인 두 왕의 호칭인 제을帝乙과 제신帝辛은 바로 이를 반영하였다. 『예기』에 의하면, 천자가 죽으면 그 덕을 기리기 위하여 사당에 모시고 신주를 세워 제帝라는 시호를 올렸다.[374] 인왕人王, 정치 지도자를 제라고 하고, 이러한 제에 대응하여 나온 하늘의 제를 상제라 한 것이다.

상대商代의 상제 인식

『서경』의 「상서尚書」에는 상나라 때 천 개념이 사용되었음을 보여주는 여러 사례가 있다. 이를 보기 전에 먼저 이런 의문을 제기할 수 있다. '「상서」가 과연 상대의 실상을 잘 반영하고 있느냐'는 점이다. 사실 「상서」는 상대의 상황을 담고 있지만 상나라 때 기록된 것이 아니다. 서주 이후에 만들어졌다. 「상서」는 주대 이후의 세계관, 주대 이후의 언어를 반영하였다. 그리하여 천을 제나 상제와 같은 맥락으로 썼을 것으로 보인다. 그러므로 「상서」는 일정한 한계점이 있다. 그럼에도 불구하

---

373 윤창준, 2014, 282.

374 "왕이 죽으면 '천왕이 붕하다'라고 하고, 복을 함에는 '천자는 돌아오시오'라고 한다. 국상을 알림에는 '천왕이 승하하시다'라 하고, 태묘에 모시어 신주를 세움에는 '제帝'라고 한다. 崩, 曰天王崩. 復, 曰天子復矣. 告喪, 曰天王登假. 措之廟, 立之主, 曰帝."(『禮記』「曲禮 下」)

고 이를 감안하며 하늘·천·상제가 어떻게 여겨지고 있었는지 몇 가지 예를 보자.

당시 하나라의 걸왕이 포악한 정치를 하며 주색에 빠져 지내자, 지금의 하남성 복양현濮陽縣 일대에 있던 제후국인 곤오씨昆吾氏가 반란을 일으켰다. 이에 탕湯이 직접 도끼를 들고 곤오를 정벌하고 나서 걸왕까지 정벌하고자 하였다. 그러나 박읍亳邑의 사람들이 정벌을 꺼렸다. 이에 탕이 군대를 일으키며 박읍에서 백성들에게 이렇게 말하였다.

"너희들은 이리 와서 모두 내 말을 들어보라. 나 소자小子가 감히 군대를 동원하여 난을 일으키려고 하는 것이 아니다. 하의 걸桀이 죄를 많이 지었기 때문에 천(하늘)이 나에게 명하여 정벌하게 하였다. … 하나라 걸의 죄가 있으므로 나는 상제上帝를 두려워하여 감히 바로잡지 않을 수 없다. … 너희들은 부디 나 한 사람을 도와서 천(하늘)의 벌을 이루도록 하라."375

탕이 하나라 정벌을 위해 군대를 일으키며 사람들에게 한 이 말에 의하면, 탕이 하나라를 정벌하려는 것은 자신의 의지가 아니라 상제의 뜻이다. 즉 하나라를 치는 것은 천의 명, 상제의 명에 의한 것이며 상제의 의지·뜻이기 때문에 피할 수 없다, 불가피하다는 것이다. 여기서 상제는 어떤 존재로 그려지고 있는가? 탕은 하나라 정벌의 정당성을 상

---

375 "格爾衆庶, 悉聽朕言. 非台小子, 敢行稱亂. 有夏多罪, 天命殛之. … 夏氏有罪, 予畏上帝, 不敢不正. … 爾尙輔予一人, 致天之罰."(『書經』「湯誓」)

제에게서 찾는다. 탕에게 상제는 세상사를 감시하고 상벌을 주는 주체, 세상을 두루 다스리는 최고의 존재로 인식되고 있다. 탕은 상제로부터 명을 받는 존재, 그 명을 실천하는 존재일 뿐이다. 한 가지 더 주목할 것은 천과 상제를 동일시하는 경향이다. 갑골문에는 천을 신적 의미로 사용하는 사례가 없었고, 흔히 주대에 들어 천을 신적 의미로 여기는데, 이 기록으로 보면 천은 종교적 의미, 상제와 동일한 의미로 사용되고 있다.

「중훼지고仲虺之誥」에는 좌상左相 중훼가 탕에게 고誥를 지어올린 내용이 이렇게 나온다.

"아! 하늘이 내신 백성들이 욕심이 있어서 군주가 없으면 마침내 혼란하므로, 하늘이 총명한 사람을 내셔서 다스리게 하신 것입니다. 하나라 걸이 덕에 어두워서 백성들이 도탄에 빠지거늘, 하늘이 마침내 왕에게 용맹과 지혜를 내려주시어, 만방에 본보기가 되도록 하여 우禹의 옛일을 잇게 하셨습니다. 이에 그 법을 따라서 천명을 받들어 따르신 것입니다."[376]

이는 신하인 중훼가 군주인 탕의 걸 정벌을 하늘에 근거하여 정당화하는 모습이다. 중훼가 탕의 하 멸망의 합리성을 논증하여 탕이 자

---

376 "嗚呼, 惟天生民有欲, 無主乃亂, 惟天生聰明時乂. 有夏昏德, 民墜塗炭, 天乃錫王勇智, 表正萬邦, 纘禹舊服. 玆率厥典, 奉若天命."(『書經』「仲虺之誥」)

책하는 마음을 풀어주는 이 내용은, 하늘(上天)이 성인을 정해 질서를 세우게 하고 공공의 기본 질서를 유지했다는 것인데, 탕이 바로 하늘이 정한 그 성인으로 그려지고 있다. 하늘이 한 일을 통해 하늘의 성격을 짐작할 수 있는 대목이다.

「탕고湯誥」는 하나라를 정벌하고 박읍亳邑으로 돌아와 이제 막 즉위한 탕이 발표한 담화이다. 이것은 탕이 제후들에게 행한 일종의 훈시이다. 여기에 걸 정벌을 정당화하는 내용이 담겨있다.

> "하늘의 도는 선한 자에게 복을 주고 음탕한 자에게 화禍를 내린다. 하나라에 재앙을 내려 그 죄를 밝히셨다. 그러므로 나 소자는 하늘이 명한 밝은 위엄을 받들어 감히 용서할 수가 없기에 검은 희생犧牲을 바치면서 감히 위의 하늘과 땅의 신께 정성을 다해 고하여 하나라에게 죄를 내릴 것을 청하고, 마침내 원성元聖을 찾아서 그와 더불어 힘을 합해 너희들과 함께 하늘의 뜻을 청하노라."[377]

여기서 우리는 걸의 정복이 하늘의 결정이며 상천의 동의와 지지를 받은 것임을 알 수 있다. 즉 정벌의 당위성을 하늘에서 구하고, 나아가 새로운 정권의 합법성을 하늘에서 찾은 것이다. 여기서 하늘은 인격성을 띤다.

「반경盤庚」도 보자. 다음은 상나라 19대 왕 반경이 홍수 등 때문에

---

377 "天道, 福善禍淫. 降災于夏, 以彰厥罪. 肆台小子, 將天命明威, 不敢赦, 敢用玄牡, 敢昭告于上天神后, 請罪有夏, 聿求元聖, 與之戮力, 以與爾有衆請命."(『書經』「湯誥」)

도읍을 옮긴 후 대신들에게 한 말이다.

"이러므로 상제께서 장차 우리 고후高后(成湯)의 덕을 회복하여 다스림이 우리 국가에 미치게 하시니, 짐은 독실하고 공경하는 신하들과 더불어 공손히 백성의 명을 받들어 이 새 도읍에 영원한 터전을 만들었노라."378

도읍을 옮긴 것이 상제와 결코 무관하지 않음을 말한다. 천도遷都도 상제의 의지가 반영되었다는 것이다.

「이훈伊訓」에는 천명이 덕으로 전환되는 흔적이 나타난다. 「이훈」은 이윤伊尹이 상나라 신임 천자 태갑太甲에게 글을 지어 탕왕의 성덕成德을 말하며 훈계한 내용인데, 여기에 이런 언급이 있다.

"아! 옛날 선대의 임금들이 그 덕을 힘쓰셨기에 하늘의 재앙이 없었으며 산천의 귀신들도 또한 편안하지 않음이 없었으며 새와 짐승·물고기와 자라까지도 모두 순조롭게 자랐습니다. 그 자손 대에 이르러 따르지 않자 황천皇天이 재앙을 내리시어 천명을 받은 우리들에게 손을 빌리셨으니, 공격을 시작함은 명조鳴條로부터이지만 조짐이 시작된 것은 박亳에서부터였습니다. … 상제의 돌보심은 고정된 것이 아니라서 선행을 하면 온갖 상서祥瑞를 내리지만 불선不善하면 온갖 재앙을 내립니다. 작은 덕이라도 하찮게 여기지 않고 실천

---

378 "肆上帝, 將復我高祖之德, 亂越我家. 朕及篤敬, 恭承民命, 用永地于新邑."(『書經』 「盤庚 下」)

한다면 온 세상에 경사가 이어질 것이고 부덕한 일을 큰일이 아니라고 여기면 종사가 무너질 것입니다."[379]

이윤은 태갑에게 상천을 내세우며 탕의 덕치와 선정을 잘 따르기를 말하였다. 그러면서 천명은 변하므로 주의할 것을 말한다. 즉 왕이 덕의 정치를 펴면 상제도 계속 지지하겠지만 집권자가 악정을 펴면 상제는 재난을 내리고 그에 대한 위임도 거둬들인다는 것이다. 그러므로 작은 선일지라도 선을 행해야 하고 작은 악일지라도 악은 하지 말아야 한다. 집권자가 상제의 계속적 지지를 받으려면 덕치, 선정을 펴야한다는 것이다.

이윤이 태갑과 이별하면서 당부한 말을 담은 「함유일덕咸有一德」도 주목할 만하다. 천명은 무상하고 덕성이 정치의 기반이며 집권자의 정치적 근거가 된다는 이런 말이 있다.

"아! 하늘을 믿기 어려운 것은 천명이 고정된 것이 아니기 때문입니다. 덕으로 일관한다면 자리를 보존할 수 있지만, 덕을 일정하게 가지지 못한다면 구주九州가 망할 것입니다. 하나라 왕이 덕으로 일관하지 않고 신神을 업신여기며 백성들에게 포악하자 황천이 보호하지 않으시고 만방을 두루 살펴 천명을 받을 사람을 인도하고자 순수한 덕을 가진 사람을 힘써 찾아, 신을 받드는 주인이 되게 하셨습

379 "嗚呼, 古有夏先后, 方懋厥德, 罔有天災, 山川鬼神, 亦莫不寧, 暨鳥獸魚鼈咸若. 于其子孫弗率, 皇天降災, 假手于我有命, 造攻自鳴條, 朕哉自亳. … 惟上帝不常, 作善降之百祥, 作不善降之百殃. 爾惟德罔小, 萬邦惟慶, 爾惟不德罔大."(『書經』 「伊訓」)

니다. … 하늘이 우리 상나라를 사사로이 도와준 것이 아니라, 하늘이 한결같은 순수한 덕(一德)을 지닌 사람을 도와주신 것입니다. 상나라가 아래 백성들에게 요구한 것이 아니라 백성들이 한결같은 덕에 귀의한 것입니다. 덕이 한결같으면 일마다 길하지 않음이 없고 덕이 한결같지 않으면 일마다 흉하지 않음이 없습니다. 길흉이 어긋나지 않음이 사람에게 달려있다는 것은 하늘이 재앙과 상서를 내리는 것을 덕에 따라 하기 때문입니다."[380]

천명은 무상하니, 항상 덕을 닦아야만 군주의 자리를 보호할 수 있고 덕의 수양을 그만두면 바로 군주의 자리를 잃게 된다는 것이다. 그러면서 탕이 순일한 덕을 갖추었기 때문에 천명을 받아 구주의 백성을 이끌고 걸의 폭정에 대해 혁명을 일으켰으며, 상나라가 걸을 대신한 것은 상천이 우리를 편애해서가 아니라 상천이 순일한 덕을 가진 이를 보살폈기 때문이라며, 정벌의 정당성을 덕에서 찾는다.

이렇듯 『서경』에는 은대의 상제가 어떤 존재였는지를 보여주는 여러 단서가 있다.

---

380 "嗚呼, 天難諶, 命靡常. 常厥德, 保厥位. 厥德匪常, 九有以亡. 夏王弗克庸德, 慢神虐民. 皇天弗保, 監于萬方, 啓迪有命, 眷求一德, 俾作神主. … 非天私我有商, 惟天祐于一德. 非商求于下民, 惟民歸于一德. 德惟一, 動罔不吉, 德二三, 動罔不凶. 惟吉凶不僭在人, 惟天降災祥在德."(『書經』「咸有一德」)

은인들의 상제,
그 권능과 성격

은인들의 눈에 비친 상제

은 왕조가 형성되기 이전 황하 강변에서 사람들은 씨족, 부족을 기준으로 작은 공동체를 이루며 살았다. 그들은 때로는 다른 집단들과 갈등과 경쟁을 하며 통합 및 해체를 맛보기도 하였다. 오랜 시간 그런 과정을 거치며 힘 있는 몇 개의 부족들은 서로 연합하고 동맹을 하여 마침내 나라다운 모습을 갖추었다. 그 전형이 상나라였다.

은족은 주변의 여러 부족을 통일하여 나라를 세운 후 그들이 가졌던 여러 신들도 수용하였다. 은대殷代는 다신多神 사회였다. 은 시대 전체로 보면 상제에 대한 숭배는 물론 조상신이나 자연신에 대한 제사도 있었다.[381] 이러한 경향은 은 시대 후기, 특히 24대 조갑祖甲 이후부터는

---

381 복사에는 상제에게 제사했다는 기록이 없다. 대부분 점문占問은 상제의 의지를 파악하려는 것이다. 그렇다고 은인들이 제에게 제사를 올리지 않았다고 단정할 수는 없을 듯하다. 『서경』에는 지고신으로서 상제의 모습이 나오는데, 상제를 공경하면서 상제를 받드는 의례가 없었다고 하기에는

변화하였다. 즉 은족의 조상신만을 제帝와 결합시키고 조상신 제에 대한 의례가 강화되었다. 상제뿐만 아니라 또 다른 숭배의 대상으로서 조상신과 자연신에 대한 의존을 통해 은인들은 자신들의 원초적인 종교적 심성을 표출하고 발전시켜 나갔다. 다양한 신들이 공존하는 가운데 신들의 위계도 만들어졌는데, 그 지고적 존재는 상제이다. 다양한 신 중 상제上帝가 모든 신들 중 최고·지고의 존재로 간주되었다. 동양 고대 사회 초기부터 나타나는 인간의 제·상제에 대한 숭배, 상제 신앙은 특히 국가적 종교의 원형이라고 할 수 있다.

그렇다면 은 시대 사람들이 받들었던 상제는 어떤 성격, 어떤 권능을 가진 존재였을까?

은대의 상제는 우주 만물의 주재자적 성격을 갖는다. 제 또는 상제는 천상에 있으면서 천지 자연 현상을 지배할 뿐만 아니라 인간사의 모든 일을 주재하는 주재자이다. 비바람이나 구름·번개를 주재하거나, 이를 통해 풍년이 들게 하는 모습이 그 예이다. 갑골문에는 점을 치면서 묻는 다양한 내용이 나오는데, 그 전형적인 예를 들면 이런 것이다. '제帝가 우신雨神에게 비를 내리도록 명령을 내릴까요', '제가 풍신에게 바람이 불도록 명령을 내리실까요', '제가 뇌신에게 천둥번개를 울리도록 명령을 내릴까요', '제께서는 가뭄을 내릴까요', '제께서는 바람을 명하실까요' 등.[382]

뭔가 부족하다.

382 이와 관련한 앞선 연구로는 윤내현, 1988, 14~17; 윤내현, 1974, 38~42쪽; 전호근, 1986, 10~11; 심양근, 2001, 16; 하야시 미나오 지음, 박봉주 옮김,2004, 198~200을 참조하라.『갑골문합집』에는 날씨, 기후, 농사 관련 갑골문이 많은데, 그 점친 내용을 보면 자연 현상을 주재하는 다양

이러한 점占의 내용은 대부분 농사와 관련이 깊다. 은인들은 상제를 비나 바람을 관장하고 재해나 가뭄을 주관하여 농사의 풍흉을 결정하는 존재로 인식하였다. 상제는 삼라만상의 자연을 지배하고 자연계의 질서를 주재한다는 것이다.

갑골문은 상제가 인간사의 모든 문제도 주재함을 보여준다. 이를테면 도읍을 새로 만들거나 전쟁 등에도 상제가 영향력을 행사한다고 보았다. 점을 치며 그들의 관심사가 무엇인지는 다음과 같은 예에서 알 수 있다.

'제께서 이 읍에 종말을 내리실까요', '왕이 읍을 건설하려고 하는데, 제께서는 허락하실까요', '이번 가을에 왕이 방方을 순행하려고 하는데, 제께서는 (보호해 주실까요)', '우리는 마방馬方을 정벌하려고 하는데, 제께서 도움을 주실까요', '제께서는 우리에게 살殺·상傷을 만들까요', '고방을 정벌하려 하는데, 제帝가 우리 상족에게 가호를 내려주실까요.'

은인들의 갑골을 통한 점은 인간이 직접 실현시킬 수 없는 일이나 나라의 대사大事를 앞두고 길흉에 대해 예측하고 상제의 뜻을 파악하기 위한 것이었다.

하늘·상제의 주재성을 파악할 수 있는 실마리는 『서경』에서도 찾을

한 신이 언급되고 있다. 이와 관련한 자료로는 양동숙, 2019; 유원상, 2017; 윤창준, 2014; 임지영, 2014; 데이비드 N. 키틀리 지음, 민후기 옮김, 2008을 참조하라.

수 있다. 앞에서 보았듯이 『서경』에는 이윤伊尹이 성탕이 이룩한 덕을 왕에게 말하는 가운데, '상제의 돌보심은 고정된 것이 아니라서 선행을 하면 온갖 상서祥瑞를 내리지만 불선不善하면 온갖 재앙을 내린다'고 하는 장면이 그려져 있다. 여기서 상제나 천은 판단을 통해 상벌을 내리는 존재였다.

이와 유사한 내용이 『서경』의 다른 부분에도 실려 있다. 『서경』「탕고」에는 탕왕이 하나라를 정벌하고 돌아와 고誥를 지어 천하와 더불어 새 출발함을 밝히는 내용 가운데, '하늘의 도는 선한 자에게 복을 내리고 음탕한 자에게 화를 내린다'는 말이 있다. 이로 보면 하늘은 복이나 화를 내리는 만물의 주재자이다. 『서경』의 이런 하늘 묘사는 하늘·상제가 인간의 행위를 판단하고, 그에 따라 상벌을 내리거나 복과 재앙을 내리는 인간사의 주재자임을 보여 준다.

이것은 상제가 인간의 길흉화복을 관장할 뿐만 아니라 자연의 변화도 주재하는 존재로 인식되었음을 보여준다. 상제는 도읍의 선정, 왕의 순행巡幸, 전쟁, 길흉화복, 질병 등 인사와 관련된 모든 일을 주재한다. 뿐만 아니라 상제는 가뭄, 재해, 비, 바람, 농사의 풍흉과 같은 자연 현상의 주재자이기도 하다.

상제는 인간 세계와 자연계를 주재할 뿐만 아니라 신명 세계도 지배한다. 갑골문에 의하면, 최고신 상제는 위계상 여러 하위 신들을 거느린다. 상제는 네 방위신과 풍신風神, 우신雨神을 비롯한 온갖 신들을 거느리며, 이들 신들은 상제의 명을 따른다.

갑골문에 나타난 상제의 다른 성격은 인격성人格性이다. 즉 제 또는 상제가 인격적 존재로 묘사되고 있다. 위에서 밝힌 주재적 성격 그 자체로 상제는 인간 외부에 존재하는 존재로서 인격성을 함축한다. 신이 인격적 존재란 비록 권능에 있어서는 인간과 차이가 있지만 그 특성이 인간과 같은 존재라는 것이다. 그래서 신은 인간처럼 죽기도 하고 기뻐하기도 하고 슬퍼하고 화낼 줄 아는 그야말로 감정을 가진 존재라는 것이다. 갑골문에 나타난 온갖 점친 내용은 은인들이 상제를 인격적인 지고신으로 여기고 있음을 뒷받침한다. 상제는 온갖 명령을 내림은 물론, 호오好惡의 감정을 지니고 인간사와 자연의 일까지도 주재하는 존재로 그려지고 있다.

뿐만 아니라 상제는 벌을 내리기도 하고 복을 주기도 할 수 있는 자율적 의지를 지닌 존재, 자신의 뜻을 외적으로 표현하는 할 수 있는 존재이기도 하다. 제는 보통은 하늘에서 거처를 둔 천상의 군주이며 죽은 자들의 제왕이지만, 또한 세속 사회의 최고 지배자로서 천하의 인간사를 주재한다.[383] 따라서 상제는 추상적 존재, 비인격적 존재가 아니라, 인간과 마음을 주고받을 수 있고 의지와 감정을 지닌, 그야말로 인간과 닮은 존재이다.

이런 상제는 모든 사람의 마음속을 꿰뚫어 볼 수 있는 앎의 능력을 지녔으며, 인간의 내면에서 발생하는 모든 미미한 현상까지도 놓치지 않고 파악할 수 있는 권능을 갖는다. 하늘이 인간과 사회의 화복을 주관하고 살핀다는 의미도 이런 맥락에서 볼 수 있다. 상제가 만물을 주재하기 때문에 사람들은 상제를 숭앙하기도 하지만, 바로 이렇게 인간의 마음조차 파악하고 영향을 미치기 때문에 또한 인간은 상제를 두려

---

383 앙리 마스페로 저, 김선민 옮김, 1995, 117~118.

워하기도 한다. 그렇다고 상제가 불편부당한 것은 아니다. 왜냐하면 상제의 덕은 지극히 공정하고 지극히 어질고 지극히 의롭기 때문이다.

앞에서 살펴보았듯이 『서경』「탕서」에 의하면, 탕왕이 하를 정벌하는 배경을 '하나라가 죄가 있으므로 나는 상제를 두려워하여 감히 바로잡지 않을 수 없다'고 하여 상제와 관련시킨다. 즉 악을 저지르는 하를 상제가 벌주고자 하는데, 탕왕 자신이 대행하지 않으면 상제가 진노한다는 것이다. 여기서 상제는 전형적으로 인격적 주재자의 모습이다. 이러한 상제 인식은 상나라 때 사람들이 널리 공유하였다.

이를 종합해 볼 때 은인들의 상제는 관념적 추상적 비인격적 존재가 아니었다. 그들에게 상제는 인간을 포함한 천지 만물의 주재자이자 인간처럼 의지와 감정을 표출함은 물론, 상과 벌을 내릴 수 있는 인격적 존재, 모든 신들 중 가장 높은 지고적 존재였다. 상제가 으뜸으로 숭배된 고대 사회에서는 이러한 인격적인 제에 대한 제사가 의례화되면서 예禮가 발생하였고, 이것이 사회적 관습, 규범, 나아가 이데올로기의 형태로 자리 잡혔다. 이른바 상제적 종교성이 세속성으로 확대되고 사회적 규범으로 발전한 것이다.

은 시대의 상제는 서구 기독교의 유일신 하나님과 같은 인격신이다. 하나님이 인격적인 존재라는 확신은 성서와 그 후의 유대교와 그리스도교의 예배 및 신학적 문헌들에 명백하게 나타나 있다. 구약성서에서 하나님은 인격적 존재로 얘기하고 있으며, 선지자들과 시편 작가들도 하나님을 인격적인 존재로 서술하고 있다. 신약성서에도 하나님의 인격적 속성에 대한 똑같은 확신이 예수가 이 세상에서 하나님의 속성을 가장 잘 나타내는 개념으로 지속적으로 사용했던 '아버지'라는 표현에

새겨져 있다.[384]

　기독교의 이러한 하나님은 창조주이자 절대자이다. 그러나 은 시대의 상제는, 비록 인격적 존재라는 측면에서는 그 성격을 같이하지만, 기독교의 하나님과는 다르다. 특히 유일신 하나님이 만물을 창조했고 인간도 빚어냈다는 기독교의 하나님의 창조주에 대한 강조와는 달리, 상제는 특히 만물을 주재하는 주재자라는 측면에 더 무게를 두는 점에서 차이가 있다.[385]

　그런데 특징적인 현상은 은 시대에 인간 사회는 물론 자연계도 모두 주재하는 권능을 가진 상제가 특히 은 왕의 독점물이었다는 점이다. 즉 상제의 의지는 오직 은 왕만을 통하여 세상에 실현된다고 믿어졌으며, 은 왕만이 상제에게 축복을 빌 수 있고, 은 왕만이 점복과 제사, 그리고 그가 바친 희생을 통하여 농사나 목축 또는 사냥 등에서 풍성한 수확과 전쟁의 승리를 얻을 수 있다는 점이다.[386] 이는 자연히 은 왕의 지배력을 강화하고 나아가 왕권을 신권화하는 결과를 가져왔다.

　비록 제帝가 정치상의 의도적인 산물은 아닐지라도, 제의 출현 및 사상은 왕실의 측근이었던 점술가나 무당과 같은 종교 전문가들, 그리고 사료를 담당하던 사史 등과 관계가 있다. 왕족 출신이거나 왕과 밀접

384　존 H. 힉 저, 김희수 옮김, 2000, 26~27.

385　전통적으로 신학은 신神과 피조물과의 관계에 있어서 신이 가진 성격을 신의 속성이라고 하고, 신적 존재는 전능성·전지성을 기본 속성으로 한다고 보았다. 기독교의 하나님은 전형적으로 이런 존재이다. 그러나 동양 사상에서 나타나는 상제와 같은 신적 존재는 전지전능성이나 창조성보다는 오히려 인격성과 만물의 주재성을 근본 속성으로 하는 신들 중의 최고신이었다.

386　이문주, 1989, 10.

한 관계를 맺고 있는 이들은, 왕이 제와의 관계를 독점하게 하였을 뿐만 아니라 왕의 권한을 설득력 있게 만들어 갔다. 중국 고대 자료에 의하면, 최고신 제는 지상의 반려인 통일 제국의 왕과 긴밀한 관계를 유지했음이 분명한데,[387] 그들은 점복을 통해 그 관계를 뒷받침하였다. 왕에 의해 독점된 이러한 권리는 은 말에 이르러 왕의 부패, 왕권의 횡포라는 일탈로 나타났다. 그 전형이 은의 멸망을 가져온 주紂의 방탕이다.

상제와 인간의 관계

인류사를 돌이켜보면 역사는 한편으로는 신과 인간의 관계의 역사였다. 신과 인간의 관계를 어떻게 규정하는지에 따라 인간의 문화는 크게 달랐다. 이를테면 중세 서구는 종교 문화가 여타 모든 사회 제도에도 절대적 영향을 미쳐 독특한 종교 문화 흔적을 남겼고, 인간 중심적인 시대에서는 인간이 신을 내동댕이치고 자연을 착취하는 문화가 절정을 이루었다.

신과 인간의 형식적 관계는 신 중심, 인간 중심, 신인 합일, 신인 분리 등 몇 가지로 범주화할 수 있다. 그 중 은 시대는 전형적인 신 중심의 시대였다. 인류 초기에 만물이 하나이고 조화 상태였던 자연적 관계는, 선사 시대 이후 역사 시대를 거치면서 만물이 분화되는 가운데 신이 출현하고 지배 피지배 관계가 형성되면서 새로운 관계가 구축되어

---

387 벤자민 슈월츠 지음, 나성 옮김, 1996, 61~63.

나갔다. 그리고 그 중심에는 항상 신적 존재가 자리 잡고 있었다. 따라서 신이 중심이 된 사회에서 인간은 항상 주변적일 수밖에 없었다. 신이 중심이 되는 역사에서 인간은 신의 도구이자 신을 위해 살아가는 존재였다. 따라서 신과 수직적 관계를 이루는 것이 전형적이었다. 이러한 신에 대한 사고는 현대 사회에서도 흔하다.

은대 신앙 대상으로서 제는 그 주재적 절대적 성격이 강조되었는데, 그 결과는 인간과의 관계에도 그대로 반영되었다. 천지 만물의 주재자이자 지고신인 제는 주체이고 인간은 객체였다. 객체인 인간은 주체인 제의 그늘을 벗어날 수 없었으며, 객체는 만사를 주체에게 의존하는 존재에 지나지 않았다. 따라서 인간은 주체인 제를 벗어나 인간 스스로의 의지를 표출시킬 여지가 없었다. 이것은 인간이 상제의 뜻에 절대 복종하여야 하는 존재에 지나지 않았다는 것이다. 앞에서 보았듯이 상제는 인간의 생사는 물론이고 각종 길흉화복을 결정하고, 나아가 상벌을 내리는 존재로 여겨졌다. 그러므로 인간은 상제를 늘 경외지심으로 대하고 지성으로 숭배하여야 했고 고개 숙여 일방적으로 기도하여야만 했다. 인간의 최선의 삶은 상제의 욕구를 충족시키고 그의 뜻을 파악하고 그 뜻에 따라 사는 것이었다. 인간이 할 수 있는 일이라곤 신의 뜻을 얼마나 정확하게 파악하고 실천하느냐의 문제였다. 따라서 은인들은 일상적 삶에서 무의지적 피동적 삶을 살 수 밖에 없었다.

은 시대 사람들은 신의 정확한 의지를 파악하기 위해 동물의 뼈를 구워 점을 쳤으며 신에 대한 존숭 의지를 보여주고 교감을 위해 제사와 같은 의례를 만들어 나갔다. 따라서 은대 사람들의 종교적 삶은 지고의 신인 제와 교통하려는 삶이었다고 할 수 있다. 복서는 초월적 존재와 소통하기 위한 수단이었다.[388] 그들은 제사 의례를 통해 조상신과 접하고 조상신을 통해 자신들의 뜻을 제에게 전달하고자 하였으며, 복서·점복을 통해 최고신 제의 뜻을 파악하고 그 가르침에 따라 일상적 삶을 살고자 하였다. 그들은 신의 뜻을 파악하여 신의 뜻대로 살고자 하였고 신의 의지에 적응하고자 하였다. 그러므로 은대의 사람들의 제에 대한 의존은 절대적이었다.

은대 상제 중심주의 사상의 형성 배경

그렇다면 왜 상나라 때 제 또는 상제를 지향하는 종교적 사유가 널리 공유되었을까? 당시에 상제 사상이 형성된 배경은 무엇인가? 그것은 기본적으로 당시 은나라 사람들의 사회적 조건, 즉 그들의 생활 환경과 무관하지 않다.

생활 환경에서 가장 중요한 것의 하나는 날씨이다. 따라서 사람들의 가장 큰 관심사는 기후의 변화와 같은 자연의 변화 그 자체였다. 그리하여 늘 자연의 변화를 예측해야 했고, 특히 급격한 자연의 변화에 대해 두려움을 안고 살아갔다. 이런 문화에서 살아가는 인간은 예측할 수 없는 자연의 변화와 미지의 세계에 대한 두려움을 극복하기 위해 전지전능하다고 믿는 대상으로부터 계시를 받거나, 그에 대한 기도·기원을 통해 자기들이 직면한 현안의 문제들을 풀어나가야 했다.

---

388   이런 맥락에서 보면 복서는 신 본위적 신 중심주의적 행위이다.

일상적 삶이 자연 환경에 절대 의존적이었던 당시 사람들에게 가장 경외적인 것은 일월성신日月星辰이나 우풍한서雨風寒暑와 같은 자연의 변화였는데, 이 자연의 초인적 힘을 통해 신 관념이 형성되었다. 그들은 또한 천지 및 자신을 둘러싸고 발생하는 알 수 없는 수많은 현상도 보이지 않는 절대적 힘, 불가시적인 어떤 요소를 통해 인식하려고 하였다. 따라서 은 시대 사람들은 자연의 변화에서 오는 경이와 두려움을 포함한 만사 만물에 대한 불가지적 현상, 인간의 이해를 벗어난 모든 현상을 신적 존재와 관련시켰다. 그들은 특히 인간의 길흉화복이나 과거·현재·미래를 결정하는 것은 어떤 초자연적 힘을 가진 존재이며, 그런 존재가 실재한다고 믿었다. 이러한 인식은 나아가 인간 사회도 마찬가지로 그런 존재가 주관한다는 인식으로 확대되었다. 그리하여 은 시대 사람들은 다양한 신을 인식하였으며 그러한 신들 중의 지고신을 상제라고 여겼다.

상제 사상이 형성된 다른 배경은 하나라나 상나라가 그들 문화와는 다른 특성을 갖는 동이東夷[389] 집단과 교류하며 동이 집단이 가지고 있던 상제 문화의 전통을 수용하였을 가능성에서 찾을 수 있다. 『후한서』「동이열전」에 따르면 고조선 시대 때 황하 하류 유역에는 아홉의 동이가 있었으며 그들을 구이九夷라 하였다.[390] 부사년傅斯年에 의하면

---

389 "'이夷'의 이름은 여전히 일반 명사이자 집합 명사여서 단일한 민족에 대한 고유명사가 아님이 분명하다."(부사년傅斯年 지음, 정재서 역주, 2011, 269) 상과 주 시대에 이夷는 황하 유역 동쪽에 거주하는 모든 종족을 지칭하였다. 그러나 중국이 통일 된 이후 이夷는 중국 영토 밖의 동쪽에 거주한 사람을 지칭하고, 오랑캐 등 차별시하는 뜻으로 사용되기 시작하였다.

390 『죽서기년』에 "제상帝相 즉위 2년에 황이를 정벌하였다. 제상帝相 7년에 우이가 빈객으로 왔다. 帝相: 二年, 征風及黃夷. 帝相: 七年, 于夷來賓."(『竹書紀年』「帝相」)고 하였고, "제분帝芬 즉

은상殷商과 서주西周 이전 혹은 은상이나 서주와의 동시기에 지금의 산
동성 전 지역과 하남성 동부, 강소성 북부, 안휘성 동북부 전체, 아울러
하북성의 발해 연안 및 바다 건너 요동과 한국의 양안兩岸까지 일체의
지역에 있었던 모든 사람들이 하나의 민족인 것은 아니었다. 경전에 보
이는 태호太皞·소호少皞, 그리고 제령시에서 서주시에 이르는 지역의 모
든 부족과 풍風·영盈·언偃 등의 모든 성씨들을 전부 '이夷'라고 불렀을
것이며, 하 왕조 때 일어난 많은 사건은 바로 이들 이夷 집단과의 충돌
이었다.[391]

이들 동이족의 원시 사회 문화는 같은 시기에 중원에 거주하고 있
던 사람들과 비교해도 결코 낙후되지 않았다. 오히려 문화를 선도하는
지위에 있었을 여지도 있다. 즉 은 시기에 동이족의 세력은 자못 지대
하였다. 비록 춘추 시기 이후에 이르러 동이족이 점차 화하 문화에 융
합되고 말았지만,[392] 은대 은인들이 동이족과 문화를 교류하였다고 보

위 3년에 구이九夷가 내어하였다. 帝芬: 三年, 九夷來御."(『竹書紀年』「帝芬」)고 하였으며, "제설帝
泄 21년에 견이, 백이, 현이, 풍이, □□, 황이에게 명하였다. 帝泄: 二十一年, 命畎夷, 白夷, 玄夷, 風
夷, □□, 黃夷."(『竹書紀年』「帝泄」)고 하였고, "제소강帝少康 2년에 방이가 빈객으로 왔다. 帝少
康: 二年, 方夷來賓."(『竹書紀年』「帝少康」)고도 하였다. 이로 보면 하·상은 이미 견이畎夷, 백이白
夷, 적이赤夷, 현이玄夷, 풍이風夷, 양이陽夷, 황이黃夷, 우이于夷, 방이方夷 등 아홉 동이 족속
들과 접촉하며 관계를 맺고 있었다. 『후한서』「동이열전」에도 '아홉 종의 이족夷族을 말하고 있는
데, 견이畎夷, 우이于夷, 방이方夷, 황이黃夷, 백이白夷, 적이赤夷, 현이玄夷, 풍이風夷, 양이陽
夷이다.'("夷有九種, 曰畎夷, 于夷, 方夷, 黃夷, 白夷, 赤夷, 玄夷, 風夷, 陽夷."(『後漢書』「東夷列傳」))
『죽서기년』과 『後漢書』의 원문은 中國哲學書電子化計劃(Chinese Text Project. https://ctext.org)을
참조하였다.

391 부사년傅斯年 지음, 정재서 역주, 2011, 155. 여러 이족夷族들의 구체적인 성씨에 대해서는 같
   은 책 4장을 참조하라.

392 부사년傅斯年 지음, 정재서 역주, 2011, 255~256 참조.

면 동이족 상제 문화가 은나라로 이식되었을 여지가 충분하다.

그러면 동이는 어떤 문화를 가지고 있었을까? 이들이 상제 문화의 전통을 가지고 있었다는 것은 상나라가 세워지기 훨씬 이전인 서기전 3500년경에 형성된 동이족의 홍산 문화를 통해 알 수 있다. 중국 요령성 조양시 건평현과 능원현의 접경 지역에서 번창했던 신석기 말의 요하 문명은 거기서 발굴된 빗살무늬 토기나 무덤 양식으로 보아 황하 유역의 화하족 문명과는 다르다. 그것은 오히려 발해 연안, 즉 산둥 반도, 요동 반도, 한반도의 유적과 닮았다. 홍산 문화는 한족과는 다른, 동이족의 유산인 것이다.

그런데 20세기 초부터 이곳 홍산에서 많은 유물·유적이 발굴되었다. 약 5,500년 전에 살던 사람들의 정신 세계를 읽을 수 있는 실마리가 드러난 것이다. 그 대표적인 것이, 앞에서 살펴보았던, 하늘을 받들고 하늘에 제사를 올리던 전통을 명백하게 드러내는 원형 제단이다. 이 제천단은 전체 구조가 하늘은 둥글고 땅은 방정하다는, 소위 천원지방天圓地方 사상을 반영하였다. 우하량 제단은 곧 홍산 문화의 사람들이 하늘을 받들던 문화를 가지고 있었음을 뒷받침한다. 하나라나 상나라 사람들은 이들 동이족과 접하면서 그들의 문화를 수용함으로써 화하족의 황하 문명에도 상제를 받들고 모시는 문화를 더욱 광범위하게 형성할 여지가 있었다.

사실 상나라 이전인 순 임금 때 고조선은 이들과 교섭하고 있었다. 이를테면 황하가 범람하여 홍수가 빈번하게 일어나자 순 임금은 치수 사업을 맡아보던 사공司空이었던, 그리고 후에 하나라를 연 우禹를 도산塗山 회의에 참석시켰고, 이때 우가 고조선의 부루 태자로부터 오행치수

법五行治水法이 적힌 금간옥첩金簡玉牒을 받고, 그 비법인 물길을 터주는 방법을 써서 홍수를 해결할 수 있었다고 한다.

　　"재위 67년 갑술(서기전 2267)년에 왕검이 태자 부루扶婁를 보내어 우순虞舜(순 임금)이 보낸 사공司空과 도산塗山에서 만나게 하였다. 태자가 '오행의 원리로 물을 다스리는 법'을 전하였다."[393]

　　고조선은 당시 하나라는 물론 상나라와도 실제 접촉하였다.『단군세기』에 담긴 하나라의 멸망과 상나라의 건국 비사를 보자.

　　"은나라 사람이 하나라를 치자 하나라 왕 걸桀이 구원을 청하였다. 임금께서 읍차邑借 말량末良에게 구환의 병사를 이끌고 전투를 돕게 하셨다. 이에 탕湯이 사신을 보내 사죄하므로 군사를 되돌리라 명하셨다. 이때 걸이 약속을 어기고 군사를 보내어 길을 막고 맹약을 깨뜨리려 하였다. 그리하여 임금께서 마침내 은나라 사람과 함께 걸을 치는 한편, 은밀히 신지臣智 우량于亮을 보내어 견군畎軍을 이끌고 낙랑樂浪 군사와 합세하여 관중의 빈邠·기岐 땅을 점령하여 주둔시키고 관제官制를 설치하였다."[394]

393　"甲戌六十七年, 帝遣太子扶婁, 與虞司空, 會于塗山. 太子傳五行治水之法."(『檀君世紀』)

394　"殷人伐夏, 其主桀請援. 帝以邑借末良, 率九桓之師, 以助戰事. 湯遣使謝罪, 乃命引還. 桀違之, 遣兵遮路, 欲敗禁盟, 遂與殷人伐桀, 密遣臣智于亮, 率畎軍, 合與樂浪, 進據關中邠岐之地而居之, 設官制."(『檀君世紀』)

상나라의 초대 임금인 탕이 하나라 폭군 걸을 정벌하고자 하였을 때 13세 흘달屹達 단군이 처음에는 걸을 지원하였으나 걸의 포악한 정치가 개선되지 않자 결국 탕의 손을 들어 주었다는 것이다.

한편 『도전』에는 이런 상제 문화가 한족漢族에게 전수되었다는 기록이 있다.

"신농의 후손 강태공姜太公은 동방 신교의 일맥一脈을 한족漢族에 전수하고, 병법과 정치로써 천하 만세에 은혜를 베푸니라."[395]

강태공姜太公(서기전 1156~서기전 1017 무렵). (출처: 삼재도회)

이에 의하면, 상제 문화를 한족漢族에게 전한 일등 공신은 무왕을 도와 은나라를 멸망시키고 주나라를 세우는데 일조한 강태공이다. 그러므로 상나라를 무너뜨리고 들어선 주나라 때 하늘·천에 대한 사상이 널리 형성된 것은 고조선의 영향일 가능성이 있다.

은나라 때 상제 사상의 발전은 생활 환경에 따른 문화에서 자연발생적이지만 다른 한편으로는 은 왕조의 정치·사회 구조적 변동에 따른 새로운 질서와 맞물려있다. 즉 은 왕조가 기존의 여러 부족을 통합하여 새로운 질서를 강력하게 유지하기 위해서는 기존의 신들에 대한 재해석과 새로운 신을 제시할 수밖에 없었다. 상제는 은족이 은 왕조를 세움과 동시에 여러 부족들의 종교적 삶을 하나로 통합하기 위해 내세운 최

---

395 『도전』 1:12:4.

고신이었다. 그리하여 은족의 조상신인 동시에 여러 부족의 신들을 통제할 뿐만 아니라 만물을 지배하는 절대적 신으로 부각되었다.

갑골문에 의하면, 현실적 사회 질서는 천지 질서를 주재하는 최고신 제帝의 권능과 권위에 의해 구성되는 세계이다. 은의 지배자들은 자신들의 신성한 권위를 천지 전체를 통치하는 존재로부터 끌어들였다. 상제는 우주의 최고신으로 상정되었다. 이렇게 본다면 은 시대에 제에 대한 사상은 인간 질서에서 제왕이었던 정치 지도자들이 자신의 지배를 뒷받침하기 위해[396] 제를 천지 질서의 지고의 존재, 천지 질서의 주재자로 간주함으로써 형성된 측면도 있다.

원시적 집단 생활에서 왕조라는 대단위 집단 생활로 이행 과정에서 국가 질서의 유지는 조상 숭배나 자연 숭배로부터도 영향을 받을 수 있겠지만 보다 강력한 신권이 더 효과적이다. 문명 세계 안에서 일어나는 왕에 의한 통일 국가의 성립은 신들의 세계 안에서의 최고신, 최고 통치적 존재의 출현과 일치한다. 은 왕조도 그 전형이다. 은 왕조의 질서는 제를 중심으로 하는 상제 신앙과 밀접한 관련이 있었다.

396　은 왕조 말기에 점복 행위는 왕의 의지를 제의 뜻인 것처럼 꾸며주는 형식적인 절차로 전락하기도 하였다.

4장

주대周代의 하늘, 천,
상제

天官冢宰第一　　周禮　鄭氏注

惟王建國　建立也周公居攝而作六典之職謂之周禮營邑於土中七年致政成王以此禮授之使居雒邑治天下司徒職所日日至之景尺有五寸謂之地中天地之所合也四時之所交也風雨之所會也陰陽之所和也然則百物阜安乃建王國焉

辨方正位　辨別也鄭司農云別四方正位謂君臣之位君南面臣北面之屬玄謂正君臣之考工匠人建國水地以縣置槷以縣視以景為規識日出之景與日入之景晝參諸日中之景夜考之極星以正朝夕是別四方召誥曰越三日戊申大保朝至于雒卜宅厥旣得卜則經

周官一

『주례周禮』(사례거황씨총서본士禮居黃氏叢書本).

제·상제에서 하늘·천으로

예禮의 나라 주周

주대의 천 모습은 『시경』이나 『서경』에서 찾을 수 있다. 주 왕조가 건설되기 이전 중국에는 통일 왕조로서 은 왕조가 있었다. '상제上帝'를 최고신으로 받들었던 은 왕조는 그 말기인 서기전 11~10세기경에는 상당한 문화적 발전을 이루고 있었다. 그런데 상나라의 지배 영역을 벗어난 위수渭水와 경수涇水 일대에는 수많은 큰 씨족들이 살고 있었는데, 그 중 가장 유력했던 씨족은 중류의 평원 서부 전역에 걸쳐 있었던 주족周族이었다.

주는 상대商代의 가장 큰 제후 방국이었다.³⁹⁷ 농경 생활을 하던 주족은 은으로부터 위협을 받으면서 그들의 문화를 수용하기도 하고 주

---

397 〈갑골문〉에는 주가 상나라의 제후국임을 보여주는 단서도 있다. "甲午卜, 宁貞. 令周气牛. 多…. 갑오일에 복을 하고 宁이 물었다. 주후周侯로 하여금 소를 구해오도록 명령할까요. 多…."(『합집』 4884) 양동숙, 2019, 221. 또한 주周에서 귀갑龜甲 10편을 들여왔다는 기록도 있다. "周入十: 주에서 귀갑龜甲 10판을 들여왔다."(『합집』 3183 반反) 양동숙, 2019, 505.

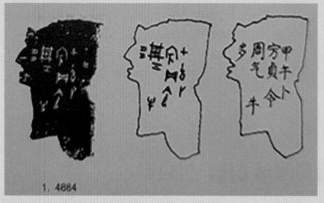

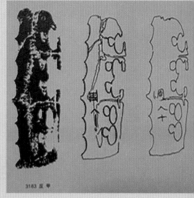

『합집』 4884. (출처: 양동숙, 2019, 220)　　　　　　　　　『합집』 3183 반反. (출처: 양동숙, 2019, 504)

변 부족을 지배해 나갔다. 그리하여 은 말기에 이르러 주족의 세력은 정치·군사적으로 발전하였고 위수와 경수 일대를 석권하는 위협적 세력으로 성장하였다.

　주족이 은 왕조를 공격한 것은 서기전 11세기 중엽이다. 문왕의 아들 무왕은 주족과 주변 부족 세력을 규합한 대군을 형성하여 황하를 도하하고 중원으로 진격하여 은나라를 공격하였다. 서기전 1046년 무렵, 주 무왕은 은의 수도 안양을 점령하고 상을 멸망시켰다. 그리고 현재의 서안西安 장안구 서북의 호鎬에 도읍(鎬京)을 정하고 주 왕조를 열었다. 동이 계통의 은殷나라를 뒤엎고 주족은 서기전 11세기에 주 왕조를 세운 것이다.

　주 왕조는 문왕과 무왕, 그리고 주공에 의해 그야말로 대국으로 열릴 수 있는 길이 마련되었다.[398] 주나라에서 실시한 가장 획기적인 통치

398　제후국이었던 주周의 문왕이 상나라가 어지러운 틈을 타 공격하면서 시작된 전쟁에서 문왕이 전사하자 그의 아들 무왕이 뒤를 이어받았다. 무왕은 하남성 목야牧野 전투에서 주왕紂王을 물리치고 은 왕조를 무너뜨렸다. 무왕은 죽은 주왕의 아들 녹보祿父(武庚)에게 상의 도읍인 은殷을 봉토로 줘서 은나라 유민을 다스리고 제사를 끊어지지 않게 하는 등 종사를 잇게 하였다. 그리고 다

방식은 봉건제封建制라는 것이다. 봉건제는 무왕 이후 주공이 자신의 친척이나 공신, 나아가 새롭게 정복한 나라의 주요 인사, 자신의 지배권 안에 편입된 분족分族에게 땅을 분봉하여 지배하면서 시작된 주나라 고유의 정치·사회 제도이다. 이 때 분봉된 지배자를 제후라 하고 분봉된 땅을 국國(제후국)이라 한다. 제후들은 주 왕실로부터 관직과 영토를 받은 대가로 주 왕실의 천자에게 충성하고,

봉건제封建制. 주 왕조에서 천자, 제후로 대표되는 지배 계급이 주로 혈연적 종법 관계에 따라 하위 신하에게 봉토·관직을 주고, 신하는 그 대가로 군역·공납을 의무로 하던 일종의 지배와 피지배 시스템, 피라밋 통치 구조이다. (출처: https://blog.naver.com)

유사시에는 군사를 동원하여 왕실을 보위한다. 또 매년 규정된 공물과 지방 특산물을 왕실에 바치고, 정사를 보고하기 위하여 황제를 알현하며, 황제를 모시고 종묘에서 시조신에게 제사를 드렸다.

한편 제후들도 국의 군주로서 자신의 가신들을 경·대부로 삼고 자신에게 분봉된 읍邑(都) 땅을 나누어 주었다. 그러면 대부 역시 제후들과 마찬가지로 일정한 범위 안에서 독립적 정치 주권과 경제권을 확보

른 도시들도 일족과 공신들에게 맡기고, 자신은 주의 수도에 그대로 남았다. 그러나 무왕도 오래지 않아 죽었다. 이를 틈타 상나라 제후들이 주에 반기를 들자 무왕의 동생인 단旦, 즉 주공周公이 반란을 진압하였다. 주나라는 태자 송이 새 왕이 되었지만 아직 어려서 주공이 섭정을 하였다. 카렌 암스트롱 지음, 2012, 69 참조.

하면서 제후가 주 황실에 지는 의무를 졌다.[399] 이로 보면 봉건제는 엄격한 위계를 바탕으로 하는 피라미드 구조의 통치 구조이다. 지배와 복종, 지배와 피지배, 주종 관계를 특징으로 하는 불평등 통치 체계이다.

그렇다면 이를 가능하게 한 것은 무엇 때문이었을까? 바로 주나라 사람들은 위로 천자를 모시는 제후들과 아래로 백성들까지를 하나의 커다란 가족이라고 여겼기 때문이다. 가족이 무엇인가. 가족에서 부모가 자식을 사랑 및 보호하고 자녀는 부모에게 효도하는 것은 기본이다. 하늘의 아들인 왕은 나라의 최고 어른이자 모든 제후의 대종大宗이므로 제후는 천자를 어버이처럼 모시고 천자에게 충성해야 한다. 제후는 제후국의 군주이지만 주왕과 관계에서는 소종일 뿐이다. 그러나 경·대부와의 관계에서 보면 제후는 대종이고 경·대부는 소종이다. 그러므로 소종으로서 경·대부는 대종인 제후를 어버이처럼 모시며 자신의 의무와 역할을 다해야만 한다. 궁극적으로 보면 천자는 하늘의 명을 받들어 백성을 자식처럼 사랑하고, 백성은 천자와 제후, 경·대부를 어버이처럼 받들고 모셔야 한다. 봉건제가 혈연 관계를 바탕으로 하는 지배 구조라는 것은 이런 맥락에서이다. 주나라는 이를 담보할 수 있는 수많은 예제를 개발하였으며, 그러한 예를 통해 봉건 질서를 유지하였다. 주나라는 혈연을 바탕으로 국가 질서·사회 질서를 유지하였는데, 이로부터 파생된 일련의 의식과 행위 규범을 '예'로 제도화하였다. 그것을 성문화 한 것이 『주례』에서 볼 수 있는 각종 예제이다. 『주례』에는 그 일환의 하나로 나라의 주요 관직에 대하여 각각의 역할과 그 형식에 대

---

399 이계석, 2019, 15~18.

한 예제가 담겨있다. 『춘추』역시 그렇다. 다산은 "『춘추』는 주나라의 예를 징험할 수 있는 것이니, 주나라의 예를 알고 싶은 자는 『춘추』에서 그것을 고찰하지 않을 수 있겠는가"[400]라 하였다.

그렇다면 봉건제를 바탕으로 하였던 주나라의 당시 제후국은 얼마나 되었을까? 기록에 따라 차이가 있는데 이렇다. 『순자荀子』 「유효儒效」에 의하면, 천하를 널리 제압하여 71국을 세우고 주나라 왕실의 성性인 희姬로만 53개국의 제후를 임명하였다.[401] "무왕이 은나라 주왕을 치고 주나라를 세울 무렵 3,000여 제후국이 있었으나 서주 시기에는 800여 개만 남았다. 그 후 전국 시대에 일곱 나라(전국 칠웅)로 통합되었다가 진한 시기에 통일을 이루었다."[402]

주나라의 봉건 제도는 혈연적 종법 관계를 바탕으로 성립되었기 때문에 개국 초기에는 매우 기능적이었다. 각지에 분봉된 제후들 대부분이 주 왕실의 근친이거나 공신이었으니 그럴 수 있었다. 어떻든 봉건제를 고리로 주나라는 주변 제후국을 적절하게 지배하며 약 300년 가까이 천자의 나라로 체제를 유지하였다. 공자가 서주 시대를 그리워했던 것에서 알 수 있듯이, 주대는 천자의 나라인 주 나라를 중심으로 외형적으로는 안정된 모습을 유지하였다. 그런데 그것이 가능하게 했던 내적 요인의 하나는 온갖 예제禮制때문이었다. 주나라는 한 마디로 예禮를

---

400 "則春秋者, 周禮之所徵也, 欲知周禮者, 其不考之於春秋乎"(『春秋考徵』 「春秋考徵 序」)

401 "온 천하를 통치하며 71개 나라를 세웠는데, 그 중 주나라 왕실과 같은 희성姬性의 나라가 53개였다. 兼制天下, 立七十一國, 姬姓獨居五十三人."(『荀子』 「儒效」) 『순자』 번역은 김학주 옮김, 2008; 신동준 옮김, 2021; 신동준 옮김, 2019를 참조하여 인용 또는 수정·보완하였다.

402 리링李零 외 저, 정호준 역, 2021, 56~57.

통해 질서가 유지되는 예의 나라였다.

그러나 사람들의 행위나 사회 질서를 유지하게 하는 의례나 규범도 한계가 있는 법. 봉건제를 유지하였던 핵심 고리가 약화되면 결과도 달라지기 마련이다. 오랜 시간이 지나면서 주 왕실과 제후 간의 혈연 관계가 약화되자 동족 의식이 약화되는 등의 요인으로 인해 주 왕실의 통치는 점차 이전과 같지 않았다. 시간이 흐르면서 주 왕실이 직면한 가장 큰 문제는 제후국의 힘이 날로 커져가는 것이었다. 제후국의 군사적 정치적 경제적 성장은 곧 주 왕실로부터의 독립, 아니 주 왕실에 대한 도전 요인이 될 수 있었기 때문이다. 서주가 멸망한 것도 바로 이런 배경에서였다.

서주 유왕幽王 때인 서기전 771년, 내부 반란과 이에 합세한 견융犬戎의 침략으로 유왕이 패사되고 호경이 함락되었다. 왕자는 낙읍으로 도망쳤다. 이로 인해 약 300년의 서주 시대(서기전 1046~서기전 771)가 끝났다. 이 사건은 주나라의 분열, 주 왕실의 권위 약화, 봉건제의 쇠퇴, 제후국의 독립 등 다양한 의의를 갖는다. 특히 주나라가 가졌던 천자, 천자국의 위상은 유명무실해졌다.

주대의 '하늘'을 읽을 수 있는 자료, 『시詩』『서書』

『시경』과 『서경』은 주나라 사회를 들여다볼 수 있는 정보 보따리이다. 여기에는 당대를 살았던 사람들의 의식, 정서, 일상적 삶, 정치, 사회 상황, 문화 등을 알 수 있는 온갖 단서가 실려 있다.

『시』는 원래 서기전 11세기부터 서기전 7세기, 즉 서주 초기부터 춘추 초기까지 약 5백 년간 황하 중류에서 살던 사람들의 입에 오르내리던 수많은 시가詩歌를 말한다. 공자가 그 중 권선징악이 될 만한 시가 305편을 택하여 지금과 같은 체재로 시가집을 만들었는데, 후일에 여기에 경經의 의미가 덧붙여져 유교의 근본 경전인 『시경』이 되었다. 『시』는 일찍이 『서』·『역』과 더불어 유교 3경의 하나가 되었고, 후에는 여기에 『예』·『악』·『춘추』 등이 더해져 육경이라 하였다.

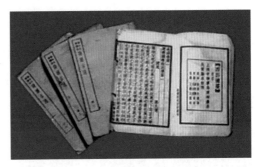

『시경고주詩經古注』. (출처: 위안싱페이袁行霈 저, 장연·김호림 옮김, 2007, 101)

『시경』의 내용은 크게 풍風, 아雅, 송頌 세 가지로 나눌 수 있다. 풍風은 황하 여러 주변국의 민간에 전해지는 노래(민요)이다. 305편의 시가 중 160편이 이에 속하는데, 여기에는 당시의 시대상을 파악할

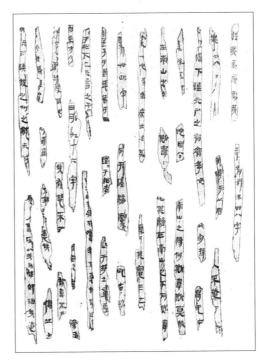

현존하는 최초의 『시경』 사본인 부양한간阜陽漢簡 『시경』 모본摹本. (출처: 위안싱페이袁行霈 저, 장연·김호림 옮김, 2007, 103)

수 있는 시가가 많다. 아雅는 주나라 왕실의 가곡으로 왕을 찬송하거나 자손을 훈계하는 등의 노래 111편으로 이루어졌다. 한편 왕실 등에서 제

사 때 부르던 노래인 송頌은 종교적인 시편詩篇으로 조상을 찬미하는 등 종묘 제사 때 부르던 시가로 40여 편에 이른다. 여기에는 하늘이나 조상에 제사지내는 내용, 제천에 대한 내용도 실려 있다.

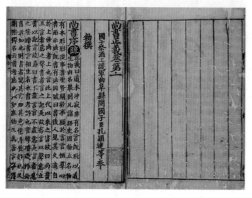

『상서정의尚書正義』(남송 양절동로다염사각본兩浙東路茶鹽司刻本).

『서』는 중국 고대의 정치 사상을 담은 책이다. 곧 정치 문서로 정치적 가르침을 담고 있다. 여기에는 우虞·하夏·상商(殷)·주周 시대 제왕들이 신하들과 나눈 말, 신하들이 제왕들에게 올린 건의, 제왕들의 백성을 향한 말, 전쟁을 앞둔 명령이나 가르침 등 다양한 내용이 기록되어 있다. 『서』는 한나라 때에 들어 『상서尚書』라고 하였고, 이후 송대에 경經이 더하여져 『서경』이라고 부르게 되었다.

『서경』 58편의 내용은 크게 전典·모謨·훈訓·고誥·서誓·명命 등 6가지로 나눌 수 있다. 전典은 후세 사람들이 법칙으로 삼을만한 옛 성왕의 사업에 대한 말이다. 모謨는 신하가 임금을 위해 진술한 천하를 다스리는 방책과 관련한 기록이다. 훈訓은 임금과 신하가 서로 훈계하는 말이고, 고誥는 임금과 신하 혹은 동료들 사이에서 서로 깨우쳐 주는 말이다. 서誓는 군대가 출정할 때 왕·장수가 병졸들에게 훈계하는 말이고, 명命은 윗사람이 아랫사람에게 내린 직무에 대한 명령이다.[403] 그러므로 『서경』을 통해 우리는 역대 제왕들의 정치 사상을 파악할 수 있다.

---

403 금장태, 2000b, 61~62.

그래서였을까? 순자荀子는 『상서』를 '정사政事의 기紀'라 하였고,[404] 공영달孔穎達은 '임금의 사고辭誥, 즉 군주가 내린 명령이나 포고의 법전'이라 하였다.[405] 따라서 『서경』을 통해서도 우리는 그 시대 제왕들의 하늘에 대한 인식을 읽을 수 있다.

그런데 그 중요성에도 불구하고 『시경』이나 『서경』은 진위 여부가 논란거리이다. 그것들이 지어진 시기나 해석에 대한 이견異見이 적지 않고 또 해독하기 어려운 면도 많다. 또 위작으로 의심되는 부분도 있다.[406] 비록 많은 부분이 위작僞作이라는 평가를 받지만 그렇다고 이들을 무시할 수만은 없을 듯하다. 『시경』이나 『서경』의 가치 전체가 부정될 수는 없다.

천, 제帝와 상제를 대체하다

은 왕조의 최고신은 제帝·상제上帝였다. 인격적 성격을 띤 상제는 만물의 주재자였으며 지고적 존재로 만인의 숭배 대상이었다. 그렇다면 주대의 최고 신앙 대상은 무엇이었을까?

---

404 "그런데 서書는 정치에 관한 일을 기록한 것이다. 故書者, 政事之紀也."(『荀子』「勸學」)

405 "무릇 서書라고 하는 것은 임금의 사고지전辭誥之典으로, 우사右史 관이 (임금의) 말씀을 기록한 소중한 책이다. 夫書者, 人君辭誥之典, 右史記言之策."(孔安國 傳, 孔穎達 疏, 『尚書正義』 卷一「尚書序」) 『상서정의』 번역 및 원문은 김동주 역주, 2014를 참조하였다.

406 『서경』은 문제점이 있기도 하다. 김승혜에 의하면, 특히 많은 부분이 고증학적 연구를 통해 위서로 판명되었다. 공자 이전의 사료로 『서경』에서 안전하게 쓸 수 있는 부분은 「대고」, 「강고」, 「주고」, 「재재」, 「소고」, 「낙고」, 「다사」, 「군석」, 「다방」, 「고명」, 「문후지명」, 「비서」 등 12편이다. 김승혜, 2002, 47 참조.

결론부터 말하자면 그것은 바로 천, 하늘이다. 주가 은을 정복하여 주나라가 열리면서 종교 문화에서 변화된 하나의 양상은 천이 은대의 제나 상제를 대신하는 경향이다.[407] 주초에는 상제나 제가 천과 함께 사용되었지만 점차 천이 더 보편적인 개념으로 사용되었다. 상족과 주족의 국가 교체, 그것은 단순한 정치적 변화를 넘어서는 것이었다. 그것은 최고신, 지고신의 교체를 의미한다.[408]

『시경』이나 『서경』에는 당시 사람들의 정신 세계를 읽고 그들의 정신 문화를 들여다 볼 수 있는 '제', '상제', '천' 등의 용어가 많이 나오는데, 이런 용어의 쓰임을 통해서도 그러한 변화를 짐작할 수 있다. 천으로 숭배 대상이 바뀌었음은 주대에 들어 제라는 개념에 비해 천이라는 개념이 얼마나 자주 사용되었는지 그 사용 빈도를 통해 유추할 수 있다.

주대의 문화를 읽을 수 있는 『시경』이나 『서경』에는 상나라 때 많이 사용하였던 제나 상제라는 용어보다 천이라는 용어가 훨씬 자주 등장한다. 유명종에 의하면, 『서경』의 경우 8대 2, 『시경』의 경우 7.7대 2.3의 비율로 천의 개념 사용 빈도가 높다.[409] 그리고 김승혜에 의하면, 『시경』에서 천은 22편의 시에 139번 나오는데, 그 중 23번은 창공의

---

407 "주나라는 여러 면에서 상나라를 그대로 따랐다. … 상나라를 모범으로 삼아 도시를 조직했고, 자연신과 조상을 섬겼으며 신탁을 물었다. 그들은 계속 제를 섬겼지만, 고대 종교에서 흔히 볼 수 있듯이, 제를 '천天'이라고 부르던 자신들의 천신과 합쳤다."(카렌 암스트롱 지음, 정영목 옮김, 2012, 69)

408 윤내현, 1984, 338.

409 유명종, 1996, 500~501. 유명종은 『시경』의 경우 '천'의 사용 빈도가 135회, '제'의 사용 빈도가 41회이며, 『서경』의 경우 '천'의 사용 빈도가 155회, '제'의 사용 빈도가 38회라고 분석하였다.

의미로 쓰이고 나머지 116번은 최고신의 의미를 지닌다. 제나 상제는 40번 나와서 천과 제가 일치하면서도 제가 훨씬 적게 쓰이는 것을 알 수 있다.[410] 이러한 경향은 동주 시기에 가면 더욱 현저하여, 춘추 시기 이후로 최고신의 명칭은 천이 되었다. 이러한 경향은 이경원의 연구에서도 나타나는데, 『서경』의 경우 상제와 천 개념이 13대 87로 천 개념의 사용 빈도가 많다고 한다.[411] '천' 쓰임의 빈도가 '제'나 '상제'보다 훨씬 많았다. 이는 주대에 '천' 개념이 더 보편적이었음을 말한다. 주대의 '천'은 은대의 '상제'를 대신하는 지고신에 대한 새로운 호칭이었다.

은대의 제나 상제에 해당하는 용어가 주대에서는 천天·하늘이었다. 그러나 최고신·인격신으로서 제帝의 개념이 서주 시대에도 일부 사용되었다. 『시경』에 나오는 "상제의 좌우에 계시니라"[412]는 문왕의 신이 하늘에 계시어 한 번 오르고 한 번 내림에 상제上帝의 좌우에 있지 않을 때가 없었다는 것이다. "상제가 이미 명한지라"[413]는 상제의 명이 문왕에게 모였기 때문에 이제 모두 주나라에 복종한다는 것이다. 『시경』에는 "위대하신 상제가 아래를 굽어봄이 심히 밝아서"[414]라는 말도 있다. 그럼에도 불구하고 주대에 이르러 사용된 보편적 신 개념은 제·상제가

---

410   김승혜, 2002, 76. 한편 황상희는 이렇게 밝힌다. "『시경』에는 '제'자가 120여회, '상제'가 32회 나오며, 『서경』에는 '제'자가 43회, '상제'가 24회 나오지만, 『논어』와 『맹자』에는 인용문 이외에는 '상제'라는 단어가 나오지 않는다."(황상희, 2015, 17) H. G. Creel크릴의 견해나 유가 13경에 나오는 상제 등의 자료에 대해서도 앞에서 밝힌바 있다.

411   이경원, 1996, 199.

412   "在帝左右."(『詩經』「文王」)

413   "上帝旣命."(『詩經』「文王」)

414   "皇矣上帝, 臨下有赫."(『詩經』「皇矣」)

아니라 천天, 즉 하늘이다.

주나라 사람들은 제·상제를 상나라의 조상신이자 최고신으로 간주하고 상제 대신 천을 최고신 개념으로 보았다. 은을 정복하고 들어선 주나라에서는 최고신의 개념이 바뀐 것이다. 그리하여 상제나 제라는 말 보다는 천이라는 개념이 훨씬 자주 쓰였다. 물론 주나라 이전에도 천의 개념은 있었다. 그러나 천은 그저 자연적인 것, 즉 우주의 운행이나 기후의 변화, 그 변화를 타고 이루어지는 만물의 생성, 또 그것이 반복 순환을 통해 지속되는 시간의 영원성 등의 의미를 포괄적으로 내포하거나 대표하는 개념 이상의 것은 아니었다.[415] 신적 존재라는 의미는 거의 없었다.[416] 그런데 주 초에 들어 천天이 최고신으로 숭배되었다. 주周 왕조의 등장과 더불어 '상제'에 대한 숭배는 약화되고 신앙 대상으로서 '제'가 '천'으로 대체되어, 천이 최고신·지고신으로 부각된 것이다. 이것은 일종의 신의 혁명이었다.

이를 통해 우리는 『시경』과 『서경』에는 천이라는 개념이 보다 일반적이었으며, 주대에는 천이 보편적인 최고의 신앙 대상이었음을 알 수 있다. 은 시대에 지배적이었던 상제 개념이 약화되고 이를 대신하여 천 개념을 중시하는 새로운 종교 문화의 열림은 신에 대한 사고의 대전환이었다.

그렇다면 왜 주대에 이르러 천이라는 관념이 성립되었을까? 왜 주는 이전의 제가 아닌 천을 최고신으로 숭배 대상 호칭을 바꾸었을까?

---

415   김충열, 1994, 121. 1장 3절에서 필자는 은대 갑골문의 경우 '천天'이라는 말이 '신神'적 의미가 아니라 '크다[大]'나 '머리'라는 의미로 쓰였음을 보여주었다.

416   『시경』「국풍」·「소아」·「대아」에는 자연 대상으로서의 '하늘[天]'이라는 용어가 자주 등장한다.

왜 제에 대한 숭배를 천으로 대체하였을까? 천 신앙이 형성된 배경은 무엇일까?

그 배경은 먼저 정치적 측면에서 찾을 수 있다. 주나라는 은나라 주紂왕을 무너뜨리고 새로운 나라를 세웠는데, 은에 대한 공격과 새로운 왕조의 정당성을 확보해줄 사상적 근거가 필요하였다. 주나라는 그 근거를 바로 최고신 천과 천명 등을 통해 이를 확보하고자 했다.[417] 그리하여 결과적으로 주대에는 지고의 인격신인 천과 그런 하늘의 명[天命], 그리고 천자天子라는 개념을 지배와 권력을 정당화하는 수단으로 활용하였다.

주 왕조는 은 왕조 사람들에게 선민 의식을 심어주고 은 왕조가 최고신으로 숭배한 제를 은 왕조를 지켜주는 보호신으로 인식하였다. 따라서 그들은 어느 특정 왕조만을 위한다고 생각한 제를 의도적으로 폐기 처분하고자 했다. 은 왕조를 정복한 주 왕조는 왕조의 교체를 정당화하고 주족을 대변하는 새로운 최고신, 모든 족속과 사람들을 초월하는 절대적인 존재를 설정할 필요가 있었다. 만물을 지배하는 상제가 그대로 유지되면 은 왕조의 붕괴와 새로운 왕조로서 주 왕조로의 교체는 정당성이 약화될 수밖에 없다. 이에 주 왕조는 어떻게 하든 새로운 왕조 건설의 정당성 이데올로기를 마련해야만 했다. 이러한 배경에서 제·상제를 대신하여 천이 새로운 숭배 대상, 최고의 신앙 대상이 되었다.

주 왕조는 자신들이 정복한 은 왕조 사람들뿐만 아니라 주변국들을 달래고 동화시켜 강력한 국가를 만들기 위해, 어떤 한 씨족의 천이

---

417 이세현, 2000a, 501.

아닌 모든 씨족에게 누구에게나 보편적인 천이라는 새로운 최고신을 내세우고, 그런 천의 절대적 권위를 정치적으로 이용하였다. 하늘의 아들이라는 천자 개념의 발전이나 주나라는 천자인 왕이 새로운 최고신 천, 천명을 받아 건설되었음을 드러내는 것은 그 예이다. 주는 천을 만물과 인간의 사회적 삶에 있어서 중심적 위치에 올려놓고, 그 왕을 천자로 간주하고 천의 명, 즉 천명은 천자를 통해 내려진다는 사상을 발전시켰다.

『서경』「강고康誥」의 기록을 보자.

　　"너의 위대하고 빛나는 아버지 문왕께서는 덕을 밝히고 벌을 삼가셨다. 감히 홀아비와 과부를 업신여기지 않으셨고 등용하여야 할 사람을 등용하고 공경하여야 할 사람을 공경하고 위엄을 보여야 할 사람에게 위엄을 보이시니, 덕이 백성들에게 드러나 비로소 우리 지역의 하夏를 만드셨다. 한두 나라가 다스려지기 시작하여 서토西土의 사람들이 모두 의지하고 받들게 되자 상제에게 알려지니, 상제가 아름답게 여겨, 하늘이 마침내 문왕에게 천명을 내리셨다. 은나라를 쳐서 멸하게 하시므로 그 명을 받드시니, … "[418]

위의 인용문은 성왕 때 주공이 섭정을 하면서 주공의 동생 강숙康叔을 제후로 봉할 때 당부한 말의 일부이다. 이로 보면 하늘은 명을 내리

418　"惟乃丕顯考文王, 克明德慎罰. 不敢侮鰥寡, 庸庸, 祗祗, 威威, 顯民, 用肇造我區夏. 越我一二邦
　　以修, 我西土惟時怙冒, 聞于上帝, 帝休, 天乃大命文王. 殪戎殷, 誕受厥命, … "(『書經』「康誥」)

는 존재이고 주왕은 하늘로부터 명을 받은 존재로 그려지고 있다. 그리하여 주왕은 자신의 모든 행위를 천명이라는 이름으로 정당화할 수 있었다. 은의 정벌 역시 마찬가지였다. 은의 마지막 왕인 주紂 왕이 지배할 당시의 사회적 상황은 사회가 총체적으로 붕괴할 수밖에 없는 상황이었다. 특히 주 왕은 술에 빠지고 여색에 빠져 포학한 행위를 그치지 않았다. 이에 하늘이 가만히 있을 수 없었다. 천명을 내릴 수밖에 없는 상황이었다. 그리하여 상제가 문왕에게 은의 정벌을 명하였으며, 문왕의 아들인 무왕은 문왕의 명을 받고 은왕 주紂를 공격하여 상제의 벌을 현실적으로 집행하였다. 결국 은의 붕괴와 주 왕조의 건설은 천명에 의한 것으로 묘사되고 있다.

주대의 하늘에 대한 인식의 한 가지 특징은 하늘 개념이 더 풍성해졌다는 점이다. 천은 각각 쓰임에 따라 다르게 호칭되었는데, 황천皇天, 호천昊天, 민천旻天, 상천上天, 창천蒼天 등이 바로 그것이다. 주나라 사람들의 입에서는 이런 용어들이 자연스럽게 오르내렸다. 『시경』에는 이 모든 용어가, 『서경』에는 창천을 제외한 모든 용어가, 그리고 『주례』에는 '호천상제'가 등장한다.[419]

그렇다면 이 호칭들의 차이는 무엇일까? 그 쓰임이 어떻게 다를까? 존귀하여 높여서 임금과 같다거나 하늘 높은 곳에 있는 군주라는 뜻으로는 황천皇天이라 하고, 원기元氣가 광대하다거나 끝이 없는 원기라

---

419 "대종백大宗伯의 직분은 국가를 세운 천신과 인귀와 지시에 관한 예를 관장하고 왕을 보좌하여 국가를 편안하게 하는 일을 한다. 길례로써 국가의 인귀와 천신과 지시를 섬기고, 인사禋祀로써 호천상제를 제사지내고, … 大宗伯之職, 掌建邦之天神人鬼地示之禮, 以佐王建保邦國. 以吉禮事邦國之鬼神示, 以禋祀祀昊天上帝, …"(『周禮』「大宗伯」)

는 뜻으로는 호천昊天이라 한다. 백성을 불쌍히 여겨 사랑으로 감싸준다거나 만물의 생장을 돕는 인자한 존재라는 뜻으로는 민천旻天이라 하고, 위에서 아래의 백성을 내려다보며 감시하고 보살피는 신령스러운 존재라는 뜻으로는 상천上天이라 한다. 그리고 멀리서 볼 때 그 색깔이 푸르다는 뜻으로 창천이라고 하였다. 이러한 하늘에 대한 여러 다른 호칭 중 황천, 민천, 상천은 하늘의 인격성과 주재성을, 창천과 호천은 하늘의 자연성을 보여주는 호칭이다.

『시』·『서』에 그려진
주대의 천天 모습

주재자로서의 천

　주대의 천은 어떤 존재일까? 『시』·『서』에 천은 어떻게 그려지고 있
는가? 『시경』이나 『서경』을 보면 하늘은 먼저 자연의 변화를 포함하여
천지의 모든 것을 주재하는 주재자임을 알 수 있다. 『시경』의 예를 들
어 보자. 『시경』「국풍」 160편의 시에서 '천'은 8편의 시에서 17번 나온
다. 대부분은 물질천, 공간으로서 하늘을 말하지만, "하늘의 명이, 아!
그지없이 깊고 원대하여 그치지 않으니, 아! 드러나지 않을까 순수하신
문왕의 덕이여"[420]에서처럼, 주재적 하늘의 모습도 보인다. 여기서 '하
늘의 명'은 바로 '신령스럽고 밝으며 주재하는 하늘의 도道'이다. 문왕을
제사한 이 시는 문왕의 덕이 하늘과 간격이 없음을 말하여 문왕의 덕
의 성대함을 칭찬한 것이다.

---

420 "維天之命, 於穆不已, 於乎不顯, 文王之德之純."(『詩經』「維天之命」)

"하늘이 뭇 백성을 내시니 사물이 있으면 법칙이 있도다. … 하늘이 주나라를 굽어보시니",[421] "하늘이 뭇 백성을 내셨는데"[422] 등에서 하늘은 사람을 포함하여 만물을 낳는 존재이다. 천은 인간을 포함한 만물을 낳는다. 이는 곧 천이 뭇 생명의 궁극 부모임을 말한다.

천은 또한 "천으로부터 명령이 있었으니",[423] "하늘이 우리 군주 안정을 도와"[424]에서 알 수 있듯이, 천명을 내리고 인간에게 복록을 내리기도 한다. 그런가 하면 "하늘이 환란을 내려 우리가 세운 왕을 멸망시키고, 이 해충들을 내려 보내 농사를 모두 망쳤네"[425]에서 볼 수 있듯이, 하늘은 나라를 망하게도 하고 농사를 망치게 하는 벌을 내리기도 한다.

"왕의 일 모두 내 차지인데

정사도 모두 떠 맡기네

바깥일 마치고 들어가니

집안 사람들 돌아가며 다 나를 꾸짖네

아서라 그만두어라

하늘의 뜻이니

말한들 무엇하리"[426]

---

421 "天生烝民, 有物有則. … 天監有周."(『詩經』「烝民」)

422 "天生烝民."(『詩經』「蕩」)

423 "有命自天."(『詩經』「大明」)

424 "天保定爾."(『詩經』「天保」)

425 "天降喪亂, 滅我立王, 降此蟊賊, 稼穡卒痒."(『詩經』「桑柔」)

426 "王事適我, 政事一埤益我. 我入自外, 室人交徧讁我. 已焉哉, 天實爲之, 謂之何哉."(『詩經』

이 시는 자신이 처한 현실을 한탄하며 그것을 초래한 주체가 하늘임을 보여준다. 하늘은 왕조차 책망 받을 무엇인가를 행할 수 있는 존재로 그려지고 있다.

"위대하신 상제께서 세상 보심이 밝으시어 사방 나라를 살펴 백성의 안정을 구하시니",[427] "하늘이 내린 복 받으시니 사방에서 찾아와 하례 하네"[428] 등에서, 하늘과 상제는 모두 주재적 신 관념을 보여준다. 하늘은 만물의 주재자로 인식되고 있다.

『서경』에서도 하늘의 주재성을 엿볼 수 있다. 『서경』의 "하늘이 은나라에 망함을 내려, 은나라는 이미 천명을 실추하였거늘, 우리 주나라가 천명을 이어받았노라",[429] "하늘이 망함을 내리시어",[430] "너희 은나라의 남아 있는 많은 선비들이여! 하늘이 가엽게 여기지 않아 은나라에 망함을 내리시거늘"[431] 등은, 하늘이 만물의 주재자로서 나라를 멸망시키는 재앙도 내리는 존재임을 보여준다.

천·하늘은 이렇게 천지 만물을 주재하고 통치하는 주재적 통치적 존재의 모습을 보인다. 어떤 일이든 그것이 잘 되기 위해서는 일을 처리하는 주재적 존재가 필요하다. 그것을 주재하는 존재가 없으면 일이 제대로 이루어지지 못한다. 천지도 마찬가지이다. 천지가 겉으로 보기에

「北門」)

427 "皇矣上帝, 臨下有赫, 監觀四方, 求民之莫."(『詩經』「皇矣」)

428 "受天之祜, 四方來賀."(『詩經』「下武」)

429 "天降喪于殷, 殷既墜厥命, 我有周既受."(『書經』「君奭」)

430 "天降時喪."(『書經』「多方」)

431 "爾殷遺多士, 弗弔旻天, 大降喪于殷."(『書經』「多士」)

는 그냥 스스로 돌아가는 것 같고 무질서한 것 같지만 그렇지 않다. 천지가 돌아가고 만물이 생기고 변화하는 데에는 어떤 이치가 있고 질서가 있다. 이것을 가능하게 하는 자가 주재자이다. 그러므로 천지 만물의 생김과 변화에는 주재자가 절대적으로 필요하다. 하늘은 어떤 원리에 따라 만물을 주재하고 다스리는 주재자인 것이다.

이처럼 천은 인간의 삶에 절대적으로 중요한 기후·날씨 등 계절의 변화, 자연의 변화를 주재하는 존재를 넘어, 인간 사회의 모든 것도 주재 및 통치하는 최고신·지고신이다. 이러한 모습은 모두 천이 천지 자연과 인간의 만사를 주재하고 특히 인간의 생사, 길흉화복, 복록을 결정하는 절대적 권위를 갖춘 존재임을 말하고 있다.

인격적 존재로서의 천

천은 또한 인격적 존재이다. 즉 천은 인간과 닮은 모습을 하고 있다. 천은 인간처럼 말하고 행동하며 자신의 의지를 내보이기도 한다. 뿐만 아니라 천은 인간처럼 현실적인 욕구나 욕망, 감정도 갖는다. 천은 명을 통해 인간에게 자신의 의지를 적극 표현하는데, 그런 천명의 수용 여부는 인간의 생사는 물론 길흉화복에 절대적 영향을 미친다.

『시경』을 보자. 「문왕」 편에 "상천의 일은 소리도 없고 냄새도 없거니와"[432]라는 말이 있다. 이는 하늘이 하는 일은 감각적 경험 대상이

---

432 "上天之載, 無聲無臭."(『詩經』「文王」)

아님을 말한다. 그렇다고 천이 귀 먹고 눈 먼 존재일까? 아니다. 천은 모든 것을 알고 듣고 볼 수 있는 존재이다. 이를 뒷받침할 수 있는 말을 「소명小明」의 대부大夫가 난세에 벼슬함을 뉘우치는 시詩에서 읽을 수 있는데, 이를테면 "명명하신 상천이 아래 땅을 비추고 굽어 보시네"[433]가 바로 그 예이다.

또 「판板」에서는 천의 모습을 이렇게 묘사한다.

"호천의 굽어보심 매우 밝으시어 그대 밖에 나가도 환히 알며, 호천의 살피심이 매우 밝아 그대 방종함도 환히 안다네."[434]

이는 천이 비록 사람과 같이 눈으로 보고 귀로 듣는 것은 아니지만, 저 높은 하늘에 초월적으로 존재하면서 모든 것을 듣지 않고 보지 않음이 없는 존재임을 말한다. 이로 보면 결국 천은 인간과는 다르지만 의지와 감정, 지각을 갖춘 인격적 존재일 수밖에 없다.

「판」의 다른 시도 보자.

"상제가 떳떳한 도리(常道)를 뒤집으므로

아래 백성들이 다 병들었는데

…

하늘이 재난을 내리시니

---

433 "明明上天, 照臨下土."(『詩經』「小明」)

434 "昊天曰明, 及爾出王, 昊天曰旦, 及爾游衍."(『詩經』「板」)

...

하늘이 포악하시니

...

하늘이 진노하시니"[435]

이는 범백凡伯이라는 범나라 군주가 려왕厲王을 풍자한 시의 일부인데, 여기에서 상제·하늘을 묘사하는 내용은 모두 상제·하늘을 인격적 존재로 그리고 있다.

『시경』「운한雲漢」을 보자.

"저 높은 하늘의 은하수여

하늘에서 빛나며 도는구나

왕이 말씀하시네 아! 슬프다

지금 백성에게 무슨 죄가 있는가

하늘이 저렇게 재앙을 내리어

거듭거듭 흉년이 들게 하는구나

모든 신들께 제사를 지내며

희생제물 아까워하지 아니하고

예물 옥도 다 올렸거늘

어찌하여 우리 소원 들어주지 아니 하시는가

가뭄이 이리도 심하여

---

435   "上帝板板, 下民卒癉, … 天之方難, … 天之方虐, … 天之方懠,"(『詩經』「板」)

불볕에 숨이 막히니

계속해서 제사 올려

하늘 제사 선조 제사

위 아래 제사 예물

모든 신을 존경하니

후직后稷도 감당 못하고

상제도 강림 못하네

이 땅 망치는 재앙이

어이 나에게서 입니까

가뭄이 너무 심해

견뎌낼 수가 없네

…

호천상제가 내 마음을 헤
아려주지 않으시는구나"⁴³⁶

이 시는 주나라의 잉숙仍叔이
라는 사람이 여왕厲王을 이어 즉
위한 선왕宣王을 찬미하기 위해 지
은 시이다. 반복되는 가뭄과 기근
의 어려운 상황으로부터 벗어나

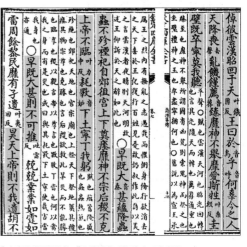

『시경집전詩經集傳』「운한雲漢」(흠정사고전서본).

---

436 "倬彼雲漢, 昭回于天. 王曰於乎, 何辜今之人. 天降喪亂, 饑饉薦臻, 靡神不擧, 靡愛斯牲, 圭璧既
卒, 寧莫我聽. 旱既大甚, 蘊隆蟲蟲, 不殄禋祀, 自郊徂宮, 上下奠瘞, 靡神不宗, 后稷不克, 上帝不臨.
耗斁下土, 寧丁我躬. 旱既大甚, 則不可推. … 昊天上帝 則不我遺."(『詩經』「雲漢」)

려고 왕이 모든 것을 바쳐 신들에게 제사를 지냈지만 모든 것이 허사였고, 오히려 인간에게 죽음과 혼란을 내리는 것은 물론, 재앙으로부터 인간을 구원해줄 상제도 강림하지 않았음을 노래하고 있다. 그런데 이 시에 나오는 천은 물론 자연으로서의 하늘을 의미하는 것도 있지만, 어떤 천의 쓰임은 인간처럼 의지나 감정을 지닌, 그리하여 죽음과 혼란과 같은 벌을 내리기도 하는 존재이다. 즉 천이나 호천상제는 인간사는 물론 자연도 주재하는 인격적 존재로 그려지고 있다.

이제 『서경』에서 하늘의 모습을 보자. 다음은 「태서泰誓」의 내용이다.

『서경대전書經大全』「태서泰誓 상上」(흠정사고전서본).

"지금 상나라 왕 수受가 상천上天을 공경하지 않음으로써 아래로 백성에게 재앙을 내리게 하고 있다. … 상나라의 죄가 두루 가득하여 하늘이 명하여 치게 하시니, 내가 하늘을 따르지 않으면 그 죄가 같을 것이다. 나 소자는 … 너희 무리를 데리고 하늘의 벌을 이루고자 한다."[437]

주나라 무왕이 상나라를 정벌할 때 하수河水를 건너기 전에 군사들에게 한 이 말에서 하늘은 상벌을 주재하는 인격신이다.

---

437 "今商王受, 弗敬上天, 降災下民. … 商罪貫盈, 天命誅之, 予弗順天, 厥罪惟鈞. 予小子 … 以爾有衆, 底天之罰."(『書經』「泰誓 上」)

한편 「태서」에는 상나라 왕 수受가 위로는 하늘을 끊고 아래로는 백성들에게 원망을 맺고 있다며, 무왕이 한 말이 나온다.

"이에 상제가 순하게 여기지 않으시어 단연코 이 망함을 내리셨다. 너희들은 부지런히 힘써서 나 한 사람을 받들어 공경하게 하늘의 벌을 행하라."[438]

임금이 하늘을 공경하지 않으면 그 재앙이 백성들에게 미치게 되며, 제사로 하늘을 섬기지 않으면 하늘이 진노하여 재앙과 징벌을 내린다고 한다. 하늘·상제는 인격적 존재임에 틀림없다.

이러한 『시경』·『서경』에 나타난 자료를 통해 볼 때 하늘은 천지 만물의 주재자이며, 특히 인간 사회의 모든 일을 주재하는 지고무상至高無上의 최고신으로 인격적 존재임을 알 수 있다. 그런데 『시』·『서』에서 보이는 하늘의 인격적 성격은 사서四書로 가면 거의 사라진다. 즉 사서에서 천·하늘은 인격적 존재로 보다는 초월적 근원, 감각적 지각의 대상을 넘어서 존재의 원리나 법칙으로서의 성격이 강해진다.

주재성, 인격성에 이어 하늘은 또한 외재적 존재로 여겨진다. 특히 인간과의 관계에서 천은 외재성을 특징으로 한다. 이는 천이 결코 인간에게 내재적인 신이 아니라 인간의 마음 밖에 있는 외재적 존재라는 것이다. 즉 상제는 초월적 존재이다. 사실 천의 이러한 성격은 은 시대 제帝의 성격과 큰 차이가 없다. 그 성격이나 권능으로 볼 때 제와 천은 서

---

438 "上帝弗順, 祝降時喪. 爾其孜孜, 奉予一人, 恭行天罰."(『書經』「泰誓 下」)

로 다른 존재가 아니라 같은 존재의 서로 다른 호칭이다.

서주 시대 천(하늘)은 은대의 제帝(상제)와 어떤 또 다른 특징이 있을까? 주의 천은 비록 주재적 성격도 있었지만 그렇다고 은의 제처럼 전지전능하고 인간에게 일방적으로 절대적 영향을 미치는 존재가 아니라는 측면에서 제와 차이가 있다. 즉 천은 천의 독점적 의지를 중요시하는 경향에서 벗어나, 오히려 천의 뜻은 민의民意에 의해 결정된다는 식으로 바뀌어 그 위상이 점차 변하고 있었다. 따라서 주대를 통해 천은 점차 종교적 신적 존재의 성격을 약화시키고 있었다고 할 수 있다. 그런데 김충열은 은과 주를 각각 유목민과 농경민으로 특징지으며, 이런 특성이 은의 제帝와 주의 천天이 상이한 성격을 낳은 것으로 간주한다. 즉 "제는 유목 문화의 소산으로 권위적 종교라는 의미를 지니지만, 천은 자연주의적인 농경 문화의 소산으로 개방된 '자연'이라는 의미를 갖는다. 제는 종교적 권능을 갖기 때문에 이것은 특수한 사람에게 계시하거나 또한 그 특수한 사람의 기구에 의해 차별된 명령을 내리는 존재이고, 이런 이유 때문에 제 개념은 폐쇄적이고 직계적이며 신비적이고 위압적인 모습을 띠어, 그것을 지키기 위해 자기 부족을 종교적으로 조직하고 자기 부족을 위하여 타 부족을 배타 또는 정복하는 문화 형태로 나타났다는 것이다. 이에 비해 천은 자연 현상과 그것의 운행 및 순환 생성의 상징으로서 누구에게나 공평한 공능을 베푼다. 천 개념은 보편적이고 사회적이고 윤리적이며 인간의 삶에서 도덕적 평화 공존과 성실로 존재한다. 은이 초기에 강대한 조직과 힘을 갖추고 이웃 부족을 정복할 수 있었던 것은 바로 제가 지니는 이러한 종교 문화적 특성 때문이었다."[439]

은대의 상제가 주대에 이르러 이렇게 천으로 대체되면서 나타난 가장 특징적 변화는 민의民意를 하늘의 뜻으로 여긴다는 것이다. 은대에 왕은 점복을 행하기도 한 제정일치적 인물이었다. 왕은 상제의 의지만 받들며 상제를 향한 삶을 살았다. 상제의 의지로 내세우며 정치 역시 겉으로 보기에 신의 뜻을 따르는 정치를 하였다. 주나라는 달랐다. 주나라 사람들은 하늘의 뜻이 백성들을 통해 드러난다고 여겼다. "하늘의 보심은 우리 백성의 봄으로부터 하시며, 하늘의 들으심은 우리 백성의 들음으로부터 하신다",[440] 즉 하늘이 보고 듣는 것이 다 백성으로부터 한다는 『서경』의 말이 이를 뒷받침한다. 하늘은 백성의 뜻을 중시한다. 하늘의 뜻은 민의를 통해 드러난다.

그러므로 주대에는 하늘의 아들, 즉 천자天子라는 새로운 개념을 통해 왕권을 정당화하고 강화하였다. 천자는 곧 하늘의 뜻을 따르고 집행하며, 하늘의 의지를 이 땅에 실현하는 이 세상의 최고 지도자였다. 군주는 이러한 천자 사상을 통해 자신의 정치적 행위를 정당화하고 모든 세속의 것을 지배할 수 있었다.

이러한 하늘에 대한 인식 변화는 물론 주가 은 왕조를 무너뜨리는 행위를 정당화하기 위한 맥락에서 자신들의 은 왕조 파멸을 정당화하기 위한 논리일 수 있다.

439　김충열, 1994, 123.

440　"天視自我民視, 天聽自我民聽."(『書經』「泰誓 中」)

3

주周의 제도화된 하늘 제사

『주례』와 『예기』가 보여주는 하늘을 받든 단서

"아! 우리 서쪽 땅의 군자여. 하늘에는 드러난 도가 있으며 의리가 매우 밝은데, 이제 상나라 왕인 수受가 오상五常을 함부로 업신여기며 돌보지 않고 게을리 하고 공경하지 않아 스스로 하늘과 끊어지게 하였으며, 백성에게 원망을 맺었다. 아침에 물을 건너는 사람의 다리를 자르고 어진 사람의 심장을 도려내며 포학하게 살육함으로써, 천하에 해독을 끼쳐 병들게 하였다. 간사하고 사악함을 높이며 믿고, 사보師保를 내쫓고 법과 형벌을 내버리며, 바른 선비를 가두어 죄수가 되게 하였다. 교와 하늘 제사와 땅 제사, 사직 제사를 지내지 않고 종묘에 제사를 지내지 않았다. 기이한 재주와 음란한 기예를 부려서 부인을 기쁘게 하였다. 이에 상제가 순하게 여기지 않아 단연코 이 망함을 내렸으니, 너희는 부지런히 힘써서 나 한 사람을 받들어 하늘의 벌을 공경히 행하라."[441]

이는 주 무왕이 은나라를 정벌하기 위해 모인 군사들에게 왜 자신이 은殷을 정벌할 수밖에 없는지를 말하며 모두 하늘의 명을 잘 이행하라는 연설의 일부이다. 은나라 왕의 가장 큰 잘못은 하늘에 제사를 지내지 않고 결과적으로 하늘을 공경하지 않은 것이다. 비록 주의 은 정벌을 정당화하는 한 요소이지만, 주나라가 하늘 제사를 매우 중시하였음을 보여주는 작은 실마리이다.

『서경』「태서」 등에는 주나라 시대에 성 밖 교외에서 하늘에 제사하는 교사郊祀가 행해진 기록이 있다. 또 『시경』「호천유성명昊天有成命」에는 천, 즉 상제에게 교사하는 시가 있다.[442]

주대에 하늘·호천상제에게 제사를 올린 예가 제도화되었음은 『주례』에 나타난 관직을 통해서 알 수 있다. 제사와 관련된 온갖 제도가 체계적으로 마련된 것이다. 『주례』에는 주나라의 모든 관직 이름과 그들이 맡은 일이 기록되어 있다. 이에 의하면, 주나라의 직제는 크게 천관天官(이조),

『주례周禮』(사례거황씨충서본士禮居黃氏叢書本).

---

441 "嗚呼. 我西土君子. 天有顯道, 厥類惟彰, 今商王受, 狎侮五常, 荒怠弗敬, 自絕于天, 結怨于民. 斮朝涉之脛, 剖賢人之心, 作威殺戮, 毒痛四海. 崇信奸回, 放黜師保, 屏棄典刑, 囚奴正士. 郊社不修, 宗廟不享, 作奇技淫巧以悅婦人. 上帝弗順, 祝降時喪, 爾其孜孜, 奉予一人, 恭行天罰."(『書經』「泰誓 下」)

442 『시경집전』에 의하면 「호천유성명昊天有成命」이 무왕의 아들인 성왕을 제사한 시라고 하기도 하지만, 그것은 천지에 제사하는 시로 여겨지기도 한다.

지관地官(호조), 춘관春官(예조), 하관夏官(병조), 추관秋官(형조), 동관冬官(공조)의 6관六官으로 분류된다. 국정, 교육, 예법, 군정, 형벌, 토목을 관장하는 이들 6관 아래에는 각 관직과 관장하는 직무, 나아가 하위 관직과 직무가 기록되어 있다. 구체적으로 보면 천관 편에 대재大宰 이하 63관직, 지관 편에 대사도大司徒 이하 78관직, 춘관 편에 대종백 이하 69관직, 하관 편에 대사마 이하 67관직, 추관 편에 대사구 이하 64관직, 그리고 동관 편에 수인이하 31관직 등 총 372관직이 있었다.

6관의 하나인 춘관은 예법과 제사 및 악樂 등의 일을 관장하던 부서인데, 그 우두머리를 대종백大宗伯이라 한다. 조선 시대로 말하면 대종백은 예조 판서에 해당한다. 길례뿐만 아니라 흉례, 군례, 가례 등도 관장하는 춘관에는 69개 관직이 있었으며, 그 아래에도 많은 관직과 인원이 있었다.

그렇다면 대종백은 구체적으로 어떤 일을 하였을까? 『주례』에는 대종백에 대해 이렇게 기록되어 있다.

"대종백의 직분은 왕도王都의 천신天神과 인귀人鬼와 지시地示에 관한 예禮를 관장하고 왕을 보좌하여 국가를 편안하게 하는 일을 한다."443

대종백은 한마디로 국가의 모든 예를 관장하는 최고 책임자이다. 그리하여 하늘에 대한 예인 길례吉禮로써 호천상제에게 제사를 올리는 예

---

443 "大宗伯之職, 掌建邦之天神人鬼地示之禮, 以佐王建保邦國."(『周禮』「大宗伯」)

도 담당하였다.

『주례』에는 대종백 산하의 관리들 수와 각 관직을 맡은 사람들이
하는 일이 자세하게 기록되어 있다. 당연히 하늘에 제사를 올릴 때에
도 어떤 관직에 있는 어떤 사람이 어떤 일을 해야 하는지 역할 내용도
들어있다. 주나라 때 하늘에 대한 제사를 가장 높였을 뿐만 아니라 하
늘에 대한 제사를 올릴 때 역할이 자세하게 분화된 것으로 보아, 호천
상제에 대한 제사가 매우 제도화된 것으로 보인다.

이제 주대에 하늘에 대한 제사가 어떻게 이루어졌는지를 『주례』와
『예기』를 통해 알아보자. 제사와 관련된 각종 규정은 제사 대상이 되는
신의 성격과 신에게 제사를 올리는 사람, 즉 제주의 위상에 따라 다르
다. 이를 테면 상제에게 올리는 제사는 조상신에게 올리는 제사와 다르
고, 제사의 주체인 헌관이 어떤 사람이냐, 즉 천자, 제후, 대부, 사士에
따라 제물이나 제기 등이 달라진다.

천자는 하늘과 땅에 제사지낸다. 『주례』「대종백」에 의하면, 주나라
에서 길례의 으뜸 제사 대상은 『시경』·『서경』·『주례』를 통해 읽을 수
있듯이 천, 상제, 호천상제 등 다양하게 호칭된다. 그러나 이는 모두 동
일한 지상至上의 신격이다.

그렇다면 천·상제에게 올리는 제사 방식은 어떤 것이었을까? 하늘
높이 있는 호천상제에 대한 제사 방식은 인사禋祀였다.[444] 즉 불을 피우
고 그 위에 제물을 올려놓아 연기를 피워 그 연기가 하늘에 이르도록
올리는 방식을 통해 이루어졌다. 『주례』「대종백」에는 이런 제사를 희

---

444 "인사로써 호천상제에게 제사지낸다. 以禋祀昊天上帝."(『周禮』「大宗伯」)

생물을 땔감 위에 올려두고 불을 피워서 하늘로 올라가는 연기로 신들에게 흠향시키는 것으로 말하고 있다. 한편 『예기』에서 크고 평평한 제단에서 장작불을 피우는 것은 하늘에 제사를 지내는 것이라 하였는데, 이른바 번시燔柴이다.[445] 『주례』의 인사나 『예기』의 번시는 크게 다르지 않다. 희생이든 나무든 그것을 쌓아놓고 태워 연기가 하늘로 올라가도록 한다는 점은 같다.

그러면 하늘에 대한 제사는 어디서, 언제, 어떻게 이루어졌을까? 『예기』를 통해 우리는 그 답을 얻을 수 있다.

먼저 하늘에 높이 계신 상제에게 올리는 제사는 성 밖의 교외에서 흔히 이루어졌다. 이를 흔히 교사郊祀, 교제郊祭라고 한다. 『사기』 「봉선서」는 『주례』의 기록이라며, "동지가 되면 남쪽 교외에서 천신에게 제사를 올리고 길어지는 해가 떠오르는 것을 맞이했다. 하지가 되면 지신에게 제사지냈다"[446]고 하였다. 『예기』는 "좋은 땅을 인연하여 교외에서 상제에게 제향을 드리니, … 상제에게 제향을 드리므로 바람과 비가 조절하고 추위와 더위가 때를 맞추나니",[447] "교외에서 상제에게 제사 지냄에는 공경을 지극히 하는 것이다"[448]라 하였다.

이는 상제에게 제사 지냄이 교외에서 이루어졌음을 밝힌 것이다. 제천의 전형적 형식의 하나인 교郊 제사란 도읍의 교외에 원구단을 만들어 상제에게 올린 제사를 말한다. 『예기』 「제의祭義」도 천에 두루 보답

---

445 "燔柴於泰壇, 祭天也."(『禮記』 「祭法」)

446 "冬日至, 祀天於南郊, 迎長日之至. 夏日至, 祭地祇."(『史記』 「封禪書」)

447 "因吉土以饗帝于郊, … 饗帝于郊 而風雨節 寒暑時."(『禮記』 「禮器」)

448 "祀帝於郊, 敬之至也."(『禮記』 「禮器」)

하는 제사가 교에서 이루어졌음을 뒷받침한다.[449]

　상제에게 제사는 국성國城에서 50리 내지 100리 떨어진 교외에서 이루어졌다. 왜 교외에서 이루어졌는가? 이곳은 세속과 분리된 곳, 사람의 손길이 미치지 않은 자연 공간으로 인식되었기 때문이다. 제사는 이렇게 신성하고 상서로운 곳에서 올리는 것이 좋다고 여겨졌다. 또한 "교외에서 하늘에 제사를 지내는 이유는 해가 길어지게 됨을 맞이하기 위해서이다"[450]라 한 것에서 알 수 있듯이, 해가 오래 떠 있는 낮 시간이 긴 곳을 택했기 때문이다. 『예기』는 "남쪽 교외에 제단을 정함은 양의 방위에 따르기 때문이다"[451]라 하여, 교제가 밝은 낮에 남쪽 교외에서 거행되었음도 밝힌다.

　이로 보면 교 제사는 하늘이 하는 큰일에 대하여 보답하고 해가 길어지게 됨을 맞이하는 것을 위주로 남쪽 교외에서 이루어졌다. 그러나 이것이 불문율인 것은 아니었다. 왜냐하면 교 제사란 방위에 따라 정해진 고정 불변이 아니라, 어느 방위에서든 교외에서 한다는데 초점이 있기 때문이다.

　그런데 중국 고대에서 교제를 지낸 시간은 역사적으로 차이가 있다.

　"교외의 제향에는 상제님께 크게 보답하되 태양을 주장하고 달로써 배향하나니 하나라 왕조는 그 밤에 제향 지내고, 은나라는 그

449　"교 제사는 천에 두루 보답하는 것이다. 郊之祭大報天."(『禮記』「祭義」)

450　"兆於南郊, 就陽位也."(『禮記』「郊特牲」)

451　"郊之祭也, 迎長日之至也."(『禮記』「郊特牲」)

한 낮에 제향 지내고, 주나라 사람은 낮에 제향 지내되 아침으로부 터 밤이 미칠 때까지 제향 지내니라."452

이는 교제의 역사적 변화를 기술한 것이다. 만물의 생성·변화는 천도의 운행에 기인한다. 그런 현상에 가장 큰 영향을 미치는 것은 무엇인가? 바로 해와 달이다. 그러므로 교외에서 상제에게 제향을 지냄에 태양을 주장하고 달을 짝하여 하늘의 은덕에 보답하는 것이다. 하나라에서는 검은 색을 숭상하여 어두운 밤에 교제를 지내고, 은나라는 흰백색을 숭상하여 한낮에 교제를 지내며, 주나라는 붉은 적색을 숭상하여 붉은 해가 뜨는 아침부터 저녁까지 교제를 지냈다.

한편 하늘 제사에 음악을 나누어서 쓰는데, 『주례』「대사악大司樂」에 이런 기록이 있다.

"동지날에 지상의 원구圜丘에 이르러 연주한다. 만약 음악이 6번 변화를 가져오면 천신이 다 하강하는 만족함을 얻어서 예를 이룬 것이다."453

이는 제사는 동지에 거행하였고, 이 때 6가지 음악이 사용되었음을 말한다. 『예기』도 주나라의 교제가 동지에 행해졌음을 뒷받침한다.

---

452 "郊之祭, 大報天而主日, 配以月, 夏后氏祭其闇, 殷人祭其陽, 周人祭日, 以朝及闇."(『禮記』「祭義」)
453 "冬日至, 于地上之圜丘奏之, 若樂六変, 則天神皆降, 可得而礼矣."(『周禮』「大司樂」)

"교 제사는 신辛자가 들어가는 날을 이용해서 치른다. 주나라에서 교 제사를 지낼 때에는 그 날짜를 동지로 정했다."454

이는 무엇을 의미하는가. 주나라에서 처음으로 교 제사를 지냈을 때에는 동지에 지냈는데, 때마침 그 날이 신辛자가 들어가는 날이었고, 그 이후로부터는 동지 이후 신자가 들어가는 날을 이용해서, 교 제사를 지내게 되었다는 뜻이다. '신자가 들어가는 날에 제사를 지낸다'는 말은 동지 때에는 양기陽氣가 새롭게 시작하기 때문에, 신자가 들어가는 날에 지내는 것이다. 이는 또한 정월 상순 경 신자가 들어가는 날에, 풍년을 기원하는 제사를 올린다는 의미이기도 하다. 그리고 교는 곧 환구를 뜻한다. 정월 신일에 교외에 제단을 쌓아 풍년을 기원하며 하늘에 제사를 드린 것이다.

주대의 하늘을 받든 교사郊祀 구조

주대에 이르러 지고적 존재인 하늘을 향한 예, 특히 제천 의례가 행해진 것은 분명하다. 은대 갑골문에는 하늘에 직접 제를 올린 의례의 흔적이 없는데, 주대에는 특히 정치 지도자, 천자로서의 왕이 통치 행위의 일환으로 하늘과 의사소통하는 제천 의례가 있었다. 『주례』와 같은 의례 책 등에 그 흔적이 많이 남아 있지만, 구체적 제천 기록은 많

---

454 "郊之用辛也. 周之始郊日以至."(『禮記』「郊特牲」)

지 않다.『서경』에 나오는 주공이 낙읍을 새 도읍으로 정한 후에 정사일에 소 두 마리를 희생으로 쓰며 교제郊祭를 행한 기록 정도이다.[455]

　　박미라는『예기』,『주례』,『통전』등의 기록에 의거하여 주대의 교사 과정과 절차를 재구성하였다.[456] 그 준비 과정과 절차를 보면 다음과 같다.

1. 신명을 섬김에 있어서는 지극한 공경이 필요하다. 천자는 남쪽 교외의 땅에서 직접 경작하여 제삿밥을 드리고 왕후는 북쪽 교외에서 직접 누에를 쳐서 천자의 제사 복장을 만든다. 이를 정성과 믿음을 다하는 마음으로 함은 곧 공경이다. 공경을 다한 연후에 신명을 섬길 수 있는데, 이것이 제사의 도리이다.[457]

2. 교제 지내는 날을 받는 과정을 보자. 원래 주나라에서는 교제일이 동지다. 그러므로 날을 다시 받기 위해 점을 칠 필요는 없었다. 그러나『주례』에 의하면 점[卜]을 쳤다.『주례』「대재大宰」를 보면 '앞서 정사에 관해 자문한 산재散齋 7일 치재致齋 3일을 합한 10일 후에는 모든 담당자들을 인솔하고 날을 점쳐서 재계한다'[458]는 내용이 나

455　"다음날 을묘일에 주공이 아침에 낙읍에 이르러 곧 새 도읍을 경영할 곳을 두루 살펴보았다. 삼일이 지난 정사일에 희생을 교제에 쓰니 소 두 마리였다. 다음날 무오일에 새로운 읍에서 사제社祭를 지내니, 소 한 마리, 양 한 마리, 돼지 한 마리였다. 若翼日乙卯, 周公朝至于洛, 則達觀于新邑營. 越三日丁巳, 用牲于郊, 牛二. 越翼日戊午, 乃社于新邑, 牛一, 羊一, 豕一."(『書經』「召誥」)

456　주대의 교사 절차는 박미라, 1997, 31~38을 참조하여 요약·보충·정리하였다.

457　"是故, 天子親耕於南郊, 以共齊盛, 王后蠶於北郊, 以共純服. … 誠信之謂盡, 盡之謂敬, 敬盡然後, 可以事神明, 此祭之道也."(『禮記』「祭統」)

458　"前期十日, 帥執事而卜日遂戒."(『周禮』「大宰」)

와 있다. 또 『주례』「대종백」에서도 대종백은 '대신大神, 즉 천신에게 제사하는데 일을 맡아보는 자들을 통솔하고 해와 별로 점을 친다'고 하였다.[459]

여기서 점을 친다면 무엇을 점쳤을까? 그것은 날짜를 잡기 위해서라기보다는 혹여 제사 날 날씨가 좋지 않으면 하루 이틀 조정하기 위함으로 보인다. 나아가 점은 제사를 받드는 사람들의 지극한 정성, 보다 신중하려는 마음의 한 부분으로 볼 수 있을 듯하다. 아니면 희생물에 대해 점을 쳤을지도 모른다. 이 점은 제사를 지내기 약 10일 전에 행한다.[460]

점치는 일이 끝나면 대재大宰가 제사를 준비하면서 지키고 경계해야 할 점을 준비하는 모든 사람들에게 지시·명령하고, 왕은 그것을 듣고 그 내용을 받아 백관과 신하들에게도 주의를 준다. 서약하는 명령의 내용을 『통전通典』에서 찾을 수 있는데, 경계시키는 말은 이런 것이다. "모일에 호천상제에게 제사를 올릴 것이니, 각자는 자기가 맡은 일을 다 하라. 맡은 바 일을 다 하지 못하면 큰 벌을 내릴 것이다."[461]

3. 교제일이 정해지면 신과 교감하기 위하여 몸과 마음을 가지런히

---

459 "凡祀大神, … 帥執事而卜日宿."(『周禮』「大宗伯」)

460 『예기』에 의하면, 이 점은 거북점이다. 그러면 이 점을 어디서 쳤을까? 거북점을 칠 때는 먼저 태조의 묘에 그 사안을 아뢰고 물러나 부친의 묘에서 친다. 그런데 복관이 거북점을 치기 위해서는 거북이 있어야 하는데, 천자는 거북을 못에서 건져 올리는 의식에서부터 친히 참관한다. 거북점을 친 복관들이 거북점의 명령을 왕에게 올린다.

461 "某日, 有事於昊天上帝, 各揚其職. 百官廢職, 服大刑."(『通典』卷四十二 禮二「郊天上」)

하는 재계齋戒를 한다. 재齋란 내적인 것을 안정시키는 것을 말하므로, 재계는 맑고 밝은 덕을 지극히 함을 이른다.[462] 재계는 곧 평상시와는 다른 몸과 마음을 갖추는 과정이다. 재계를 통해 인간은 하늘과 소통할 수 있는 몸과 마음을 갖추어야 한다. 이를 위해 제주인 왕은 특별한 생활을 하게 된다.

그럼 왕은 얼마동안 재계를 할까? 7일 동안 산재散齋하고 3일 동안 치재致齋를 한다.[463] 즉 하늘에 제사를 올리기에 앞서 7일 동안에는 기본적인 일은 하되 나쁜 일이나 부정적인 것을 보지도 듣지도 접하지 않도록 해야 한다. 이를테면 형벌이나 조문 등을 삼가고 음악도 연주하지 않아야 한다. 산재는 곧 외적으로, 외부에 대하여 조심함이다. 이에 비하여 치재는 내적으로 하는 것이다. 산재이후 3일 동안은 제사 일에만 전념하고 모든 일을 그쳐 구차하게 움직이지 않고 즐기고 바라는 것을 그쳐야 한다.

총 열흘의 재계 기간은 결국 인간이 신 앞에 나아가기 위해 몸과 마음을 갖추고 가지런히 하는 시간이다. 그것은 단순한 준비 기간이 아니라 수행 시간이자 신과의 만남 시간이기도 하다. 재계가 정성스럽게 이루어지면 신의 모습이 눈에 보이고 목소리가 귀에 들리는 상태에 이르게 되는 것이요, 이러한 신과의 만남 속에서 제사가 드려져야 한다.[464]

---

462 "定之之謂齊. 齊者精明之至也."(『禮記』「祭統」)

463 "是故君子之齊也, 專致其精明之德也. 故散齊七日以定之, 致齊三日以齊之."(『禮記』「祭統」)

464 금장태, 2009, 74.

4. 제삿날 닭이 우는 새벽에 희생 닭을 관리하고 새벽을 알리는 일을 담당하는 사람(雞人)은 큰 소리를 외쳐서 모든 관료가 일어나도록 깨운다. 건거巾車(관청의 수레에 관한 행정을 관장하여 수레의 사용과 수레에 꽂는 깃발들을 판단하고 등급을 매겨 출입을 감독하는 직)는 방울을 울려서 계인에게 응답한다. 전로典路(왕과 왕후의 5로를 관장하여 출발시키고 머무르는 일을 결정하는 직책)는 이에 길로 나아갈 때 왕이 타는 수레를 준비하고 여기에 해와 달이 그려진 12 깃술이 달린 깃발(太常)을 세운다. 대사악大司樂은 밤까지 악기를 매달아 놓고 소리가 잘 울리는지 않는지를 점검한다.

5. 천자에 대한 의전은 어떤가? 하늘에 제사를 지내는 당일, 왕은 조회 때 사슴 가죽으로 만든 관인 피변皮弁을 쓰고, 즉 날마다 조회 때 입는 옷을 입고 종백으로부터 제사 준비 상황, 백성들이 하는 일 등에 대하여 보고를 받는다. 이에 의하면, 왕이 지나가는 곳의 사람들은 땅에 물을 뿌려 청소하고 흙을 파서 뒤집어 놓으며, 원교의 6개 향에 살고 있는 백성들은 각기 자기 밭머리에 횃불을 밝혀 놓는다. 초상을 당한 사람은 이날 곡哭을 하지 못하고 상복을 입은 사람은 감히 국문國門 안에 들어오지도 못한다.

   천자가 하늘에 제사를 지낼 때는 하늘의 형상을 본뜨고 하늘의 법칙을 본받고 하늘의 도를 밝히고 하늘을 섬기는 예법을 따른다. 그리하여 안에 대구大裘를 착용하고 겉에 용을 수놓은 용곤龍袞을 입으며 옥을 꿴 줄이 12개 들어간 면류관을 쓴다.

6. 제사를 지내기 전에 왕이 머무를 장막을 치고 장막 안에 기물을 설치하는 관리(掌次)는 원구 동쪽문 밖 길 북쪽에 왕이 행사 전에

잠시 쉬며 머무르거나 제사 중 물러나 기다리거나 옷을 갈아입는 큰 장막과 작은 장막을 설치한다. 그리고 솜털로 장식한 평상과 의자를 늘어놓고 병풍을 세운다.

7. 희생은 어린 송아지이다. 모양이 온전하고 정결한 것을 골라 3개월 동안 잘 기른 어린 송아지를 난도鸞刀로 잡은 후 털과 피를 제기祭器에 받는다.

8. 왕이 대차에서 검은 가죽으로 만든 옷을 갈아입고 제단으로 나아간다.

9. 음악을 연주하여 신을 불러 내리고 태단泰壇 위에 나무를 쌓고 희생의 몸체와 옥과 비단을 놓고 태운다. 음악을 연주하고 제물을 태우는 것은 신을 부르는 행위이다. 음악은 천지를 움직이며 귀신을 감응케 하는 것으로 여겨졌다. 그리고 물건을 태울 때 나는 연기는 하늘로 올라가 사방에 퍼지므로 제물을 태우면 그 기가 하늘에 이를 수 있다고 믿었다.

10. 시동尸童이 가죽 옷을 입고 제단에 나아간다.

11. 희생에서 나온 피와 털을 올린다. 피는 살아 있는 것, 즉 생명을 뜻한다. 일반 희생 제의에서 인간에게 소중한 소와 같은 동물을 죽여서 그 피를 흘리게 하는 것은 살아 있는 생명을 바친다는 표현이다. 털을 바치는 이유도 마찬가지로 살아 있는 온전한 생명 그대로를 바친다는 것을 의미한다.

12. 신에 대한 예물로서 옥과 비단을 바친다(奠玉帛. 奠幣). 『주례』「대종백」에 의하면, 옥으로 육기六器를 만들어 하늘과 땅과 4방에 예로써 고하는데, 하늘에는 고리 모양의 푸른색 둥근 옥(蒼璧)을 만들

어 예를 올렸다. 하늘을 푸른색으로 나타냈다. 옥은 생명력의 상징으로, 신에게 올리는 제물은 인간의 생명을 대신해서 가장 귀하고 소중한 것을 바치는 것이다.

13. 왕은 표주박으로 술지게미가 떠있는 덜 익은 상태의 탁한 술을 따라서 시동에게 올리는 조천朝踐(혈생血牲을을 바치고 술을 따라 제사를 시작하는 절차)을 필두로 총 7번 술을 올리고 익힌 음식을 올린다(進熟).

14. 황제가 축문을 읽는다. 동중서는 『춘추번로』에서 주나라 때 황제가 교사에서 읽은 축문 내용을 이렇게 말한다. "위대하고 위대하신 지고의 하늘(皇皇上天)이시여, 이 땅에 빛을 밝혀주고, 대지의 신령한 기운을 불러 모으고, 때맞춰 단비를 내리고 바람을 불게 하시니, 만물이 더불어 자라고 각각 합당한 제자리를 찾았습니다. 예나 지금이나 할 것 없이 (하늘이 골고루 보살피시니), 여일인予一人 (저 천자) 아무개는 위대하신 하늘이 내려주신 복에 공경의 예를 올립니다."[465] 축문은 제사한 뜻과 인간의 마음을 직접 하늘에 전하는 것으로, 만물의 근원인 하늘에 대한 경배와 보답이 주된 내용을 이룬다.

15. 헌작獻爵이 끝난 뒤에 천자는 육대六代의 음악에 맞춰 춤을 춘다.
이후 음복 등의 절차가 있었을 것이나, 경전에는 구체적으로 언급된 내용이 없다.

---

465 "皇皇上天, 照臨下土. 集地之靈, 降甘風雨, 庶物群生, 各得其所. 靡今靡古, 維予一人某, 敬拜皇天之祜."(『春秋繁露』「郊祀」) 축문 번역은 신정근, 2006, 741을 참조하여 수정·보완하였다.

하늘에 대한
생각이 바뀌다

천에 대한 복종에서 비난, 원망, 불신으로

서주 말에 나타난 천에 대한 인식 변화의 하나는 천을 비난하고 원망하는 모습이다. 주대 말에는 주 왕조의 사회 질서를 강력하게 떠받들던 봉건 제도의 붕괴에 따른 정치적 파탄, 봉건 윤리의 타락뿐만 아니라 전쟁과 흉년 등으로 인해 사회적 혼란이 가중되었다. 여기에 백성의 가난과 노역에 따른 비참한 삶 등이 가중되어 계급간의 갈등은 물론 사회적 불만이 고조되었다.

이러한 상황에서 사람들은 기존의 사회 체계, 자신들의 가치관에 의문을 품는 것을 물론, 새로운 사회로의 변화를 모색하는 등 다양한 반응을 야기할 수 있었다. 서주 사람들이 보인 반응의 하나는 인간과 천지 만물을 주재하고 자신들의 삶을 이끌어준다고 믿어왔던 하늘에 대한 회의이다. 그들은 점차 사람을 중시하면서, 사회적 불만을 종교적 영역으로 확대하여 지금까지 자신들을 돌보아주고 자신들의 염원을 들어준다고 믿었던 천을 오히려 비난하고 원망하고 저주하는 경향을 보였다.

『시경』 305편의 시 중에서 약 20%를 차지하는 72편의 시 안에 '천'이 언급되고 있는데, 그 중 약 절반이 사회 혼란을 한탄하는 시이다. 구체적으로 보면 송頌에서 15편, 아雅에서 51편, 그리고 풍風에서 6편이 천을 언급하는데, 특히 풍에 나오는 6편의 시는 모두 탄식시이다. 체념, 원망, 슬픔 등의 감정을 하늘을 향하여 토로한다. 아雅에 속한 탄식시들은 서기전 9세기에서 8세기에 이르는 서주 멸망 전후에 있었던 사회의 부조리와 부패를 고발하는 내용이 대부분이다.

그 하나의 예로 「우무정雨無正」이라는 시를 보면, "크고 크신 호천이 덕을 베풀지 않으시어 기근을 내려 천하를 해치시니 호천이 포악한지라. 사납게 성내어 백성을 돌보지 않는구나"[466]라는 내용이 나온다. 기근이 들어 신하들이 뿔뿔이 흩어지는 상황에서 떠나는 사람들을 책망하는 가운데, 남아 있는 자가 그 근본 원인을 하늘에 돌려 하늘을 원망하고 포악하다며 비난까지 한다.

「소변小弁」이라는 시에도 하늘을 향해 탄식하는 모습이 나타난다.[467]

　"훨훨 나는 저 갈가마귀여
　돌아가며 한가로이 나는구나

---

466 "浩浩昊天, 不駿其德, 降喪饑饉, 斬伐四國, 旻天疾威, 弗慮弗圖."(『詩經』「雨無正」)

467 주 유왕周幽王이 신申나라에 장가들어 신후申后가 의구宜臼(平王)를 낳자 태자로 삼았다. 그러나 주 유왕은 후에 포사褒姒를 통해 아들 백복伯服을 얻자 신후를 내치고 의구를 태자에서 폐하였다. 이 시는 폐함을 당한 의구가 지었다고 한다.

다른 사람들은 불행한 이가 없거늘

나만 홀로이 근심하노라

하늘에 무슨 죄를 지었나

내 죄가 도대체 무엇인가

마음에 근심하는 것이여

어찌 하나 어찌 해야 하나"⁴⁶⁸

남들은 잘들 사는데 나만이 근심하니 나는 갈가마귀만도 못하다며 자신이 하늘에 무슨 죄를 지었는지 반문하고 하늘을 크게 원망하고 있다.

하늘에 대해 아예 체념하는 모습도 나타난다. 「패邶」는 19편의 시로 이루어졌는데, 그 하나인 벼슬함에 뜻을 얻지 못함을 풍자한 시, 「북문 北門」을 보자. 북문은 3장으로 구성되었는데 그 첫 장에 이런 내용이 나온다.

"북문으로 나오니 마음에 근심이 가득하다

언제나 구차한 살림

아무도 내 어려움 몰라주네

어쩔 수 없다

하늘이 실로 이렇게 만드셨으니

---

468 "弁彼鸒斯, 歸飛提提. 民莫不穀, 我獨于罹. 何辜于天, 我罪伊何. 心之憂矣, 云如之何."(『詩經』
「小弁」)

말한들 무엇하리오"[469]

이 시는 위衛 나라의 충신이 난세에 처하고 암군暗君을 섬겼으나 그 뜻을 얻지 못하자 북문으로 나가서 시를 지어 스스로를 비유하고, 또 몹시 가난한데도 알아주는 이가 없음을 탄식하며 그 처지를 하늘에 돌린 것이다.

이어지는 북문의 나머지 두 장도 위의 첫 장에 나타나는 후반부, 즉 '어쩔 수 없다. 하늘이 실로 이렇게 만드셨으니 말한들 무엇하리오'를 반복하며 맺는데, 마찬가지로 자신에게 닥친 일이 하늘이 정한 것이니 어쩔 수 없다고 보고 체념하고 있다.

『시경』에는 하늘에 대해 회의를 느끼고 사회의 어떤 문제가 발생한 원인을 천에게 귀속시키는 경향도 나타난다. 이를 뒷받침하는 시가 주나라 대부인 가부家夫가 지은 「절남산節南山」인데, 그 5장이 "호천이 고르지 아니하여 이 지극한 어려움을 내렸으며, 호천이 은혜롭지 아니하여 이 큰 어긋남을 내리시었네"[470]이다. 그리고 9장에도 비슷한 내용이 나오는데, "호천이 공평하지 아니하므로 우리 왕이 편안하지 못하시거늘 그 마음을 징계하지 아니하고 도리어 그 바로잡는 사람을 원망하는구나"[471]이다. 문제를 발생시킨 것은 하늘이라고 보고 그 하늘을 비난하고 있다.

---

469 "出自北門, 憂心殷殷. 終窶且貧, 莫知我艱. 已焉哉, 天實爲之, 謂之何哉."(『詩經』「北門」)

470 "昊天不傭, 降此鞠訩, 昊天不惠, 降此大戾."(『詩經』「節南山」)

471 "昊天不平, 我王不寧. 不懲其心, 覆怨其正."(『詩經』「節南山」)

『시경』「교언巧言」에는 하늘을 원망하는 이런 시도 있다.

"아득하고 아득한 하늘이
말하자면 부모님이시니
죄도 없고 허물도 없는데
어지러움이 이같이 큰 가
하늘이 심히 위엄이 있으나
나는 살펴도 죄가 없으며
하늘이 심히 크다고 하나
나는 살펴도 허물이 없네"[472]

자신은 아무 죄가 없음에도 불구하고 괴로움을 겪고 있는 데 대하여 이런 상황을 초래한 원인인 하늘을 원망하고 있다.

『시경』「판板」은 범凡나라 군주인 범백凡伯이 여왕厲王을 풍자한 시이다. 서주 말엽 려왕은 몹시 사치스럽고 방탕한 폭군이었다. 포악한 정치로 사람들을 고통으로 몰자 그들은 가만히 있지 않았다. 백성들이 그를 저주하는 것은 물론, 일부 대신들까지도 왕에게 불만을 품었다. 심지어 견디다 못한 백성들은 곳곳에서 반란까지 일으켰다. 나라가 금방 무너질 듯한 위태로운 지경에 이르자 당시 관리였던 범백이 나섰다. 그는 왕의 처사가 지나치다고 여겨 왕에게 폭정을 그치고 나라를 다시

---

472 "悠悠昊天, 日父母且, 無罪無辜, 亂如此憮. 昊天已威, 予愼無罪, 昊天泰憮, 予愼無辜.(『詩經』「巧言」)

일으키라고 글을 올렸다. 그러나 여왕은 그의 말을 받아들이지 않았다. 몇몇 대신들은 오히려 범백을 비웃으며 그가 어리석고 무능하여 시류를 모른다고까지 말했다. 범백은 이 시에서 자신의 답답한 마음을 노래하였다. 여기에 상제·천을 읽을 수 있는 언급이 많은데, 상제가 떳떳한 도리를 뒤집으므로 아래 백성들이 다 병들었는데",473 "하늘이 바야흐로 어지러움을 내리니 그렇게 기뻐하지 말지어다. 하늘이 바야흐로 동하시니 그렇게 느긋해 하지 말지어다",474 "하늘이 포악하시니 그렇게 시시덕대지 말지어다",475 "하늘이 노하고 계시니",476 "하늘의 노여움을 공경하여 감히 함부로 희희낙락하지 말며 하늘의 변고를 경외하여 감히 제멋대로 하지 말지어다. 호천이 매우 밝으사 그대 밖에 나가도 환히 알며 호천이 매우 환하여 너의 방종함도 환히 안다네"477 등을 참조할만하다.

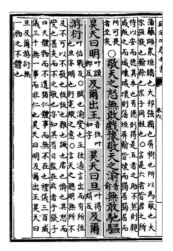

『시경집전詩經集傳』(건륭어람사고전서회요본乾隆御覽四庫全書薈要本).

그 밖에 아래의 시들도 보자.

"지금 백성에게 무슨 죄가 있습니까. 하늘이 저렇게 재앙을 내리

---

473 "上帝板板, 下民卒癉."(『詩經』「板」)

474 "天之方難, 無然憲憲. 天之方蹶, 無然泄泄."(『詩經』「板」)

475 "天之芳虐, 無然謔謔."(『詩經』「板」)

476 "天之方懠."(『詩經』「板」)

477 "敬天之怒, 無敢戲豫. 敬天之渝, 無敢馳驅. 昊天曰明, 及爾出王. 昊天曰旦, 及爾游衍."(『詩經』「板」)

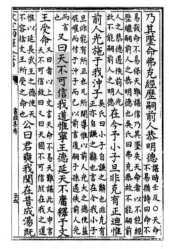

『서경집전』(흠정사고전서본).

시어 흉년이 거듭 이르기에,"[478]

"하늘이 나를 흔들어댐이여 나를 이기지 못할 듯이 하시네."[479]

"하늘을 우러러보니 우리에게 은혜를 내려 주지 않으므로 심히 오랫동안 편안하지 않아 이렇게 큰 어지러움을 내리셨도다."[480]

"천명은 보전하기가 쉽지 않아 하늘을 믿기 어려우니,"[481]

"하늘은 믿을 수 없다."[482]

지금까지 살펴본 시는 모두 천을 원망하거나 비난하는 내용이다. 이 것은 지금까지의 천에 대한 인식을 완전히 뒤집는 것이다. 상고 시대부 터 이어져오던 인격신, 주재신으로서의 하늘이 부정되고 비난을 받는 상황이 벌어졌다. 천에 대한 이러한 태도는 바로 종교적으로 자신들의 모든 것이자 만물의 주재자였던 천에 대한 기대와 현실적 삶 간의 괴리 에 따른 상대적 반감의 발로이다. 주대에 천에 대한 회의, 한탄, 비판 의 식이 일어나 천 신앙에 변화의 조짐이 나타난 것이다.

그런데 이 시기에 이렇게 하늘을 한탄하고 원망하는 모습도 있지만,

---

478 "何辜今之人. 天降喪亂, 饑饉薦臻."(『詩經』「雲漢」)

479 "天之扤我, 如不我克."(『詩經』「正月」)

480 "瞻卬昊天, 則不我惠. 孔塡不寧, 降此大厲."(『詩經』「瞻卬」)

481 "天命不易, 天難諶."(『書經』「君奭」)

482 "天不可信."(『書經』「君奭」)

문제의 원인을 하늘에 돌리는 것이 아니라 인간 자신에게 돌리는 경향도 나타난다. 즉 하늘에 의존하던 모습이 아니라 인간의 자각 경향과 인문 정신도 나타났다. 그 예를 보여주는 시가 이런 것이다.

"하늘 아래 백성들의 재앙은 하늘이 내린 것이 아니라 모이면 떠들고 돌아서면 미워하는 바로 그런 사람들 때문이라네."[483]

"어지러움이 하늘로부터 내려오는 것이 아니라 부인으로부터 생기네."[484]

사회 문제의 원인이 하늘에 있는 것이 아니라 인간에게 있는 것으로 인식하는 모습이 싹트고 있다. 이는 곧 주대 초기에 성립된 천명, 천자 사상이 인간 중심주의 사상으로 전환되고 있음을 보여준다.

신 중심이 아닌 인간 중심주의적 사유가 가능해진 것은 중국의 경우 주대의 인문주의의 발전, 특히 유가의 등장으로부터이다. 중국 고대의 경우 서주 시대에 이르러 인간과 신의 관계에 대한 새로운 인식과 인간의 자율성을 중시하는 등 전통적인 신과 인간 관계로부터 해방되는 모습이 나타났다. 만물의 중심을 차지하던 신이 점차 주변부로 내몰리고 있었다.

춘추 시대에 이런 초월적 존재에 대한 새로운 인식, 즉 자연 현상을 신과 무관한 것으로 보는 단초는 『춘추좌전』에서도 엿볼 수 있다.

---

483 "下民之孽, 匪降自天, 噂沓背憎, 職競由人."(『詩經』「十月之交」)

484 "亂匪降自天, 生自婦人."(『詩經』「瞻卬」)

"16년 봄, 송나라에 운석 다섯 개가 떨어졌는데 별이 떨어진 것이다. 익조 여섯 마리가 날다가 밀려 송나라 도읍을 지나갔는데 바람 때문이었다. 주나라의 내사內史 숙흥叔興이 송나라를 빙문聘問했는데 송 양공이 거기에 대해 물어 말하였다. "이것은 무슨 조짐인가. 길흉이 어디에 있겠는가." 대답하여 말하였다. "금년에 노나라에는 큰 상이 많았고 내년에는 제나라에 난리가 있을 것인데, 임금께서는 제후를 거느릴 수 있겠으나 끝은 보지 못하겠습니다." 물러나 사람들에게 알리어 말하였다. "임금은 잘못 물었다. 이는 음양의 일이지 길흉이 일어나는 일은 아니다. 길흉은 사람에게서 나온다. 내 감히 임금을 거스를 수 없었기 때문이다.""[485]

춘추 시대 초기인 서기전 644년 무렵의 일이다. 송나라 희공 때 이미 자연의 변화 현상을 더 이상 신적 존재와 관련시키지 않으며, 길흉도 그 원인이 초월적 존재의 작용의 결과가 아니라 인간이라는 자각이 싹텄다. 신과 거리를 두고 신으로부터 벗어나 인간을 새롭게 주체적으로 인식하는 경향이 주대 말이나 춘추 시대 초기부터 나타났다. 그것은 곧 시대 정신이었다. 공자가 괴력난신에 대한 언급을 회피하거나 귀신이나 영혼에 대하여 '경이원지敬而遠之'하는 가운데, 판단 유보라는 조

---

485 "十六年春, 隕石于宋五, 隕星也. 六鷁退飛, 過宋都, 風也. 周內史叔興聘于宋, 宋襄公問焉, 曰, 是何祥也. 吉凶焉在. 對曰, 今茲魯多大喪, 明年齊有亂, 君將得諸侯而不終. 退而告人曰, 君失問. 是陰陽之事, 非吉凶所生也. 吉凶由人, 吾不敢逆君故也."(『春秋左傳』 「僖公」) 번역은 신동준 옮김, 2012를 참조하였다.

심스러운 거리를 유지한 것도 이런 시대 정신성과 무관하지 않다.[486]

천명天命도 바뀐다

서주 시대의 최고 숭배 대상의 호칭은 은대의 제·상제와 달리 천天, 즉 하늘이었다. 천은 비록 제나 상제와 그 호칭은 달랐지만 성격은 같았다. 은대에서 서주 시대로 전환하면서 지고신의 호칭이 바뀐 것이다. 사실 은대까지만 해도 상제를 숭배하고 상제에 의존하는 삶과 의례는 일상적이었다. 그러므로 당시 인간의 삶은 가히 신 중심주의적 삶, 종교적 삶이었다.

그런데 서주 시대에 상제를 대체하는 개념으로 천 뿐만 아니라, 이와 관련한 천자·천명과 같은 개념도 다반사로 쓰이기 시작하였다. 서주 초기의 천은 인격적 주재적 존재로서 지고신이었다. 그리고 천명이란 이러한 하늘(天)이 내리는 명령이다. '천명'의 천은 우리가 생각하는 자연천, 물질천이 아니다. 이른바 주재천主宰天이다. 천명은 주재천 하늘이 내리는 명이므로 어느 누구도 거부할 수 없다. 지난날 탕이 하夏의 걸桀을 쳐 무너뜨리고 상나라를 연 것을 『서경』에서는 천명으로 말한다.

"이리 오라 너희 무리들아. 모두 짐의 말을 들어라. 나 소자小子가 감히 난을 일으키려는 것이 아니라, 하夏나라가 죄가 많으므로 하늘

---

486 김성기, 2007, 37.

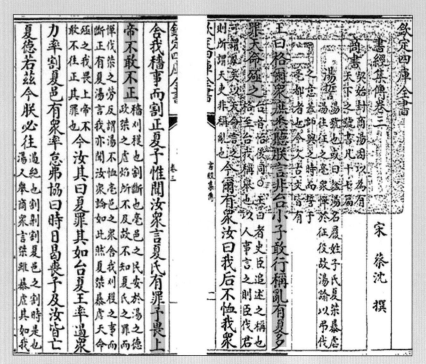

『서경집전書經集傳』「탕서湯誓」(흠정사고전서본).

이 나에게 명하시어 걸을 정벌하게 하신 것이다. … 나는 상제를 두려워하여 감히 바로잡지 않을 수 없다."[487]

이는 하 정벌을 앞두고 탕이 사람들을 설득하며 한 말인데, 하 정벌의 명목을 상제의 명령, 상제의 의지에서 찾음을 잘 보여준다. 하나라 폭군 걸桀왕을 치고 새 왕조를 열라는 명을 하늘[天]·상제가 탕 자신에게 내렸으며, 탕은 그런 천명을 받들어 하나라를 정벌하려 한다는 얘기다.

---

487 "格爾眾庶, 悉聽朕言. 非台小子, 敢行稱亂, 有夏多罪, 天命殛之. … 予畏上帝, 不敢不正."(『書經』「湯誓」)

하나라 폭군 걸을 쳐서 새 나라를 여라는 명을 하늘이 성탕에게 내렸다는 비슷한 말은 "하늘이 이에 백성의 군주를 구하시어 크게 드러난 아름다운 명을 성탕에게 내리시어 하나라를 형벌하여 멸망시킨 것이다"[488]라 하여, 『서경』 다른 편에도 나온다.

『서경』 「다방多方」에는 정치 혁명의 정당성을 말하는 내용이 많은데, 이 또한 그 보기이다. 다른 나라를 정복하고 새로운 나라를 연 것을 지고적 존재인 하늘의 명이라는 명목으로 정당화한다.

이로 보면 '천명' 사상은 은나라 탕이 하의 걸을 칠 때에 내세웠던 역성 혁명의 명분이었다. 그리고 이 천명은 은이 나라를 이룬 뒤에 더욱 종교적인 권위를 입어, 그 결과 천명은 은족에게만 주어진 고정 불변의 결정론적 운명으로까지 여기게 되었다.

그런데 이러한 천명의 명분은 주가 하를 칠 때도 동원되었다. 『시』·『서』에는 천명으로 등장했던 은나라가 역시 천명으로 주나라에 의해 무너지는 모습이 담겨있다.

> "아, 황천 상제가 그 원자와 이 대국인 은나라의 명을 바꾸셨으니, 왕께서 천명을 받은 것이 끝없는 아름다움이시나 또한 끝없는 근심이시니, 아, 어찌하여야 합니까. 어찌 공경하지 않을 수 있겠습니까."[489]

> "나 소자는 감히 상제의 명을 저버리지 못하겠으니, 하늘이 영

---

488 "天惟時求民主, 乃大降顯休命于成湯, 刑殄有夏."(『書經』「多方」)

489 "嗚呼, 皇天上帝, 改厥元子茲大國殷之命, 惟王受命, 無疆惟休, 亦無疆惟恤, 嗚呼, 曷其奈何弗敬."(『書經』「召誥」)

왕을 아름답게 여기시어 우리 작은 나라인 주나라를 흥하게 하실 적에 영왕이 점을 사용하여 이 천명을 편안히 받으셨다. 이제 하늘이 백성을 도우실 적에도 하물며 또한 점괘를 씀에 있어서랴. 아, 하늘의 밝은 명命이 두려운 것은 우리의 크고 큰 터전을 돕기 때문이다."490

이 두 말 중 전자는 은대의 천명을 계승한 주대의 천명 계승 정당성을 주장한 말이다. 그리고 후자는 주공이 자신이 문왕의 아들로서 감히 상제의 명령을 거절할 수 없으며, 당시에 작은 나라였던 주나라를 크게 발전시켜 은나라를 대신하도록 한 천명을 받들어 수행한다는 말을 한 것이다. 즉 주군主君인 은나라를 멸망시키고 자신이 천하를 경영하게 되는 이유, 근거를 천명이라는 하늘의 권위에 의존하는 것이다.491

그런데 서주에 들어 이러한 천명에 대한 생각도 바뀌어갔다. 천명은 불변하는 것이 아니라 하늘의 명은 보존하기도 어렵고 하늘이란 그렇게 종교적으로만 믿을 것이 못 된다는 생각이 싹트면서 아래처럼 천명의 무상함, 천명의 일정하지 않음, 천명의 가변성을 말하기도 하였다.

"아, 너 소자 봉封아! 천명은 일정하지 않으니, 너는 생각하여 내가 나라를 누리게 해준 것을 끊지 말아서, 너의 복명服命을 밝히고 너의

---

490 "予惟小子, 不敢替上帝命, 天休于寧王, 興我小邦周, 寧王惟卜用, 克綏受茲命. 今天其相民, 矧亦惟卜用. 嗚呼, 天明畏, 弼我丕丕基."(『書經』「大誥」)

491 김백희, 2009, 63~64.

들음을 높여 백성들을 편안히 다스려라."[492]

"천명은 일정하지 않은지라."[493]

천명미상天命靡常이란 하늘의 명이 일정하지 않음을 말한다. 곧 천명은 바뀔 수 있고 변할 수 있다. 하늘의 명은 특정한 인물이나 나라에 고정되어 있지 않다는 것이다. 이를테면 하늘이 특정 왕조의 개창자에게 한 번 천명을 내렸다고 해서 그 천명이 영원한 것은 아니다. 주어진 천명은 언제든지 회수될 수 있고 다른 사람, 다른 나라로 넘어갈 수도 있다. 그렇다면 천명은 누구에게 계시되며 어떤 사람이 천명을 받을 수 있는가? 천명을 받기 위해서는 어떻게 해야 하는가? 이러한 문제에 대한 키워드는 '덕德'이다. 주대에는 천명을 보존하거나 받기 위해서는 덕이 있어야 한다는 인식이 발생하였다. 천명을 잃는 것은 덕을 계승하지 못하기 때문이라고 여겼다.[494] 덕은 하늘이 명한 성性이고 사람에게는 천의 명이 깃들어 있으니 덕의 소재는 곧 천명의 소재이다. 천명을 받을 자는 그 스스로 덕을 갖추어야 한다. 만약 덕을 상실하게 되면 천명을 받은 자도 이를 상실하게 된다. 덕을 쌓은 사람, 덕자德者에게

---

492 "嗚呼, 肆汝小子封. 惟命不于常, 汝念哉, 無我殄享, 明乃服命, 高乃聽, 用康乂民."(『書經』「康誥」)

493 "天命靡常."(『詩經』「文王」)

494 "천명은 보전하기가 쉽지 않다. 하늘은 믿기 어려운 것이니, 천명을 실추하는 것은 전인前人(先王)이 공경한 밝은 덕을 좇아 행하는 것을 계승하지 못하기 때문이다. 天命不易, 天難諶, 乃其墜命, 弗克經歷, 嗣前人, 恭明德."(『書經』「君奭」)

로 천명은 옮겨질 수 있다.[495] 천명은 명을 내리는 천에 의해 좌지우지되는 것이 아니라 받는 자의 덕의 유무에 달려있다는 것이다.

주나라는 은을 무너뜨리고 들어선 새로운 왕조이다. 이는 은이 받은 천명을 주가 탈취한 것과 같다. 그런데 이를 무색하게 할 무엇인가가 필요하였다. 이에 따라 나온 것이 천명미상일 수 있다. 천명미상은 주나라의 은나라 정벌을 정당화하기에 안성맞춤이었다. 천명은 일정하지 않다고 함으로써 주는 한편으로는 자신들이 천명을 받았음을 내세우고, 다른 한편으로는 자신들이 하늘이 내린 천명에 따라 은을 정복하였고 은을 대신하였음을 정당화할 수 있었다.

『서경』의 여러 기록은 덕의 중요성과 의의에 대하여 다양하게 말한다.

"오직 덕으로 지내는 향기로운 제사가 하늘에 올라가 알려지지 못하고 오직 크게 백성들이 원망하여 술로부터 풍겨 나오는 모든 더러움이 상천上天에 알려져 하늘이 은나라에 망함을 내렸다."[496]

"너의 크게 드러나신 아버지 문왕께서 덕을 밝히고 형벌을 삼갔다. … 상제에게 알려지니 상제가 아름답게 여기셨다. 하늘이 마침내 문왕에게 크게 명하여 은나라를 쳐 멸하게 하므로 그 명을 크게 받으니,"[497]

"하늘이 이미 큰 나라 은의 명을 영영 끊으려고 하신지라. … 아!

---

495 신정근, 2005, 257~258; 이택용, 2012, 32.

496 "弗惟德馨香祀, 登聞于天, 誕惟民怨庶群自酒腥, 聞在上, 故天降喪于殷."(『書經』「酒誥」)

497 "惟乃丕顯考文王, 克明德愼罰. … 聞于上帝, 帝休. 天乃大命文王, 殪戎殷, 誕受厥命."(『書經』「康誥」)

384

하늘 또한 온 세상 백성들을 가엾게 여겨 돌아보아 명함이 덕을 힘쓰는 자에게 돌아갔으니, 왕께서는 빨리 덕을 공경히 닦으소서."[498]

"왕께서는 공경을 처소로 삼아야 하니 덕을 공경히 닦지 않으면 안 됩니다. … 덕을 공경히 닦지 않으면 곧 천명이 떨어진다는 사실입니다."[499]

"새로운 도읍에 자리 잡아서 왕께서는 빨리 덕을 공경하소서. 왕께서 덕을 쓰심이 하늘에 영원한 명을 비는 것입니다."[500]

"황천은 친한 사람이 없어 덕이 있는 사람을 도와주신다."[501]

인간이 덕을 쌓으면 그 덕은 하늘로 올라가 천을 감동시킨다. 그에 따라 하늘은 보상을 내린다. 인간사에 온갖 좋은 일 나쁜 일을 내리는 것은 천이지만 하늘이 그것을 마음대로 하는 것이 아니다. 덕의 여부에 따라 하늘은 좋게 또는 나쁘게 반응한다. 덕이 선행되고 하늘이 따른다. 인간과 하늘은 덕을 매개로 상호작용할 수 있다.

천인합일이라는 말도 알고 보면 덕과 무관하지 않다. 덕이란 무엇인가? 사실 덕의 의미도 이해하기가 쉽지는 않다. 그러나 그것이 적어도 천과 인이라는 서로 다른 두 존재가 각기 가지고 있는 본질적 특성을 완전히 버리고 물리적으로 합치되어 하나가 된다는 의미인 것은 아니다. 천인합일이란 하늘과 인간 양자가 각기 소유하고 있는 바의 '덕'에

---

498 "天旣遐終大邦殷之命. … 嗚呼, 天亦哀于四方民, 其眷命用懋, 王其疾敬德."(『書經』「召誥」)

499 "王敬作所, 不可不敬德. … 惟不敬厥德, 乃早墜厥命."(『書經』「召誥」)

500 "宅新邑, 肆惟王, 其疾敬德. 王其德之用, 祈天永命."(『書經』「召誥」)

501 "皇天無親, 惟德是輔."(『書經』「蔡仲之命」)

의하여 속성의 동일성을 유지한다는 의미이다. 그러므로 천과 인간은 덕을 매개로 조화와 통일적 관계를 유지하며 상호 도덕성의 근거로 작용하는 합일이 가능하다.[502]

덕은 군주의 지배는 물론 백성들의 지배자에 대한 복종을 정당화하는 원천이다. 그러나 천명은 어느 한 사람에게만 주어지지 않는다. 나아가 한 종족에게만 주어질 수 없다. "아! 하늘은 천하의 모든 백성을 불쌍히 여겨"[503]는 이를 뒷받침한다. 하늘은 모든 사람을 사랑한다는 것이다. 따라서 천명을 유지하기 위해서는 덕을 쌓는 것이 중요하였다. 덕성의 함양이야말로 천명, 천의天意를 알 수 있는 길이다. 이러한 점은 은대에서 상제의 뜻을 점복을 통해 파악하고자 했던 사유와는 큰 차이를 보인다. 모든 판단의 기준이 상제에게 독점되었던 것이 이제는 인간 스스로에 내재한 특성이 강조되는 것으로 전환되고 있다. 이는 인간 중심주의적 사유, 신으로부터의 해방이라는 사유 발전의 단초이기도 하다.

그런데 여기에서 한 가지 의문을 제기할 수 있다. 도대체 왕, 정치 지도자의 덕의 유무를 어떻게 아느냐 하는 것이다. 그것은 바로 민民을 통해서이다. 즉 왕에 대한 민의 상황·반응을 보고 왕이 덕이 있고 없음을 알 수 있다. 천은 왕에 대한 민의 반응을 통해 왕의 덕을 판단하고 자신의 명을 결정한다. 이것은 결국 천명이 천의 의지에 의해 독점적으로 결정되는 것이 아니라 민의에 따라 결정됨을 의미한

---

502 이세현, 2000b, 218.

503 "嗚呼, 天亦哀于四方民."(『書經』, 「召誥」)

다. 이런 맥락에서 보면 천의 모든 명령은 천 자체의 절대적 의지에서 나오는 것이 아니라 사람들이 보이는 반응·행위를 보고 판단하고 결정됨을 알 수 있다. 천 자신의 뜻보다 인간의 뜻이 더 중요하게 인식되어가고 있다. 이것은 곧 인문주의, 인본주의 사상이 싹트고 있음을 의미한다.

인본주의 사상의 싹틈

공자 이전 주대에 인간의 위상은 그야말로 신과 절대적 상하 관계였다. 천을 중심으로 하는 사고 방식에서 인간의 존재는 주변적일 뿐이었다. 즉 우주내의 일체 제도는 모두 하늘의 법칙을 모방한 것이고, 군왕은 하늘의 아들이요 백성의 부모이므로 인간의 주체성을 찾아볼 수 없다. 인간, 사회 제도가 신의 독점적 결과물로 인식되었다.

그러나 주대는 또한 천과 인간간의 관계에 대한 인식에 큰 변화가 일어났다. 천의 명이 바뀔 수도 있다는 생각, 천명을 잃지 않기 위해서는 인간 스스로 재계齋戒하고 삼가며 덕행을 쌓아야한다는 인식, 천명은 덕이 있는 자에게 내린다는 인식, 주재자적이고 절대적인 천의 도움과 명을 받기 위해서는 인간 스스로 덕을 쌓는 노력이 필요하다는 인식, 천의 권능은 민의 삶의 모습과 민심을 통해서 드러난다는 인식은 모두 인간에 대한 인식이 바뀌고 있음을 보여준다. 이제 인간의 삶이 초월적인 신의 명령과 의지에 의해 지배당하고 종속되어지는 것이 아니라, 인간 스스로의 각성과 노력을 통하여 신의 명령과 의지에 부합하는

삶을 살 수 있다는 사상으로 바뀐 것이다.[504]

이러한 경향은 하늘에 대한 인식의 변화에 기인한다. 즉 하늘이 인간에게 복을 주기도 하고 벌을 주기도 한다는 인식이, 서주 말부터는 인간의 노력에 따라 상벌을 받는 것이라며, '하늘'보다는 '인간'이라는 변수에 더 무게를 두는 경향이 나타났기 때문이다. 이것은 '천·하늘'이라는 변수를 상대화시키는 인식이다.

이는 상제가 인간을 일방적으로 지배함으로써 수동적 존재에 지나지 않던 인간이 신으로서 천과 관계에서 새로운 관계를 형성할 수 있는 여지가 많음을 의미한다. 이를 확대하여 말하면 인간이 이전보다 더 독립적 주체적 존재로 인식되어갔다는 것이다. 따라서 은대의 인간이 수동적 피동적 존재일 수밖에 없었다면 주대에 들어서는 인간이 능동적 존재로 인식되었다. 천에 대한 전적인 의존보다 인간의 중시 경향이 나타났던 것이다. 신에 대한 절대적 인식, 신 중심적 사유보다는 인간 중심적 사유가 발전하고 있었음을 알 수 있다. 상제上帝라는 외재하는 신적 존재에 절대 의존적이었던, 따라서 극히 종교적이었던 은대에 비해, 주대에 민民, 왕王, 천天 간의 관계가 변화하고 특히 인간의 신으로부터의 해방적 모습이 서서히 나타났다. 그렇다고 인간이 완전한 주체적 존재로 인식된 것은 아니었다. 민이 비록 천명을 파악하는 데 결정적으로 중요한 기준이지만 단지 이런 면에서만 중시되었을 뿐 그 이상의 위상을 갖지는 못하였다.

그럼에도 불구하고 사람들로 하여금 스스로를 성찰하고 덕을 쌓으

---

504 심양근, 2001, 26~27.

면 천명에 합할 수 있다는 사고를 발생시킨 것은 가히 파격적 인식이었다. 그것은 역사적인 의식의 대전환이었다. 사람이 주체가 되고 사람이 자기 운명과 역사의 주인이 된다는 주대의 인식, 그것은 은주 교체가 인간의 정신 문화에 가져온 가장 특징적인 사유였다.

5장

춘추 전국 시대
하늘에 대한
동상이몽同床異夢,
공자와 묵자

옛 성왕들이 하늘을 받들었음을 뒷받침하는 『묵자』 「천지天志 상上」(흠정사고전서본).

1

공자의 관심사,
하늘에서 인간으로

춘추 전국 시대 사회상

서주 말기에 이르자 주 왕조의 쇠퇴 기운이 눈에 띌 정도였다. 왕실의 정치적 종교적 권위가 약화되고 지배 집단의 사회 통제력이 상실된 가운데, 왕들의 실정에 민심이 돌아선 지도 오래되었다. 마침내 12대 유왕幽王 때는 이민족인 견융이 쳐들어왔다. 이로 인해 천명天命으로 수백 년 간 중원의 막강한 지배자 역할을 하였던 주 왕조가 허무하게 막을 내리면서 서주 시대가 끝났다.

그러나 그것이 주나라의 끝은 아니었다. 서기전 770년, 유왕을 이어 즉위한 평왕平王이 난을 피해 섬서성 서안 부근에 있던 수도를 하남성 낙양으로 옮겼다. 이 천도가 바로 주의 동천東遷이며 이로부터 동주 시대가 열렸다. 이 동주 시대는 진나라 시황제始皇帝가 천하를 통일하기까지인 서기전 221년까지 지속되었다.

동주 시대를 우리는 흔히 다른 말로 춘추 전국 시대春秋戰國時代라고 한다. 왜냐하면 당시 중원이 어느 한 패자에 의해 지배되지 않고 수많은 나라들이 난립하며 전쟁을 벌였기 때문이다. 이러한 춘추 전국 시대는 다시 춘추 시대와 전국 시대로 나눌 수 있다. 그 구분 기준이나 구체적 연도에 대한 견해는 다양하지만 특히 진나라 영토가 분할된 때가 중시된다. 그것이 서기전 453년이다. 이를 기준으로 보면 춘추 시대는 동천 이후 서기전 453년까지, 그리고 전국 시대는 춘추 시대 이후 진시황이 중국을 통일하기 전인 서기전 221년까지를 말한다.

춘추 전국 시대는 정치적으로 볼 때 봉건 질서를 무너뜨리고 새로운 질서 체계로서 중앙 집권적 정치 질서, 가부장적 군신 관계가 움트던 시대였다. 주 왕실처럼 군주가 영토를 분봉하여 독립된 제후를 인정하는 것이 아니라 가신들을 철저하게 군주 밑에서 통제한 것이다.

또한 수백의 작은 도시 국가 군주들이 손잡으며 끊임없이 싸우던 때, 헤게모니를 잡기위해 전쟁을 마다하지 않고 싸운 열전의 시대, 수많은 국가들이 생성과 소멸을 거듭하던 때였다. 주의 봉건 제도가 해체되고 주 왕실이 명목상의 권위만 가지고 있던 춘추 시대에는 맹주를 중심으로 제후 또는 각 나라의 대부들에 의해 회맹會盟이 행해졌다. 제후들 중 유력자가 여러 국가들을 모아 모임을 열고 맹주가 되어 패권을 다투었다. 춘추 시대에는 많은 제후들이 독립하여 각기 작은 나라를 이루었는데, 그 대표적인 것이 춘추 오패春秋五覇라 하는 제齊, 진晉, 진秦, 초楚, 오吳 다섯 패자覇者의 나라이다.

재미있는 것은 당시 행해진 회맹의 의식이 종교적이라는 점이다. '회會'란 일시와 장소를 정해서 행하는 회합을 말한다. '맹盟'은 희생인 소의 왼쪽 귀를 잘라 그 피로 맹서盟誓를 쓰고 맹주가 먼저 그 피를 마신 후 제후가 차례로 피를 마시면서 맹서를 낭독하고 천지신명에게 선서하는 것이다. 그리고 나서 땅에 구덩이를 파서 희생을 그 속에 넣고 그 위에 맹서를 올려놓고 묻었다고 한다.[505] 그 맹서의 하나인 서기전 562년에 진을 중심으로 노, 송, 위, 조 등 열 두 제후가 지금의 하남성 언사현 박毫에서 행한 맹약 내용에 의하면, 당시 맹을 어기는 자는 인간의 성신誠愼을 관장하는 신인 사신司愼, 맹약을 감시하는 신인 사맹司盟과 명산·명천 신은 물론 12나라 온갖 신들의 벌을 받는다. 그 충성이 신의 이름으로 강요되었다.

전국 시대는 수백의 나라들이 합종연횡合從連衡하며 생존을 위한 전쟁을 벌이며 궁극적으로는 7개 강대국으로 통일되는 과정이었다. 끝까지 살아남은 대표적인 나라가 전국 칠웅戰國七雄이라 하는 연燕·위魏·제齊·조趙·진秦·초楚·한韓 일곱 영토 국가, 제후국이다.

춘추 전국 시대는 사회 경제적으로 큰 변화가 있었던 때이다. 본격화된 철기 시대였던 이때 철기의 사용은 사회 각 분야에 큰 변화를 가져왔다. 농업 생산력이 증대하고 전쟁 양태가 바뀌고 상업이나 수공업이 발전한 것은 모두 인간이 철기를 사용함으로써 새로이 경험하는 대사건이었다. 사회 경제적 토대에 근본적 변화가 일어났다.

또한 정신 문화에 있어서도 황금 시대를 열었다. 다양한 사상과 학문이 등장하고 인간 사고가 해방을 맞이한 시대이다. 그것을 가능하게 했던 것이 제자諸子 백가百家라는 새로운 사상가들과 새로운 학파들의 출현이고, 이들에 의해 사람들은 새로운 의식을 형성하고 새로운 삶을

---

505 가이즈카 시게키 외 지음, 배진영 외 옮김, 2011, 280.

살 수 있는 사상들을 접할 수 있었다. 그들이 제시한 새로운 인식의 하나가 이를테면 신에 대한 재인식, 인간에 대한 새로운 인식이다.

춘추 전국 시대를 풍미했던 이런 많은 사상가 집단이나 학파를 흔히 백가百家라고 하는데, 실제 기록에서 찾을 수 있는 대표적인 가家는 유儒, 도道, 묵墨, 법法, 명名, 병兵, 음양陰陽, 종횡縱橫 등등 10여 개이다. 이들 학파들은 시대를 달리하면서도 다른 학파들과 논쟁하며, 각각 나름의 관점에서 인간과 사회와 삶에 대한 사상과 철학을 바탕으로 사람들의 눈을 뜨게 하며 발전하였다. 이들 중 보다 체계적인 사상을 갖추고 사람들에게 먹혀들어간 것이 유儒, 도道, 묵墨이다. 춘추 전국 시대에 들어 이들에 의해 천은 다양한 뜻과 의미로 사용되었다.

동양의 첫 인문주의 사상가, 공자

공자孔子(서기전 551~서기전 479).
(출처: 『삼재도회』)

춘추 전국의 혼란한 시대는 어떻게 극복될까? 그 길은 어디에 있을까? 공자는 그 길을 새로운 시각에서 제시하였다. 공자 이전만 해도 인간은 신에 종속된 존재였다. 이를테면 은대殷代는 원시 종교에서 탈피하지 못한 신권주의적 종교 문화 시대였다. 갑골 복사를 통해 볼 때 은인에게 있어서 상제 혹은 제는 인간계뿐만 아니라 자연계를 주재하는 초월적 존재였다. 은인들의 일상적 행위는 거의 외재적인 신에 의해 결정되었다. 즉 그들에게 어떤 자율적 의지나 자각 정신은 거의 보이지 않으며, 모든 것을 초월적 존재의 뜻에 의지하려는 경향이 강하게 나타난다.

그러던 것이 주대가 열리면서 변화가 감지되었다. 상제가 천이라는 개념으로 대치되고, 나아가 서주 말에 이르러서는 은대의 상제와 같은 성격을 지닌 천에 대한 회의가 일어나는 등 외재하고 초월적인 신에 대한 관념이 약해졌다. 그 틈을 열어 제치고 새로이 나타난 경향이 신이 아닌 인간을 중심으로 하는 사고, 인문주의적 자각이었다. '예', '덕', '경敬'과 같은 인간을 향한 새로운 사상의 출현이 이를 뒷받침한다.

은·주 시대의 이러한 변화 모습은 『예기』 「표기」를 통해서도 알 수 있다.

"은나라 사람은 신을 높이어 백성을 이끌어 신을 섬기고, 귀신을 먼저하고 예를 뒤로 하며, … 주나라 사람은 예를 높이고 베풂을 숭상하여 귀신을 섬기고 천신을 공경하되 멀리하며, 사람을 가까이하여 진실하게 하며, … "506

이로 보면 은·주대 사람들의 신에 대한 태도를 알 수 있다. 은인들은 신을 높이고 신을 향한 의례를 중시하였고, 주나라 사람들은 귀신을 섬기고 천신을 공경하되 멀리하며 신보다 사람을 오히려 중시하였다. 이는 곧 은 왕조가 무너지고 주 왕조가 열리면서 종교적 예보다는 인문주의적 예가 중시되고 그런 맥락에서 인문주의적 자각이 일어나기

---

506 "殷人尊神, 率民以事神, 先鬼而後禮, … 周人尊禮尚施, 事鬼敬神而遠之, 近人而忠焉, … "(『禮記』 「表記」)

시작했음을 말한다. 이러한 시대적 변화를 반영하듯 공자 역시 천을 새롭게 보고 새로운 해석을 하였다.

사람들은 흔히 공자를 인문주의자라 말한다. 공자는 동양 문명의 패러다임을 새로 연 사람이다. 그는 이전의 신 중심적 패러다임에서 인간 중심적 사상, 인간의 문제, 인간의 삶으로 관심을 전환시킨 동양의 첫 인문주의 사상가라 해도 과언이 아니다.

공자가 신보다 인간에 초점을 둔 이유는 무엇일까? 그것은 바로 신보다 인간을 중시하는 사고, 인간 중심주의적 사상이 싹텄기 때문이다. 춘추 시대의 천하가 무도無道하여 어지러워진 세상을 바로잡기 위해서는 신이 아니라 인간의 일상적 삶의 길[道]로써 바로잡기 위한 도덕적 인간이 필요했기 때문이다. 공자는 그 스스로를 천의 명을 받은 선구적인 인격자의 모습으로 여긴 듯하다.[507]

공자가 살던 춘추 시대는 예악이 붕괴되고 봉건 제도를 유지하였던 문화가 급격하게 해체되던 시대였다. 이것은 곧 사회 질서를 유지하던 틀이 붕괴되었음을 말한다. 그리하여 무질서를 초래하는 온갖 일탈적 행위는 물론 전쟁과 같은 폭력이 난무한 인간성 상실의 시대였다.

이러한 상황을 보고 공자는 시대 상황을 극복하여 지난날 주나라의 문화를 되살려 새로운 사회를 열고 싶었다. 그리하여 그가 관심을 갖게 된 것이 인식의 대전환이었다. 한편으로는 주대의 전통을 이어받아 하늘·천으로 상징할 수 있는 신에 대한 관심을 두면서도 근본적으로는 인간에 대하여 새롭게 인식하기 시작하였다.

---

507 이세현, 2000b, 226.

공자 이전의 사람들은 흔히 인간을 하늘과 관련시키며 인간 사회의 복이나 불행을 비롯한 만사가 하늘에 달려있다는 인식을 상대적으로 많이 하였다. 그런데 서주 말부터 하늘을 새롭게 인식하기 시작하더니 공자에 이르러서는 인간을 천과 덜 관련시키며, 천보다 인간 자체에 무게를 두면서 인간에 대해 새롭게 인식하기에 이르렀다.

공자는 하늘이 어떤 존재인지를 밝히려고 한 것이 아니라 천에 근거한 인간의 실천 행위에 초점을 두었다. 또한 천과 같은 인격적 주재적 존재를 의식하였지만 이런 하늘에 대해서 말하고자 한 것이 아니라, 하늘에 근거를 둔 인간, 인간의 도덕적 행위와 실천 문제에 전적으로 관심을 두었다. 공자는 도덕적 행위의 강력한 실천을 이끌기 위해 그 근거를 하늘에 두었을 뿐이다. 공자 사상의 근본은 하늘[天]에 있지만 그가 구체적으로 밝히는 도道는 모두 인도人道, 인간이 가야할 길에 대해서이다.

공자도 하늘을 말하고 있다. 그러나 그 하늘은 세상사를 주재하지만 기독교에서 말하는 유일신으로 세상 만사, 천지 만물을 창조한 창조신과는 다르다. 서양의 기독교는 유대교나 이슬람교를 비롯한 모든 유신론적 종교처럼 모든 것의 궁극적 기원, 원리 및 모든 신념의 궁극적 근거를 인간이 살고 있는 세계 밖의 어떤 인격적인 절대적 존재, 아니면 인격신의 계시와 가르침에서 찾는다. 이 경우 신의 존재, 그의 계시나 가르침은 실증적 관찰, 이성적 판단에 기초한 지적 인식 대상이 아니라, 오로지 뜨거운 '믿음', 즉 무조건적 신앙의 대상일 뿐이다. 공자가 말한 하늘은 인격적 주재적 초월적 존재이기도 하지만, 그는 그런 인격신의 모습, 종교적 모습, 초자연적 세계를 강조하지 않는다. 『논어』에 나오는 말을 보자. "사람을 섬기지도 못하는데, 어찌 귀신을 섬기리오."[508] "괴이한 것 완력으로 하는 것 어지러운 것 그리고 귀신에 관해서는 말하지 않았다."[509] 이것은 과연 무엇을 시사할까? 공자는 신 중심적 신본주의자가 아니라 인간 중심적 인본주의자이고, 초월주의자가 아니라 자연주의자이다. 광신주의가 아니라 이성주의자이다. 종교적이 아니라 이성적 사상가였다. 인간 관계를 중심으로 한 세속의 문제에 관심을 가진 현실주의자였다.[510]

공자는 천을 직접 신격화하거나 신앙 대상으로 언급하지 않았다. 종교를 창시한 사람이 아니다. 그런 맥락에서 보면 공자는 예수나 석가와는 다르다. 포르케의 말처럼, 공자는 종교 창시자라고 하기에는 초감각적인 것에 대한 확고한 믿음과 이상적인 도취가 부족하다. 그는 매우 침착하고 냉정한 사상가였다. 모든 종류의 신비주의에서 벗어나 있었다. 비록 그가 하늘이 세계를 지배하며 사건의 진로에 개입하여 활동하며 새로운 것을 생성하는 보다 높은 권력이라는 것을 인정하였지만, 그렇다고 그의 사상이 『시경』에 나타나는 류의 하늘의 인간화에로 까지 나아간 것은 아니다. 그리하여 인격적 존재를 의미하는 '상제'라는 표현을 하늘에 사용하지는 않았다.[511] 공자에게 신은 인간의 도덕적 행위를 실천하게 하는 보이지 않는 손, 그런 행위를 정당화해주는 보이지 않는

---

508 "未能事人, 焉能事鬼."(『論語』「先進」) 이는 사람을 섬기는 일에서 시작하여 이를 근거로 귀신을 섬기는 데로 나아갈 수 있다는 말이다. 『논어』 원문 및 번역은 유교문화연구소 옮김, 2006; 김원중 옮김, 2019; 성백효 역주, 2001을 참조하였다.

509 "不語怪力亂神."(『論語』「述而」)

510 박이문, 2005, 87~90.

511 알프레드 포르케 저, 양재혁·최해숙 역주, 2004, 199.

힘으로 작용할 뿐이었다. 이른바 공자의 천은 초월적 주재적 존재가 아니라 인간 세상의 도덕적 상징으로서 떠받들어 삼가고 조심스레 공경하는 그런 천이다.

공자에게 천이 갖는 중요성은 이러한 성격의 다양성에 있는 것이 아니다. 그가 천에 대해 획기적으로 인식한 것은 하늘의 위상이다. 즉 이전에 비해 공자의 가장 큰 의식 전환, 사상 변화는 뭐니 뭐니 해도 인간과 관련시켜 천을 급격하게 상대화시킨 점이다. 공자는 천보다는 인간, 다양한 인간 관계, 인간의 문제에 관심을 두었다. 원시 유교에서 인간은 호칭을 달리하는 외재하며 만물을 주재하는 지고의 신적 존재로 상제, 천을 의식하고 이에 의존하는 삶을 살았다. 그런데 공자로부터 신을 보는 관점이 달라졌다. 주나라 말부터 나타난 하늘에 대한 인식의 변화, 하늘을 원망하고 비난하는 경향, 하늘의 '자연천天'으로의 인식 등을 반영하여, 공자부터 유가들은 신에 대해 합리적 태도, 회피하는 듯한 자세를 보여, 신을 섬기는 일보다 인간으로서 마땅히 힘쓰고 닦아야 할 '인간사人間事'에 관심을 기울였다. 즉 하늘이 인간의 성性이나 덕德을 통해 내재하는 것으로 간주하고, 이 내재한 성과 덕 닦기를 강조한다.

공자는 이전의 천·상제와 같은 관념들을 전환시켜 도덕·가치 개념으로 자리 잡게 하였으며, 인간의 도덕적 주체성을 자각하게 하였다. 이는 곧 공자에 이르러 주재적 존재, 인격적 존재인 하늘·상제와 인간이 수직적 관계였던 은나라 때의 천·상제와 인간간의 관계가 약화되고, 도덕적 가치의 근원이 천제天帝에서 인간에게로 전환되었으며, 천이 아니라 인간을 가치의 근원으로 자각하기 시작하였음을 말한다. 그리고 하늘을 그 신성에서 벗어나 내재화시켰다. 그 결과는 무엇일까? 인간을 천의 존엄한 도덕적 자각의 주체로 등장시켰다. 그리하여 천과 인간의 합일 가능성을 열었다. 주목할 만한 것은 그 주체가 인간이라는 점이다.[512]

공자에게 하늘은 인간 행위의 도덕적 근원이다. 공자가 천의 권위에 호소하여 인간에게 불러일으키고 싶었던 것은, 천이 인간의 행위를 빠짐없이 살펴보고 판단하듯 스스로의 행위를 저울질하는 도덕심이다. 천에 대한 믿음은 공자에게 있어 그 시대를 위한 도구였다.[513] 곧 공자는 천의 외피를 통해 강력한 도덕률을 실천하고 그 정당성을 확보하려 했다. 공자는 인간이 실천해야할 도덕률의 근거를 천에서 찾았지만 도덕률을 밝히는데 관심을 두었지 인격천 자체에 관심을 두거나 천을 강조하여 사람들이 도덕률을 실천하게 한 것이 아니다. 그는 주대 말부터 회의적이고 비난의 대상으로 전락한 천이 아니라 인간에 대한 새로운 생각, 인간의 능력에 대해 완전히 새롭게 인식하였다. 공자의 사상은 상당부분 신으로부터 해방되었다. 결국 공자는 종교, 형이상학을 통해 당시의 사회 질서, 정치 질서를 바로잡으려는 것이 아니라 비형이상학적인 기초 위에서 사회 변화를 모색하였다. 그리하여 그는 『논어』에서 알 수 있듯이 귀신이나 괴력난신, 죽음에 대하여 거의 말하지 않았고 적당한 거리를 두었다.

공자의 사상 체계에서 중심이 되는 것은 인간이다. 공자는 하늘에 전적으로 의존하기보다는 인간의 도덕적 자각, 인간 능력에 대한 새로

---

512 김성기, 2007, 24, 29.

513 정단비, 2004, 254.

운 인식을 바탕으로 인간 중심주의적 사상을 발전시켰다. 공자도『시』·『서』의 천 개념을 완전히 거부하는 것은 아니지만, 그보다는 이전의 천 관념과 그 성격을 전환하고 천을 인간의 도덕과 관련 맺어 인간이 그 주체임을 일깨웠다. 공자는 은대나 서주 시대의 상제·천의 한계성을 인식하고 신이 아닌 인간 중심의 하늘, 인간의 도덕적 행위의 근원으로서의 하늘이라는, 하늘에 대한 새로운 사상을 제시했다. 공자는 인간을 배제한 하늘을 말한 적이 없다. 공자가 제시한 이러한 인격의 이상적 전형이 바로 성인, 군자 등이다.

이처럼 공자는 천·신보다는 인사, 도덕, 윤리 문제에 더 관심을 보였다. 그는 저 멀리 있는 하늘이 아니라 어깨를 맞대며 살아가는 내 주변의 사람들의 삶으로 눈을 돌렸던 것이다. 상달上達보다는 하학下學을 중시하여 신 중심의 사고에서 사람 중심의 사고로 상대적으로 눈을 낮추었다. 그렇다고 공자에게 천·하늘이 무의미하다던가, 그가 하늘을 무시했다는 것은 아니다. 공자의 사상은 결코 천과 무관하지 않다. 공자가 인간의 문제에 주로 관심을 보였지만 그 이면에는 하늘·천명을 알고 공경하여 섬기는 인간 존재가 전제되고 있다. 이 장 3절의『논어』에 나오는 천의 모습에서 알게 되겠지만, 공자는 주대 이전부터 내려오던 인격신 상제를 긍정하는 측면도 있으나, 그런 상제 자체보다는 상제·천의 권위를 개인의 윤리적 자각의 촉구라는 내재적 의미의 천·상제 개념으로 전향시켰다. 그리하여 그는 하늘에 대한 신앙보다도 인간 주체의 선과 덕성의 잠재적 가능성에 대한 신념을 강조하였다. 이런 측면은 묵자墨子가 은대의 상제를 복원하여 상제의 외면적 초월화를 시도한 면과 극히 대조적이다.

인간의 도덕적 행위의 근원,
하늘

인간의 덕德, 하늘이 부여하다

공자가 초월적 인격적 존재로서의 천을 부정하거나 배제시킨 것은 결코 아니다. 그러나 그의 사상에서 상대적으로 중심이 되는 것은 이런 하늘이 아니라 내재화된 하늘이었다. 공자의 관심이 하늘에서 인간으로의 전환이었다면 인간은 하늘과 어떤 관계가 있을까?

공자는 천의 초월성보다 인간의 내면적 도덕률을 통하여 파악되는 천의 내재성을 중시하며 그런 인간에 초점을 둔다. 공자는 인간이 하늘로부터 부여받은 것이 있는데, 그것은 바로 덕德이며, 그 덕은 모든 인간에게 내재한 인간의 본질이라고 본다. 이럴 경우 덕을 통해 하늘과 인간은 하나가 될 수 있다. 공자는 덕을 매개로 인간이 천과 하나 될 수 있는 근거를 마련하였다.

공자의 말을 보자. "천생덕어여天生德於予."『논어』「술이」에 나오는 이 말은 '하늘이 나에게 덕을 주었다'는 의미이다. 하늘이 인간에게 도덕성을 부여했다는 것이다. 이는 곧 인간의 본성에는 하늘이 부여한 덕이 내재해 있음을 말한다. 공자는 하늘의 근본적인 덕성이 인간의 심성에 내재되어 있다고 보았다. 천도와 인도가 하나로 연결되어 있는 것이다. 그러므로 천은 인류 도덕의 근원이고, 인류 도덕은 우주의 근원인 천이 유행하여 발현된 것으로 볼 수 있다. 우주의 근본에는 도덕적 의미가 함유되어 있으며, 도덕에도 역시 우주론적 의미가 함유되어 있다. 인간은 하늘의 덕을 품부받아 자신의 근본적인 덕성으로 삼는다.[514]

모든 인간에게는 인간의 본질로서의 덕이 있다. 달리 말하면 개인의 마음속에 있는 덕은 하늘이 명한 덕을 받은 것이다. 이렇게 보면 덕의 근원은 천이며 천에서 덕이 나왔다. 덕은 천으로부터 주어진 것이기 때문에 천은 인간 도덕의 원천이다. 덕이 있는 곳에는 곧 천명이 있다. 그러므로 하늘과 인간을 맺는 두 끈은 천명과 덕이다. 하늘에서 인간으로 드리워진 것이 천명이고 인간에서 하늘로 지향된 것이 덕이다. 천명은 덕에만 비추어지고, 또 덕만이 천명을 받고 이를 이룰 수 있는 인간의 바탕이다.

하늘이 부여한 덕을 닦고 확충하는 길, 인仁

공자의 『논어』에서 가장 핵심이 되는 개념을 하나 말하라면 그것은 인仁이라고 할 수 있다. 그도 그럴 것이 『논어』에서 '인仁'자는 전체

---

514 심혜영, 2002, 228~229.

20장 중 「팔일八佾」, 「향당鄕黨」, 「선진先進」, 「계씨季氏」, 「미자微子」를 제외한 15장 본문에서 109회나 나온다. 이는 공자가 인에 대하여 그만큼 많이 언급하였고 중시하였음을 뜻한다.

인은 공자 인간론의 핵심 키워드이지만 아이러니하게도 그는 인이 무엇인지를 직접 밝히지는 않았다. 그럼에도 불구하고 공자가 어떠한 경우에도 저버려서는 안 되며 모든 인간이 지녀야 할 가장 보편적이고 근원적인 덕이라며 강조한 것이 바로 인이다.

공자는 개인의 인격 완성과 예를 통한 사회 질서의 확립으로 도덕적 인간, 도덕적 이상 국가를 지향한 사람이다. 그는 이상적 인간, 이상적 인격으로서 사물의 이치를 통찰한 인물인 성인과 군자를 통해 새로운 인간으로서 도덕적 인간, 그런 인간의 실현, 그리고 그런 인간의 삶의 길을 가르쳤다. 『논어』는 그런 인간의 키워드가 인仁임을 밝히고 그 실천 주체가 군자임을 말하고 있다.

『논어』 「이인里仁」을 보자.

"군자가 인을 버리면 어떻게 그 이름을 이루겠는가? 군자는 밥을 먹는 동안이라도 인을 어기지 않으니, 급하고 구차한 때에도 반드시 이에 의거하며, 엎어지고 넘어지는 때에도 반드시 이에 의거한다."515

'인仁'이란 무엇일까? 공자는 '인'자를 인간 심성에서부터 인격 수양과 바람직한 인간 관계 및 정치 행정에 이르기까지 매우 광범위하게

---

515 "君子去仁, 惡乎成名. 君子無終食之間違仁, 造次必於是, 顚沛必於是."(『論語』 「里仁」)

쓴다. 그리고 제반 도덕적 요소도 인과 관련되지 않는 것이 없다고 본다. 심지어 인이 무엇인지를 묻는 제자들의 질문에 대한 답변도 거의 다르다.

인이란 용어 자체는 『시경』이나 『서경』에서는 육체적 아름다움을 묘사하는데 쓰였고, 『좌전』과 『국어』에서는 부모 자식 간의 정을 묘사하여 효·의·예·충·신과 더불어 여러 가지 덕목 중의 하나로 나온다. 공자 이전에 인은 대체로 '사랑(仁愛)' 혹은 '사랑의 두터움(仁厚)'의 의미로 사용되었다. 그런데 공자는 이 인이라는 용어에 새로운 의미를 부여하여 덕의 절정, 즉 인간성의 완성을 표시하는 전문 용어로 만들었다. 공자는 인을 더욱 심화시키고 인에 도덕의 제1 원리 부여하여 인을 도덕 실천의 내적 근거로 삼았다.[516]

공자가 보기에 인간에게는 하늘이 부여한 덕이 내재되어 있다. 그 덕을 닦고 확충하는 것이 바로 인仁이다. 사람은 자신의 수양·의지를 통해 이상적 인격을 갖춘 군자와 같은 존재가 될 수 있다. 이것은 결국 인간은 품성을 하늘로부터 받았지만 그것을 온전하게 유지하고 발현시킬 수 있는 것은 인간에게 달려있음을 말한다. 인간의 자아 실현은 신이 아니라 인간에게 달린 것이다. 이런 맥락에서 보면 공자의 천관에서 천의 주재적 성격은 크게 약화되었다. 곧 천의 종교성보다는 내재적 천, 도덕률의 근거로서의 천이 강화되었다.

사회 무질서와 인간성 상실의 시대에 공자는 천과 인을 통해 특히 인간을 전혀 새로운 존재로 인식함으로써, 사회 질서는 물론 인간성을

516 김승혜, 2002, 139; 최남규, 2003, 47~48.

회복할 수 있는 실마리를 마련하였다. 그리하여 공자는 나름대로 당시의 무너진 사회 질서, 인간 세상을 바로잡을 수 있는 길을 열었다. 공자의 하늘 그 자체에 대한 관심은 상대적으로 적었지만 그렇다고 그에 대한 관심이 사라진 것은 아니다. 그러나 이제 천은 인과 더불어 내면화되고 인간의 도덕적 행위의 초월적 근거로 작용하기에 이르렀다.

결국 공자는 천과의 관계에서 인간을 새롭게 바라보며 인간의 도덕, 윤리를 재정립함으로써 종교 중심주의에서 인간 중심주의로 극적 전환을 이루었다. 공자는 모든 인간이 하늘로부터 본성을 부여받아 자신에게 내재한 본성을 어떻게 온전하게 발현시켜 모범적인 도덕적 인간이 될 수 있는지, 그 삶의 길, 수양의 길을 가르쳤다. 그것이 바로 인간에 내재한 도덕성인 인이고, 인은 예를 통해 이루어진다. 이 과정을보면 공자의 천은 이전의 천이 가졌던 인격성, 외재성(초월성), 주재성이 약화되고 비인격성, 내재성, 비주재성, 도덕성의 성격을 띠는 것으로파악된다.

공자에 이르러 인간은 더 이상 천명에 따라 타율적으로 행위하는존재가 아니라 천의 내재성인 도덕률과 자신의 의지에 따라 행위하는자율적 존재로 간주되기에 이르렀다.

『역전』에 의하면, 인간은 천지 자연계의 신묘한 변화 작용과 원리에의해 이루어진 만물의 하나이며, 인간에게 중요한 것은 스스로 내적 성찰을 통하여 천지 자연계의 신묘한 변화 작용과 원리에 의해 이루어진인간 내면의 본성을 파악하고, 이를 보존하고 간직하는 것이다. 따라서인간은 이러한 천리, 천성을 계발하고 덕성을 쌓으면 천과 합일도 가능하게 된다. 신에 대한 일방적 의존이 아니라 자신에게 숨겨진 도덕성,

즉 천성을 자각하는 것이다. 유교의 군자, 대인 개념은 바로 인간이 스스로의 노력을 통해 그러한 상태에 도달할 이상적 인간이며, 수양은 여기에 이르는 길이다.

『논어』에 비친
공자의 하늘

『논어』의 천天

그렇다면 공자는 인격적 주재적 존재로서의 하늘과 완전히 결별하였을까? 그것은 아닌 듯하다. 공자는 주대의 문화를 계승하여 하늘에 대한 생각을 이어받고 또 천 사상의 폭과 깊이를 더했다. 그는 이러한 천에 기반한 인간의 행위, 도덕, 삶을 가르치고자 했다. 즉 인간이 하늘의 기준에 맞는 삶을 살기 위해서는 어떤 삶을 살아야 하는지를 가르치고자 했다. 공자는 하늘이 부여한 덕과 그 덕을 밝히는 인을 근본 바탕으로 삼고, 그 기반 위에서 인문에 대한 자신의 사상을 펼쳤다.

공자의 언행을 담은 『논어論語』. (출처: 위안싱페이袁行霈 저, 2007, 153)

공자의 하늘·천에 대한 생각은 『시경』이나 『서경』에 나오는 전통적인 천 모습의 많은 부분을 수용한다. 공자에게 하늘은 인격천, 주재천, 도덕천, 운명천, 자연천 등 다양한 성격으로 그려진다. 그렇다면 공자가 보는 하늘은 구체적으로 어떤 것일까? 『논어』에서 그 모습을 찾아보자.

『논어』는 공자가 제자들이나 당대 인사들과 나눈 이야기, 일상적 언행 등을 모아 편집된 책이다. 여기에는 공자가 생각하는 인간, 인간의 삶의 길, 인간 관계, 어떻게 살아야 하는가? 어떤 인간이 되어야 하는가? 등, 인간에 대한 공자의 다양한 가르침이 들어있다. 비록 공자가 하늘에 대하여 구체적으로 밝힌 바는 없지만 우리는 『논어』를 통해 공자의 하늘에 대한 생각을 짐작할 수 있다.

조사자에 따라 다소 차이는 있으나 필자의 조사에 의하면, 『논어』에 '천天'이라는 글자는 49번 나온다. 여기에는 '천명', '천도', '천록天祿', '천자'와 '천하'처럼 결합되어 쓰인 용례도 포함되어 있다. '천天'자가 단독으로 사용된 것은 18번인데, 공자가 직접 '천天'을 언급한 사례는 14번 나온다. 그러나 공자가 천이 어떤 존재이고 어떤 성격을 가졌는지, 이전의 천과 무엇이 같고 다른지 등을 직접 구체적으로 설명한 일은 없다. 공자는 천의 의지를 파악하려 한 적이 없다. 하늘의 뜻을 전한 일도 없다. 자공子貢의 말에 의하면, 공자는 하늘에서 받은 인간의 본성(性)이나 하늘의 도[天道]에 대해서는 쉽사리 말하지 않았다.[517] 신神에 관한 일을 말하지 않았다.[518] 절망에 빠졌을 때는 적어도 하늘은 자기

---

517 "子貢曰, 夫子之文章, 可得而聞也. 夫子之言性與天道, 不可得而聞也."(『論語』「公冶長」)

518 "子不語怪力亂神"(『論語』「述而」)

를 이해할 것이라는 생각으로 자위하기는 했다. 비난을 들었을 때는 자신의 무죄를 증명하기 위해 천을 찾기도 했다.[519] 하늘을 찾기도 하고 부르기도 하지만 그것뿐이었다. 더 이상 천을 설명하지 않는다.

『논어』에는 천이라는 개념이 나오지만 『서경』을 인용한 경우를 제외하고는 '제帝'나 '상제上帝'라는 용어의 쓰임도 없다. 『논어』 어느 곳을 보아도 천과 동일한 신격이지만 보다 인격적인 측면으로 이해되는 제나 상제를 공자가 언급한 일은 없다. 공자는 천을 대신하여 제·상제라는 개념을 쓰지는 않은 듯하다. 이는 주대의 사람들이 제·상제를 은인의 조상신, 은대의 최고신으로 보고 그 대신 천을 쓴 전통의 연장선상으로 볼 수 있다.

공자가 말한 천이 어떤 존재인지 하늘이 어떤 성격을 갖는지를 알기 위해서는 그가 천이라는 개념을 쓴 문장의 전후 내용을 파악해야만 한다. 물론 천을 말하는 문장 안에서도 천을 단정적으로 말하기 어려운 경우가 많다. 흔히 공자에게 보이는 천을 도덕천이라고 여긴다. 하늘은 도덕 실천의 근거이자 도덕 가치의 근원이라는 것이다. 그렇다면 공자의 천을 도덕천으로만 규정할 수 있을까? 『논어』에서 말하는 천이 천신 신앙의 성격을 띠는 천, 은대의 상제와 전적으로 같은 것은 아닐지라도, 그렇다고 천을 도덕천으로만 간주하기 어려운 면도 있다. 왜냐하면 천이 인격적 주재적 존재로 그려지고 있기 때문이다.

---

519 H. G. 그릴 저, 이성규 역, 1996, 135.

인격적 주재적 하늘

혹자는 『논어』에서는 의지를 가지고 인간의 도덕적 행위 여부를 판단하여 징치懲治하는 인격을 갖춘 지상신으로서의 천을 찾기란 쉽지 않다고 말한다.[520] 그러나 그렇게 여겨지는 천天도 재해석될 여지가 많다. 『논어』의 다음 말을 보자.

"왕손가가 물었다. "안방 신에게 아첨하기보다는 차라리 부엌 신에게 아첨하는 것이 낫다고 하니 무엇을 말한 것입니까." 공자가 말하였다. "그렇지 않습니다. 하늘에 죄를 지으면 빌 곳이 없습니다.""[521]

이는 위나라 대부인 왕손가王孫賈가 공자에게 위나라 벼슬을 하려면 힘없는 왕보다 자신에게 아부하는 것이 가장 좋을 것이라는 것을 제사에 비유하여 말하자, 공자가 왕손가의 제안을 거절하는 뜻으로 하늘을 내세우며 '하늘에 죄를 지으면 빌 곳도 없다'고 하였다는 것이다. 여기서 천은 궁극의 존재로 그려지고 있다. 인간이 죄를 지었을 때 빌고 기도할 수 있는 마지막 대상은 하늘이다. 하늘은 사람들이 비는 대상이다. 천이 인간의 행위에 대해 상이나 벌, 복이나 재앙을 줄 수 있는 궁극의 최고의 존재로 그려지고 있다.

---

520 홍승현, 2021, 168.

521 "王孫賈問曰, 與其媚於奧, 寧媚於竈, 何謂也. 子曰, 不然, 獲罪於天, 無所禱也."(『論語』「八佾」)

상을 주고 벌을 준다는 것은 어떤 의지를 가진 주체가 있음을 말한다. 만물을 자신의 의지에 따라 주재할 수 있는 그런 존재는 바로 인격적이고 주재적인 존재이다. 이러한 천은 전통적 천이 가지고 있던 인격적 상제의 성격과 다르지 않다.

다산도 『논어』 주석에서 이 「팔일八佾」의 '획죄어천獲罪於天'에서 천을 상제라 하였다.[522] 천은 인격신으로서 지고의 상제이다.

천이 인격적 주재적 존재로 상제와 같은 모습으로 그려지는 것은 「옹야雍也」 편에서도 볼 수 있다. 공자가 위나라에서 갔을 때 임금인 영공靈公의 부인으로 음란한 행실이 있었던 자씨子氏 성의 남자南子를 만난 것에 대해 자로가 불평하자 공자가 다음과 같이 말했다.

『논어論語』 「옹야雍也」(흠정사고전 서본欽定四庫全書本).

"내가 만일 떳떳하지 못한 짓을 했다면 하늘이 나를 싫어할 것이다. 하늘이 나를 싫어해."[523]

공자는 자신의 행동이 정당하다는 것을 하늘을 내세워 말한다. 그런데 하늘이 인간의 행위에 반응하여 좋아할 수도 있고 싫어할 수 있는 존재로 그려지고 있다. 필자는 이 문장에서 '염厭'의 의미를 싫어한다, 미워한다, 증오한다는 의미로 해석하는 다산의

522 "천은 상제를 말한다. 天, 謂上帝也."(『論語古今註』卷一「八佾 中」)

523 "予所否者, 天厭之, 天厭之."(『論語』「雍也」)

의견[524]에 동의한다. 미워한다거나 좋아한다는 것은 천이 어떤 감정을 가지고 있고 판단을 할 수 있는 존재라는 것이다. 싫어하거나 미워하거나 좋아한다는 말을 근거로 보면 천·하늘은 인간처럼 감정과 의지를 지닌 존재, 즉 인격적 존재일 수밖에 없다.

공자의 하늘 인식에는 천·하늘을 인간 사회는 물론 천지 만물을 주재하는 주재적 존재로 그려지기도 한다. 『논어』 「선진先進」 편을 보자. 안연이 죽자 공자가 슬퍼하며 "아, 하늘이 나를 버리셨구나. 하늘이 나를 버렸어"[525]라고 한 말이 있다. 이는 공자가 자신의 가르침을 전할 데가 없음을 슬퍼하고 탄식하며 한 말이다. 이는 하늘이 자신을 버린 것이나 마찬가지라는 것이다. 여기서 우리는 공자가 천을 어떻게 여기고 있는지를 알 수도 있다. 하늘은 도통을 비롯한 모든 것, 인간의 생명도 주관하는 주재적 존재로 여겨지고 있는 것이다. 생명은 하늘에 달렸다는 인식이 깔려있다. 그러므로 이 경우 하늘은 만물의 주재자일 수 있는 인격천이거나 운명천[526]이게 된다.

이러한 인식은 『논어』 「자한子罕」 편에서도 엿볼 수 있다. 공자가 광匡 땅을 지나다가 광 땅의 사람들이 공자를 포위한 일이 벌어졌다. 이는 노나라 장수 양호陽虎가 광읍에 침공하였을 때 그곳 사람들에게 포악한 짓을 많이 하였는데, 사람들이 공자를 양호로 오인하여 일어난 일

---

524 "염이란 싫어한다[惡]와 같은 말이다. 厭, 猶惡也."(『論語古今注』 卷三 「雍也 下」)

525 "噫, 天喪予, 天喪予."(『論語』 「先進」)

526 "여기에서의 운명은 명령으로서의 천의 의지가 인간의 삶에 대하여 좌지우지할 수 있다는 의미로서의 운명이 아니고, 인간의 삶 속에서 불가항력적이며 인력으로는 도저히 어쩔 수 없는 객관적인 한계로서 이미 정해진 것을 지칭한다."(조원일, 2020, 42)

이다. 아무튼 이러한 상황에서 제자들이 두려워하자 공자가 말했다.

"문왕이 이미 돌아가셨으니, 문文이 여기에 있지 아니한가? 하늘이 장차 이 문을 없애려 하신다면 뒤에 죽을 사람이 이 문에 참여하지 못할 것이다. 하늘이 이 문을 없애려 하지 않는다면, 광 땅 사람들이 나를 어떻게 하겠는가?"527

이 말의 참 뜻은 이것이다. "옛적에 요·순·우·탕의 도통이 문왕에게 전해졌고 문왕은 이미 돌아가셨지만 이제 그 전해진 예악과 제도의 문화는 여기에 있지 않은가? 문화가 이미 여기에 있으니 내 몸이 있고 없는 것이 사문斯文의 흥하고 망하는 것과 관계가 있다. 만일 하늘이 이 문화를 없애고 후세에 전하지 않게 한다면, 나는 문왕의 뒤를 이어 죽을 사람인데 장차 예와 음악을 상고하여 제도를 닦아 밝혀서 사문에 참여함을 얻지 못할 것이다. 그러나 이제 내가 이 문화에 참여하였으니 이것은 하늘의 뜻이 문화를 없애고자 하는 것이 아니다. 그렇다면 나의 한 몸이 예악과 제도에 매인 것이다. 하늘이 반드시 이 문화를 위하여 나를 도울 것이니, 저 광 땅 사람의 난폭함으로 어찌 할 수 있겠는가?"528 공자는 자신의 죽음은 오직 하늘에 달려있음을 말하였다. 사람을 죽이고 살리는 것은 사람에 달린 것이 아니라 의지와 뜻을 가진 인간 위에 있는 존재, 즉 인격적인 주재자이자 초월적 존재인 하늘

---

527 "文王其沒, 文不在玆乎, 天之將喪斯文也, 後死者不得與於斯文也, 天之未喪斯文也, 匡人其如予何."(『論語』「子罕」)

528 유교문화연구소, 2006, 292~293.

에 달렸다는 것이다.

「자한子罕」 편에는 그런 하늘을 보여주는 다른 예도 있다. 공자의 병이 심해지자 자로가 제자로 하여금 가신을 삼아 치상治喪하고자 하였다. 병이 조금 나아지자 공자는 자로가 한 일, 즉 자신은 벼슬을 떠나 더 이상 대부가 아니어서 가신을 둘 수 없는데도 자로가 가신을 예비하여 놓고 공자의 장례를 치르려고 한 것을 알고 이렇게 말했다.

"나는 가신이 없어야 하는데 가신을 두었으니 내 누구를 속였는가? 하늘을 속였구나!"[529]

공자는 자신이 예를 지키지 못했다는 사실을 자책하였다. 여기서 하늘은 어느 누구도 속일 수 없는 존재, 모든 것을 지각하고 알 수 있는 존재, 인간사를 두루 감시하고 살피는 그런 존재로 여겨지고 있다. 공자의 삶이 인격적 주재적 하늘에 준거를 두고 있음을 보여준다.

천에 대한 이와 유사한 생각은 『논어』 「술이述而」 편에서도 읽을 수 있다.

"하늘이 나에게 덕을 주셨으니 환퇴가 나에게 어찌 하겠느냐?"[530]

공자가 천하를 주유하다가 송나라에 이르렀을 때 환퇴라는 자가 공자를 해치려하자 제자들이 두려워하며 도망을 권하자 한 말이다. 그러

---

529 "無臣而爲有臣, 吾誰欺, 欺天乎."(『論語』「子罕」)

530 "天生德於予, 桓魋其如予何."(『論語』「述而」)

나 공자는 도망하지 않고 하늘이 부여하여 자신이 받은 덕은 하늘과 합일하여 길吉하고 이롭게 하지 않음이 없기 때문에 다른 사람으로부터 해를 입지 않으며, 따라서 두려워할 바가 아니라고 말하였다. 공자의 하늘에 대한 믿음을 엿볼 수 있다.

이는 생사가 궁극적으로 하늘에 달려있는 것이지 한 사람에 불과한 환퇴는 자신을 어떻게 할 수 없음을, 즉 공자에겐 그런 근심과 두려움이 없음을 말한다. 공자는 삶의 궁극적 근거가 하늘임을 말하는데, 생사를 결정하는 하늘은 인격적 존재이자 주재적 존재로 그려지고 있다.

「양화陽貨」편에서도 공자는 '천天'을 말하고 있는데, 이 역시 여러 가지 의미의 천으로 볼 여지가 있다. 여기에 공자와 자공이 대화하는 장면이 나온다. 공자가 '도가 비록 말로 나타남이 있으나 또한 말이 많으므로 어둡게 되기도 하니 나는 이제 말하지 않겠다'고 하였다. 그러자 자공이 '선생님의 도가 지극히 크기 때문에 제자들이 선생님의 도를 전하고 기록하는 것은 바로 말씀으로 이치를 강론하여 밝히시는 것을 힘입었는데, 이제 만일 선생님께서 말씀을 하지 않으시면 저희들이 무엇을 듣고 선생님의 도를 전하여 기록하겠습니까?'라고 하였다. 이에 공자가 이렇게 말하였다. "하늘이 무슨 말을 하던가? 사계절이 바뀌고 만물이 태어나지만, 하늘이 무슨 말을 하는가?"531

이 말의 요지는 이것이다. "배우는 사람이 마땅히 몸소 행하는 곳을 따라서 도를 체득하여 알 것이고, 반드시 언어 사이에서 구하지 말라고 깨우친 것이다. 첫 구절은 짐짓 말을 일으킨 것이고 끝 구절은 말

---

531 "天何言哉, 四時行焉, 百物生焉, 天何言哉."(『論語』「陽貨」)

을 하지 않고자 하는 뜻을 밝혔다. 네 계절이 운행하고 만물이 생겨나는 것이 바로 하늘의 이치가 유행하는 실상이 발현된 것이다."[532]

물론 공자는 천체로서의 하늘이 운행한다는 사실과 그 결과 만물이 끊임없이 생성된다는 점을 말한 것으로도 볼 수 있다. 그러므로 이 경우 하늘은 자연으로서의 하늘, 이법으로서의 하늘, 우주의 이치로서의 하늘일 수 있다.

그런데 다산은 이를 인간의 정치적 행위와 동일시하며 이렇게 해석한다. "언어로써 백성을 교화하는 것은 하찮은 일이다. 가르치고 깨우치는 데에 입술이 헤지고 혀가 닳도록 말해도 백성은 따르지 않는 자가 있고, 묵묵히 몸소 실천하여 행사에 나타내 보이면 백성이 오히려 보고 감동하는 자도 있다. 다만 천도로 징험하면, 일월과 성신이 운행하여 사시가 어긋나지 않고 풍뢰風雷와 우로雨露가 베풀어져 온갖 만물이 번성해 나가는 것을 또한 묵묵히 스스로 주재하고 있을 뿐이다."[533] 하늘은 만물을 주재하지만 그렇게 되도록 하는데 있어 반드시 말을 필요로 하지는 않는다. 하늘은 유행을 보여줄 뿐 말이 없다. 그것이 하늘의 조화造化이다. 하늘은 조화로 만물을 생성·변화, 즉 주재한다. 이로 보면 여기서 천은 주재적 천으로 볼 수 있다.

임계유任繼愈도 공자의 이러한 천을 만물의 주재자인 상제와 같은 존재로 본다. "공자의 천은 활동적이고 생명력이 있는 인격적 의지적

---

532 유교문화연구소, 2006, 649.

533 "言語之於化民, 末也. 教之誨之, 勞脣敝舌, 而民猶有不從者, 默然躬行, 見諸行事, 而民猶有觀感者. 但以天道驗之, 日月星辰之運而四時不錯, 風雷雨露之施而百物以蕃, 亦默自主宰而已."(『論語古今註』卷九「陽貨 下」)

상제였다. 공자는 천을 개인의 사생·화복에 대한 주재자로서 뿐만 아니라 자연계의 최고 주재자로 인식하였다. … 그는 사람들에게 아무 말도 하지 않지만, 사계절의 운행과 만물의 생장을 추동推動시키는 상제를 본받으라고 요구한다. 그것은 천이 죽은 물체가 아니라 말을 할 수 있지만 말하지 않는 활물活物적인 것, 그리고 지고무상한 만물의 추동자라는 것을 시사한다."[534]

가노 나오키狩野直喜 역시 공자의 천을 그렇게 본다. "공자의 천은 의심할 바 없이 만물의 주재主宰요 지식과 의사를 가진 실재였던 것이다. … 공자가 단지 의인적으로 천을 불렀던 것이라고 함과 같은 설은, 공자의 뜻을 알지 못하는 것이라고 말하지 않을 수 없다. …『논어』에 보이는 천은 … 지식과 의사를 갖추었다고 보아야 할 인격적 실재이다."[535]

천이라는 개념을 단독으로 쓰지는 않았지만 『논어』에는 천을 명과 결합한 '천명天命'이라는 개념도 나온다. 이를테면 『논어』 「계씨季氏」 편을 보자.

"군자는 세 가지 두려워하는 것이 있으니, 천명을 두려워하고 대인을 두려워하고 성인의 말씀을 두려워한다. 소인은 천명을 알지 못하여 두려워하지 않으므로, 대인을 함부로 대하며 성인의 말씀을 업신여긴다."[536]

---

534 임계유任繼愈 지음, 이문주·최일범 외 옮김, 1990, 152~153.

535 가노 나오키 저, 오이환 역, 1986, 130~133.

536 "君子有三畏, 畏天命, 畏大人, 畏聖人之言. 小人不知天命而不畏也, 狎大人, 侮聖人之言."(『論語』「季氏」)

여기서 천명은 흔히 하늘이 바른 이치를 사람에게 주었는데, 그것을 천명이라 하여 천을 이법천으로 해석한다. 주희는 이 천명을 하늘이 부여한 바의 정리正理라고 하였다. 이로 보면 외천명畏天命은 군자는 마땅히 삼가며 두려워하여 그 이치를 온전하게 해서 감히 어기지 않는다고 할 수 있을 것이다. 그러나 이 외천명 역시 다르게 볼 수 있다. 천명을 주재적인 인격천으로 말이다.

군자가 '천명을 두려워한다'고 한 것은 무엇일까? 그것은 선하고 착한 행위를 하면 하늘이 온갖 상서로움을 내려주고 그렇지 않은 행위를 하면 재앙을 내리기 때문에 군자가 하늘을 두려워한다는 것이 아닐까? 하늘의 도를 따르면 길함을 내려주고 하늘의 뜻을 거역하면 흉함을 내리는 것이 하늘의 명이다. 하늘은 길흉을 내리는 존재인 것이다. 이때의 하늘은 곧 인격적 주재적 존재이다. 이법천이 아니다. 비록 은대의 상제와 같은 정도의 모습은 아닐지라도 하늘은 의지를 지닌 존재이며, 천명은 그런 하늘의 명이라고 할 수 있다.

다산도 그런 맥락으로 본다. 하늘을 외경畏敬해야하는 것은 "마치 임금을 삼가히 섬기지 않을 수 없는 것과 같다. 군주를 삼가히 섬기지 않으면 재앙은 매우 현실적으로 닥쳐오게 되지만 하늘을 외경하지 않으면 그 재앙은 은연중 닥쳐온다. 은연중에 닥쳐오는 실마리는 볼 수 없으므로 자연스럽게 당하는 것과 같다. 그러므로 재앙이라 당당하게 말하지만 소리조차 없고 형태조차 없는 것이다."[537] 천명은 하늘의 명령,

---

537 "以此見天之不可不畏敬, 猶主上之不可不謹事. 不謹事主, 其禍來至顯, 不畏敬天, 其殃來至闇. 闇者不見其端, 若自然也. 故曰堂堂如天殃, 言必立校, 然而無聲"(『論語古今註』「季氏」)

우주의 최고 주재자의 명령이라는 인격적인 의미를 갖는다는 것이다.

『논어』「위정爲政」편에도 천명天命이라는 말이 나온다.

"나는 열다섯 살에 학문에 뜻을 두었고, 서른 살에 자립하였으며, 마흔 살에는 미혹되지 않았고, 쉰 살에는 천명을 알았고, 예순 살에 귀가 순해졌으며, 일흔 살에는 마음이 하고자 함을 따라도 법도에서 벗어나지 않았다."538

공자는 쉰 살에야 천명이 무엇인지 알았다(知天命)고 하였다. 여기서 천명의 명이란 운명으로 볼 수 있고 그런 운명을 주재하는 주재자를 천이라고 할 수 있다. 다산은 천을 나아가 인격적 존재, 인격천으로 본다. 다산은 '지천명'을 "상제의 법도에 순응하여 어려울 때나 순조로울 때나 마음을 변치 않는 것을 말한다"539로 해석한다. 여기서 천은 곧 상제, 의지를 가진 하늘님이며, 천명은 하늘님의 명령, 상제의 법도로 볼 수 있다. 이 경우 하늘은 인격적 존재일 수밖에 없다.

이런 맥락에서 보면 공자의 하늘에 대한 생각은 많은 경우 주대의 하늘 사상을 이어받은 면이 있다. 공자는 『논어』「팔일八佾」편에서 "주나라 문물 제도는 하·은 두 왕조를 본받았으니 빛나고도 찬란하기에 나는 주나라를 따르리라"540하였다. 또 『논어』「술이述而」에서는 "술이부

---

538 "吾十有五而志于學, 三十而立, 四十而不惑, 五十而知天命, 六十而耳順, 七十而從心所欲, 不踰矩." (『論語』「爲政」)

539 "知天命, 謂順帝之則, 窮通不貳也." (『論語古今註』「爲政」)

540 "周監於二代, 郁郁乎文哉, 吾從周." (『論語』「八佾」)

작述而不作"이라 하여 '전술할 뿐 새로이 짓지 않았다'며, 자신이 한 일은 그것이 사상이든 학술이든 옛사람이 이미 해 놓은 바를 전할 뿐 옛사람이 하지 않은 것을 자신이 새로이 만들거나 짓지는 않았음을 밝혔다. 즉 공자는 자신이 배운 옛날의 학술이나 사상을 진술하여 후세에 전할 뿐 자신이 새로운 무엇을 지어내거나 창작하지는 않았음을 밝힌 것이다. 이러한 말들은 곧 공자가 주 문화를 계승했음을 짐작하게 한다.

이러한 맥락에서 보면 공자에게 하늘은 인간처럼 의지와 감정을 가진 존재, 인간과 소통할 수 있는 존재, 만물을 주재하는 존재이다. 그것은 주나라 때의 천 개념을 계승한 것이었다. 그러나 이렇게 하늘의 성격을 밝히는 것이 그의 사상의 중심인 것은 아니다. 그에게서 하늘의 주재성이나 인격성은 주변적일 뿐이다. 공자에게 하늘은 더 이상 종교적 대상으로서의 하늘님이 아니었다.

이상의 『논어』에 나타난 몇 가지 사례로 볼 때 공자는 천을 주로 의지를 지닌 인격적 존재, 만물의 주재적 존재, 나아가 지고의 초월적 존재로 여기는 경향이 있다. 주대 초기에 외천畏天·경천敬天하던 하늘과 거의 같다. 그래서였을까? 풍우란馮友蘭은 중국 문자 가운데 하늘(天)에는 물질지천, 주재지천, 운명지천, 자연지천, 의리지천이라는 다섯 의미가 있는데, 『논어』에서 공자가 말한 하늘은 모두 주재지천이라고 한다.[541] 그는 심지어 『시』, 『서』, 『좌전』, 『국어』에 나오는 하늘도 물질지천을 제외하고는 모두 역시 주재지천으로 간주한다.

조기빈趙紀彬도 공자의 천을 이렇게 주재적이고 인격적인 신으로 이

---

541 풍우란 저, 박성규 옮김, 2000, 61~62.

해한다. "공자의 인식론에서 천은 서주 시기와 마찬가지로 의지적인 상제이자 인간에 대한 최고의 주재자이며 사회의 모든 변화의 근본 원인이고 덕교德敎의 존폐와 사회의 안정 그리고 혼란에 대한 최후의 근원이다. 따라서 공자의 '천명을 안다'(「위정」)는 진술의 의미는 제자들에게 상제의 명령을 파악하라는데 있다. 또 '천명을 두려워한다(「계씨」)'는 진술의 의미는 제자들에게 자연 법칙에 순응하라는데 있는 것이 아니라 상제의 명령에 복종하라는데 있다."542 그에 의하면 천은 상제로 규정될 수 있다. 곧 공자의 천관은 유신론에 근거한 종교적 세계관이다.

도덕적 힘의 원천으로서의 하늘

공자에게 천은 이처럼 인격적 존재이지만 이러한 주재적 인격적 존재로 보는 견해를 부정하는 시각도 많다. 공자의 하늘을 비인격적인 것으로 여기는 경향이 오히려 강한 듯하다. 이를테면 크릴은 『논어』의 어느 곳을 보아도 천과 동일한 신격이지만 보다 인격적인 측면으로 이해되는 제帝를 공자가 언급한 일이 없는 것은 흥미있는 사실이며, 공자에게 있어서 천은 거의 비인격적인 존재였다고 한다.543

공자가 언급한 천 중 비인격적 모습의 전형적 천은 도덕천이다. 즉 천은 도의 근원, 인간 행위의 근거가 되는 하늘이다. 그 전형을 『논어』

---

542 조기빈趙紀彬 지음, 조남호·신정근 옮김, 1996, 370~371.

543 H. G. 그릴 저, 이성규 역, 1996, 135.

「태백」에서 찾을 수 있다.

　　"위대하시다, 요의 임금 노릇 하심이여. 높고 크다. 오직 저 하늘
이 가장 크거늘, 유독 요 임금만이 그와 같으셨으니, 넓고 넓어 백성
들이 무어라 형용하지 못하는구나."[544]

　　이 말의 뜻은 이런 것이다. 예로부터 제왕이 많으나 옛날과 지금에
으뜸이 되어 홀로 성대한 자는 요 임금이다. 요 임금의 덕이 하늘과 같
이 높고 큼을 이름 할 수가 없으니 어찌 볼 것이 없어서이겠는가? 대체
로 보건대 우뚝하게 높고 큰 자는 성취한 사업이 있으니 그 치적의 높
음을 더할 수 없다. 요 임금의 임금 노릇이 하늘과 같이 가장 크다고
한 것이다.

　　그런데 이 글은 공자가 단순히 하늘의 성격을 밝히고자 함이 아니
다. 공자는 하늘의 자연적 성격을 말하면서 요 임금이 위대하게 된 배
경을 설명하고 있다. 여기서 하늘은 인격적이거나 주재적 모습을 보이
지 않는다.

　　천을 이처럼 비인격적이고 도덕적인 하늘로 재해석할 수 있는 다른
사례가 있다. 『논어』 「술이述而」의 "하늘이 나에게 덕을 주셨으니 환퇴
가 나에게 어찌 하겠느냐?"[545]에서 하늘이 바로 그렇다. 앞에서 우리는
이 천을 주재적 존재로 보았으나 천을 도덕적 법칙으로 보려는 경향도

544　"大哉, 堯之爲君也, 巍巍乎, 唯天爲大, 唯堯則之, 蕩蕩乎民無能名焉."(『論語』「泰伯」)

545　"天生德於予, 桓魋, 其如予何."(『論語』「述而」)

있다.

　앞에서 필자는 「계씨季氏」의 "군자에게는 세 가지 두려워하는 것이 있으니, 천명을 두려워하고 대인을 두려워하고 성인의 말씀을 두려워한다. 소인은 천명을 알지 못하여 두려워하지 않으므로 대인을 함부로 대하며 성인의 말씀을 업신여긴다"에서 천을 인격천으로 볼 수 있다고 하였는데, 이를 다르게 볼 수도 있다는 것이다. 이를테면 외천명을 우주의 질서인 로고스를 '인도'의 이치와 동일시한 경건한 자세를 뜻하는 것으로 보면, 외천명이 결코 인격신에 대한 숭경을 의미하는 것이 아니다. 공자는 천을 도덕적 섭리 및 이상적인 우주의 조화라는 개념으로 사용했다는 것이다.[546]

　양백준楊伯峻은 이렇게 말한다. "공자가 하늘을 부른 것은 반드시 하늘이 진정한 주재자요 진정으로 의지가 있다고 생각해서가 아니다. 하늘에 의지하여 자신을 위로하고 감정을 발설하는데 불과했다. '하늘에 죄를 얻으면'에서의 '하늘'은 행위가 하늘의 이치에 부합하지 않는다는 뜻의 하늘이다."[547] 이는 곧 공자의 천은 인격적인 것으로 보아서는 안 되며 이법적인 것으로 보아야 한다는 것이다. 나학진도 천은 모든 원리의 근원이며 모든 생명의 원천이다. 그 천은 이법적(impersonal. 비인격적)인 천이요 인성에 내재하는 도덕률로서의 천이라 한다.[548] 그 연장선상에서 포르케A. Forke도 "그는 인격적인 신의 창조로 곧장 나아가던 것

546　신동준, 2007, 433~434.

547　양백준楊伯峻 역주, 이장우·박종연 한역, 2002, 311~312.

548　나학진, 1988, 26.

을 다시 되돌렸으며, 따라서 공자는 인격적인 신성神性, 정신 세계의 통치자의 개념에 가장 일치하는 '상제'라는 표현을 하늘에 사용하지 않았다"[549]고 한다.

이렇게 본다면 공자에게 하늘은 인격적이고 주재적 존재이지만 다른 한편으로는 비인격적이고 도덕적 성격을 갖는 존재이다. 천은 천명으로 인간에 내재하여 하나의 인성으로 깃들었다는 것이다. 이럴 경우 천은 비인격성을 띤다. 비초월적 비주재적 성격을 띤다. 공자에게는 천의 탈인격성, 천의 내재성의 측면이 보인다. 이는 곧 공자에 이르러 인격적 천 종교관이 와해되어가고 있음을 말한다.

그렇다면 공자는 왜 서주 시대의 천, 즉 인격적이고 주재적 존재로서의 하늘 외에 새로운 천의 모습, 즉 비인격적 도덕적 성격의 하늘을 드러내고 있을까? 천의 성격에 변화가 일어난 배경은 무엇인가? 이는 춘추 시대의 사회 상황과 무관하지 않다.

동주 시대 이후 사회가 어떠하였는가. 한마디로 정치 사회적 혼란과 전쟁의 일상화가 이어졌다. 주 왕실의 약화, 제후의 난립, 각종 전쟁의 일상화, 도덕의 붕괴, 허례만 중시하는 상황을 고려하면 동주 이후 춘추 시대는 끊임없는 정치적 무질서와 혼란의 시대였다. 이것은 인간의 안정된 삶이 근본적으로 불가능함을 말한다. 그 결과는 곧 삶이 고통으로 와 닿았고, 나아가 기존 질서, 삶의 가치, 믿음 체계에 대한 불신과 회의로 나타났다. 이를테면 하늘에 대한 믿음도 바뀌어 하늘을 불신하고 심지어 원망하는 지경까지 이르렀다. 이러한 경향은 단순한 천

---

549 알프레드 포르케 저, 양재혁·최해숙 역주, 2004, 199~200.

에 대한 원망과 비난이 아니다. 그것은 절대적 믿음의 대상이었던 천에 대한 강한 신앙이 약화되고 있음을 의미한다. 만물의 주재자로 여겨지던 하늘의 존재와 권능에 대한 믿음 체계의 무너짐이다. 천이 더 이상 이전의 천으로 인식되지 않는 천에 대한 인식의 근본적 전환이다.

『논어』에는 이와는 달리 천이 자연, 푸른 하늘로 쓰인 사례도 있다.

"자공이 '군자는 한 마디 말로 지혜롭다고 하며 한 마디 말로 지혜롭지 않다고 하는 것이니, 말을 조심하지 않을 수 없다. 스승님께 미치지 못하는 것은 하늘을 사다리로 오르지 못하는 것과 같다'고 하였다."[550]

「자장子張」 편에 나오는 이 내용은 진자금陳子禽이 자공에게 자공이 스승을 공경하여 사양하지만 실상은 자공이 공자보다 어질다고 하자, 이에 자공이 책망하며 자신이 스승의 덕에 미치지 못함을 비유하며 한 말이다. 자공은 스승님의 덕은 나면서부터 알고 자연스럽게 행하셔서 미치지 못하는 것이 마치 하늘이 높아서 사다리로 올라가지 못하는 것과 같다고 하였다. 자공이 스승인 공자의 덕에 미치지 못함을 사다리를 이용하여 하늘에 오르지 못함을 비유한 이 말에서 천은 자연, 푸른 하늘로서의 천이다.

---

550 "子貢曰, 君子一言以爲知, 一言以爲不知, 言不可不愼也. 夫子之不可及也, 猶天之不可階而升也."(『論語』「子張」)

상제 문화사에서 공자, 공자의 천은 어떤 위상을 갖는가. 앞에서 보았듯이 공자 이전까지 천·상제는 인격적 주재적 존재로 최고신으로 여겨졌다. 그런데 공자로부터 이러한 경향이 바뀌었다. 이는 동북아 문명에서 신 중심에서 인간 중심으로 사상 전환의 시작이었다. 공자는 천에 대해 무관심한 것은 아니었지만 그의 주 관심사는 인간이었다. 많은 사람들은 흔히 공자가 언급한 천을 인간의 도덕적 행위의 근원으로서의 천이라며 도덕천이라고 하는 경우가 많다. 그러나 필자가 보기에 적어도 『논어』에 나타난 천은 오히려 인격천의 모습이 더 눈에 띈다.

4

공자를 딛고 일어선
묵자墨子의 하늘

묵자, 시대를 읽다

고대 중국의 하늘 사상을 살피다 보면 아주 재미있는 것을 알게 된다. 유가 사상이 발전하고 공자에게서 하늘의 비인격성이 부각되는 가운데, 이를 비판하며 천의 인격성, 외재성, 주재성을 강조하는 경향이 다시 나타나기 때문이다. 공자가 세상을 떠날 무렵에 태어난 것으로 보이는 묵자墨子의 하늘에 대한 생각이 바로 그렇다.

사실 묵자에 대한 사실적 정보는 많지 않다. 우리는 그의 성이 무엇이고 이름이 무엇인지, 정확하게 그가 언제 태어나 언제 죽었는지 조차 모른다. 심지어 어떤 나라 사람인지 조차 분명하지 않다.[551] 사마천은 묵자에 대해 이렇게 밝힌다. "묵적은 송나라 대부로서 성을 방위하는

---

[551] 물론 이런 견해도 있다. "묵자의 성은 묵墨, 이름은 적翟이며 노魯나라 사람이다. 그의 생졸 연대는 확실히 알 수 없지만 대략 전국 시대 초기의 인물이며 공자보다 후대의 인물이다."(임계유任繼愈 지음, 이문주·최일범 외 옮김, 1990, 183)

430

기술이 뛰어났고 절용節用을 주장했다. 공자와 같은 시대 사람이라 하기도 하고 공자의 후세 사람이라 하기도 한다."[552] 『묵자』에도 "묵자가 노나라에서 제나라로 가서 친구를 만났다"[553]거나 "공상과公尙過가 50대의 마차를 몰고 묵자를 영접하러 노나라에 갔다"[554]는 말이 있는데, 이로 보면 묵자는 노나라 사람으로 여겨진다.[555] 파편적으로 남아있는 여러 자료를 종합해 보면, 묵자는 춘추 시대 말 전국 시대 초기, 그러므로 서기전 5세기 무렵에 활동한 사상가로 공자와 쌍벽을 이룬 것으로 보인다.

묵가墨家는 진나라가 천하 통일을 한 이후 급속히 몰락하더니 한나라가 들어서서 유교를 국교로 삼으면서 이단으로 배척되어 설 자리를 완전히 잃었다. 그리하여 후대 약 2천년 동안 묵자는 사상사의 뒤안길로 밀려나 있었다. 그들에 대한 자료도 거의 없었다.

묵자가 다시 빛을 보게 된 것은 청대에 들어서인데, 그의 사상을 알 수 있는 글이 『도장경』에서 발견되었기 때문이다.[556] 거기서 나온 『묵자墨子』에는 그의

묵자의 초상. (출처: 위안싱페이袁行霈 저, 2007, 181)

---

552 "蓋墨翟, 宋之大夫, 善守禦, 爲節用. 或曰並孔子時, 或曰在其後."(『史記』「孟子荀卿列傳」)

553 "子墨子自魯即齊, 過故人."(『墨子』「貴義」)

554 "遂爲公尙過束車五十乘, 以迎子墨子於魯."(『墨子』「魯問」)

555 『淮南子』에도 "초나라가 송나라를 공격하려 하였다. 묵자는 그 소식을 듣고 가슴 아파하던 나머지 노나라에서 월나라로 쉬지 않고 달려가기를 열흘 밤낮이었다. … (초나라 도읍인). 영郢에 도착하여 초나라 왕을 알현했다. 昔者楚欲攻宋. 墨子聞而悼之, 自魯趨而十日十夜, … 至於郢, 見楚王."(『淮南子』「脩務訓」)는 기록이 있다.

556 『한서』「예문지」에 의하면 『묵자』는 71편이다. "墨子七十一篇."(『漢書』「藝文志」) 명明대에 와서

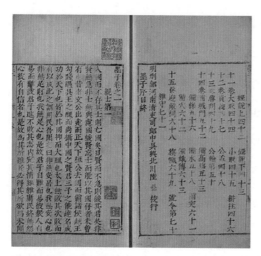

『묵자墨子』(명나라 가정嘉靖 31년 복건지성동활자남인본福建芝城銅活字藍印本).

15권 53편으로 이루어진 《묵자墨子》

『묵자墨子』. (출처: 위안싱페이袁行霈 저, 2007, 185)

언행을 기록한 글과 제자들이 풀어 정리한 글이 담겨있었다. 이는 묵자의 사상을 밝히는 가장 중요한 자료이다.[557] 여기에 담긴 묵자의 사상은 인격천 하늘(천)을 준거로 겸애兼愛나 평등을 내세우는 획기적 주장으로 그 빛을 발한다.

묵자가 활동한 때를 규정할 수 있는 가장 특징적인 표현은 '약육강식의 시대', '힘에 의한 정치의 시대'라고 할 수 있다. 춘추 시대를 이어 전국 시대 초기는 한마디로 전쟁의 시대였다. 춘추 시대의 봉건적 질서가 무너지며 수많은 제후들이 패권을 잡기 위해 주변국과 전쟁을 일삼던 때였다. 전쟁을 통해 강한 자 만이 살아남을 수 있는 폭력의 시대였다.

『도장道藏』 속에 끼어 있는 『묵자』 15권이 간행되었는데, 이것이 그나마 완전하게 전해지는 최초의 판본이다.

557 임계유에 의하면 『묵자』에서 『경經 상』, 『경經 하』, 『경설經說 상』, 『경설 하』, 『대취大取』, 『소취小取』 등 여섯 편은 전국 시대 말기 후기 묵가의 저작이다. 또한 『친사親士』, 『수신修身』, 『소염所染』은 묵가의 사상을 대표할 수 없으며, 후인의 위작이다. 임계유任繼愈 지음, 이문주·최일범 외 옮김, 1990, 185 참조.

이러한 전쟁을 향한 준비 과정은 민중들의 삶을 어렵게 만들고 국민 경제는 파탄으로 몰 수 밖에 없었다. 온갖 착취와 약탈 행위로 민생은 그야말로 말이 아니었다. 이런 사회 어디에도 보편적 윤리와 도덕, 합리적 행동 양식이라고는 있을 수 없다. 이러한 비정상적이고 무질서하고 급변하는 사회 상황에서는 힘 있다고 여기는 자들이 우후죽순 격으로 나서서 큰 소리 치는 것은 물론, 시대 상황에 대해 나름의 대안과 처방을 제시하는 다양한 사상가들도 출현한다. 제자백가의 시대라는 것은 바로 이를 두고 하는 말이다. 유가나 도가, 법가는 물론이고 묵가도 그 하나이다.

묵자는 당시 시대 상황을 어떻게 보았을까? 『묵자』의 기록, 묵자의 눈을 통해 당시 사람들이 직면하고 있었던 참혹한 모습, 당시의 가장 큰 사회적 문제가 무엇이었는지 총체적 진단을 보자.

"지금 천하의 폐해 중 가장 큰 해는 무엇인가. 묵자가 답하였다. 큰 나라가 작은 나라를 공격하고, 큰 가문이 작은 가문을 어지럽히며, 강자가 약자를 강탈하고, 다수가 소수를 폭압하며, 교활한 사람이 우둔한 자를 속이고, 귀한 자가 천한 자를 능멸하는 것, 이것이 천하의 해이다. 또한 임금 된 자가 은혜롭지 않고, 신하 된 자가 충성스럽지 않으며, 아비 된 자가 자애롭지 않고, 자식 된 자가 효성스럽지 않은 것, 이것 역시 천하의 해이다. 또한 지금처럼 사람이 사람을 천하게 여겨 무기와 독약과 물과 불을 가지고 서로 손해를 입히고 해치는 것이 또한 천하의 폐해이다."[558]

즉 당시 사회 상황은 큰 나라가 작은 나라를 공격하고 큰 집안이 작은 집안을 교란시키고 강한 자가 약한 자를 핍박하고 다수가 소수에게 횡포를 일삼고 교활한 사람이 순한 사람을 속이며 귀한 자가 천한 자를 멸시하는 국면이라는 것이다.

「명귀明鬼」에도 당시 사회의 상황을 진단한 이런 내용이 있다.

"옛날 삼대의 성왕이 죽은 뒤로 천하는 의를 잃고 제후는 무력으로 정치를 하였다. 이에 임금과 신하, 윗사람과 아랫사람 사이에는 은혜롭거나 충성스럽지 못하고, 부자와 형제가 서로 자애롭거나 효성스럽거나 공경스럽거나 우애롭거나 행실이 바르지 않았다. 또한 지도자들은 정무를 다스리는데 힘쓰지 않고, 백성들은 맡은 바 일에 힘쓰지 않았다. 백성들은 음란하고 난폭한 모습을 보이며 반란을 일으키고 도둑질을 일삼고 무기와 독약, 물, 불을 사용해서 길에서 무고한 사람을 가로막고 수레나 말, 옷 등을 빼앗아 이득을 취하는 일이 줄줄이 일기 시작한 것은 바로 여기서 비롯되었다. 이것이 천하가 크게 어지러워진 이유다."[559]

---

558 "然當今之時, 天下之害孰爲大. 曰, 若大國之攻小國也, 大家之亂小家也, 強之劫弱, 衆之暴寡, 詐之謀愚, 貴之敖賤, 此天下之害也. 又與爲人君者之不惠也, 臣者之不忠也, 父者之不慈也, 子者之不孝也, 此又天下之害也. 又與今人之賤人, 執其兵刃毒藥水火, 以交相虧賊, 此又天下之害也."(『墨子』「兼愛 下」)

559 "逮至昔三代聖王旣沒, 天下失義, 諸侯力正, 是以存夫爲人君臣上下者之不惠忠也, 父子弟兄之不慈孝弟長貞良也, 正長之不強於聽治, 賤人之不強於從事也. 民之爲淫暴寇亂盜賊, 以兵刃毒藥

434

한편 묵자는 당시 사회가 직면하였던 문제를 일곱 가지 병리 현상으로 설명하며 시대 상황을 이렇게 진단하기도 한다.

"나라에는 일곱 가지 근심(患難)이 있다. 일곱 가지 근심은 무엇인가. 성곽이나 해자를 지키지도 못하면서 궁실을 크게 짓는 것이 첫째 환난이다. 적국이 공격하여 변경에 이르렀지만 사방의 이웃 나라 어느 곳에서도 나서서 구해주지 않는 것이 둘째 환난이다. 먼저 백성들의 힘을 쓸데없는 일에 써 버리고 능력 없는 사람에게 상을 주고, 백성들의 힘을 쓸데없는 일에 다 써버리고 재물을 손님 접대하는 데 다 써 버리는 것이 셋째 환난이다. 벼슬아치는 자기 녹봉을 지키기에만 힘쓰고, 유세하며 돌아다니는 벼슬 못한 사람은 사적으로 결속해 무리 만들기를 애쓰며, 군주가 법을 멋대로 고쳐 신하를 함부로 내쳐도 신하들이 두려워하며 감히 거스르지 못하는 것이 넷째 환난이다. 군주가 스스로 성인답고 지혜롭다고 생각하여 나라의 큰일을 신하들에게 묻지도 않고 스스로 나라가 안정되고 강성하다고 여겨 만일의 경우에 대비를 하지 않는 사이 사방의 이웃 나라가 침략을 도모하여도 경계할 줄 모르는 것이 다섯째 환난이다. 신임하는 자들이 충성스럽지 않고 충성스러운 사람이 신임을 받지 못하는 것이 여섯째 환난이다. 가축과 식량은 백성들이 먹기에 부족하고 대신들은 군주를 섬기기에 부족하며, 상을 내려도 사람들을 기쁘게 할 수 없고 처벌을 해도 위엄을 세울 수 없는 것이 일곱째 환

水火, 退無罪人乎道路率徑, 奪人車馬衣裘, 以自利者, 並作由此始. 是以天下亂."(『墨子』「明鬼 下」)

난이다."⁵⁶⁰

나라에 재앙을 초래하는 일곱 가지 사회 병폐를 지적하고 있다. 이런 일곱 가지 문제는 당시의 현실을 대변하는 것이며 당시 사회가 병든 사회임을 상징적으로 보여준다. 묵자는 이런 일곱 가지 환난이 있으면 그 나라는 반드시 망하거나 재앙이 있을 것으로 보았다.

또 당시의 전쟁에 대해서도 다양하게 말한다. 묵자에게 전쟁은 무엇이었을까? 우선 묵자가 당시 전쟁 상황을 어떻게 진단하였는지를 보자.

"지금 왕공대인들과 천하의 제후들은 그렇지 않다. 그들은 모두 자신의 용맹한 병사를 뽑아 자신의 배와 수레를 탄 병졸을 늘어세우고 견고한 갑옷과 예리한 무기를 준비해서 아무 죄 없는 나라를 침공한다. 그 나라의 변경을 침입해 들어가서는 농작물을 베어 버리고 수목들을 잘라버리며 성곽을 무너뜨려 해자垓字을 메워버리고 가축들을 빼앗고 죽이며 선조 사당을 불질러버리고 많은 백성을 찔러 죽이며 노약자를 짓밟으며 중요한 기물을 빼앗아 간다."⁵⁶¹

---

560 "國有七患. 七患者何. 城郭溝池不可守, 而治宮室, 一患也. 邊國至境, 四鄰莫救, 二患也. 先盡民力無用之功, 賞賜無能之人, 民力盡於無用, 財寶虛於待客, 三患也. 仕者持祿, 游者愛佼, 君修法討臣, 臣懾而不敢拂, 四患也. 君自以爲聖智, 而不問事, 自以爲安疆, 而無守備, 四鄰謀之, 不知戒, 五患也. 所信者不忠, 所忠者不信, 六患也. 畜種菽粟, 不足以食之, 大臣不足以事之, 賞賜不能喜, 誅罰不能威, 七患也."(『墨子』「七患」)

561 "今王公大人, 天下之諸侯, 則不然. 將必皆差論其爪牙之士, 皆列其舟車之卒伍, 於此爲堅甲利兵, 以往攻伐無罪之國. 入其國家邊境, 芟刈其禾稼, 斬其樹木, 墮其城郭, 以湮其溝池, 攘殺其牲牷, 燔潰其祖廟, 勁殺其萬民, 覆其老弱, 遷其重器."(『墨子』「非攻 下」)

당시는 한마디로 크고 작은 전쟁, 살인, 약탈이 다반사로 일어나고 있었다. 제후들의 권력 다툼이 침략 전쟁으로 이어진 것이다. 문제는 이런 전쟁으로 인간 생명을 포함한 온갖 생명이 파괴된다는 것이고, 그 결과 사람들의 삶이 온통 지옥으로 떨어져갔다는 점이다. 그리하여 묵자는 전국 시대 전기에 여러 나라를 주유하며 전쟁을 말리려 하였다.[562]

묵자는 전쟁은 하늘·천의 이익에도 맞지 않는다고 말한다.

"대저 하늘이 낳은 백성을 동원하여 하늘이 낳은 백성이 사는 도읍을 침공하면 결국 하늘이 낳은 백성을 찔러 죽이고 신위神位를 박살내고 사직을 뒤엎고 제물로 바칠 희생을 함부로 빼앗고 죽이는 것이니, 이는 위로는 하늘의 이익에 부합하지 않는다."[563]

전쟁은 하늘뿐만 아니라 나아가 귀신, 백성의 이익에도 맞지 않다고 하였다. 그러니 백성들의 삶이 어떠하였는지는 쉽게 추측된다.

"이것(전쟁)이야말로 인민들에게 이로울 것이 없으며 천하에 끼치는 해독은 너무도 크다. 그런데도 왕공대인들은 이런 전쟁을 즐기

---

562 묵자는 평생 적어도 세 차례나 전쟁을 막았다고 한다. 초나라가 송나라를 공격하려는 것, 제나라가 노나라를 공격하려는 것, 그리고 초나라가 정나라를 공격하려는 것을 말렸다고 한다. 구체적인 내용은 리카이저우 지음, 박영인 옮김, 2012, 80~87을 참조하라.

563 "夫取天之人, 以攻天之邑, 此刺殺天民, 剝振神之位, 傾覆社稷, 攘殺其犧牲, 則此上不中天之利矣."(『墨子』「非攻 下」)

고 있으니 이는 천하 인민을 해치고 절멸시키는 짓이다. 이 어찌 도리에 어긋난 짓이 아니겠는가."[564]

묵자의 시대는 전쟁을 포함한 폭력적 갈등이 다반사였고, 그에 따른 사회적 혼란과 붕괴는 물론 백성들의 삶이 말이 아니었다. 묵자가 전쟁을 극렬히 반대하며 사람들 간, 집단 간, 국가 간에 서로 사랑하기를 호소한 것은 이러한 시대적 배경과 밀접한 관계가 있다.

위기와 혼란의 원인

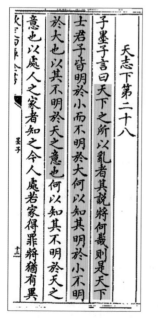

『묵자』「천지天志하下」(흠정사고전서본).

그렇다면 묵자 시대가 위기와 혼란을 직면하게 된 원인은 무엇일까? 묵자는 그 원인을 하늘과 관련시켜 이렇게 말한다.

"천하가 어지러워지는 까닭은 어디에 있는가. 그것은 온 세상의 선비와 군자들이 사소한 일에는 밝으나 큰일에는 밝지 못하기 때문이다. 그러면 무엇을 가지고 사소한 일에는 밝고 큰일에 대해서는 밝지 못하다는 것을 알 수 있는가. 하늘

---

564 "此其爲不利於人也, 天下之害厚矣. 而王公大人, 樂而行之, 則此樂賊滅天下之萬民也, 豈不悖哉."(『墨子』「非攻 下」)

438

의 뜻(天意)에 대해 밝지 못하다는 것을 보고 알 수 있다."[565]

세상이 혼란한 것은 '하늘의 뜻'을 모르기 때문이란다. 하늘의 뜻을 모르기 때문에 세상의 혼란이 야기된다는 것이다. 이는 곧 하늘의 의지, 하늘이 바라는 바와 바라지 않는 바, 하늘이 좋아하는 것과 싫어하는 것을 바르게 안다면 세상은 결코 혼란하지 않을 수 있음을 말한다. 사람들이 그것을 모르기 때문에 하늘이 바라지 않는 것도 함부로 하고 그 결과 세상은 혼란하다. 만일 하늘이 늘 인간을 눈여겨보고 있다고 생각하면 사람들이 함부로 그런 행위를 할 수 있을까?

전쟁을 예로 보자. 묵자가 보기에 전쟁은 서로에 대한 온전한 사랑의 마음이 없기 때문에 일어난다. 타인의 이익을 존중하고 서로를 위하는 마음이 없기 때문이다. 전쟁을 포함한 임금과 신하, 대부나 제후, 자식과 부모, 형제간에 발생하는 문제, 갈등 등의 발생 원인을 『묵자』는 이렇게 진단한다.

"난이 일어나는 원인을 살펴보면 서로가 사랑하지 않기 때문이다. 신하와 자식이 군주와 부모에게 불효하고 불경한 것을 일컬어 '난亂'이라고 한다. 자식은 자신만 사랑하고 부모를 사랑하지 않는 까닭에 부모를 해치면서 자신을 이롭게 한다. … 아버지가 자식에게 자애롭지 않고 형이 아우에게 자애롭지 않고 군주가

---

565 "天下所以亂者, 其說將何哉. 則是天下士君子, 皆明於小, 而不明於大. 何以知其明於小, 不明於大也. 以其不明於天之意也."(『墨子』「天志 下」)

신하에게 자애롭지 않는 것 역시 천하의 난에 해당한다. … 천하의 도적질일지라도 또한 그러하다. 도적은 자신의 집안만 사랑하고 다른 집안은 사랑하지 않는 까닭에 다른 집안의 것을 훔쳐 자신의 집을 이롭게 한다. … 대부들이 서로 남의 가문을 어지럽히고 제후들이 서로 남의 나라를 침공하는 것도 마찬가지다. … 왜 이런 일이 일어나는지를 살펴보면 모두가 서로 사랑하지 않기 때문이다."[566]

전쟁처럼, 묵자는 세상사가 혼란하고 무질서한 것, 그로 인한 인간의 참담한 삶의 원인이 서로를 사랑하지 않음에 기인한다고 본다. 전쟁은 다른 나라를 공격하는 행위로 궁극적으로는 자기 나라만 이롭게 하려는 행위에 지나지 않는다. 이는 하늘의 뜻과는 상반된다. 전쟁은 하늘이 가지고 있는 의도, 하늘의 뜻을 모르기 때문에 발생한다. 이처럼 묵자는 당시의 병든 사회, 온갖 재앙의 궁극 원인을 하늘과 관련시킨다.

묵자는 천하의 재난, 당시의 혼란 등의 원인을 '불상애不相愛', 별애別愛에서 찾는다. 그리고 그 해결책으로 하늘의 뜻인 겸애兼愛를 제시하였다. 다음의 말이 이를 뒷받침한다.

"무릇 천하에 재앙과 환난, 찬탈, 원한이 발생하는 근원을 보면

---

566 "當察亂何自起, 起不相愛. 臣子之不孝君父, 所謂亂也. 子自愛不愛父, 故虧父而自利. … 雖父之不慈子, 兄之不慈弟, 君之不慈臣, 此亦天下之所謂亂也. … 雖至天下之爲盜賊者, 亦然. 盜愛其室, 不愛異室, 故竊異室, 以利其室. … 雖至大夫之相亂家, 諸侯之相攻國者, 亦然. … 察此何自起, 皆起不相愛."(『墨子』「兼愛 上」)

서로 사랑하지 않는데 기인한다. 어진 사람이 이를 비난하는 이유다. 이를 비난할 경우 무엇으로 이런 상황을 바꿀 수 있겠는가. 묵자는 두루 서로 사랑하고 오가며 서로 이롭게 하는 방법으로 그러한 것을 바꾸면 된다고 말했다."[567]

인격신 부정을 비판하다

묵자 사상은 공자 사상과 큰 차이를 보인다. 특히 하늘·천에 대해서는 상반된 입장을 보인다. 묵자가 유가와 공자의 천·하늘에 대해 비판하며 그들과 다른 상반된 입장을 보이므로, 묵자는 가히 공자를 딛고 일어선 사람으로 볼 수 있다. 묵자는 비록 유가들이 활동하던 때에 살았고 유가에서 공부한 적도 있지만 유가를 그리 탐탁하게 여기지는 않은 듯하다. 왜냐하면 묵자는 유가의 이런저런 점을 비판하기 때문이다.

묵자의 유가 비판의 전형은 인격신 부정에 대한 비판이다. 그의 이런 말을 보자.

"공맹자公孟子가 "귀신은 없다"고 하였다. 또 "군자는 반드시 제사를 배워야 한다"고 했다. 묵자가 "귀신이 없다고 하면서 제사의 예를 배우라고 하는 것은 마치 손님도 없는데 손님 대접하는 예를 배

567 "凡天下禍篡怨恨, 其所以起者, 以不相愛生也. 是以仁者非之. 既以非之, 何以易之. 子墨子言曰, 以兼相愛交相利之法易之. 既以非之, 何以易之. 子墨子言曰, 以兼相愛交相利之法易之."(『墨子』 「兼愛 中」)

우고, 물고기가 없는데도 물고기를 잡는 그물을 만드는 것과 같다"고 하였다."[568]

이는 공자의 일흔 제자의 한 사람인 춘추 시대 유자儒者 공맹자가 묵자와 나눈 대화인 듯 보인다. 여기서 묵자는 인격신을 믿지 않으면서 인격신을 근본 전제로 하는 제례를 반드시 배울 것을 말하는 유가의 태도를 비판하고 있다. 그는 유가의 이런 가르침은 모순일 뿐만 아니라 하늘을 기만하는 것이라 비판한다. 귀신이 없다고 하면서 나아가 인격신을 믿지 않으면서 제례를 배우는 것은, 손님이 없는데 손님을 맞이하는 예를 공부하는 것이나 물고기가 없는데 물고기를 잡을 그물을 만드는 것과 같다고 하였다. 묵자는 당시 유자들의 천에 대한 이러한 관념을 비판하며 궁극적으로는 초월적 절대자로서의 천에 관심을 두었다. 중국 고대의 천·상제가 인격신이었고, 공자에게 천이 비인격적 도덕적인 성격도 보였다면, 묵자에게 천은 공자와는 달리 은대의 인격신과 친화성이 있다.

묵자의 사상은 공자와 대립각을 세우는데 특징이 있다. 특히 그의 하늘에 대한 사상은 공자와는 다르다. 묵자에게 하늘은 그의 사상의 중심에 있으며, 무너지고 있던 세상을 구할 수 있는 유일한 길이었다.

공자에게 하늘은 양면적 성격을 갖는다. 한편으로는 인간이 기도하는 외재적 대상, 명을 내리고 운명을 좌우하는 존재로서 인격적·주재

---

568 "公孟子曰, 無鬼神. 又曰, 君子必學祭祀. 子墨子曰, 執無鬼而學祭禮, 是猶無客而學客禮也, 是
      猶無魚而爲魚也."(『墨子』「公孟」)

적 존재로 그려진다. 그러나 다른 한편으로는 이런 전통적 천관과는 달리 하늘은 인간에게 덕을 부여함으로써 하늘이 내재하는 것으로 그린다. 이럴 경우 하늘은 내재적 성격을 띠며 도덕의 근원으로서 인격 완성의 궁극적 규범으로 그려진다. 하늘은 기도의 대상이 아니라 이미 내 안에 이미 덕으로 들어와 있다. 인간이 할 일은 바로 내 안의 덕을 잘 유지하고 닦는 일이며 내면적 수양의 실천이 무엇보다 중요하다. 그것이 곧 하늘과 하나 되는 길이고 인간이 해야 할 가장 중요한 일로 여겨졌다. 그리하여 공자는 하늘 그 자체보다는 덕을 내면화한 인간에 더 관심을 가졌다. 공자는 신 중심주의에서 인간 중심주의로 사상적 대전환을 이루었다. 그런데 묵자는 공자를 비롯한 유가들의 천명관을 다시 인격적 초월신으로 전환시키고자 했다.[569]

유가에 대한 비판 더하기

묵자의 유가에 대한 비판은 여기에 그치지 않는다. 『묵자』「공맹公孟」에 의하면, 묵자의 유가에 대한 대표적인 비판은 네 가지이다.

"유가의 도에는 천하를 망하게 하는 네 가지 구실이 있다. 유자들은 하늘이 밝지 않다고 하고 귀신 또한 신명하지 않다고 여긴다. 하늘과 귀신이 기뻐하지 않으니 이것은 족히 천하를 해친다. 유자들

---

569 최문형, 2011, 114.

은 또한 후하게 장례를 치르며 오래 상례하자는 것을 주장하니, 관곽을 겹으로 하고 죽은 이에게 수의를 여러 겹 입혀 죽은 이를 보냄을 산 사람 이사 가듯이 성대하게 치른다. 삼 년 동안 곡읍하는 까닭에 남의 상주는 부축을 받아야만 일어서고 지팡이를 짚어야만 걸어 다닐 수 있고 귀는 들리지 않고 눈은 보이지 않을 정도니, 이는 족히 천하를 해치는 것이다. 유자들은 또 거문고를 연주하며 노래하고 북을 치며 춤을 추는 식으로 가무를 즐기니, 실로 천하를 잃게 할 만한 일이다. 또 운명이 있다고 하여 가난하고 부유한 것, 오래 살고 일찍 죽는 것, 다스려지고 어지러운 것은 모두 미리 정해진 것이므로 정해진 명운을 더하거나 덜할 수 없다고 한다. 그리하면 위정자는 반드시 정사를 제대로 펴지 못하고 백성들 또한 해야 할 일을 열심히 하지 않으니, 실로 천하를 잃게 할 만한 일이다."[570]

묵자는 유가가 하늘과 귀신을 신명하다고 여기지 않고, 성대한 장례식과 3년 상을 치르며, 사치를 좋아하고, 그리고 운명론을 주장한다고 본다. 이 중 관심 있게 볼 것은 천과 귀신을 무시하고, 운명론적 태도를 보이는 점이다.

묵자는 유가의 명을 운명론으로 보며 이에 대해 비판한다.

---

570 "儒之道, 足以喪天下者四政焉. 儒以天爲不明, 以鬼爲不神, 天鬼不說, 此足以喪天下. 又厚葬久喪, 重爲棺槨, 多爲衣衾, 送死若徙. 三年哭泣, 扶後起, 杖後行, 耳無聞, 目無見, 此足以喪天下. 又弦歌鼓舞, 習爲聲樂, 此足以喪天下. 又以命爲有, 貧富壽夭, 治亂安危有極矣, 不可損益也. 爲上者行之, 必不聽治矣, 爲下者行之, 必不從事矣, 足以喪天下."(『墨子』「公孟」)

"운명을 고집스럽게 주장하는 자들은 이렇게 말한다. '오래 살고 일찍 죽는 것, 부유하고 가난한 것, 편안하고 위태한 것, 태평하고 어지러운 것은 본래 하늘이 정한 것이니 덜하거나 더할 수 없다. 궁하거나 출세하는 궁달窮達과 상을 받거나 벌을 받는 상벌을 포함해 행복과 불행 또한 이미 정해진 것이다. 지혜나 힘으로는 어쩔 수 없다.' 이런 황당한 얘기를 관원이 믿으면 직분을 태만히 하고, 서민이 믿으면 일을 태만히 하게 된다. 관원이 국사를 제대로 다루지 않으면 나라가 어지러워지고, 서민이 농사를 제대로 짓지 않으면 나라가 가난해진다. 가난하고 어지러운 것은 정사의 근본에 어긋나는 것이다. 그런데도 유자들은 이를 치도治道인 양 가르치고 있다. 이는 천하 사람들을 해치는 짓이다. 유자들은 예악을 번거롭게 꾸미는 번식예악繁飾禮樂으로 사람들을 혼란스럽게 만들고, 오랫동안 상복을 입고 거짓으로 슬퍼하는 구상위애久喪僞哀로 돌아가신 부모를 기만한다. 운명을 좇은 탓에 빈곤한 처지에 빠져 있는데도 고상한 체 허세를 부리고, 근본을 어긴 탓에 할 일을 내팽개치고 있는데도 안일하게 나태한 모습을 보이며 오만하게 군다."[571]

"오늘날 천하의 사군자들이 실로 천하의 이익을 일으키고 천하의 폐해를 없애고자 하면 운명론을 강하게 비판하지 않을 수 없다. 운명론은 폭군이 지어낸 것으로 궁지에 처한 자들이 사용하는 것이

---

[571] "有強執有命以說議曰, 壽夭貧富, 安危治亂, 固有天命, 不可損益. 窮達賞罰幸否有極, 人之知力, 不能爲焉. 群吏信之, 則怠於分職, 庶人信之, 則怠於從事. 吏不治則亂, 農事緩則貧. 貧且亂政之本, 而儒者以爲道教. 是賊天下之人者也. 且夫繁飾禮樂以淫人, 久喪爲哀以謾親, 立命緩貧而高浩居, 倍本棄事而安怠午."(『墨子』「非儒 下」)

지, 결코 어진 사람의 말이 아니다."572

이런 숙명론은 왜 문제가 되는가. 그것은 바로 숙명론이 천과 귀신의 존재와 그들의 상벌이 인간의 행위에 따라 이루어지는 것을 부정하고 사람들이 자포자기 및 자기 멋대로의 삶을 영위하게 할 수 있기 때문이다. 모든 것이 운명 때문인 것으로 간주하면 과연 누가 열심히 일하고 적극적인 삶을 살려고 하겠는가. 만일 모든 것이 운명으로 이미 정해져 있다면 누가 바른 정치를 하려고 노력하고 애쓸까. 어떤 사람이 하늘의 뜻을 알아 그것을 실천하려 하겠는가. 묵자는 어느 누구도 주체적 행동을 자발적으로 하지 않을 것이라고 보았다. 운명론을 강하게 부정하는 묵자가 그 대안으로 말한 것이 이른바 비명론非命論이다.

유가가 사회 질서나 통치의 규범 및 사상으로 삼은 것은 천명론이다. 사실 유가에게 명命은 모든 질서와 규범의 바탕이다. 흔히 명하면 명령을 떠올린다. 그러므로 천명이라고 하면 절대적인 하늘의 명령으로 여긴다. 이 경우 천명은 곧 운명과도 같은 의미이다.

그런데 여기에는 우리가 흔히 간과하는 면이 있다. 명령이든 사명이든 천명은 그것을 당연시하면 결과적으로 상하 위계와 그로 인한 사회 불평등도 당연시하게 된다는 점이다. 하늘의 명이라는 미명하에 그 어느 누구도 반대할 수 없고 따라야만 하는 상황은 결국 인간으로 하여금 주어진 질서에 복종 및 순응하게 하고 인간의 자율성, 주체성을 무

---

572 "今天下之士君子, 中實將欲求興天下之利, 除天下之害, 當若有命者之言, 不可不强非也. 曰, 命者, 暴王所作, 窮人所術, 非仁者之言也."(『墨子』「非命 下」)

시하게 된다. 『논어』에 '도가 실현되는 것도 명命이고 도가 장차 폐해지는 것도 명'이라는 말이 있다.[573] 이는 결국 행위 주체인 인간의 역할이 무의미하며, 천명에 의해 결정된 것은 인간에 의해서는 어쩔 수 없음을 말한다. 모든 결과는 하늘의 명에 달렸다는 것이다. 진인사대천명盡人事待天命이 바로 그것이다.

유가는 천자 중심의 사회 질서를 당연시한다. 그런데 묵자는 유가의 이런 천명론을 비판한다. 그 대안으로 묵자가 제시하는 것이 하늘의 뜻, 이른바 천지론天志論이다. 결국 천명론은 지배 집단의 이익을 대변하는 이데올로기나, 하늘을 팔아 그것을 주장하는 사람들이 이익을 보기 위한 논리일 수 있다는 것이다. 그러므로 타인을 이롭게 하는 것을 중시하는 묵자는 이런 천명을 비판한다. 묵자가 보기에 천명은 따로 있지 않다.

묵자는 당시 사회 문제를 해결하기 위한 방법에 대한 유가의 입장도 비판한다. 공자로 대표되는 유가의 문제 해결 방안은 무엇이었는가? 공자는 천으로부터 인간에게 주어진 덕성을 고양하여 그것을 가까운 곳으로부터 먼 곳으로 확대하고자 했다. 예禮의 수양을 통해 인仁의 실천을 강조했다. 몸과 마음을 닦는 수기修己를 중시하여 세상이 변하기를 기대하였다. 그러나 묵자가 보기에 이러한 실천에는 한계가 있다. 오히려 유가의 방법은 겸애兼愛가 아니라 별애別愛만 낳을 뿐이라는 것이다. 예를 강조하지만 그것은 본질적으로 차별적인 것이므로 예의 실천이라는 것은 결국 차별적인 사랑에 지나지 않는다. 그리하여 묵자는 유가의

---

573 "道之將行也, 與命也. 道之將廢也, 與命也."(『論語』「憲問」)

방법으로는 문제를 해결할 수 없다고 비판하였다. 필요한 것은 만인간의 차별 없는 사랑이다. 그 근거를 하늘에서 찾았던 묵자는 겸애의 실천을 바라는 하늘의 뜻을 실천할 수 있는 사회 시스템을 만들면 모든 문제를 해결할 수 있다고 보았다.

세상을 바로잡는 길,
하늘에 있다

하늘·천은 존재하는가?

흔히 우리는 하늘이라 하면 땅과 대비되는 푸른 하늘, 즉 자연으로서의 하늘(自然天)을 떠올린다. 그러나 묵자에게 하늘은 그런 물질천, 자연천이 아니라 선을 행하면 복을 주고 악을 행하면 벌을 주는 존재이다. 질병과 재난을 내리고 서리와 이슬이 제때에 내리지 않게도 하는 존재이다. 이러한 하늘은 묵자가 살던 전국 시대 이전이었던 하·은·주 삼대 시대에서 상제 또는 천이라고 하였던 존재와 다르지 않다.

묵자의 사상에서 천은 그의 사상, 그의 주장을 떠받치고 뒷받침하는 핵심이다. 그런데 이러한 의문이 든다. '묵자가 말하는 천이라는 게 있기는 한가?' '하늘은 존재하는가?' 만일 이에 대한 묵자의 설명이 설득력이 없으면 그의 천 사상은 무너질 것이다. 그럴 경우 그의 사상은 한낱 말잔치일 뿐이기 때문이다. 그러나 묵자는 하늘의 존재를 말하고 있다. 묵자의 표현을 빌리면, "어떻게 그것을 아는가?"

"하늘이 천자와 천하의 백성을 두루 다스린다는 사실은 아직 명확히 알지 못하고 있다. 옛날 하·은·주 삼대의 성왕인 우 임금, 탕 임금, 문왕, 무왕은 하늘이 천자를 다스리고 있다는 사실을 천하 백성들에게 분명히 얘기했다. 소, 양. 개, 돼지를 기르며 정성껏 단술 등의 제물을 마련한 뒤 상제와 귀신에게 제사를 올리며 하늘에 복을 빌지 않은 경우가 없는 것은 이 때문이다. 나는 일찍이 하늘이 천자에게 복을 빌었다는 말은 들어본 적이 없다. 하늘이 천자를 다스린다는 사실을 알게 된 이유다."[574]

"예로부터 지금까지 멀리 떨어진 외진 나라를 막론하고 소, 양, 개, 돼지를 기르면서 정성껏 단술 등의 제물을 마련한 뒤 상제와 산천의 귀신에게 공경히 제사지내고 있다. 이것을 가지고 아울러 먹는다 함을 안다는 것이다."[575]

이 두 인용문에서 묵자는 삼대의 성군들인 우 임금으로부터 무왕에 이르는 성군들이 상제에게 제사를 올렸음을 말한다. 그들은 제수용 희생을 직접 기르고 곡물과 술을 마련하여 천제를 올렸으며 이 때 상제에게 복을 구하고 빌었다는 것이다. 곧 천제를 올린 역사적 기록으로 보아 상제, 하늘은 존재한다고 본다. 제사를 지낸다는 것은 그 대상이

---

574 "天之爲政於天子, 天下百姓未得之明知也. 故昔三代聖王禹湯文武, 欲以天之爲政於天子, 明說天下之百姓. 故莫不犓牛羊, 豢犬彘, 潔爲粢盛酒醴, 以祭祀上帝鬼神, 而求祈福於天. 我未嘗聞天下之所求祈福於天子者也. 我所以知天之爲政於天子者也."(『墨子』「天志 上」)

575 "自古及今, 無有遠靈孤夷之國, 皆犓豢其牛羊犬彘, 絜爲粢盛酒醴, 以敬祭祀上帝山川鬼神. 以此知兼而食之也."(『墨子』「天志 下」)

450

있다는 것이다. 대상 없이 제사를 지낼 수는 없다. 하물며 제사를 올리며 복을 구하는 것은 복을 내리는 주체가 있기 때문이다. 아무런 존재도 없다면 하늘에 제사를 지내는 것이 무슨 의미가 있을 것인가. 복을 구한들 누가 복을 내릴까. 이는 결국 하늘이 존재한다는 것이다. 그런 전제하에 천제는 행해진다. 이렇게 보면 묵자는 결국 삼대부터 행해지던 천제, 상제를 향한 제사는 전통적인 것이며 그러한 전통이 이어진 것은 상제, 하늘이 존재하기 때문이라고 본다. 천제 전통은 상제가 존재함을 뒷받침한다. 묵자는 직관에 의하지 않고 인류에게 보편적으로 존재하는 제사 의식 속에서 하늘의 종교적 성격을 논증했다.[576]

나아가 그는 천, 상제가 존재함을 천이 내리는 상벌에 대한 역사적 기록을 통해서도 말한다.

"사람을 사랑하고 이롭게 하면서 하늘의 뜻을 좇으면 하늘이 내리는 상을 받게 된다. 사람들을 미워하고 해치면서 하늘의 뜻을 어기면 하늘이 내리는 벌을 받게 된다. 사람들을 사랑하고 사람들을 이롭게 해 주며 하늘의 뜻에 순종하여 하늘의 상을 받은 자들은 누구인가. 옛날 삼대의 성왕인 요 임금, 순 임금, 탕 임금, 문왕, 무왕이 바로 그들이라 하겠다. 그들은 어떤 일을 했는가. 대답은 이렇다. 그들 모두 사람을 두루 사랑하는 겸애를 행했고, 사람을 차별하여 미워하는 별오別惡를 행하지 않았다. … 그들이 하는 일을 보면 위로는 하늘을, 가운데로는 귀신을, 아래로는 사람에게 이롭다. 이들 세

---

576 조원일, 2019, 131.

가지가 이로우면 천하에 이롭지 않은 게 없게 된다. 이것을 일러 하늘의 덕(천덕天德, 하늘의 덕을 갖춘 자)이라 한다. … 사람들을 미워하고 사람들을 해롭게 하며 하늘의 뜻을 위반하여 하늘의 벌을 받은 자들은 누구인가. 대답은 이렇다. 옛날 삼대의 폭군인 걸왕, 주왕, 유왕, 여왕이 바로 그들이라 하겠다. 그들은 어떤 일을 하였는가. 대답은 이렇다. 그들은 사람들을 차별해 미워하는 별오를 행하고, 두루 사랑하는 겸애를 행하지 않았다. … 그들이 하는 일을 보면 위로는 하늘, 가운데로는 귀신, 아래로는 사람에게 이롭지 않다. 이 세 가지가 이롭지 않으면 천하에 이로운 것이 없게 된다. 이것을 일컬어 하늘의 도적(천적天賊, 천벌을 받은 자)이라고 한다."[577]

묵자는 상제가 존재함을 옛날 성군인 요 임금, 순 임금, 탕 임금, 문왕, 무왕과 폭군이었던 걸왕, 주왕, 유왕, 여왕을 예로 들며, 전자는 하늘의 뜻에 순종하여 하늘의 상을 받았고 후자는 그와는 반대로 하늘의 뜻을 위반하여 하늘의 벌을 받은 자들이라고 말한다. 특히 그는 『서경』「태서」를 언급하며,[578] 주왕이 상제를 섬기려하지 않았음을 지적

---

577 "曰, 愛人利人, 順天之意, 得天之賞者有之. 憎人賊人, 反天之意, 得天之罰者亦有矣. 夫愛人利人, 順天之意, 得天之賞者, 誰也. 曰, 若昔三代聖王, 堯舜禹湯文武者, 是也. 堯舜禹湯文武, 焉所從事. 曰, 從事兼, 不從事別. … 觀其事, 上利乎天, 中利乎鬼, 下利乎人, 三利無所不利. 是謂天德. … 夫憎人賊人, 反天之意, 得天之罰者, 誰也. 曰, 若昔者三代暴王, 桀紂幽厲者, 是也. … 觀其事, 上不利乎天, 中不利乎鬼, 下不利乎人. 三不利無所利. 是謂天賊."(『墨子』「天志 中」)

578 『서경』「태서泰誓」는 주 무왕이 은나라를 정벌하기 위해 모인 군사들에게 자신이 은殷 정벌을 할 수밖에 없다는 연설 내용을 담고 있다. 그 중의 하나가 은나라 주왕紂王 수受는 하늘을 공경하지 않으며, 그리하여 하늘이 주왕을 버리고 보호하지 않는다는 것이다.

한다.

묵자는 하늘의 뜻에 순종하는 자와 그렇지 않은 자를 비교하며, 상벌을 내리는 상제는 실재하는 존재임을 역사 기록을 통해 뒷받침한다.

묵자에게 하늘은 어떤 존재인가

『묵자』에는 천天이라는 글자가 943회나 나온다. 상제上帝라는 말도 26회, 제帝라는 글자도 53회 나온다. 『묵자』에서 천은 땅과 같은 물질로서의 천을 가리키는 경우도 있지만 많은 경우 천의 쓰임은 이런 물질천이 아니다. 묵자는 물질천에 대해서는 그다지 관심이 없었다. 그렇다면 묵자 사상에서 하늘은 어떤 존재일까?

묵자의 하늘에 대한 생각을 엿볼 수 있는 자료는 『묵자』의 '하늘의 뜻' 등 10론論이다. 그 중 묵자의 하늘을 파악할 수 있는 핵심 자료는 「천지」인데, 다음을 보자.

"하늘이 바라는 바를 하지 않고 하늘이 바라지 않는 바를 하면 하늘 역시 사람이 바라는 바를 하지 않고 사람이 바라지 않는 바를 한다. 사람이 바라지 않는 바, 그것은 무엇인가. 말하자면 질병과 재앙이다. 그리하여 옛 성왕은 하늘 신명이 복 주는 바를 분명히 알고, 하늘 신명이 미워하는 바를 피하여 천하의 이利를 일으키고 천하의 해를 물리치고자 하였다. 이런 까닭에 하늘이 추위와 더위가 알맞고 사시가 고르며 날씨가 때에 알맞아 오곡이 여물고 가축이

『묵자』「천지天志 중中」(흠정사고전서본).

『묵자』「천지天志 중中」(흠정사고전서본).

늘어 질병과 재앙·흉년이 이르지 않게 하였던 것이다."[579]

"말하자면 (하늘은) 일월성신을 나눠 배치해 길을 밝게 인도하고, 춘하추동의 사계를 만들어 기강을 잡고, 눈·서리·비·이슬을 때맞춰 내려 오곡과 삼베가 잘 자라게 해주었다. 덕분에 백성들은 많은 재화와 이익을 얻을 수 있게 되었다. 또 산천 계곡을 줄줄이 다스리고 갖가지 일을 하도록 배려하면서 사람들의 선행과 악행을 자세히 살피고, 왕·공·후·백을 써서 그들로 하여금 상과 벌을 공평하게 다스리게 했다. 나아가 금목조수金木鳥獸를 포획하고 오곡과 삼을 길러 백성들 스스로 입고 먹을 재화를 마련케 했다."[580]

---

579 "然有所不爲天之所欲, 而爲天之所不欲, 則夫天亦且不爲人之所欲, 而爲人之所不欲矣. 人之所不欲者, 何也. 曰, 病疾禍祟也. 若已不爲天之所欲, 而爲天之所不欲, 是率天下之萬民, 從事乎禍祟之中也. 故古者聖王, 明知天鬼之所福, 而辟天鬼之所憎, 以求興天下之利, 而除天下之害. 是以天之爲寒熱也節, 四時調, 陰陽雨露也時, 五穀孰, 六畜逐, 疾菑戾疫凶饑, 則不至."(『墨子』「天志 中」)

580 "曰, 以磨爲日月星辰, 以昭道之, 制爲四時, 春秋冬夏, 以紀綱之, 雷降雪霜雨露, 以長遂五穀麻

454

묵자는 하늘이 천하 만민을 사랑한다는 것을 말하면서 하늘이 어떤 존재인지를 말하였다. 묵자가 본 하늘은 인간 세계를 포함한 천지의 모든 변화를 주재하고 그 질서를 바로잡는 주재자이다. 하늘은 지금까지 한 번도 빠뜨린 적이 없는 자연의 변화는 물론, 정치를 함에 있어서도 사람들의 선행과 악행을 살펴 상과 벌을 내려 공평하게 다스리게 한다. 묵자가 말하는 하늘[天]은 의지가 있는 천이며 상이나 벌을 내리고(賞善罰暴) 사람들을 사랑하기도 미워하기도 할 수 있는(愛人憎人) 천(하늘)인 것이다.581 이러한 하늘은 그 능력이 무한하다. 전지전능全知全能하다. 하늘은 세상 만사를 꿰뚫어 본다. 하늘은 죄를 지은 사람이 아무리 깊이 숨고 도피해도 다 안다. 하늘을 피할 곳은 아무데도 없다. 주재적 존재로서 하늘은 세상 만사를 모두 알고 늘 지켜보고 있다. 하늘은 무소부재無所不在하며 인간의 모든 행위를 늘 감시하고 보고 있는 전지전능의 존재이다. 하늘의 이러한 권능을 묵자는 이렇게도 말한다.

"대저 하늘은 아무리 숲속이나 한적하여 사람이 없는 곳이라 하여도 하늘의 밝음은 그것을 다 드러낼 것이다."582

하늘 앞에서는 누구도 피할 곳이 없다는 것이다. 바로 이러한 하늘의 권능 때문에 사람은 언제 어디서나 늘 행실을 조심할 수밖에 없다.

絲. 使民得而財利之. 列爲山川谿谷, 播賦百事, 以臨司民之善否, 爲王公侯伯, 使之賞賢而罰暴. 賊金木鳥獸, 從事乎五穀麻絲, 以爲民衣食之財."(『墨子』「天志 中」)

581 임계유任繼愈 지음, 이문주·최일범 외 옮김, 1990, 200.

582 "夫天不可爲, 林谷幽門無人, 明必見之."(『墨子』「天志 上」)

하늘이 늘 지켜보는데 그 어느 누가 감히 나쁜 행동을 하거나 그런 생각을 품을 수 있겠는가.

하늘은 인간과 만물을 사랑하여 잘 길러 천하 만민을 이롭게 한다. 털끝 하나라도 하늘이 하지 않는 것이 없다. 그렇다고 하늘이 무조건 이롭게만 하는 것은 아니다. 하늘은 잘잘못이 있을 경우 상벌을 내리기도 한다. 하늘의 은혜에 보답하지 않고 그것이 어질지 못한 일임을 깨닫지 못하면 상서롭지 못한 일이 일어난다. 하늘은 무엇보다도 인간을 사랑하고 이롭게 하는 사람에게는 복을 내리고, 반대로 인간을 미워하고 해롭게 하는 사람에게는 벌, 재앙을 내려 반드시 갚아준다. 죄 없는 사람을 죽이면 하늘은 재앙을 내린다.

묵자에게 하늘은 또한 인격적 존재이다. 앞에서 필자는 인격적이라는 의미를 인간과 같은 의지, 감정 등을 갖는다는 의미로 보았다. 그런 하늘의 모습이 묵자에게도 나타난다. 하늘을 욕慾·의意·지志를 가진 존재, 인간과 상호작용하는 존재로 그리는 묵자의 이런 말을 보자.

"그렇다면 하늘은 무엇을 바라고 무엇을 싫어하는가. 하늘은 의義를 바라고 불의를 싫어한다. 따라서 천하의 백성을 이끌고 의를 행하는 것은 내가 곧 하늘이 바라는 바를 행하는 것이 된다. 내가 하늘이 바라는 것을 하면 하늘 또한 내가 바라는 바를 행한다. 그렇다면 나는 무엇을 바라고 무엇을 싫어하는가. 나는 복록을 바라고 재앙을 싫어한다. 내가 하늘이 바라는 바를 하지 않고 하늘이 바라지 않는 바를 행하는 것은 곧 내가 천하의 백성을 이끌고 재앙의 한복판에서 일하는 셈이 된다. 무엇으로 하늘이 의를 바라고 불

의를 싫어한다는 것을 알 수
있는가. 말하자면, 천하에 의
가 있으면 살고 없으면 죽고,
또 의가 있으면 부하고 없으면
가난해지며, 나아가 의가 있으
면 다스려지고 없으면 어지러
워진다. 하늘은 사람들의 삶을
바라고 죽음을 싫어하고, 부를
바라고 가난을 싫어하며, 다스
림을 바라고 어지러워짐을 싫어한다."[583]

『묵자』「천지天志 상上」(흠정사고전서본).

"그렇다면 하늘은 무엇을 원하고 무
엇을 싫어하는가. 하늘은 반드시 사람들
이 서로 사랑하고 이롭게 하기를 바랄
뿐, 결코 서로 미워하고 해치기를 바라지
않는다. 무엇으로 하늘은 사람들이 서로
사랑하고 이롭게 하는 것을 원할 뿐, 사
람들이 서로 미워하고 해치는 것을 원치
않는다는 것을 알 수 있는가. 하늘은 모

『묵자』「법의法儀」(흠정사고전서본).

---

583 "然則天亦何欲何惡. 天欲義而惡不義. 然則率天下之百姓, 以從事於義. 則我乃爲天之所欲也.
我爲天之所欲, 天亦爲我所欲. 然則我何欲何惡. 我欲福祿, 而惡禍祟. 若我不爲天之斯欲, 而爲天
之所不欲, 然則我率天下之百姓, 以從事於禍祟中也. 然則何以知天之欲義, 而惡不義. 曰, 天下有
義則生, 無義則死, 有義則富, 無義則貧, 有義則治, 無義則亂. 然則天欲其生, 而惡其死, 欲其富, 而
惡其貧, 欲其治, 而惡其亂."(『墨子』「天志 上」)

든 것을 두루 사랑하고 두루 이롭게 하는 것으로 알 수 있다. 무엇으로 하늘이 모든 것을 두루 사랑하고 두루 이롭게 한다는 것을 알 수 있는가. 하늘이 모든 것을 두루 보전하고 두루 먹여 살리는 것으로 알 수 있다."[584]

하늘은 좋아하는 것이 있고 싫어하는 것이 있다. 원하는 것이 있고 원하지 않는 것이 있다. 벌을 내리고 상을 내리는 것을 포함한 이러한 행위나 의식은 주체의 의지가 없으면 불가능하다. 생각하고 판단하는 의식이 중요하다. 이는 곧 하늘이 의지를 가지고 있는 존재임을 보여준다.

천은 이렇게 천지 자연을 두루 주재하는데, 특히 전지전능을 바탕으로 인간의 행위를 감시하며 벌을 내리거나 상을 내리기도 하는 지고무상의 존재이다. 묵자는 이러한 하늘은 모든 인간을 두루 사랑하고 이롭게 하는 신으로 간주하여 이렇게 말한다.

"지금 하늘은 천하의 사람들을 두루 사랑하면서, 만물을 키워 사람들을 이롭게 해주고 있다. 털끝 같은 것도 저 하늘이 하지 않은 것이 없다. 그 덕분에 만민이 커다란 이익을 얻고 있다."[585]

---

584 "然而天何欲, 何惡者也. 天必欲人之相愛相利, 而不欲人之相惡相賊也. 奚以知天之欲人之相愛相利, 而不欲人之相惡相賊也. 以其兼而愛之, 兼而利之也. 奚以知天之兼而愛之, 兼而利之也. 以其兼而有之, 兼而食之也."(『墨子』「法儀」)

585 "今夫天兼天下而愛之, 撒遂萬物以利之. 若豪之末, 非天之所爲也."(『墨子』「天志 中」)

만물을 사랑하는 하늘, 인간을 이롭게 하는 신은 인격신일 수밖에 없다. 그러면 인격성을 특징으로 하는 하늘이 바라는 바는 무엇인가?, 왜 하늘은 상벌을 내리고 사회에 개입하는가?, 하늘은 무엇을 원하고 무엇을 싫어하는가?

하늘은 선을 바라고 악을 싫어하며 의를 바라고 불의를 싫어한다. 사람이 서로 사랑하고 이롭게 하기를 원하고 서로 미워하고 해치기를 원하지 않는다. 그러므로 큰 나라가 작은 나라를 침공하거나 큰 집이 작은 집을 어지럽히고도 복록을 구하려고 한다면, 복록은 고사하고 재앙을 받게 된다.

묵자가 보는 하늘은 의지를 가진 존재로 인간과 의사소통하는, 상호작용하는 인격적 존재이다. 이런 하늘의 뜻, 하늘의 의지는 차별이 없는 사랑이다. 그러므로 하늘은 사랑

『묵자』 「천지天志 중中」
(흠정사고전서본).

하지 않거나 차별적인 사랑에 대해서는 가만히 있지 않고 거기에 따른 상벌을 내린다. 그 예의 하나를 우리는 정치에 있어서 잘못이 있으면 하늘이 천자에게도 벌을 내리는 것에서 알 수 있다.

> "천자의 상벌이 합당하지 않고 옥사의 처리가 공정하지 못하면 하늘이 질병과 재앙을 내리며, 서리와 이슬도 때 없이 닥친다."[586]

하늘은 천자가 사람들의 삶을 이롭게 해주고 사랑으로 대하여 그에

---

586 "天子有善, 天能賞之, 天子有過, 天能罰之. 天子賞罰不當, 聽獄不中, 天下疾病禍福, 霜露不時."(『墨子』 「天志 下」)

게 복을 내리지만, 해롭게 하거나 사랑하지 않으면 그에 상응하는 벌을 내린다. 하늘의 상벌은 각종 화복, 질병, 자연 재해 등으로 나타난다. 만일 천자가 백성을 바르게 다스리지 않으면 천은 서리나 눈과 같은 자연 재앙을 통해 경고한다. 자연의 경고는 곧 천자가 백성들을 잘못 다스리고 있음에 대한 하늘의 벌이다. 그렇다고 하늘이 벌만 내리는 것은 아니다. 하늘은 잘한 일에는 상을 내린다. 백성을 이롭게 하면 하늘은 천자에게는 복을 내리기도 한다. 이러한 하늘은 그러므로 내재적 존재가 될 수 없다. 묵자의 하늘은 곧 외재적 초월적 존재이다.

묵자의 이런 하늘의 모습에 대한 생각은 이전 시대였던 은대나 주대의 상제·천의 모습과 일맥상통한다. 『시』·『서』에 나오는 하늘의 모습과 연장선상에 있다. 이로 보면 일면 원시 유교의 천과 상통하기도 한다. 춘추 시대의 공자가 은대나 주대의 하늘에 대한 의식을 전환시켰다면 묵자는 오히려 이런 공자를 비판하며 다시 천·하늘을 인격적 주재적 존재, 지고신이자 외재적 초월적 인격적인 은대와 주대의 하늘·상제 모습을 계승하였다. 공자 이후 유가의 천 사상이 비인격화·내재화의 경향을 보여준다면, 묵자는 천의 내재적 인문화로 빚어진 당시 유가의 폐단을 비판하며 하늘의 주재성·초월성·외재성·인격성을 강조한다.

왜 하늘인가

묵자는 하늘을 인격적 주재적 외재적이며 인간에게 상벌까지 내리는 그런 존재로 보면서 왜 이런 초월적 하늘을 필요로 하였을까? 그것은 서주 시대의 위대한 정치 제도와 문화를 이념형으로 삼아 혼란했던 당시의 질서를 바로잡고자 했으나 실패한 공자의 세상사에 대한 처방의 반발에 기인한지도 모른다. 묵자는, 공자는 물론 공자 사후 등장한 다양한 학설들을 비판하며 대안을 제시하고자 했다. 그러면서 묵자가 이른바 인격신으로서 하늘(天)을 다시 꺼내들고 그 대안으로 제시하였던 것은, 인격신만이 현실의 문제를 온전히 극복할 수 있다고 보았기 때문이다. 즉 인격신에 대한 부정이나 회의, 비난보다는 인격신을 내세움으로써 당시의 혼란을 극복할 수 있다고 보았던 것이다.

묵자의 생각은 이런 것이다. 사람이 어떤 일을 할 때는 반드시 일의 기준·원칙, 즉 행위의 기준이 있어야 한다. 천하의 일에 종사하는 자가 기준(법) 없이 할 수는 없다. 그렇듯 나라의 일을 할 때도 나라를 다스리는 어떤 법도가 필요하다. 집을 짓는 사람이 자나 콤파스, 먹줄로 그 기준을 삼는다면 임금이나 일반 사람들은 무엇을 법도로 삼아야 할까?

흔히 부모나 스승 또는 군주를 본받는 것을 말하기도 하지만 묵자가 보기에 그것은 하늘만 못하다. 묵자가 보기에 인간의 삶과 행위에 가장 큰 영향을 미치는 것은 하늘이다. 하늘을 천하를 다스리는 기준, 인간의 삶의 법도로 삼아야 한다. 그리하여 "부모나 스승이나 군주 셋은 다스리는 법으로 삼을 수 없다. 하늘을 법으로 삼는 일만 같지 못하다"[587]고 하였다. 하늘의 역할을 강조한 것이다.

공자가 사람을 중심으로 사람의 도를 말하며 인仁을 주장한데 비해, 묵자는 하늘을 기준으로 사람의 도를 말하며 겸애를 주장한다. 묵

---

587 "故父母學君三者, 莫可以爲治法. 然則奚以爲治法而可. 故曰莫若法天."(『墨子』「法儀」)

자의 겸애는 바로 하늘이라는 초월적 존재에 근거를 두고 있다. 묵자는 하늘의 카리스마에 의탁하여 겸애의 실천을 추구한다. 묵자는 천자, 정치 지도자, 지식인, 가진 자들의 부도덕성을 바로잡고 그런 행위에 제재를 가할 수 있는 절대적 기준을 초월적인 하늘에서 찾았다. 어떻게 보면 혼란한 무질서한 정치 질서를 바로잡는 희망의 빛을 종교적인 하늘에서 찾는다. 이는 공자나 맹자가 주장한 인간의 타고난 것, 인간 내면의 것, 수양을 중시하는 경향과는 큰 차이가 있다.

사실 공자를 거치며 천을 인간의 내재적 심성에서 파악하려는 경향이 나타났다. 이는 곧 천이 종교적 측면보다 윤리적 정치적 측면에서 부각되었음을 말한다. 묵자는 이러한 공자를 비판한다. 묵자는 천을 절대화, 권위화함으로써 천의 내재적 인문화로 빚어진 당시 유가의 폐단을 비판하였다. 그러면서 인간, 사회로부터 벗어난 외재적인 신을 상정하고 이 신을 인간, 사회, 역사의 가치 규범의 절대적 근거로 삼았다.[588] 그리고 이렇게 말한다.

"조심하고 삼가서 반드시 하늘이 원하는 일이면 하고 싫어하는 일이면 하지 말아야 한다."[589]

묵자는 고금을 막론하고 천하에 무슨 일을 할지라도 그것을 잘 하기 위해서는 일정한 법도를 따라야 하는데, 하늘을 치국의 법도로 삼

---

588 최문형, 2002, 246~247.

589 "戒之愼之, 必爲天之所欲, 而去天之所惡."(『墨子』「天志 下」)

는 것이 최선이라고 말한다. 그렇다면 하늘을 법으로 삼아야 하는 이유는 무엇일까? 이에 대해 묵자는 이렇게 말한다.

"하늘의 도는 광대하면서도 사사로움이 없고 그 베푸는 은혜는 크지만 덕이라 자랑하지 않고 그 광명은 영원하여 쇠함이 전혀 없다. 성왕이 하늘을 법도로 삼은 이유다. 하늘을 법도로 삼았다면 그 행동과 하는 일 모두 반드시 하늘을 기준으로 삼아야 한다. 하늘이 바라는 것은 행하고 바라지 않는 것은 그만둔다."[590]

이 말에 의하면, 하늘을 법으로 삼아야 하는 이유는 바로 하늘이 어느 한쪽으로 치우쳐서 공평하지 못한 그런 성향이 없기 때문이다. 그 베푸는 은혜가 두터워도 덕이라 하지 않기 때문이다. 그 광명은 쇠잔하지 않고 오래가기 때문이다. 인간은 모두 불완전한 존재이므로 천하를 다스리는 기준으로 삼을 수 없지만, 하늘이야말로 사사로움이 없고 모두를 절대 사랑하고 이익되게 하므로 다스림의 절대 법도로 삼아야할 중요한 타자라는 것이다. 묵자에 의하면, 그리하여 옛 성왕들이 하늘을 본받고 하늘을 법으로 삼았다. 그들은 하늘을 법도로 삼았으므로 자신의 모든 행동도 하늘을 기준으로 삼아 행했다. 즉 성왕들은 모든 일을 반드시 하늘을 헤아려서 하였으며, 하늘이 바라는 것을 행하고 하늘이 바라지 않는 것은 행하지 않았다. 그래서 성인이었고 그것이 성인의 길이었다.

---

590 "天之行廣而無私, 其施厚而不德, 其明久而不衰. 故聖王法之. 既以天爲法, 動作有爲必度於天. 天之所欲則爲之, 天所不欲則止."(『墨子』「法儀」)

사실 인간은 자율적인 의지만으로는 어떤 일을 실천하는데 한계가 있다. 공자는 인간이 도덕적 자율성을 가지고 인을 행할 수 있다고 본다. 그러나 묵자는 그렇게 보지 않는다. 인간은 자율적으로 인과 같은 행위를 실천하기 어렵다는 것이다. 묵자는 외부적인 어떤 것이 있으면 인의 실천이 보다 효율적이라고 본다. 여기서 말하는 외부적인 것이 무엇이냐 하면 바로 하늘이다. 즉 인간은 초월적인 강력한 하늘을 늘 염두에 두면 인을 비롯하여 겸애 등을 몸으로 실천할 수 있다는 것이다. 묵자는 바로 인간이 하늘의 권위를 담보로 하면 겸애를 실천할 수 있다고 본다.

묵자는 천의 절대적인 권위와 의지를 통하여 세상을 바꾸고자 했다. 세상의 모든 가치의 기준이자 행위 규범의 준거가 되는 주재적이고 인격적이고 지고적인 존재인 하늘, 즉 자신의 의지에 따라 세상을 공정하게 주재하는 최고 존재인 하늘을 통해 병든 질서를 바로잡고자 한 것이다.

묵자가 공자와는 달리 이렇게 하늘을 중시하는 이유는 인격적 존재인 하늘을 통해 겸애를 실질적으로 실천하도록 하기 위함이다. 즉 하늘은 강력한 권위를 지니고 있으므로 하늘의 의지에 사랑의 당위성을 실어준다면 현실적으로 사랑을 실천할 수 있는 가능성이 더 커진다. 인간의 자율적 의지는 타율성이 담보되지 않을 경우 실현의 가능성이 적어질 수 있다. 따라서 천을 등장시켜 천의 의지를 규정해 준다면 이 한계성을 넘을 수 있으리라는 것이 묵자의 생각이다. 묵자는 인간은 보편성을 지니고 있지 못하기 때문에 가치 기준으로 삼기에는 적합지 못하다고 보고, 하늘을 가치 기준으로 제시한 것이다. 결국 묵자에게 천은 인간 개인의 도덕성을 감시하는 존재일 뿐 아니라 사회와 국가의 이익을 도모하고 질서를 유지해주는 근원이다.[591]

하늘은 상황에 따라 변하는 인간과는 달리 절대적인 보편성을 지니고 있으므로 하늘을 모든 가치의 기준으로 해야 한다는 것이다.

하늘을 받든 역사적 사례

천은 사회 질서를 유지하는 근원이다. 그러므로 인간은 모두 하늘의 뜻에 따라야 한다는 것이 묵자의 생각이다. 묵자에 의하면, 옛사람들은 이런 하늘에 대해 제사를 올리고 늘 복을 기원하였다. 또한 하늘과 귀신이 복록을 내려주는 이유를 분명히 알아서 하늘의 미움을 피해 천하의 이익을 증진시키고 폐해를 없애는 데 힘썼다. 묵자는 고대 성왕과 폭군을 언급하며 그 역사적 사례를 이렇게 들고 있다.

"옛날 성왕인 우왕, 탕왕, 문왕, 무왕은 천하의 백성을 두루 사랑하였으며 백성들을 이끌고 하늘을 높이며 귀신을 섬겼다. 사람들을 크게 이롭게 한 덕분에 하늘은 그들에게 복을 내려 천자 자리에 오르게 했다. 천하 제후들은 모두 그들을 공경하고 섬긴 이유이다. 폭군인 걸, 주, 유왕, 여왕 등은 천하 백성을 두루 미워했고 백성들을 이끌고 하늘을 욕하며 귀신을 업신여겼다. 사람들을 크게 해친 까

---

591 최문형, 2011, 119, 126.

닭에 하늘이 그들에게 화를 내려 나라를 잃게 했고, 자신들 또한 천하 사람들의 지탄 속에 죽임을 당하고 말았다. 후대인들도 그들의 처신을 비난했으니 지금까지도 그런 비난이 그치지 않고 있다."[592]

삼대의 성왕들은 하늘이 천자를 다스린다는 것을 가르치고 하늘을 받들었다. 하늘의 의지는 우, 탕, 문, 무에 의해 실현되었다. 성왕들은 위로 하늘을 높이고 아래로는 사람들을 사랑했다. 그러나 걸, 주, 유, 여에 의해서는 그렇지 못했다. 후자의 왕들은 하늘의 뜻을 어겼다. 위로는 하늘을 욕하고 아래로는 사람들을 해롭게 했다. 그리하여 벌을 받아 나라를 잃고 재앙을 맞았다. 이로 보면 하늘의 뜻을 따르는 정치가 곧 의로운 정치이며 그 반대는 힘에 의한 정치로, 곧 큰 나라가 작은나라를 공격하고 큰 집안이 작은 집안을 빼앗는 것, 강자가 약자를 위협하는 것이다.

묵자는 이런 하늘·상제에게 복을 빌거나 제사지내는 문화가 예로부터 있었음을 이렇게 밝힌다.

"옛 삼대의 성왕이었던 우, 탕, 문, 무왕은 하늘이 천자를 다스리고 있다는 사실을 천하 백성들에게 분명히 얘기했다. 그래서 소, 양, 개, 돼지를 기르며 정성껏 단술 등의 제물을 마련한 뒤 상제와 귀신

---

592 "昔之聖王, 禹湯文武, 兼愛天下之百姓, 率以尊天事鬼, 其利人多. 故天福之, 使立爲天子, 天下諸侯皆賓事之. 暴王桀紂幽厲, 兼惡天下之百姓, 率以詬天侮鬼, 其賊人多. 故天禍之, 使遂失其國家, 身死爲僇於天下. 後世子孫毁之, 至今不息."(『墨子』「法儀」)

에게 제사를 올리고 하늘에 복을 빌었던 것이다."[593]

우, 탕, 문, 무는 위로는 하늘을 이롭게 하고 아래로는 사람들을 이롭게 하였다. 이들이 이른바 성왕이다. 성왕들은 하늘이 있어 바른 정치, 의로운 정치를 할 수 있었다. 그리하여 그들은 하늘·상제·제에 대한 예를 베풀었다. 하늘이 뜻하는 바를 따랐다. 이에

『묵자』「천지天志 상上」(흠정사고전서본).

하늘은 성왕에게 상을 내렸다. 그렇다면 하늘이 이들에게 상을 준 증거, 나아가 폭군들에게 벌을 내린 증거는 무엇일까?

"옛날 삼대의 성왕인 요, 순, 우, 탕, 문, 무 등은 천하의 백성을 두루 사랑하고 하는 일마다 백성들을 이롭게 했고, 백성들의 뜻을 교화시켜 그들을 이끌고 상제와 산천의 귀신을 공경했다. 이에 하늘은 자신이 사랑하는 것을 그들도 사랑하고 자신이 이롭게 하는 것을 그들도 이롭게 한다고 여겨, 이러한 어진 자들에게 상을 더해 주고 그들로 하여금 높은 자리에 앉게 하여 천자로 삼고 법도로 본받게 했으니, 그들을 이른바 성인이라고 한다."[594]

---

593 "故昔三代聖王禹湯文武, 欲以天之爲政於天子, 明說天下之百姓. 故莫不犓牛羊, 豢犬彘, 潔爲粢盛酒醴, 以祭祀上帝鬼神, 而求祈福於天."(『墨子』「天志 上」)

594 "故昔也三代之聖王, 堯舜禹湯文武之兼愛天下也, 從而利之, 移其百姓之意焉, 率以敬上帝山川鬼神. 天以爲從其所愛, 而愛之, 從其所利, 而利之, 於是加其賞焉, 使之處上位, 立爲天子, 以法也, 名之曰聖人."(『墨子』「天志 下」)

묵자는 폭군을 그 반대적 인물로 여기며 그들은 인민을 해치고 상제를 욕되게 하였다고 본다. 이에 하늘은 그들이 자신이 사랑한 것을 미워하고 자신이 이롭게 하는 것을 해친다고 여겨 그들에게 벌을 내렸다. 그 벌의 증거로 묵자는 폭군들의 나라가 멸망하고 사직을 잃게 했으며, 그 우환이 몸에까지 미치게 하였다고 말한다.

묵자는 옛 통치자들은 하늘의 뜻을 사회 질서에 구현하려 했으나 전국 시대에 위정자들은 하늘의 뜻을 몰라서 늘 전쟁을 하였고, 결과적으로 천하가 혼란에 빠질 수밖에 없었다고 보았다.

하늘의 뜻, 하늘이 바라는 바와
그 실천의 길

하늘이 바라는 배[天志], 그 의미

흔히 천명天命이라고 할 때의 명을 운명, 숙명이라고 보는 경향이 있다. 그러나 천명을 다르게 볼 수는 없을까? 하늘을 인격적 존재로 보아 하늘의 명, 즉 하늘이라는 주체가 자신의 의지, 뜻을 담은 어떤 명령으로 말이다. 이 경우 명은 운명이나 숙명보다는 인격적 존재로서의 하늘이 드러내는 자신의 의지, 바람이라고 할 수 있겠다.

묵자 사상의 핵심 개념의 하나는 '천지天志'인데, 이 역시 그 연장선 상으로 볼 수 있다. 그런데 『묵자』에서는 '천의天意', '천지天之'[595]를 '천지天志'로 사용하기도 한다. 주희는 지志와 의意에 대해 이렇게 말한다. "마음[心]이 가는 것을 지志라고 하며, … 지志는 지之자와 심心자에서 만들어졌고, … 지志는 마음이 가는 것으로, 곧장 가기만 한다. 의意는 또 이

---

595 '지之'는 '지志'의 가차자假借字이다.

지志에 따라 도모하고 오고 가는 것이니, 저 지志의 다리가 된다. 대체로 도모하고 헤아리고 오고 가는 것은 모두 의意이다. 그래서 횡거橫渠는 지志는 '공정하지만 의意는 사사롭다'고 하였다."[596] 지志는 행위 대상을 지향해 마음을 먹는 것이고, 의意는 천리나 인욕에 따라 마음을 써서 행위를 낳는 능력임을 알 수 있다. 그러므로 의지란 바라는 것, 즉욕구를 실현하기 위해 마음을 먹고 쓰는 능력을 가리킨다. 의지는 내가 마음을 이리저리 먹고 쓰는 것이다.[597] 이러한 의지는 인격적 존재만가질 수 있다. 이렇게 볼 경우 천지·천의란 곧 인격적 존재로서의 '천·하늘의 뜻', '하늘이 보여주는 의지', '하늘이 바라는 바'라고 할 수 있다. 이런 의지를 가진 하늘은 인격적 존재이다.

묵자는 인간이 하늘의 뜻에 맞는 삶을 살 것을 주장한다. 하늘을 준거로 하늘을 늘 염두에 두는 삶을 살 때 인간 사회는 그야말로 상생과 평화가 가능하다고 주장한다. 이는 결국 묵자가 '천지天志'를 인간의 사회와 정치에 응용하고 있음을 보여준다. 묵자는 인간이 하늘의 뜻을 법도로 삼을 것, 하늘의 뜻을 알고 그것을 표준이 되는 법도로 삼을 것을 강조한다.

그에 의하면, 그래서 성왕으로 대표되는 옛사람들은 하늘이 바라는 바를 따르고 받들었을 뿐만 아니라, 백성들에게 하늘의 뜻을 가르치고

---

596 "心之所之謂之志, … 志字從之從心, … 志是心之所之, 一直去底. 意又是志之經營往來底, 是那志底腳. 凡營爲謀度往來, 皆意也. 所以橫渠云, 志公而意私."(『朱子語類』卷第五「性理 二」)『주자어류』 관련 원문 및 번역은 이주행 외 옮김, 2001; 허탁 외 역주, 1998~2001을 참조하여 인용 또는 수정·보충하였다.

597 양명수, 2016, 30.

470

제물을 바치며 하늘에 제사도 지냈다. 이에 하늘은 성왕을 도왔고 그들의 이름이 후세까지 전해질 수 있었다. 하늘의 뜻이 무엇인지도 몰라 혼란과 갈등으로 치달아 전쟁이 일상화되던 상황을 극복하여, 서로 사랑하며 살라는 하늘의 뜻을 바르게 알아 하늘이 뜻하는 질서를 열어 나가기를 주장한 것이 묵자이다.

이쯤에서 한 가지 지적할 것은 묵자가 인격신 '천·하늘의 뜻', '하늘이 보여주는 의지', '하늘이 바라는 바'를 따르면 하늘은 상을 내리고 그렇지 않으면 벌을 내린다고 하였다는 점이다. 즉 하늘은 사람들이 하기를 원하는 바가 있고 하면 싫어하는 바가 있는데, 전자를 행하면 하늘은 상을 주고 반대로 후자를 행하면 하늘은 벌을 내린다는 것이다. 이는 곧 지난날 장수나 부귀 등을 천명 사상과 관련시킨 유가의 일종의 운명론을 비판하며 천지天志를 바로 알아 하늘의 뜻에 맞는 삶을 살 것을 강조하는 것이다. 조선 시대로 말하면 성리학적 환경에서는 당시의 병든 조선 사회를 근본적으로 개혁할 수 없으므로, 리 대신 인격적 존재인 하늘의 뜻을 바르게 알고 하늘의 뜻에 따르는 삶과 정치를 실천함으로써 사회병을 고치고 근본적 사회 개혁도 이룰 수 있다는 것이다.

하늘의 뜻에 따르는 정치란 무엇일까? 묵자에 의하면, 그것은 곧 '의로운 정치'이다.[598] 그 반대적인 것이 하늘의 뜻에 반하는 정치, 즉 '힘(폭력)의 정치'이다. 그렇다면 의로운 정치란 어떤 것인가? 묵자는 그 예를 대국이 소국을 공격하지 않고, 큰 가문이 작은 가문을 찬탈하지

---

598 "하늘의 뜻을 따르는 것은 정의로운 정치이다. 하늘의 뜻에 반하는 것은 힘의 정치이다. 順天意者, 義政也. 反天意者, 力政也."(『墨子』天志 上」)

않고, 강한 자가 약한 자를 겁탈하지 않고, 귀한 자가 천한 자를 업신 여기지 않고, 다수가 소수를 학대하지 않고, 지혜로운 자가 어리석은 자를 속이지 않는 것을 든다.[599] 이는 곧 평등을 도道로 하는 정치이다. 묵자는 이것이 바로 위로는 하늘을, 가운데로는 귀신을, 아래로는 사람을 이롭게 하므로, 결국은 천하를 이롭게 한다고 본다. '폭력의 정치'는 그 반대로 하늘의 적賊이다.

묵자는 모든 사람이 천지天志를 알아야 하고 그것을 법도로 삼기를 바란다. 그러면 하늘의 뜻을 내가 가지고 있는 것이 된다. 그는 하늘의 뜻을 내가 가지고 있다는 것이 무엇을 의미하는지를 이렇게 비유한다.

> "내가 하늘의 뜻을 가지고 있다는 것은 비유컨대 바퀴 만드는 사람이 그림쇠를 가지고 있고 목수가 곱자를 가지고 있는 것과 같다. 바퀴를 만드는 사람과 목수는 그림쇠와 곱자를 가지고 천하의 방方(方形)과 환圜(圓形)을 재면서 맞으면 옳다고 하고 맞지 않으면 그르다고 말한다."[600]

묵자는 하늘의 밝은 법도에 따르는 삶을 살면 의로움과 이로움에 조금도 어긋나지 않는 삶이 되고, 그럼으로써 사회 질서도 바로잡을 수

---

599 "큰 나라의 지위에 처해 작은 나라를 공격하지 않고, 큰 식읍의 지위에 처해 작은 식읍을 빼앗 지 않으며, 강한 자는 약한 자를 겁탈하지 않고, 귀한 자는 천한 자를 업신여기지 않고, 다수가 소 수를 학대하지 않고, 지혜로운 자는 어리석은 자를 속이지 않는다. 處大國不攻小國, 處大家不簒 小家, 强者不劫弱, 貴者不午賤, 多者不賊寡, 詐者不欺愚."(『墨子』「天志 上」)

600 "我有天志, 譬若輪人之有規, 匠人之有矩, 輪匠執其規矩, 以度天下之方圜, 曰, 中者是也, 不中 者非也."(『墨子』「天志 上」) 이와 비슷한 내용이 「천지 하」에도 실려 있다.

있다고 본다.

하늘은 무엇을 바라는가

묵자의 하늘은 의지나 감정을 지닌 인격적 존재이다. 그래서 좋아하는 것도 있고 싫어하는 것도 있다. 자신의 의지에 따라 무엇인가 판단을 하고, 이를 통해 어떤 감정도 갖는다. 나아가 상벌을 내리기도 한다.

그렇다면 묵자가 보기에 하늘이 바라는 바는 구체적으로 어떤 것일까? 먼저 이와 관련한 『묵자』의 말을 보자.

"그렇다면 하늘은 무엇을 바라고 무엇을 싫어하는가. 하늘은 의로움을 바라고 불의를 싫어한다. 따라서 천하의 백성들을 이끌고 의의 실현을 위해 일하는 것은 내가 곧 천이 바라는 바를 행하는 것이 된다. 내가 천이 바라는 바를 행하면 천 또한 내가 바라는 바를 실현해 준다."[601]

"묻기를, 그러면 하늘이 바라는 것은 무엇이고 싫어하는 것은 무엇인가. 하늘은 의義를 바라고 불의를 싫어한다. 무엇으로 그것을 아는가. 말하기를, 의로움은 바르게 하는 것이기 때문이다."[602]

---

601 "然則天亦何欲何惡. 天欲義而惡不義. 然則率天下之百姓, 以從事於義, 則我乃爲天之所欲也. 我爲天之所欲, 天亦爲我所欲."(『墨子』「天志 上」)

602 "曰, 天之所欲者何也, 所惡者何也. 天欲義而惡其不義者也. 何以知其然也. 曰, 義者正也."(『墨子』「天志 下」)

이에 의하면, 하늘의 뜻은 의로움[義]이다. 하늘의 뜻은 의로움의 표준이다.[603] 묵자는 하늘은 대부나 제후·천자보다 고귀하고 지혜로우므로, 진실로 도를 지키고 사람을 이롭게 하고자 한다면 어짊과 의로움의 뿌리인 하늘의 뜻을 본받고 살펴 삼가 따를 것을 말하였다.[604]

그런데 하늘의 의로움이 무엇일까? '바로잡음[政]이다.[605] 이를 당시의 천자나 지금의 정치 지도자에 적용하여 말하면, 천자나 정치 지도자가 의로움, 잘못을 바로잡는 정치에 힘쓰면 그것은 곧 하늘이 바라는 것을 하는 행위라는 것이다. 그리고 그렇게 하늘이 바라는 것을 하면, 하늘 역시 천자나 정치 지도자가 바라는 것을 해준다. 만약 정치 지도자, 천자가 하늘이 바라는 것을 하지 않고 하늘이 바라지 않는 것을 하면 어떻게 될까? 묵자에 의하면, 그것은 천하의 사람들을 이끌고 하늘의 재앙과 벌을 받는 짓을 하는 셈이다.

그러면 하늘이 의로움을 바라고 불의를 싫어한다는 것을 어떻게 알 수 있는가? 묵자는 이렇게 답한다.

"그것은 천하에 의로움을 얻으면 살고 의로움이 없으면 가난하며 의로움을 얻으면 다스려 태평하고 의로움이 없으면 어지럽기 때

---

603 "하늘의 뜻은 의로움의 표준이다. 天之志者, 義之經也."(『墨子』「天志 下」)

604 "지금 천하의 군자들이 진심으로 장차 도를 따라 민을 이롭게 하고 인의의 근본을 거슬러 살펴 기를 바란다면 하늘의 뜻을 따르지 않을 수 없다. 今天下之君子, 中實將欲遵道利民, 本察仁義之 本, 天之意不可不慎也."(『墨子』「天志 中」)

605 "또한 그 의라는 것은 바로잡는 일이다. 且夫義者政也."(『墨子』「天志 上」)

문이다."⁶⁰⁶

　이로 보면 하늘은 살리기를 바라고 죽이는 것을 싫어하며 부유하기를 바라고 가난한 것을 싫어하며 태평하기를 바라고 어지러운 것을 싫어한다. 그리하여 묵자는 부하고 귀하기를 바란다면 누구나 반드시 하늘의 뜻에 합당하고 하늘을 따르지 않으면 안 된다고 하였다.⁶⁰⁷
　하늘이 원하는 것과 원치 않는 것을 묵자는 이렇게도 말한다.

　"하늘의 뜻은 큰 나라가 작은 나라를 공격하거나 큰 가문이 작은 가문을 어지럽히거나 강자가 약자를 협박하거나 다수가 소수를 폭압하고 지혜로운 자가 어리석은 자를 속이고 귀한 자가 천한 자를 업신여기는 것을 바라지 않는다. 이것은 하늘이 원하지 않는 것들이다. 여기에 그치지 않고 더 나아가 하늘은 사람들에게 힘을 가진 자는 서로 도와주고 도리를 알아 서로 가르쳐 주고 재물이 있으면 서로 나누어 주기를 바란다. 또한 윗사람은 힘써 다스리고 아랫사람은 힘써 일하기를 바란다."⁶⁰⁸

606　"天下有義則生, 無義則死, 有義則富, 無義則貧, 有義則治, 無義則亂."(『墨子』「天志 上」)

607　"원래 천자는 천하의 가장 귀한 존재고 부유한 분이다. 그러므로 부하고 또 귀하기를 바란다면 반드시 하늘의 뜻에 합당하고 하늘을 따르지 않으면 안 되는 것이다. 故天子者, 天下之窮貴也, 天下之窮富也. 故欲富且貴者, 當天意而不可不順."(『墨子』「天志 上」)

608　"天之意, 不欲大國之攻小國也, 大家之亂小家也, 強之暴寡, 詐之謀愚, 貴之午賤. 此天之所不欲也. 不止此而已, 欲人之有力相營, 有道相教, 有財相分也. 又欲上之強聽治也, 下之強從事也."(『墨子』「天志 中」)

이렇게 하늘의 뜻을 밝히고 순종하며 받들어 천하에 널리 펴면 형벌과 정치가 다스려지고 만인은 화목하며 국가는 부유하고 재화와 이용후생은 풍족하며 백성들은 편리하고 안녕하여 근심이 없게 된다. 그런데 만일 하늘이 바라는 것은 하지 않고 하늘이 바라지 않는 것을 하면 하늘도 역시 사람이 바라는 것을 해주지 않고 사람이 바라지 않는 것을 한다. 그 바라지 않는 것이란 바로 재앙과 질병이다. 재앙이나 질병을 내리는 존재는 바로 천, 하늘이다.

묵자에 의하면 하늘에 죄를 지으면 피할 길이 없다.[609] 그것은 천자라도 마찬가지다. 하늘이 내리는 상벌은 하늘의 뜻에 따라 하늘이 바라는 행위이면 상을 내려주고 바라지 않는 행위를 하면 벌을 준다. 이를테면 하늘을 높이고 사람을 두루 사랑하면 상을 받지만 하늘을 낮추고 편애하면 벌이 뒤따르게 된다.

묵자는 하늘이 바라는 바를 또 이렇게 말한다.

"그렇다면 하늘은 무엇을 원하고 무엇을 싫어하는 것인가. 하늘은 반드시 사람들이 서로 사랑하고 서로 이롭게 하기를 원하며, 사람들이 서로 미워하고 서로 해치기를 원하지 않는다."[610]

문제는 하늘이 이런 뜻을 가지고 있다는 것을 어떻게 아느냐 이다. 그 대답을 묵자는 '하늘은 모든 것을 한결같이 사랑하고 모든 것을 한

---

609 "지금 사람들 모두 천하에서 처신하면서 하늘을 섬기다가 하늘에 죄를 지으면 달아날 곳이 없다. 今人皆處天下而事天, 得罪於天, 將無所以避逃之者矣."(『墨子』「天志 下」)

610 "然而天何欲何惡者也. 天必欲人之相愛相利, 而不欲人之相惡相賊也."(『墨子』「法儀」)

결같이 이롭게 하기 때문'이라고 말하고, 또 하늘이 모든 것을 아울러 사랑하고 이롭게 함은 '하늘이 모든 것을 아울러 보전하고 먹여 살림으로써 그러함을 알 수 있다'고 한다.

"모든 사람이 두루 평등하게 서로 사랑하며 서로 이롭게 하는 법도로 바꾸라."611

"하늘의 뜻을 따르는 자는 평등하게 서로 사랑하고 교통함에 서로 이롭게 할 것이니 반드시 상을 받을 것이다."612

위의 말을 종합하면, 묵자는 하늘의 뜻을 '겸상애兼相愛', '겸애兼愛'라고 본다. 그렇다면 하늘의 뜻인 겸애란 무엇인가? 겸애의 '겸兼'은 원래 벼이삭 두 개를 손으로 쥐는 형상의 글자로, '모두', '평등'을 뜻한다. 그 반대가 '각자', '차별'을 뜻하는 '별別'이다. 그리고 '애愛'는 옛 글자의 모양이 사람의 가슴에 심장이 들어가 있는 모습, 손으로 심장을 감싸 안은 모습으로 '사랑한다'는 의미를 표현한다. 그러므로 겸애는 '모두를 사랑함', '두루 사랑함'을 말한다. 남을 자기 자신과 같이 사랑함, 모든 사람에 대한 두루 사랑, 차별 없는 사랑이다.

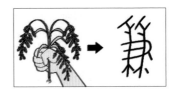

'겸兼'. (출처: naver 한자 사전)

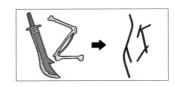

'별別'. '별別'자의 갑골문을 보면 뼛조각과 칼이 함께 그려져 있다. 이것은 사람의 뼈와 살이 나누어졌다는 뜻을 표현한 것이다. 뼈와 살이 나누어졌다는 것은 사람이 죽었다는 뜻이기 때문에 '별'자는 '헤어지다'나 '나누다'라는 뜻을 갖게 되었다. (출처: naver 한자 사전)

---

611 "以兼相愛交相利之法易之."(『墨子』「兼愛 中」)

612 "順天意者, 兼相愛, 交相利, 必得賞."(『墨子』「天志 上」)

'애愛'. (출처: naver 한자 사전)

이런 맥락에서 보면 하늘의 뜻을 따르는 것, 그것이 아우르는 겸兼이다. 하늘의 뜻을 어기는 것, 그것은 차별하는 별別이다.[613] 하늘은 국가 간, 가문 간, 권력이나 지식·부 등의 차이에 따른 집단 간에 갈등과 차별이 없이 서로 도와주고 사랑하기를 바란다. 즉 하늘의 뜻, 하늘이 원하는 것은 겸애이다. 하늘의 뜻을 따르는 정치, 겸애의 정치, 겸애의 도가 곧 정의의 정치이고, 별애別愛하는 도가 폭력의 정치이다. 성인들이 하늘에 순종하는 두루 평등하고, 이러한 평등을 도道로 의로운 정치를 폈다면, 폭군들은 차별을 도道로 하여 폭력의 정치를 하였다. 그런데 여기서 하늘에 순종한다는 것은 무엇을 말하는가. 묵자는 그것은 '천하의 사람들을 평등하게 사랑하는 것'[兼愛]이라고 한다.[614]

전쟁을 하고 빼앗고 해치고 화목하지 못하고 충성스럽지 못하고 효성스럽지 못한 것 등은 모두 천하의 해로운 것으로, 서로 사랑하지 않기 때문이다. 모든 재앙이나 찬탈, 침공, 원한 등은 서로 사랑하지 않는데서 생긴다. 그러므로 중요한 것은 이런 일들이 일어나지 않게 하려면 하늘의 법도를 따라 모든 사람을 두루 평등하게 사랑해야 한다는 것이다.

그러면 하늘이 천하 만민을 두루 사랑한다는 것을 무엇으로 알 수 있는가? 묵자의 대답은 이렇다.

---

613 "하늘의 뜻을 따르는 것이 아우르는 겸이다. 하늘의 뜻을 어기는 것이 차별하는 별이다. 順天之意者兼也. 反天之意者別也."(『墨子』「天志 下」)

614 "말하자면 하늘의 뜻을 따른다 함은 어떻게 하는 것인가. 말하자면 천하 사람을 아울러 사랑하는 것이다. 曰, 順天之意何若. 曰, 兼愛天下之人."(『墨子』「天志 下」)

"그러면 무엇으로 알 수 있는가, 하늘이 천하 백성을 사랑한다는 것을. 하늘은 백성을 평등하게 비춰주기 때문이다."[615]

묵자는 하늘이 사람들을 사랑함을 하늘이 백성을 평등하게 비춰주는 것을 통해 알 수 있다며, 하늘이 평등하게 두루 비춰줌은 하늘이 백성을 평등하게 두루 보존해 주기 때문이고, 이는 하늘이 사람들을 평등하게 두루 먹여줌을 통해 알 수 있다는 것이다. 나아가 묵자는 하늘이 사람들을 평등하게 두루 먹여줌을 알 수 있는 것은 온 세상에 곡식을 먹는 사람들은 누구나 소와 양을 치고 개와 돼지를 기르고 젯밥과 술을 마련하여 상제와 귀신에게 제사를 올리기 때문이라고 하였다. 그러면서 하늘이 이렇게 사람들을 보존해 주는데, 어찌 사랑하지 않겠는가 하며 반문한다.

그런데 묵자는 의義를 실천적 맥락으로 보면 '이利', 즉 이롭게 함, 이익이 되게 함이라고 보았다. 이럴 경우 그 반대인 불의不義는 결국 타인을 이롭게 하지 않음, 즉 해롭게 함이게 된다. 이로 보면 겸애는 결국 타인을 이익되게 함이다. 겸애를 실천하는 사람이 반드시 해야 할 일은 천하의 이利를 일으키고 해를 물리쳐야 한다. 묵자는 이利와 해害의 선택 상황에서는 이익은 큰 것을 취하고(大取) 해로운 것은 작은 것을 취한다(小取)는, 이른바 소취대취론을 편다. 의義, 즉 이利를 크게 하되 해害는 불의이므로 최소화하는 것이 중요하다는 것이다. 천지에 합하는 이利, 사회적 의義를 지향해야 한다. 이로써 겸애와 이利가 곧 하늘의 뜻

---

615 "然則何以知, 天之愛天下之百姓. 以其兼而明之."(『墨子』 「天志 上」)

이고, 그 실천은 다름 아닌 타인을 이익되게 함임을 알 수 있다.

　묵자가 이렇게 겸애를 강조하고 다른 사람을 이롭게 하기를 강조하는 배경에는 그의 인간에 대한 새로운 인식이 있다. 그는 "지금 크고 작은 나라를 막론하고 모두 하늘의 고을이며, 나이가 많고 적고 귀하고 천하고를 막론하고 모두 하늘의 신하이다"⁶¹⁶라 하여, 모든 사람과 나라는 하늘의 신하이고 하늘의 나라라고 본다.

　하늘이 보기에 모든 사람과 나라는 다 똑같은 존재이다. 차별과 불평등 및 갈등이 있을 수 없다. 그러므로 당연히 서로 사랑하고 서로를 이익되게 하여야 한다. 이런 생각을 하고 있는 묵자에게 당시의 전쟁을 포함한 온갖 약육강식의 행위가 자행되고 있는 현실은 당연히 바로잡아야 할 과제였다.

묵자의 이상 사회, 겸애兼愛의 사회

　춘추 전국 시대는 혼란기였다. 묵자는 이러한 상황에서 행해야 할 가장 시급한 과제를 겸애, 상현尚賢(현자를 높임), 상동尚同(위로의 통일), 비공非攻(침략 전쟁 비판), 절용節用(절약) 등 10가지를 말하고 있는데, 이 모두를 아우르며 그 중심을 차지하는 것이 겸애이다. 묵자의 나머지 9론은 겸애를 실현하기 위한 실천 규범이라고 할 수 있다.

　묵자의 천은 만물의 주재자이자 감정과 의지를 가진 인격적 존재이

616　"今天下無大小國, 皆天之邑也. 人無幼長貴賤, 皆天之臣也."(『墨子』「法儀」)

다. 이러한 하늘은 뜻·의지를 가지고 있는데, 그것이 천지天志, 천의天意, 천지天之이다. 겸애는 그러한 하늘의 뜻으로 하늘에 근거를 두고 있다. 그러므로 묵자의 겸애는 인격적 초월적 주재적 존재인 하늘의 뜻이자 의지이며 마음이다.

묵자는 인간의 이상 세계, 당시 혼란한 상황을 극복한 새로운 사회를 겸애가 실현된 사회로 보는 듯하다. 그리하여 그는 늘 하늘의 뜻인 겸애를 실천할 것을 요구한다. 겸애가 실천되면 어떤 사회가 될까?

"하늘의 뜻에 따라 겸애가 실현되면 서로 전쟁하는 일이 없고 서로 빼앗는 일이 없으며 서로 해치지 않는 사회가 된다. 그리고 군신 간에 은혜롭고 충성스러우며 부자간은 자애롭고 효성스럽고 형제간은 화목하고 조화를 이룬다. 또한 강한 자는 약한 자를 억누르지 않고 다수가 소수를 겁탈하지 않으며 부자가 가난한 자를 업신여기지 않고 간사한 자들이 어리석은 자를 속이지 않는 사회가 된다. 겸애의 사회에서는 이렇게 서로 사랑하기 때문에 늘 남을 도와주고 남에게 부족한 것이 있으며 자기의 것을 나누어 준다."617

모든 사람 간의 관계는 물론 국가 간 관계도 나 자신을 사랑하듯 하면, 즉 겸애가 보편적이게 되면 전쟁은 물론 타인과 모든 부정적 관

---

617 "視人之國若視其國, 視人之家若視其家, 視人之身若視其身. 是故諸侯相愛則不野戰, 家主相愛則不相簒, 人與人相愛則不相賊, 君臣相愛則惠忠, 父子相愛則慈孝, 兄弟相愛則和調. 天下之人皆相愛, 強不執弱, 衆不劫寡, 富不侮貧, 貴不敖賤, 詐不欺愚. 凡天下禍簒怨恨可使毋起者, 以相愛生也."(『墨子』「兼愛 中」)

계가 사라지게 된다. 이는 곧 다른 사람, 다른 나라를 자신이나 자기 나라를 사랑하듯이 대하라는 것이다. 사회의 모든 재앙과 혼란은 서로 사랑하지 않기 때문이다. 바른 정치를 하고 백성을 이롭게 하려면, 서로 사랑하고 타인을 이롭게 하라는 것이 하늘의 뜻임을 알아야 하고, 그것을 실천하도록 해야만 한다. 그런 하늘의 뜻을 잘 받들면 사람들 간에도 사랑이 넘치고 사회 질서도 바로잡힌다. 그런 겸애의 실천은 곧 자신이 아닌 남을 이롭게 하는 행위이다. 즉 타인을 이롭게 하는 길이 겸애이다. 그러므로 하늘은 모든 사람들이 이런 뜻을 깨달아 서로 사랑하며 살기를 바란다.

묵자의 이러한 사상을 좀 더 구체적인 당시의 시대적 배경과 연관시켜 보자. 전국 시대는 전쟁의 시대였다. 전쟁은 다른 나라를 침공하는 침략 행위이다. 그런 전쟁은 사람들의 일상 삶을 위협 및 파괴하여 인간의 생존 그 자체를 위협한다. 그런 전쟁은 왜 일어났는가. 겸애가 아닌 별애 때문이다. 그러면 그 해결책은 어디에 있는가. 이를테면 전쟁이 없고 차별이 없는 세상은 어떻게 하면 열릴 수 있을까? 별애가 아닌 겸애가 답이다.

"만약 천하가 두루 평등하게 서로 사랑한다면 나라끼리는 전쟁이 없고 가문끼리는 서로 어지럽히는 일이 없고 남의 집안을 훔치고 빼앗는 도적도 없을 것이며 임금과 신하, 아버지와 아들이 모두 효도하고 자애로울 것이니, 이렇게 되면 천하는 다스려질 것이다. 그러므로 천하를 다스리는 성인으로서 어찌 마음을 금지하고 사랑을 권면하지 않겠는가. 따라서 천하를 두루 평등하게 서로 사랑하면

다스려지고 서로 차별하고 미워하면 어지러운 것이다."⁶¹⁸

　사실 묵가 사상은 많은 것이 춘추 전국 시대가 안고 있던 그 내적 특수성에 대한 반응으로 형성되었다. 당시 세상이 어떠하였는가? 주 왕조의 권위는 떨어질 대로 떨어지고, 열국들 간에는 전쟁이라는 가장 강력한 폭력을 통해 상호 파괴가 자행되고 있었다. 지배층의 사치와 방탕은 끝이 없었고 민중들의 삶은 고통 그 자체였다. 부모와 자식, 형제간에도 온갖 갈등이 다반사였고 사회에 보편 윤리라곤 없는 듯하였다. 한마디로 무도無道, 불의不義의 시대였다. 나아가 사회적인 일에서도 합리성·객관성이 결여되었다. 인사는 정실에 따라 이루어지고 행위에 대한 판단 기준이 차별적으로 이루어지는 등으로 인해 사람들의 불만은 커지고 있었다. 한마디로 사회가 총체적으로 병들었다.

　당시의 온갖 난亂과 병은 사람들이 서로 사랑하지 않는데서 발생했다. 신하나 자식이 군주나 부모를 사랑하지 않음이 곧 난이다. 서로를 사랑하지 않고 자기의 이득만 취하는데서 난이 일어났다. 서로를 사랑하고 사람들을 이롭게 하라는 '하늘의 뜻[天志]'을 모르고 실천되지 못해 세상이 병들었다.

　묵자는 하늘의 뜻이 겸애라고 말한다. 그는 세상이 어지러운 것은 모두 서로 사랑하지 않기 때문에 생긴 것이므로 세상을 바로잡는 처방으로 겸상애兼相愛, 겸애를 제시하였다.

618　"若使天下兼相愛, 國與國不相攻, 家與家不相亂, 盜賊無有, 君臣父子皆能孝慈, 若此則天下治.
　　故聖人以治天下爲事者, 惡得不禁惡而勸愛. 故天下兼相愛則治, 交相惡則亂."(『墨子』「兼愛 上」)

겸애를 실천한 사람들

사람을 사랑하고 이롭게 하고 하늘의 뜻에 순종하여 상을 받은 자
는 역사적으로 어떤 인물이 있는가? 묵자는 삼대 성왕인 요, 순, 우, 탕,
문, 무왕을 예로 든다. 그러면 그들이 겸애를 실천하였다는 것을 무엇
으로 알 수 있을까?

"옛날에 우왕은 천하를 다스리면서 서쪽으로 서하西河·어두漁竇
(黑水, 渭水)를 연결하여(만들어) 거수渠水·손수孫水·황수皇水 유역
의 물을 빼냈다. 북쪽으로 원수原水·고수泒水를 막아 후지저后之邸·호
타하滹沱河로 흘러들게 했다. 황하가 저주산底柱山에서 갈라져 흐르게
한 뒤 용문龍門을 뚫어 연燕·대代·호胡·낙貉을 비롯해 서하 일대의
백성에게 이익을 안겨 주었다. 동쪽으로 대륙의 물을 빼 맹저택孟諸
澤으로 흘러드는 것을 막고, 황하가 아홉 갈래로 흐르도록 해 동쪽
땅에 홍수가 나는 것을 막는 방식으로 기주冀州 백성을 이롭게 했
다. 남쪽으로 장강長江·한수漢水·회수淮水·여수汝水를 소통시켜 동쪽
바다로 흘러 들어가게 함으로써 5호湖 일대의 논밭에 물을 댔다. 형
초荊楚·오월嗚越·남이南夷 사람들을 이롭게 해준 배경이다. …

옛날에 주나라 문왕은 서쪽 땅을 다스릴 때 마치 일월처럼 사방
과 서주 일대에 찬란한 빛을 발했다. 대국을 이유로 소국을 업신여
기거나, 다수 내지 부유함을 이유로 외로운 홀아비나 과부 등을 업
신여기거나, 힘 있는 세력에 의지해 농민의 양식과 가축을 빼앗거나
하는 일이 없었다. 하늘이 문왕의 자애로운 정사를 도운 덕분에 늙

도록 자식이 없는 자도 수명대로 살고, 형제가 없는 고단한 자도 사람들 사이에 섞여 생업에 종사하고, 어려서 부모를 잃은 자도 몸을 의지하여 성장할 수 있었다."619

성왕들이 행한 것은 평등[兼]이다. 평등주의자의 처신은 큰 나라가 작은 나라를 공격하지 않고, 큰 가문이 작은 가문을 어지럽히지 않고, 강자가 약자를 겁탈하지 않고, 다수가 소수를 폭압하지 않고, 지혜로운 자가 어리석은 자를 속이지 않고, 고귀한 자가 비천한 자를 업신여기지 않는 것인데, 성왕들이 그랬다는 것이다. 성왕들은 하늘의 법도를 실천했다. 그렇게 함으로써 위로는 하늘에 이롭고 아래로는 사람들에게 이로웠다. 그들이 '성왕'이라 일컬어지고 어질고 의롭다고 한 것은 바로 이렇게 겸애를 실천하였기 때문이었다.

뿐만이 아니다. 묵자는 성왕들의 겸애의 실천 사례를 『서書』를 통해서도 밝힌다. 그 구체적 예를 보자.

"「태서」에 이르기를, '문왕이 일월처럼 사방에 빛을 비추니, 사방과 서주 일대가 환하게 빛났다'고 했다. 이는 문왕이 천하를 두루 사랑한 것이 매우 컸음을 말한 것이다. 비유하면 일월이 천하를 빠짐

---

619 "古者禹治天下, 西爲西河漁竇, 以泄渠孫皇之水. 北爲防原泒, 注后之邸, 呼池之竇. 洒爲底柱, 鑿爲龍門, 以利燕代胡貉與西河之民. 東方漏之陸防孟諸之澤, 灑爲九澮, 以楗東土之水, 以利冀州之民. 南爲江漢淮汝, 東流之, 注五湖之處, 以利荊楚干越與南夷之民. … 昔者文王之治西土, 若日若月, 乍光于四方于西土. 不爲大國侮小國, 不爲衆庶侮鰥寡, 不爲暴勢奪穡人黍稷狗彘. 天屑臨文王慈, 是以老而無子者, 有所得終其壽, 連獨無兄弟者, 有所雜於生人之間, 少失其父母者, 有所放依而長."(『墨子』「兼愛 中」)

없이 비추면서 사사로움이 없는 것과 같다. 이것이 문왕의 겸兼이다.

　…「대우모」에도 유사한 얘기가 나온다. 우왕이 말하기를, '그대 사람들이여 내 말을 들어라. 내가 감히 난을 일으키려는 것이 아니라 불손한 묘족의 군주에게 하늘이 벌을 내리려는 것이다. 이에 내가 너희 여러 제후들을 이끌고 유묘有苗(묘족)를 정벌하고자 한다.' 우왕이 묘족의 군주를 정벌하려는 것은 거창한 부귀나 복록을 얻거나 귀와 눈을 즐겁게 만들려는 것이 아니다. 천하의 이익을 일으키고 천하의 폐해를 제거코자 한 것이다. 이것이 우왕의 겸애다.

　…「탕서」에도 비슷한 얘기가 나온다. 탕왕이 말하기를, '저처럼 작은 나라의 군주가 감히 검은 황소를 제물로 사용해 하늘에 고하고자 합니다. 지금 하늘이 큰 가뭄을 내리고 있으니 이는 곧 저 자신의 책임입니다. 하늘과 땅에 지은 죄를 자세히 알지는 못합니다. 선행을 감히 가리지 못하고 죄를 감히 용서하지 못하는 것은 상제의 마음으로 살펴보고 있기 때문입니다. 천하의 모든 죄는 저의 책임입니다. 저에게 죄를 물을지언정 천하 사람에게 묻지는 말아 주십시오.' 이는 탕왕이 천자의 귀한 몸으로 천하의 부를 지니고 있으면서도, 자신이 희생되는 것을 꺼리지 않고 상제와 귀신에게 기도를 올렸음을 말한 것이다. 이것이 탕왕의 겸애다."620

---

620 "泰誓曰, 文王若日若月, 乍照光於四方於西土. 卽此言文王之兼愛天下之博大也. 譬之日月兼照天下之無有私也. 卽此文王兼也. … 雖禹誓, 卽亦猶是也. 禹曰, 濟濟有衆, 咸聽朕言. 非惟小子敢行稱亂. 蠢茲有苗, 用天之罰. 若予旣率爾群對諸群, 以征有苗. 禹之征有苗也, 非以求以重富貴干福祿樂耳目也. 以求興天下之利, 除天下之害. 卽此禹兼也. … 雖湯說, 卽亦猶是也. 湯曰, 惟予小子履, 敢用玄牡, 告於上天后曰. 今天大旱, 卽當朕身履. 未知得罪于上下. 有善不敢蔽, 有罪不敢赦, 簡在帝心. 萬方有罪, 卽當朕身. 朕身有罪, 無及萬方. 卽此言湯貴爲天子, 富有天下, 然且不憚以身爲犧牲,

묵자는 성왕들이 왜 성왕인지, 『서』를 통해 그들이 행한 겸애의 구체적 사례를 밝혔다. 나아가 별애를 행한 사람들의 예로 폭군이라 일컬어지는 걸, 주, 유, 여를 든다. 묵자는 이들이 차별의 일에 종사하였다고 본다. 사람을 차별한 그들의 처신은 대국이 소국을 공격하고, 큰 가문이 작은 가문을 어지럽히고, 강자가 약자를 겁탈하고, 다수가 소수를 폭압하고, 지혜로운 자가 어리석은 자를 속이고, 고귀한 자가 비천한 자를 업신여기는 것으로 나타났다. 이런 일은 위로는 하늘에 이롭지 않고, 아래로는 사람에게 이롭지 않다. 그래서 이들을 어질지 않고 의롭지 않다고 한다. 앞의 하늘의 뜻을 순종하여 상을 받은 자들과 달리, 이들은 하늘의 뜻을 거역하여 하늘의 벌을 받았다.

이처럼 묵자는 공자의 내재적 성격의 하늘에 무관심하면서 오직 외재적 성격의 하늘을 강조하였다. 그에 의하면, 천은 인격적 주재적 외재적 존재로 최고신, 지고신이다. 묵자는 천의 절대적 힘이 세상을 바로잡는데 필요하다고 보았다. 그러므로 묵자에게는 공자가 강조했던 내면적 수양의 흔적, 덕의 함양이 없다. 그는 외재하며 만물을 주재하는 인격적 존재로서의 하늘을 강조하며 하늘에 의존하여 새로운 세상을 열고자 하였다. 하늘이 내린 인간에 내재하는 덕, 초월적으로 외재하는 하늘에 대한 의존, 그 어느 것을 통해 춘추 전국이라는 혼란의 시대를 바로잡을 것인지가 공자와 묵자를 구별하게 한다.

以祠說于上帝鬼神. 即此湯兼也."(『墨子』「天志 下」)

6장

진秦·한漢의
하늘을 향한
삶의 흔적

태산泰山 각석刻石(封泰山碑). (출처: https://mp.weixin.qq.com)

진秦나라의
다양한 하늘 제사 흔적

진秦 육치六時 교사郊祀

서기전 1046년 무렵, 은나라의 주왕의 실정은 나날이 더해갔다. 은나라가 병들자 신하들이 주紂왕에게 간언하였으나 소용이 없었다. 오죽하였으면 신하들이 다른 나라로 달아나기까지 하였을까. 마침내 이 무렵 주변에서 우월한 힘을 과시하고 있던 주나라 문왕에 이어 무왕이 여러 제후국 및 주변 씨족과 손을 잡고 은나라 정벌에 나섰다. 그리고 목야牧野 전투를 통해 마침내 은을 무너뜨리고 주나라가 천하의 새로운 주인이 되었다.

이렇게 시작된 주나라의 역사는 약 300여 년 간 이어졌다. 주나라는 종법宗法, 혈연을 바탕으로 봉건제封建制라는 새로운 통치 시스템을 도입하였다. 그리하여 서주 초기부터 주나라는 많은 제후국을 거느릴 수 있었다. 그러나 혈연적 종법 관계라고 영원할 수는 없는 법이다. 봉건 제도가 가지고 있는 강점인 혈연 관계가 덜 중시되고 그 관계가 소원해지자 통치 체제가 무너지기 시작했다. 왕위를 둘러싼 다툼이 일어났다. 견융犬戎이 주나라 수도인 호경鎬京을 공격하는 일도 벌어졌다. 결국 서기전 771년에 주나라 왕은 피살당하고 왕자는 낙읍洛邑으로 도망치며 수도를 옮겼다. 서주와 결별하며 이렇게 낙읍을 중심으로 새로이 열린 역사가 동주 시대이다. 역사서는 흔히 이 동주로부터 시작되는 중국 역사를 공자의 책 이름을 따서 '춘추' 시대라고 한다.

동주 왕조는 서기전 770년부터 약 300년 간 유지되었지만 중원에서 실질적 힘을 행사하기 어려웠다. 주 왕조 말기 무렵에 봉국은 약 170국 정도였다고 하는데, 이들은 소위 춘추 5패라 하는 제齊나라, 진晉나라, 진秦나라, 초楚나라 및 오吳나라를 중심으로 재편되었다. 봉국들이 끊임없이 합병당하는 과정을 거쳐 춘추 후기에 이르면 패권은 진晉과 초가 대립하는 가운데 먼저 진나라로 넘어갔다. 그러나 그게 끝이 아니었다. 100년 넘게 지속되던 진·초의 대치는 최종적으로는 초나라의 패권 장악으로 끝났다. 초나라는 독주하며 다음 통일 시대를 위한 지역적 국가 통합을 완성하였다.

역사의 분기점으로서 전국 시대는 공자가 더 이상 춘추를 기록하지 못한 날로부터 시작된다. 지역적 성격을 띤 합병이 끝나고 통일 전쟁의 서막이 올랐을 때인 전국 시대에는 제齊, 초楚, 연燕, 한韓, 위魏, 조趙, 진秦이라는 소위 전국 7웅이 자웅을 겨루었다. 이는 기본적으로 이전 춘추 5패에서 오나라가 초에 합병되고 진晉이 한韓, 위魏, 조趙 삼국으로 나누어진 형세였다. 서주의 왕으로부터 직접 제후로 봉건된 제후국 진晉이 무너진 것은 명목상으로 나마 서주적 봉건 질서가 남아 있던 시대가 종언을 고하는 것이었다. 봉건 제도가 사실상 무너졌다. 이러한 전

국 시대는 오로지 강한 힘을 가진 나라만 살아남을 수 있었던 약육강
식의 시대였다.

여기서 우리의 관심은 진秦나라이다. 진의 선조들은 황하 하류에서
말을 키우며 유목 생활을 하였다. 『사기』 「진본기」에 의하면, 진나라 어
떤 선조는 순 임금 시대에 우禹와 더불어 치수治水를 하였고, 어떤 조상
은 순 임금을 돕기도 했다. 또 어떤 조상은 상나라에 귀순하여 탕왕을
위해 수레를 몰았고 걸왕을 격파하는데 일조하였다.[621]

이렇게 상을 도와 하 왕조를 멸망시킨 뒤 진나라 사람들은 감숙성
동부로 이주했고, 서주 초기에는 주에 복속하고 서견구西犬丘(西垂. 감
숙성 천수天水)를 봉지로 받아 변방을 지켰다. 이후 진인들은 세 차례
의 대규모 이동을 거치면서 서주의 옛 땅에 이르렀다.

서주 12대 왕 유왕幽王 때인 서기전 771년, 견융犬戎의 공격으로 섬
서성 서안의 수도 호경이 함락되고 유왕이 피살되었다. 그리하여 희의
구姬宜臼가 평왕平王으로 보위에 올랐다. 그러나 수도가 함락되고 불타
자 평왕은 하는 수 없이 동쪽 320킬로미터 떨어진 낙읍洛邑(하남성 낙
양)으로 도망치고 천도하였다. 서기전 770년 진 양공襄公은 동쪽 낙읍
으로 천도하는 주 평왕을 호송하였다. 그 공으로 평왕은 양공을 제후
로 봉하고 기산岐山 서쪽 땅(섬서성 기산현)은 물론, 봉지와 작위를 내

---

621 "대업大業은 소전少典의 딸에게 장가를 들었는데 그녀가 여화女華이다. 여화는 대비大費를 낳
았고 우禹와 함께 하천과 육지를 다스렸다. … 대비는 순 임금을 도와 새와 짐승을 길들였다. … 비
창費昌은 하夏의 걸왕桀王 때 하를 떠나 상商에 귀의해 탕왕湯王의 수레를 몰았으며, 걸桀을 명조
鳴條에서 격퇴했다. 大業取少典之子, 曰女華. 女華生大費, 與禹平水土. … 佐舜調馴鳥獸. … 費昌
當夏桀之時, 去夏歸商, 爲湯御, 以敗桀於鳴條."(『史記』 「秦本紀」)

렸다. 농주隴州(섬서성 농현)를 도읍으로 정한 진은 그리하여 제후국으로서 역사 무대에 성큼 들어서게 되었다.[622] 진은 그로부터 300년 25명의 왕을 거치면서 위수를 따라 동쪽으로 모두 다섯 차례 도읍을 옮겼는데, 25대 효공은 재위 12년이었던 서기전 350년에 함양으로 천도하였다. 이로부터 약 115년 후, 진 시황이 역사 무대에 등장하였다.

진 시황이 통일 왕국을 열기 이전부터 진나라에서는 하늘, 상제에게 특별한 제사를 행하였다. 높은 산보다는 아래이고 작은 산보다는 위인 곳에 치畤라는 제단, 제사를 지내는 곳을 마련하여 하늘에 제사를 올렸다.[623] 『설문해자』는 이 치畤를 '천지와 오제에게 제사지내는 제단, 제사지내는 곳이다'[624]라 한다. 치는 곧 교외에서 하늘에 제사를 올리던 교사郊祀 제단이자 교사 장소이다. 통일 이전까지 진나라의 가장 중요한 제사는 이 치에서 상제에게 올리는 제사였다. 『사기』의 「육국연표六國年表」나 「진본기」·「봉선서」 등에 의하면 진나라에서 이러한 교사 전통은 수차례 행해졌다.[625]

치에서의 첫 제사 기록은 "양공은 털빛이 붉고 갈기가 검은 작은 말, 황소, 숫양을 각각 세 마리씩 제물로 삼아 서치西畤에서 상제上帝께

---

622 『사기』「봉선서」에 의하면, 주나라 유왕幽王이 견융犬戎에게 패하여 주나라는 낙읍으로 천도하였는데, 진 양공이 견융을 공격하여 주나라를 구하자 그 공로로 양공이 제후의 대열에 들었다.

623 "대개 하늘은 음을 좋아하므로 그 제사는 반드시 높은 산 아래나 작은 산 위에서 지내는데, 이를 치라고 한다. 蓋天好陰, 祠之必於高山之下, 小山之上, 命曰畤."(『史記』「封禪書」)

624 "畤, 天地五帝所基止, 祭地."(『說文解字』「田部」)

625 진 시황 이전 육치 조성과 제사에 대한 연구로는 김용찬, 2022; 김일권, 2007; 김용찬, 2018; 문정희, 2005를 참조하라.

494

제사를 올렸다"⁶²⁶는 것이다. 진나라 개국 군주인 양공襄公(서기전 777~ 서기전 766)이 서기전 770년에 지금의 감숙성 천수시 서남쪽 서견구西 大丘에 도읍하고, 여기에 서치西畤를 세워 처음으로 치에서 상제⁶²⁷를 제 사하였다.

주목할 만한 것은 진의 군주로서 처음으로 제후의 반열에 오른 양 공은 제후에 봉해지자 천자가 아님에도 불구하고 자신들이 서쪽 변경 에 살기 때문에 서치를 만들어 상제, 서방의 신神인 백제白帝를 제사한 점이다. 『예禮』에 의하면, 천자는 천지에 제사지내고 제후는 자신의 봉 역封域 안에서 명산대천에 제사지낸다. 그러므로 제후국은 하늘을 제사 할 수 없다. 그런데 양공은 제후국으로서 하늘에 제사를 올렸으니 그 것은 예에 벗어나는 행위였다. 그리하여 사마천은 『사기』에서 '진 양공 이 서치西畤를 만들어 상제에 제사한 것을 두고 참월의 단서'라 하였 다.⁶²⁸ 왜냐하면 그것은 곧 진이 제후국임에도 불구하고 천제를 지내 천 자의 나라인 주周 왕조의 권위를 침해하였기 때문이었다. 양공이 제후 였지만 천자만이 지낼 수 있는 상제에게 제사를 올렸다는 것은 주나라 와 힘겨루기에서 그만큼 자신이 있었음을 암시한다. 양공의 서방을 상 징하는 서치에서 백제·상제에 대한 천제 의례는 주나라와 맞서거나 대

---

626 "襄公於是始國, 與諸侯通使聘享之禮, 乃用騮駒·黃牛·羝羊各三, 祠上帝西畤."(『史記』「秦本 記」)

627 「진본기」에는 상제라 하였으나 「육국연표」와 「봉선서」에는 백제白帝라 한다.

628 "진 양공이 처음으로 제후에 봉해져서 서치를 세워 상제를 제사했으니 참월의 흔적을 볼 수 있다. 秦襄公始封爲諸侯, 作西畤用事上帝, 僭端見矣. 禮曰, 天子祭天地, 諸侯祭其域內名山大 川."(『史記』「六國年表」)

등한 나라, 상제로부터 정당성을 확보한 독립적인 나라임을 보여주는 정치적 행위였다.

치에서 상제·하늘에 두 번째로 제사를 올린 것은 진 문공文公(서기 전 766~716)이다. 그는 서기전 764년(문공 3년)에 700명의 군사를 이 끌고 동쪽으로 사냥 나갔다가 그 다음해에 견수와 위수가 만나는 지점 에 이르러 '옛날 주나라가 진 선조인 진영秦嬴에게 봉읍을 하사하였고, 그 후 진이 제후국이 되었다'며, 이곳이 살기가 좋은지 점을 치게 하였 다. 그 결과 점괘가 길하게 나오자 그곳에 성읍을 건설하였다.629 문공 은 또한 꿈에서 누런 뱀 한 마리를 보았는데, 그 몸은 하늘로부터 땅까 지 이어졌으며 입은 부鄜와 연衍 일대까지 뻗어 있었다. 태사太史에게 자 문을 구하니 이는 상제의 상징이라며 제사 드리기를 청하였다.630 그리 하여 문공 10년에 섬서성 위수 북안北岸 진창陳倉에 부치鄜畤를 만들어 서 소, 양, 돼지를 희생으로 하여 백제白帝에게 제사를 올렸다.

부치가 세워진 지 78년 후, 덕공德公이 즉위하여 옹雍에 정도定都할 것을 점쳤는데, '후대의 자손이 국경을 황하 유역까지 넓힌다', '후손이 천하를 지배한다'고 하자 마침내 정도하였다. 옹의 제사는 이때부터 흥

---

629 "3년, 문공이 군사 700여명을 거느리고 동쪽으로 사냥을 했다. 4년, 견수와 위수가 만나는 곳에 이르렀다. 이곳에서 "옛날 주나라에서 이곳에 우리의 선조인 진영을 읍으로 삼은 후에 마침내 제후 자리를 얻게 되었다"고 하였다. 이에 살만한 곳인지 점을 쳤는데 점괘가 '길하다'고 나와 즉시 읍을 경영했다. 三年, 文公以兵七百人東獵. 四年, 至汧渭之會. 曰, 昔周邑我先秦嬴於此, 後卒獲爲諸侯. 乃卜居之, 占曰吉, 即營邑之."(『史記』「秦本記」)

630 "문공은 누런 뱀이 하늘에서 내려와 땅까지 이어진 꿈을 꾸었는데, 그 주둥이가 부鄜 땅의 산 비탈에 멈추어 있었다. 문공이 사돈史敦에게 묻자 그가 대답했다. "이는 상제가 보낸 징조이니 군 주께서는 상제에게 제사를 올리십시오." 文公夢黃蛇自天下屬地, 其口止於鄜衍. 文公問史敦, 敦曰, 此上帝之徵, 君其祠之."(『史記』「封禪書」)

기하였다고 한다.[631]

덕공이 재위 2년 만에 죽자 그 4년 후에 선공宣公(서기전 675~664)은 위수 남쪽(渭南)에 밀치密畤를 세워 동방 청제靑帝를 제사하였다.[632]

영공靈公(서기전 424~415) 때인 서기전 422년에는 오산鳴山 남쪽(鳴陽)에 상치上畤를 세워 황제黃帝에게, 하치下畤를 만들어서는 염제炎帝를 제사하였다.[633]

헌공獻公(서기전 384~375)은 역양櫟陽에서 금金 비가 내리자 이를 금서金瑞, 오행 중 금金에 속하는 길조를 얻었다고 여겨 도읍하였고, 서기전 368년에 여기에 휴치畦畤를 세워 백제를 제사하였다.[634]

	시기	치명畤名	제사 대상	치 위치
진 양공襄公	서기전 770년	서치西畤	백제白帝(上帝)	서견구西犬丘(西垂)
진 문공文公	서기전 756년	부치鄜畤	백제白帝	진창陳倉
진 선공宣公	서기전 672년	밀치密畤	청제靑帝	위수渭水 남쪽(渭南)
진 영공靈公	서기전 422년	상치上畤	황제黃帝	오산吳山 남쪽(鳴陽)
진 영공靈公	서기전 422년	하치下畤	염제炎帝	오산吳山 남쪽(鳴陽)
진 헌공獻公	서기전 368년	휴치畦畤	백제白帝	역양櫟陽

진나라 육치六畤와 제사 대상(主神)

631 "부치를 세운지 78년이 지나 진 덕공이 즉위했다. 옹 땅에 정도할 것을 점치자 이런 점괘가 나왔다. "후대의 자손은 말에게 황하의 물을 먹일 수 있다." 옹 땅에 도읍을 정한 이유이다. 옹 땅의 제사는 이때부터 흥기하기 시작했다. 作鄜畤後七十八年, 秦德公既立, 卜居雍曰, 後子孫飮馬於河, 遂都雍. 雍之諸祠自此興."(『史記』「封禪書」)

632 "德公立二年卒, 其後四年, 秦宣公作密畤於渭南, 祭青帝."(『史記』「封禪書」)

633 "其後百餘年, 秦靈公作鳴陽上畤, 祭黃帝, 作下畤, 祭炎帝."(『史記』「封禪書」)

634 "櫟陽雨金, 秦獻公自以爲得金瑞, 故作畦畤櫟陽而祀白帝."(『史記』「封禪書」)

진나라에서는 이처럼 여섯 곳에 치를 설치하여(진 육치) 제사를 올렸다. 이러한 진나라에서의 치를 통한 교사에서 우리는 몇 가지 특징을 찾을 수 있다. 문정희가 이를 잘 밝히고 있는데,[635] 그 첫째는 교사에서 누구에게 제사를 올렸느냐의 문제이다. 즉 치를 만들어 올린 교사의 주신이 무엇이냐 이다. 그것은 천지 만물을 주재하는 지고신인 상제이다. 그러나 자료에 따라 주신을 상제라 하기도 하고, 백제니 청제니 하기도 한다. 또 오방색에 따른 오방제를 말하기도 하고, 황제와 염제까지 언급되고 있다.[636] 또한 백제나 청제가 구체적으로 어떤 신격인지, 상제와는 어떤 관계인지도 분명하지 않다.

그런데 이런 말을 보자. "옹현雍縣에 있는 4개 제단의 상제를 가장 존귀하게 여기며, … 옹현의 4개 제단에서는 봄에 그해를 기원하는 제사를 거행하며, … "[637] 「봉선서」에 나오는 진 시황 때 관련 이 기록에 의하면, 옹성 주변에 있었던 옹 사치四時에서는 가장 존귀한 존재인 상제를 제사하였다. 곧 진나라 때 옹 사치 교사는 상제를 주신으로 황제가 친사하였다.

왜 치를 만들어 교사를 하였는지에 대해서도 그 실마리를 찾을 수 있다. 이유는 여러 가지이다. 이를테면 영공은 제후로 봉해지자 서치에서 교사를 행하였다. 문공은 진창에 새로운 성읍을 건설하고 부치를 만들어 교사를 행하였다. 선공은 밀치를 만들어 교사를 행했다고 하

635 문정희, 2005, 21~23.

636 「봉선서」에는 치를 만들어 행한 교사 대상으로 백제, 청제, 황제, 염제라 하여 「진본기」와는 다르게 말한다.

637 "唯雍四時上帝爲尊, … 故雍四時, 春以爲歲禱, … ."(『史記』「封禪書」)

는데, 이는 진이 진晉과 하양河陽에서 싸워서 승리한 것을 상제에게 고하기 위함이었던 것으로 볼 수 있을 듯하다. 왜냐하면 「진본기」에 선공 4년에 밀치를 세우고 진과 하양에서 싸워 이겼다638는 기록이 있기 때문이다. 이른바 나라에 중요한 일이 있을 때 이를 상제에게 고하려는 목적에서 교사를 행한 것이다. 나아가 옹 사치에서는 위의 인용문에서 알 수 있듯이, 봄에 그해를 기원하기 위해 상제에게 제사를 올리기도 하였다.

통일 이후 진나라에서는 3년에 한 번 교외 제사를 행하였다. 진나라는 겨울 10월을 그해의 시작으로 여겼으므로, 천자는 매년 10월에 재계하고 교외에서 상제에게 제사 지낸 후, 봉화를 궁전까지 이르게 하고 함양궁 부근에서 절을 올리는데, 의복은 흰색을 숭상하였다. 서치·휴치는 진나라의 통일 이전과 같으며, 천자가 친히 가지는 않았다.639 즉 사관祠官을 보내 섭사攝祀로 행해졌다. 진나라에서 친사는 부치, 밀치, 상치, 하치에서만 행해졌다. 그런데 한 가지 주목할 것은 이러한 진나라 때에 북방을 상징하는 흑제에게 제사를 올렸다는 기록이 없다. 이로 보면 진나라에서 행한 치에서의 천제는 오방위에 따른 천제인 것은 아닌듯하다.

은나라나 주나라 때에는 나타나지 않았던 제사 양식으로서의 옹치

---

638 "四年, 作密畤, 與晉戰河陽, 勝之."(『史記』「秦本記」)

639 "3년에 한 번 교외 제사를 지냈다. 진나라는 겨울 10월을 세수로 삼은 까닭에 천자는 매년 10월에 재계한 뒤 교외로 나가 상제에게 제사를 올렸다. 봉화에 불을 붙여 궁궐까지 이르게 하고, 함양 부근에서 절을 올렸다. 의복은 흰색을 숭상하고, … 서치와 휴치의 제사는 통일 이전과 같았다. 천자가 친히 가지 않은 이유다. 三年一郊. 秦以冬十月爲歲首, 故常以十月上宿郊見, 通權火, 拜於咸陽之旁. 而衣上白, … 西畤畦畤, 祠如其故, 上不親往."(『史記』「封禪書」)

교사는 이후 전한前漢으로도 이어졌다. 한 고조는 옹 사치에 북치北畤를 더하여 옹 오치五畤 교사 제도를 확립하였다.[640] 그런데 북치에서 누구를 제사하느냐 하면 바로 북방 천제天帝인 흑제黑帝이다.[641] 진나라 옹 사치四畤, 옹 육치六畤에는 북방 흑제가 없었는데, 이렇게 북방 흑제가 더해짐으로써 한나라의 옹 오치는 오행 사상을 배경으로 성립한 것으로 볼 수 있다.

진 시황의 태산 봉선제

진秦 시황始皇. (출처: 『삼재도회』)

전국 시대의 제齊, 초楚, 연燕, 한韓, 위魏, 조趙, 진秦이라는 소위 전국 7웅의 최후 패권국은 진秦나라였다. 제齊를 마지막으로 무너뜨리고 서기전

---

640 "(한 고조) 2년, 동쪽으로 항우를 치고 관중 땅으로 환군한 뒤 좌우에 물었다. "옛날 진나라 때 제사를 지낸 상제들은 누구인가?" 좌우에서 대답했다. "모두 네 명입니다. 백제, 청제, 황제, 적제의 사당이 있습니다." 고조가 물었다. "나는 하늘에 5제가 있다고 들었는데, 네 명의 상제만 제사를 지낸 까닭은 무엇인가." 대답하는 자가 아무도 없었다. 고조가 말했다. "나는 짐작할 수 있다. 이는 내가 오기를 기다려 오제五帝의 숫자를 채우고자 한 것이다." 곧 흑제黑帝 사당을 건립한 뒤 북치로 명명했다. 二年, 東擊項籍而還入關, 問曰, 故秦時上帝祠何帝也. 對曰, 四帝, 有白青黃赤帝之祠. 高祖曰, 吾聞天有五帝, 而有四, 何也. 莫知其說. 於是高祖曰, 吾知之矣, 乃待我而具五也. 乃立黑帝祠, 命曰北畤."(『史記』「封禪書」)

641 "유방은 자신이 천자임을 믿게 하기 위해서 당시에 제사를 지내지 않고 빈자리에 있던 흑제의 자리를 차지하고는 그 자리가 자신에게 남겨진 위치라고 정당화하면서 제사를 지냈다."(왕닝·시에 똥위엔·리우팡 저, 김은희 역, 2010, 62)

221년, 마침내 하나의 통일 왕국을 연 끝판왕은 진왕 정政, 진 시황秦始皇이었다. 그는 13살이라는 어린 나이에 왕위에 올랐고, 그래서 아버지의 오랜 친구였던 여불위呂不韋의 약 10년 섭정을 거친 후 20대 초반부터 친정親政을 하며 주변국 통일을 향한 꿈을 키웠다. 그 꿈은 6국을 통일하고 대제국을 이루는 것으로 실현되었다.

그는 스스로를 왕이 아니라 황제皇帝라 칭하였다. 왜냐하면 왕이라는 존호는 멸망한 6국의 왕들이 사용한 존호이므로 중국 역사상 최초로 통일 국가를 이룬 자신에게는 걸맞지 않다고 여겼기 때문이다. 당시에는 제후국의 군주를 왕이라고 불렀다. 그리하여 그는 자신을 차별화하기 위해 왕이 아닌 새로운 존호를 만들게 하였다. 그 결과 최종적으로 태황太皇이라는 존호가 건의되었다. 그러나 진왕 정은 태황太皇에서 '태' 자를 빼고 상고 시대의 '제帝' 자를 넣어 '황제皇帝'라고 최종 결정하였다.642 진왕은 6국을 병합하고 중국을 통일한 자신의 공적은 전설상의 현주賢主였던 3황의 덕과 5제의 공보다 높다고 생각하여 3황의 '황'과 5제의 '제'를 각기 취하여 '황제'라고 하였던 것이다.

그러나 '황제'라는 말로 결정된 데에는 또 다른 이념적 배경이 있다. '황皇'자를 보자. '황'자에는 천황, 지황, 태황에서 알 수 있듯이 신성성이 담겨있다. 금문金文에 보이는 황의 원래 뜻은 '빛나는 태양'을 의미하고 '광휘' '위대한'의 뜻을 내포한다. 또 '제'는 은대로 말하면 상제이다. 제는 단순한 세속의 군주가 아니다. 제는 곧 천지 만물을 주재하고 다

642 "진왕은 "태泰자를 없애고 황皇자를 취하고, 상고 시대의 제帝라는 호칭을 채택하여 황제皇帝라고 칭할 것이며, … "라 하였다. 王曰, 去泰, 著皇, 采上古帝位號, 號曰皇帝, … "(『史記』「秦始皇本紀」)

스리는 상제上帝이다. 그리하여 진왕 정은 자신을 위대한 상제, 광휘의 상제를 의미하는 황제를 존호로 정했다. 상제가 천상에서 우주의 삼라만상을 통치하고 있는 것과 같이, 황제는 지상을 지배하고 있는 지상의 상제를 의미했다.[643]

결국 진왕 정은 주대의 '천자'라는 호칭을 그대로 물려받아서는 자신의 위대한 공적을 다 드러낼 수 없으며, 삼황오제만이 자신과 견줄 수 있다고 생각하여 황제라 하고, 자기 머리 위에 스스로 '시황제始皇帝'라는 월계관을 씌웠다. 자신을 영원히 이어질 왕조의 처음을 뜻하는 '시황제'로 부르게 했다.

『사기』에 의하면, 진왕 정은 황제라는 호칭을 사용하였을 뿐만 아니라 짐朕, 제制, 조詔와 같은 황제만 쓸 수 있는 용어까지 만들어 독점적으로 사용하였다.[644] 황제라는 존호와 황제만이 쓸 수 있는 용어는 청 제국이 무너질 때까지 사용되었고, 그리하여 소위 말하는 제후국에서는 그런 용어를 함부로 쓸 수 없었다. 기본적으로 예에 어긋나기 때문이라 한다.

이런 진 시황은 천자·황제로서의 자신과 통일 제국의 위상과 권위를 세상에 알리고, 그 정당성은 물론 천하를 통합하기 위한 가시적 의례로 당시 신성을 품은 성산으로 여겨진 태산에서 봉선 천제天祭를 행

---

643 이춘식, 2007, 271~272.

644 진왕이 신하들에게 황제의 호칭을 논의하라고 하였다. 신하들이 존호로 태황太皇을 올리며, '명命'을 '제制'라고 하고, '영令'을 '조詔'라고 하며, 천자가 스스로를 칭할 때는 '짐朕'이라 하라고 아뢰었다. 진왕은 태황은 황제로 고치라 하였지만 나머지는 논의한 대로 하라 하였다. "王爲泰皇, 命爲制, 令爲詔, 天子自稱曰朕."(『史記』「秦始皇本紀」)

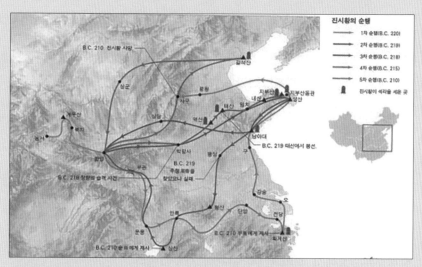

진 시황의 순행도. (출처: 박한제 외, 2015, 31)

하였다. 앞에서 언급하였듯이, 「봉선서」에 의하면, 관중管仲은 '고대에
태산과 양보산에서 봉선하던 제후가 일흔두 명이나 되나, 자신이 기억
하는 사람은 열두 명'이라 하였다. 이는 곧 봉선제가 언제부턴가 끊어
졌음을 말한다. 통일이라는 대업을 이룬 진 시황은 제나라에서 문화적
종교적으로 중시되었던 태산 봉선제와 산동 제지齊地의 팔신八神 제사
를 통일 제국의 주요 제사 체계로 흡수하였다. 이것은 한편으로는 제齊
와 노魯의 정신 문화, 사상, 의례를 진으로 끌어 들여 자연스럽게 진 제
국 중심의 새로운 천하 질서를 열고 천하를 통합하기 위한 조치로 볼
수 있다. 그리하여 진 시황은 그 상징적 실천의 하나로 순수巡狩와 더불
어 태산에 올라 봉선封禪을 행하였다. 그는 천하를 통일한 뒤 봉선을 황
제 의례, 새로운 제천 의례로 만들었다.

　진 시황은 통일 바로 다음해인 서기전 220년, 진의 옛 땅에 해당하는 서북쪽 일대의 순행에 나선 것을 시작으로 사망할 때까지 10년 동안 모두 다섯 차례에 걸쳐 전국을 순행하였다. 1차 순행은 서기전 220년에 감숙성 서쪽 지방이었다. 2차 순행은 서기전 219년에 산동성 남부 일대의 동남부 지방이었다. 3차 순행은 서기전 218년에 하남·산동의 동부 지방이었고, 4차 순행은 서기전 215년에 하북·섬서의 동북 지방이었으며, 마지막 5차 순행은 서기전 211년 10월에 강소·절강의 남쪽 지방이었다. 진 시황은 5차 순행 중 회계산에 송덕비를 세우고 산동 지방의 평원진平原津에 이르렀을 때 발병하였다. 그리하여 하북성 평향현 사구沙丘에서 재위 37년, 50세에 사망하였다.

이러한 수차례 순수를 하면서 진 시황이 태산에 올라 봉선을 행한 흔적은 2차 순행에서 명확하게 확인된다. 때는 그의 즉위 28년 재위 3년이었던 서기전 219년이었다. 진 시황은 동쪽으로 군현을 시찰하고 지금의 산동성 추역산雛嶧山에 올라 비석을 세웠다.645 이때 제나라와 노나라 유생 70명을 태산 아래로 데려와 봉선과 망제望祭에 대하여 의

역산嶧山 각석刻石. (출처:
https://m.sohu.com)

논하게 하였다. 그러나 그들의 견해가 각기 다르고 사리에 맞지 않아 시행하기 어렵자 진 시황은 유생들을 물리쳤다. 그리고는 태산 남쪽에서부터 정상에 이르는 수레가 다닐 수 있는 길을 닦게 하고 자신의 공을 기리는 비석을 세우게 하고 봉

---

645 진 시황이 추역산에 올라 세운 비석이 〈역산嶧山 각석刻石〉이다. 여기에는 진 시황이 반역의 무리를 토벌하고, 포악한 주변 나라를 무너뜨렸다는 등의 공덕이 담겨 있다.

선의 이유를 밝히고자 했다.[646] 그리고는 북쪽 길로 내려와 양보산에서 지신地神에게 제사지냈다. 당시 봉선 의례에는 태축太祝이 옹현에서 상제에게 제사 지낼 때 사용하던 의식을 많이 채용했다고 한다. 그러나 봉선 기록은 모두 은밀하게 보관되었으므로 세인들은 이를 기록할 수 없었다.

진 시황은 산동성 추역산鄒嶧山, 산동성 태산, 산동성 낭야대琅邪臺, 산동성 육등현의 지부산之罘山, 하북성 낙정현의 갈석산碣石山, 절강성 소흥현의 회계산會稽山 등 일곱 곳에 송덕비를 세웠는데 그 일부가 『사기』에 기록되어 있다. 진 시황은 순행을 통해 자신이 치른 전쟁의 당위성, 자신의 업적에 대한 찬양, 국가 제도를 통일할 필요성과 그 완비의 선포, 백성들의 충성 요구, 그리고 풍속 개량과 천하 교화와 같은 내용을 비석에 남겼다.

『사기』「진시황본기」는 진 시황의 태산 봉선제와 관련한 이런 재미있는 이야기도 전한다. 진 시황이 태산에 올라 하늘에 제사를 지내고 산을 내려오던 중 갑자기 바람이 불고 비가 내렸다. 다행히 그는 가까운 곳에 있던 소나무 밑으로 가 비를 피하며 잠시 쉴 수 있었다. 진 시황은 후에 그런 고마움에 대한 보답으로 그 소나무에 당시 제9급에 속

646 "진 시황의 공덕을 칭송하는 비석을 세우게 하고, 봉제封祭를 해야만
       하는 도리를 밝혔다. 立石頌秦始皇帝德, 明其得封也."(『史記』「封禪書」)
       이때 세운 것이 〈태산 각석刻石〉이다. 진나라 시황제가 시황 28년(서기전
       219)에 태산을 순행한 기록이 담겨 있다고 하는데, 승상인 이사李斯가 썼
       다고 한다. 「진시황본기」에 의하면, 2세 황제 때 조詔를 추가로 새겨 넣었
       다. 이 각석은 송대에 발견되었으나 이미 심하게 손상되었고, 명대에 다시
       발견되었을 때는 2세 황제의 조 29자 만이 남아 있었다. 청대에는 이마저
       도 소멸되었고, 지금은 원석의 탁본 29자본만 남았다고 한다.

태산泰山 각석刻石(封泰山碑). (출처: https://mp.weixin.qq.com)

오대부송五大夫松 자취. (출처: https://blog.naver.com)

하는 벼슬인 오대부五大夫에 봉하였다.[647] 그래서 그 소나무를 오대부송
五大夫松이라고 한다. 지금은 그 소나무가 없어졌지만 태산 중천문에서
약 1.2킬로미터 더 오르면 거기에는 후에 심은 소나무가 오대부송의
알림석을 곁에 두고 옛 영광을 전한다.

그렇다면 왜 봉선제를 올렸을까? 그 목적은 무엇일까? 이는 단적으
로 말하기 어렵다. 왜냐하면 서로 다른 많은 견해가 있기 때문이다. 불
로불사不老不死를 위한 신선 의례니, 명산대천에 올린 제사니, 제나라 정
복과 지배를 선포하는 의례니, 순수巡狩와 결합한 역성혁명의 수명受命

647　"마침내 태산에 올라서 비석을 세우고 토단을 쌓아서 하늘에 제사지냈다. 제사를 마치고 산을
　　내려오던 중, 갑자기 바람이 불고 비가 내려 나무 아래서 잠시 쉬었다. 이 일로 인해서 그 나무를 오
　　대부에 봉했다. 乃遂上泰山, 立石, 封祠祀. 下, 風雨暴至, 休於樹下. 因封其樹爲五大夫."(『史記』「秦
　　始皇本紀」)

의식이니, 하늘에 황제 오름을 고하는 의례니, 천하 통일을 이룩한 자신의 업적을 과시함으로써 지배의 정당성을 선전 및 호소하기 위한 것이라는 것 등이 그 예이다.[648] 봉선제, 그것은 제왕이 천명을 받아 등극함을 고하는 것으로 매우 종교적이자 정치적인 의례이다. 창업을 이룩한 군주가 그 위업을 천제天帝, 지고신인 천·하늘에 자신의 등극을 상징하는 예를 베푼 의례이다. 하지만 더욱 무게를 둔 것은 군주가 이 봉선제를 통해 자신의 힘과 업적을 과시하고, 나아가 자신의 영원한 삶을 위한 종교적 의식을 행한 것이기도 하다.

팔신八神에 제사하다

진나라에서는 옹치 교사를 행한 것 외에도 특히 진 시황의 경우 태산 봉선제 이후 동쪽으로 유람하며 팔신에게 제를 행한 점이 눈에 띈다. 「봉선서」에 의하면, 팔신은 이미 옛날부터 있었으며, 또한 제齊 태공齊太公(강태공) 이후에 만들어진 것이다. 제나라를 제齊라고 부르는 까닭

---

648 "의례 면에서 살펴보면 군현의 순행은 통일 후 재정비된 각 지역의 명산대천의 제사와 병행되고 있고, 그 정점에 위치한 봉선 제의는 전국 시대부터 발전되어온 다양한 종교 정치적인 관념과 의식, 즉 주대 분봉分封 의식에서 이름과 상징성을, 왕토王土 사상 맥락에서 순수巡狩 제도를, 태산에서의 명산대천 산악 제사가 담고 있는 주술성을, 그리고 그곳에서의 천과 지 제사는, 음양설에 기초한 제의로서 기존의 다양한 제의들을 종합해서 황제 지배 체제라는 새로운 정치 질서의 이념을 표방하고 제국帝國의 사상 통합을 위한 수단으로 수행한 것이라 볼 수 있을 것이다."(문정희, 2005, 26~27)

도 바로 팔신의 하나인 천제신天齊神에서 비롯되었다고 한다.[649] 팔신제는 제나라 전통이었다.

진 시황은 제나라 팔신제 전통을 이어받아 진의 국가 의례로 삼아 천주, 천지일월을 비롯한 여덟 신에게 제사를 올렸다. 그 기록은 『사기』「봉선서」나 『한서』「교사지」의 내용으로 확인할 수 있다.

"한번은 진 시황이 태산에 올랐다가 산 중턱에서 폭풍우를 만나 큰 나무 아래에서 비가 멈추기를 기다리고 있었다. 유생들은 배척을 받아 봉선 의식에 참석할 수 없게 되자 시황제가 폭풍우를 만났다는 소식을 듣고 비웃었다. 마침내 봉선을 끝내고 시황제는 계속 동쪽의 발해까지 유람하며 명산대천과 팔신에게 제사 드리고, 선인僊人, 선문羨門과 같은 신선들에게 복을 기원하였다."[650]

그렇다면 팔신이란 무엇일까? 팔신은 팔주八主라고도 하는데, 팔신제란 제齊나라 여러 곳에서 각기 다른 여덟 대상에게 올리던 제사 의례이다. 『사기』에는 제사 대상과 그 의례를 행한 장소를 이렇게 기록되어 있다.

---

649 "팔신은 옛날부터 있었는데 어떤 사람은 제 태공齊太公 이후 만들어졌다고 한다. 제나라를 제齊라고 부른 까닭은 팔신의 하나인 천제신에서 비롯되었다. 天齊神八神將自古而有之. 或曰太公以來作之. 齊所以爲齊, 以天齊也."(『史記』「封禪書」)

650 "始皇之上泰山, 中阪遇暴風雨, 休於大樹下. 諸儒生既絀, 不得與用於封事之禮, 聞始皇遇風雨, 則譏之. 於是始皇遂東遊海上, 行禮祠名山大川及八神, 求僊人羨門之屬."(『史記』「封禪書」)

"첫째는 천주天主로, 천제천天齊泉에서 제사를 지낸다. 천제는 샘물인데 임치臨菑 남쪽 근교의 산 아래에 있다. 둘째는 지주地主로, 태산 아래의 양보산에서 제사지낸다. 본래 천신은 음기를 좋아한다. 반드시 높은 산 아래와 작은 산 위에서 제사를 지내야 하는 이유다. 그 제단을 치畤라 한다. 지신은 양기를 귀하게 여기기 때문에 반드시 낮은 웅덩이에 생긴 원형의 언덕 위에서 제사지낸다. 셋째는 병주兵主로 치우蚩尤에게 제사지낸다. 치우의 사당은 동평륙東平陸의 감향監鄕에 있는데, 제나라의 서쪽 변경이다. 넷째는 음주陰主로 삼산三山에서 제사지낸다. 다섯째는 양주陽主로 지부산之罘山에서 제사지낸다. 여섯째는 월주月主로 내산萊山에서 제사지낸다. 제나라의 북쪽에 있고 발해에 인접해 있다. 일곱째는 일주日主로 성산成山에서 제사지낸다. 성산은 가파르게 굽어 바다로 들어가는데, 제나라의 가장 동북쪽 모퉁이에 위치하며, 이곳에서 일출을 맞이할 수 있다. 여덟째는 사시주四時主로 낭야산琅邪山에서 제사지낸다. 낭야는 제나라 동쪽에 있는데, 한 해가 시작되는 곳이다. 팔신에게 제사를 지낼 때에 모두 희생 한 마리를 받친다."[651]

---

651 "一曰天主, 祠天齊. 天齊淵水, 居臨菑南郊山下者. 二曰地主, 祠泰山梁父. 蓋天好陰, 祠之必於高山之下, 小山之上. 命曰畤. 地貴陽, 祭之必於澤中圜丘云. 三曰兵主, 祠蚩尤. 蚩尤在東平陸監鄕, 齊之西境也. 四曰陰主, 祠三山. 五曰陽主, 祠之罘. 六曰月主, 祠之萊山. 皆在齊北, 並勃海. 七曰日主, 祠成山. 成山斗入海, 最居齊東北隅, 以迎日出云. 八曰四時主, 祠琅邪. 琅邪在齊東方, 蓋歲之所始. 皆各用一牢具祠."(『史記』「封禪書」)

팔신 八神	팔주사 八主祠	제사 장소	제사 장소의 위치	현재의 지명
천주 天主	천주사	천제연 天齊淵	제중齊中 (임치臨淄 남교산하南郊山下)	산동山東 치박시淄博市 동북 제임치고성齊臨淄古城 남쪽의 천제연
지주 地主	지주사	양보산 梁父山	제서齊西 (태산 아래 인근)	산동 신태현新泰縣 서쪽의 양보산
병주 兵主	병주사	치우총 蚩尤冢	제서齊西(제의 서쪽 변경 동 평육東平陸의 감향監鄕)	산동 문상현汶上縣 서북
음주 陰主	음주사	삼산 三山	제동齊東 (내주萊州)	산동 내주萊州 북의 삼산
양주 陽主	양주사	지부산 之罘山	제동齊東 (내주萊州 문등현文登縣)	산동 연태시烟台市 북의 부산
월주 月主	월주사	내산 萊山	제동齊東 (동래東萊 장광현長廣縣)	산동 용구龍口 동남의 내산
일주 日主	일주사	성산 成山	제동齊東 (동래東萊 불야현不夜縣)	산동 영성榮城 동북의 성산
사시주 四時主	사시주사	낭사산 琅邪山	제동齊東 (제지齊地 낭사琅邪)	산동 교남현膠南縣 서남의 낭사산

제齊나라 팔신八神과 제사 장소[652]

팔신은 제齊의 수도인 임치의 천주를 중심으로 태산 아래의 지주地
主, 태산 동쪽으로 낭야의 사시주四時主, 서쪽으로 감향의 병주, 그리고
북쪽과 동북쪽에 나머지 4주主가 배치되어 있다. 이들 중 천주天主에게
올리는 제사는 하늘의 천신에게 올리는 제사이다. 이는 임치 남쪽 교
외 산 아래에 위치한 천제연天齊淵에서 행해졌다. 그렇다면 천주는 구체
적으로 무엇일까? 『태백일사』「신시본기」에는 『진역유기震域留記』의 기록
을 인용한 이런 내용이 실려 있다.

---

652   김일권, 2007, 39; 남영주, 2013, 319~320 참조.

"제齊나라 풍속에 팔신제八神祭가 있으니, 팔신은 천주天主, 지주地主, 병주兵主, 양주陽主, 음주陰主, 월주月主, 일주日主, 사시주四時主이다. … 천주는 삼신께 제사를 지내고, 병주는 치우천황께 제사를 지내니, 삼신은 천지 만물의 조상이시고, 치우는 만고의 무신용강武神勇强의 비조鼻祖이시다. 큰 안개를 일으키고, 물과 불을 마음대로 부리시고 또 만세 도술의 종장이 되어 풍우風雨를 부르고, 만신萬神을 부르셨다."[653]

이로 보면 팔신의 하나인 천주天主에 대한 제사는 천지 만물의 조상인 삼신, 삼신상제에게 올리는 제사이다. 천주, 천신, 삼신상제는 한 존재의 서로 다른 호칭이다.

지주地主 제사는 대지신大地神, 지모신地母神의 거처로 여겨지는 태산 아래의 양부산에서 행해졌다. 그리고 병주는 전쟁의 신 치우蚩尤에게 올리는 제사인데, 치우는 삼재 가운데 인간을 대표하는 영웅이다. 그러므로 이들 천주, 지주, 병주 제사는 천·지·인 삼재 사상에 근거를 둔 제사라 할 수 있다. 이들 제사를 지내던 곳은 태산 주위에 있어 대체로 제나라 서쪽 지역에 치우쳐 있다.

팔신제를 구성하는 다른 제사는 북쪽과 동북쪽에 설치한 나머지 4개 주主인 음·양, 일·월과 사시四時에 대한 제사이다. 이는 모두 자연의 변화와 관련된 것으로 일월 사상을 반영하고 있다. 음주陰主, 양주陽主, 월주月主, 일주日主, 사시주四時主를 각각 제사지낸 삼산三山, 지부산之罘

---

653 "震域留記曰, 齊俗有八神之祭, 八神者天主地主兵主陽主陰主月主日主四時主也. … 天主祠三神, 兵主祠蚩尤, 三神爲天地萬物之祖也. 蚩尤爲萬古武神勇强之祖. 作大霧, 驅水火, 又爲萬世道術之宗, 喚風雨, 招萬神."(『太白逸史』「神市本紀」)

山, 내산萊山, 성산成山, 낭야산琅邪山은 대부분 동쪽에 치우쳐 있는데, 교동반도膠東半島 해안을 따라 남북으로 흩어져 있다.

이렇게 보면 팔신에 대한 제사 의례는 삼재 사상과 일월 사상(천지일월 사상)을 반영하여 제나라 여러 지역에서 여덟 신을 향해 독립적으로 활성화된 제사 의례였으며, 지역적으로 보면 전자는 주로 제나라 서쪽 지역에서 후자는 주로 동쪽 지역에서 행해졌다. 이렇게 여러 지역에서 여러 신격을 향해 각기 행해지던 제사 의례는 제나라가 이들 지역을 제나라 땅으로 삼은 이후 모두 국가 의례로 통합함에 따라 팔신제로 성립되었다. 이른바 제의 팔신은 제의 군주가 천지를 아우르는 최고의 지배자이자, 자신의 지배력이 실제로 미치는 범위를 온전히 장악하고 있음을 보여주는 제사 체제였다.[654] 그러므로 팔신에 대한 제사 의례는 제나라 어느 한 때에 동시에 만들어진 것이 아니다. 제나라가 확장해가면서 그들의 의례와 주변 작은 나라들의 제사 의례를 끊임없이 종합 및 통합한 결과이다.

그렇다면 온전한 체계로서의 팔신제는 언제쯤 성립하였을까? 그것은 팔신제를 지낸 장소가 모두 제나라에 편입된 시기로 짐작할 수 있다. 뿐만 아니라 음양오행 사상이 유행한 시기도 고려해야만 한다. 팔신 제사 의례 장소가 모두 제나라의 영토로 편입된 것은 전국 시대 후기이다. 음양오행 사상이 유행한 것도 전국 시대 중·후기이다. 이러한 점을 고려하면 제나라에서 팔신제 체계가 온전하게 갖추어지고 그것이 국가 의례로 성립된 것은 전국 시대 중기 및 후기로 볼 수 있다.[655] 그리고 이것은 진

---

654 김용찬, 2018, 36~37.

655 윤창열, 2015, 55 재인용. 그러나 윤창열은 같은 논문 57쪽 이하에서 이런 견해를 비판하며 다른 주장을 편다. 팔신제는 각 지역의 제사를 종합하여 귀결한 것이 아니고 처음부터 그 넓은 장소

시황이 통일 국가를 이룬 이후에는 진의 국가 의례로 수용되었다.

그렇다면 왜 진 시황은 제나라의 큰 제의祭儀였던 팔신제를 수용하여 국가 의례로 만들었을까? 거기에는 이유가 있었다. 제나라가 어떤 나라인가? 전국 7웅의 하나로 진이 가장 마지막으로 정복한 나라이다. 더욱이 제는 진의 동쪽 넓은 지역을 차지하며 경제적 군사적으로도 많은 장점을 가진 땅이었다. 진 시황이 여러 차례 동쪽으로 순수한 점에서 알 수 있듯이, 그는 진나라를 제국화 하려는 야망을 품고 있었다. 그리하여 한편으로는 태산 봉선제를 통해 하늘로부터 지배의 정당성을 확보함은 물론,656 황제의 권위를 세상에 과시하고, 다른 한편으로는 제나라 지역 사람들의 전통과 문화를 수용하여 그들을 온전하게 품고 통합하여 효율적으로 지배하기 위한 일환의 하나로 제나라 문화였던 팔신제를 수용하고 행하였다. 진 시황은 제나라 지역의 효율적 통치 기반을 마련하기 위해 제나라 사람들의 정신 문화의 하나인 팔신제를 국가 제의로 삼은 것이다. 이른바 문화적 지배를 통한 통합을 시도하였다.

이러한 팔신에 대한 제사는 한 무제 때도 그가 동쪽 순행을 할 때 바닷가에서 행하였다.657 그러나 전한 말에 이르러 팔신제는 음사陰祀로 규정되어 폐지되었다.

에서 종합된 제사 체계를 가지고 거의 동시에 시작되었다는 것이다. 그리고 팔신제는 넓은 산동 지역을 통일적으로 관할하는 국가 체계 아래에서 출현하였으며, 팔신제의 제사는 산동 지역을 통일 지배한 배달국 또는 고조선대에 국가 제사 체계로 처음 형성된 것으로 보아야 한다고 주장한다.

656 남영주, 2013, 314.

657 "천자는 동쪽으로 순행하여 바닷가에 이르자 팔신에게 제사를 거행하였다. 上遂東巡海上, 行禮祠八神."(『史記』「封禪書」)

한나라의 다양한 천제天祭와
유교 국교화

한 초기의 오방제五方祭

진 시황이 갑자기 죽자 진나라는 쇠퇴의 길로 나아갔다. 2세 황제의 무능과 특히 조고趙高의 농단, 그리고 착취와 수탈에 따른 농민들의 반란은 진의 멸망을 가속화하였다. 유방과 항우가 들고 일어나 공격해오자 3세 황제는 하는 수 없이 유방에게 옥새를 바치고 항복하였다. 서기전 206년에 진나라가 멸망하였다. 진나라의 멸망은 한나라 건국의 디딤돌이 되었으나 한나라가 바로 건국된 것은 아니다. 왜냐하면 한중漢中의 파촉巴蜀 지역을 다스리는 한왕漢王으로 봉해진 유방과 서초패왕西楚覇王으로 자칭한 항우 간의 관계가 아직 결론이 나지 않았기 때문이다. 그러나 곧 결론이 났다. 분봉한지 반년도 되지 않아 유방이 함곡관과 그 일대를 공략한 것을 시작으로 전쟁이 일어났고, 그 결과 유방이 승리하였다. 마상馬上에서 초·한 전쟁을 승리로 이끌어 천하를 통일한 것은 유방劉邦이었다.

한나라 고조 유방은 장안長安을 수도로 정하고 한 왕조(전한, 서한)

를 열었다. 그 때가 서기전 202년이었다. 한 고조가 연 전한 시대를 사상사적으로 볼 때 가장 특징지을 수 있는 하나는, 하늘에 대한 사상과 의례가 희미하게나마 지속되고 있었다는 점이다. 이는 고조 때에도 음양오행 사상에 따라 진나라의 사치 외에 흑제黑帝의 사당인 북치北畤를 세워 오치로 삼고, 옹 오치의 주신으로 청제, 백제, 황제, 적제 및 흑제로 하는 오방제五方帝 제사를 때에 맞춰 올렸음을 통해 알 수 있다.

흔히 말하는 5제는 4제에 흑제黑帝를 더하는데, 이는 한고조 때 북방 천제 흑제의 사당이 만들어지고 이를 북치北畤라고 함으로써 완성되었다. 이렇게 완성된 5제에 대한 의례는 한동안 지속되었다. 『사기』 「봉선서」에 의하면, 문제文帝(서기전 180년~157년)는 "여름 4월에 처음으로 교외에 가서 옹주의 오치 사당에서 제사를 지냈다."[658] 문제는 오치 친사親祀를 했을 뿐만 아니라 오제를 제사하는 오제 사당을 위양渭陽(위수의 북쪽 언덕)에 각각 짓고 오치의 제사 형식으로 오제를 제사하였다.

이로써 옹의 여러 지역에 나뉘어져 있던 오제가 한 곳에 모여 제사되었을 뿐만 아니라, 오제는 천자가 직접 제사하는 상제上帝였으며 한나라 교사례郊祀禮를 이루는 기본 형태로 정립되게 되었다. 은이나 주 시기에 제사되지 않았던 오제가 교사의 주신이 됨에 따라 천신은 하나가 아니라 다섯이 되었고, 이는 훗날 제천의 대상과 천신의 성격에 수많은 논쟁을 일으키게 된다.[659]

한편 경제(서기전 157년~141년)는 한동안 삼년에 한 번씩 오치 신

---

658 "親拜霸渭之會, 以郊見渭陽五帝."(『史記』 「封禪書」)

659 박미라, 1997, 62~63. 당대唐代에 이르러 오제는 지상신至上神의 지위를 호천상제에게 물려주고 천제의 자리에서 물러난다.

령에게 제사를 지냈다.

오방제五方帝에서 태일신太一神으로

한나라 때 하늘에 대한 제사의 또 다른 특징은 태일신太一神[660]에게 제사를 지냈다는 점이다. 사실 태일신이 어떤 신격인지 분명하지는 않다. 「봉선서」에 의하면 태일신은 신들 중 가장 존귀한 신이며, 그 모습을 볼 수는 없으나 사람처럼 말하는 소리만 들을 수 있다.[661] 그리고 「천관서天官書」에 따르면 별이 운행하며 머무는 천구天區의 중앙에는 다섯 개의 별로 이루어진 천극성天極星이 있는데 태일신은 그 중 가장 밝은 별에 있다.[662]

태일에 대한 숭배는 전국 시대에도 있었으나 태일이 국가 제사에 있어 최고 신격으로 등장한 것은 전한 때이다. 특히 무제(서기전 141년 ~87년)는 진의 4제(5제) 제사를 극복하고 대통일에 걸맞은 종교 체계를 확립하려는 의도에서 하늘과 땅의 근원이자 천지·음양을 낳은 만물의 근원 태일太一에 주목하여 태일太一 제사를 제정하였다.[663]

---

660 한 무제 때의 태일, 태일신, 태일사, 태일단 등에 대한 구체적인 내용에 대해서는 김일권, 2007; 이성구, 2002를 참조하라.

661 "壽宮神君最貴者太一, 其佐曰大禁, 司命之屬, 皆從之. 非可得見, 聞其言, 言與人音等."(『史記』 「封禪書」)

662 "中宮天極星, 其一明者, 太一常居也."(『史記』 「天官書」)

663 이성구, 2002, 4.

한 무제가 태일신에게 직접 제사를 지낸 것은 원
정元鼎 5년(서기전 112년) 11월 신사일辛巳日 초하루,
동지였다. 무제는 감천궁甘泉宮[664]에 태일신의 묘당인
태치泰畤를 짓고, 친히 교외에 나가 제사하고 아침에
는 해에게 저녁에는 달에게 읍揖했다. 이어 내린 조
서詔書에 따르면, 그가 주재한 교사는 계속된 흉년과
그에 따른 백성들의 굶주리고 헐벗어 배고프고 추
움을 걱정하여 이루어졌다.[665]

한漢 무제武帝. (출처: 『삼재도회』)

무제는 서기전 106년 원봉 5년 남방을 순수
하고 태산에 갔다고 감천궁으로 돌아와 태치泰畤
에서 교제를 지냈다. 무제는 서기전 104년에도 태
일신에게 제사지냈다. 『사기』 「악서樂書」에 의하면,
"한나라 조정에서는 정월 상순 신일辛日에 늘 감

감천궁甘泉宮 자취가 남은 자리.

천궁에서 태일신에게 제사를 올렸는데, 어두워질 무렵에 시작해서 날
이 밝아올 무렵에야 끝났다."[666]

무제는 천한天漢 원년(서기전 100년) 봄 정월에도 감천궁을 행차
하고 태치에서 교사를 지냈다.[667] 무제는 후원後元 원년이었던 서기전

---

664 감천궁은 장안에서 서북쪽으로 85킬로미터에 위치한 감천산(지금의 섬서성 함양시 순화현에
     있는 호화홀탑산好花疙瘩山에 위치해 있다. 이는 무제의 피서 궁전으로 12궁 11대臺를 갖춘 궁전
     으로 둘레가 19리나 되었다.

665 "짐은 해마다 풍년이 들지 않을까 심히 걱정하여 몸을 단정히 하며 재계하나니 초사흘 정유일에
     천신을 제사하는 예를 올릴 것이다. 朕甚念年歲未咸登, 飭躬齋戒, 丁酉, 拜況於郊."(『漢書』 「武帝紀」)

666 "漢家常以正月上辛祠太一甘泉, 以昏時夜祠, 到明而終."(『史記』 「樂書」)

667 "天漢元年春正月, 行幸甘泉, 郊泰畤."(『漢書』 「武帝紀」)

88년 봄에도 감천 태일사太一祀에서 교제를 지냈다.[668]

그리하여 무제에 와서 제사 체계는 크게 바뀐다. 오제의 위상에 큰 변화가 일어난다. 왜냐하면 태일신이 지고신이고 오제는 태일을 보좌하는 신으로 여겨졌기 때문이다. 그 배경을 『사기』는 이렇게 기록하고 있다.

"박현毫縣 사람 박유기薄謬忌가 태일신太一神에게 제사지내는 방법에 대해 말하였다. "천신 중 가장 존귀한 분은 태일신이고, 태일신을 보좌하는 것이 오제五帝입니다. 옛날에 천자는 매년 봄과 가을에 도성 동남쪽 교외에서 태일신에게 제사 지냈는데, 큰 희생을 사용하여 이레 동안 거행했고, 제단에 팔방으로 통하는 길을 만들어 귀신이 오가게 했습니다." 이에 천자가 태축太祝에게 명하여 장안의 동남쪽 교외에 태일신 사당을 세우고, 유기가 말한 것처럼 제사를 거행하게 했다. 그 후 또 어떤 사람이 글을 올려 "옛날 천자는 3년마다 한 차례 큰 희생을 사용해 천일신天一神, 지일신地一, 태일신太一神의 삼신三神(세 일신)에게 제사를 올렸습니다"라고 하였다. 천자가 이를 받아 들여 태축에게 명하여 유기의 태일단 위에서 제사를 주관하게 했다."[669]

이로부터 태일단 아래에 오제단을 배치하여 오제가 태일신을 보좌하는 하위신으로 규정되었다. 바뀐 것은 이 뿐만이 아니다. 세수歲首의

---

668 "後元年春正月, 行幸甘泉, 郊泰時, …"(『漢書』「武帝紀」)

669 "毫人謬忌奏祠太一方, 曰. 天神貴者太一, 太一佐曰五帝. 古者天子以春秋祭太一東南郊, 用太牢, 七日, 爲壇開八通之鬼道. 於是天子令太祝立其祠長安東南郊, 常奉祠如忌方. 其後人有上書, 言古者天子三年壹用太牢祠神三一, 天一·地一·太一. 天子許之, 令太祝領祠之於忌太一壇上."(『史記』「封禪書」)

제사일도 바뀌었다. 태일의 제사는 세수인 정월에 거행하고, 오치의 제사는 3월에 거행되었다. 오치 제사일이 태일 제사일에게 자리를 빼앗겼다. 이러한 제사는 전한 말기까지 계승되었다. 제물이나 오치 제사에서 사용하지 않던 춤과 음악을 사용한 점을 고려하면, 태일 제사는 오치 제사보다 훨씬 성대하게 거행되었음에 틀림없다. 그렇다고 오치 제사가 이후 사라졌느냐? 그것은 아니다. 옹의 제사는 황제가 친사하는 교제사로서 지속되었다.[670]

태일사太一祀는 춘정월 상신일上辛日에, 남교가 아니라 감천甘泉에 태일단을 만들어, 이전의 천제사로 대변되던 옹雍 오치사五時祠의 오제五帝보다 태일太一을 더 높이는 의례이다.

한 문제 이후에도 감천궁 태치에서 교사는 계속되었다. 선제宣帝 때인 서기전 61년, 서기전 57년, 서기전 53년, 서기전 51년, 서기전 49년, 원제元帝 때인 서기전 47년, 서기전 45년, 서기전 43년, 서기전 39년, 서기전 37년, 성제成帝 때인 서기전 13년, 서기전 11년, 서기전 9년, 서기전 7년이 대표적인 예이다. 그러나 이 과정이 순탄한 것만은 아니었다. 왜냐하면 감천궁 태치가 폐지와 복원이라는 우여곡절을 거쳤기 때문이다. 서기전 32년에 감천 제사가 폐지되더니 기원후 4년이었던 평제 4년 때 감천 태치는 복원되었다. 그러나 이것이 끝이 아니었다. 평제平帝 원시元始 5년에 왕망王莽의 상주上奏가 재가됨으로써 교사제郊祀祭에 대한 최종적인 개혁이 이루어졌다. 그 핵심은 태일을 천과 동일시한 것이다. 이는 유가의 천이 태일을 흡수한 꼴이다. 이렇게 북극성으로서의 태

---

670 박미라, 1997, 66~69.

일의 신성神性이 천속에 매몰되어 사라져버림으로써 태일은 후한의 교사에서 완전히 자취를 감추게 된다. 그리하여 이후 태일은 이제 도교의 중요한 신격으로 다시금 역사적 역할을 담당하게 된다.[671]

유교의 국교화와 훈고 경향

한나라 때는 그 많던 춘추 전국 시대 사상 중 하나였던 유가의 사상, 유교가 국가 종교, 국학으로 우뚝 섰다는 점이 사상계의 특징이다. 진 시황의 분서갱유 사건 이후 위기에 처했던 유교는 한 제국이 들어서면서 새로이 설 수 있는 바탕이 마련되었다. 특히 제자백가의 학술과 사상을 통제했던 진나라 때의 법령이 폐지되고, 한대 초기 황로黃老 사상에 기반한 불간섭과 방임주의 정책에 따라 여러 학문과 사상이 발전할 수 있는 여건이 마련되었기 때문이다. 이에 따라 유가의 활동도 재개될 수 있었다.

전한 초기에는 황로 사상이 크게 유행했다. 그것은 노자의 무위無爲 사상과 법가의 세勢·술術 사상이 종합된 것이다. 이는 전국 시대 법가 사상의 권위주의를 반성하고 무위지치無爲之治를 추구하려는 전한 초기 위정자들에게 적합한 사상이었다. 오랜 전쟁을 치른 한 왕조가 국내 상황에 맞추어 순응한 결과였다.

그러나 황제를 정점으로 하는 중앙집권적 관료 제도를 수립한 무제

---

671 이성구, 2002, 13.

부터는 많은 관료가 필요하였는데, 황로 사상으로는 그 이념이나 인력 충원이 불가능했다. 더구나 유교가 국학으로 채택된 이후에 황로 사상은 점차 쇠퇴하여 개인의 보신保身을 강조하는 양생養生 사상으로 변하더니 장수長壽나 부귀를 원하는 사람들에게 오히려 매력적이었다. 결국 적극적인 황제 지배를 추구하였던 무제가 보기에, 관료 충원뿐만 아니라 그들에게 업무 수행 이념을 제공하고, 나아가 황제의 지배를 정당화하고 효율적 통치 이념을 제공할 수 있는 것은 유가 사상이었다. 삼강오륜에 의한 차등적 사회 질서는 물론, 충효 사상으로 황제를 정점으로 한 가부장적 사회 제도를 정당화하는 유가 사상은, 중앙 집권을 통한 강력한 황제 지배 체제를 지향했던 무제에게는 그야말로 안성맞춤이었다. 한 무제 시절 이러한 유가를 대표했던 인물은 동중서董仲舒였고, 유교는 그의 건의에 의해 마침내 국가 권력과 하나가 되었다.

때는 서기전 140년 무렵. 한 무제는 천하에 조서를 내려 현량·문학의 선비를 천거하여 '대도大道의 요要와 바른 의견[正論]'에 대하여 물었다. 이 때 동중서는 현량으로서 시험에 응하여 국가 치정의 근본에 대하여 답하였다. 이것이 이른바 〈현량대책〉인데, 여기에 동중서가 생각하는 바가 담겨있다.

"『춘추』의 대일통大一統이란 천지의 근본이며 고금에 통하는 정의正義입니다. 지금 선생마다 도가 달라 사람마다 의견이 다르고 백가의 처방이 다르고 주장이 같지 않기 때문에 윗사람은 통일을 기할 수 없고 법제가 자주 바뀌므로 아랫사람은 지킬 바를 알지 못합니다. 어리석은 신의 생각으로는 육예의 과목과 공자의 학술 이외의 것은 모두 그 도를 단절시켜 같이 나가지 못하게 해야 합니다. 그릇되고 치우친 주장이 사라진 연후에야 기강이 하나가 되고 법도가 세워져서 백성들은 따를 바를 알게 될 것입니다."[672]

"폐하가 태학을 진흥시키고 명사明師를 두어 천하의 인재를 양성하면서 자주 그 인재들을 시험하고 자문하면 영재를 얻을 수 있습니다."[673]

이는 한마디로 말해서 사상 통일, 유교 진흥을 건의하는 것이었다. 서기전 136년, 전한의 7대 황제 한 무제는 동중서의 의견을 반영하여 모든 사상이나 사조를 배척하고 유술儒術, 즉 유가 사상만을 주된 사상으로 인정하는 조치를 취하였다. 유교를 국가 운영의 근본 지침으로 공인한 것이다. 그것은 곧 유교를 국가가 공인하는 학문, 국학·국교로 삼는 것이었다. 유교가 통치 이념이 되었다. 동중서는 정치권의 중핵이라고 할 수 있는 군주권의 강화라는 문제를 해결할 수 있는 이념을 하늘을 통해 제시하였다. 즉 군주권의 근거를 하늘을 통해 뒷받침한 것이다.

유교의 국교화가 이루어졌다고 해서 유교가 한나라 초기부터 정치를 지배한 것은 아니다. 그러나 그 바탕이 하나하나 마련되어 나갔다. 태학이라는 국가 교육 기관이 만들어지고, 오경박사 제도를 갖추어 이

---

672 "春秋大一統者, 天地之常經, 古今之通誼也. 今師異道, 人異論, 百家殊方, 指意不同, 是以上亡以持一統, 法制數變, 下不知所守. 臣愚以爲諸不在六藝之科孔子之術者, 皆絕其道, 勿使並進, 邪辟之說滅息, 然後統紀可一而法度可明, 民知所從矣."(『漢書』「董仲舒傳」)『한서』「동중서전」 원문과 번역, 그리고 원문 이미지는 中國哲學書電子化計劃(Chinese Text Project. https://ctext.org); 진기환 역주, 2016; 안대회 편역, 2010; 이한우 옮김, 2020; 홍대표 옮김, 2021; 신경란 옮김, 2021 등을 참조하고 따랐다.

673 "臣願陛下興太學, 置明師, 以養天下之士, 數考問以盡其材, 則英俊宜可得矣."(『漢書』「董仲舒傳」)

들을 지방에 보내 유교의 가르침을 보급하게 하였다. 이는 유교적 지식과 교양을 갖춘 사람을 관리로 선발하는 제도의 출발이었다. 그리하여 유교는 이제 단순한 학문이나 사상의 범위를 넘어, 점차 한나라의 정치를 이끌어가는 가장 중요한 사상, 한나라 사람들의 삶을 지배하는 일상적 삶의 원리이자 행위 규범으로 자리 잡아 갔다.

그러나 무제 시대부터 유교가 활짝 핀 것은 아니다. 유교가 다른 사상을 배제시키고 독점적 영향력을 행사한 것은 아니다. 왜냐하면 유교주의를 표방하였지만 그 실제에 있어서는 내법외유內法外儒, 양유음법陽儒陰法이라는 원칙아래 오히려 법가 사상에 비중을 두어 엄격한 법치주의를 채택하였기 때문이다. 국학으로 채택되었지만 유교 사상은 아직 국가 정책 등에서는 힘을 발휘하거나 기능적이지 못했다. 실제 정치 운영 면에서는 큰 영향을 끼치지 못하고 단지 황실의 각종 의례, 조상 제사와 같은 의례 등에서만 유교 가르침이 중시되었다. 한 무제 시대의 유교는 오로지 한漢 제국 통치의 정당성과 합리성을 수립하고 관리와 백성들을 교화하여 한 제국 황제에게 결속시키는 하나의 이념적 도구로 사용되었다고 할 수 있다.

그러나 유교의 경전이 널리 교수되고 과거 시험 과목으로 채택됨에 따라, 유교의 가르침을 내면화한 사람들, 유교 교육을 받은 사람들이 확산되면서 유교의 사상, 도덕, 가치관은 급속도로 사회적 공덕公德으로 자리잡아 나갔다. 그 결과 선제宣帝(서기전 69년~서기전 50년) 시대에 유가는 법가와 더불어 이미 정치의 큰 축을 형성하더니, 선재 사후에는 마침내 유가들이 정계를 장악하였고, 유가의 전례典禮인 천자칠묘제, 교사제, 명당 등이 국가의 기본 제도로 자리잡혔다. 뒤이은 원제元帝

(서기전 49년~서기전 34년) 이후 점차 유가 관료가 정치에서 주도권을 잡게 되었고, 교사제의 실시 등 유교적 이념이 관철되면서 본격적인 유교 우위의 시대에 접어들었다.

이러한 과정을 거치며 유교 중심의 사상 통일이 이루어지고 유교 이외의 사상과 학문이 축출됨으로써 한나라는 유교일존儒敎—尊의 유교 국가로 변하게 되었다. 이에 따라 공자는 개조로서 우상화되고 초월적 존재로 숭배되었다. 그리고 유교의 오경은 경전으로 승격되어 신성시되었다. 또 천의天意가 함축된 것으로 인식되었던 경전에 대한 비판은 금기시되고, 오히려 경전 속에 함축된 천의를 밝히기 위해 경전의 자구 하나하나에 대한 철저한 연구가 요청되었다. 그 결과 훈고학의 발달하고 경학이 발달하기 시작하였다.[674]

이렇게 유교를 지배적 통치 이념으로 체제를 굳혀가던 한나라도 무제의 사후 외척과 환관의 권력 투쟁으로 쇠퇴하더니 결국 외척 왕망王莽에게 무너지고 신新나라가 들어섰다. 그러나 전한의 왕족 출신인 유수劉秀(서기전 6년~기원후 57년)가 신나라를 멸하고 기원후 25년에 낙양洛陽을 도읍으로 하여 국호를 한漢으로 하여 새로운 국가를 세웠다. 그리고 기원후 25년 6월에 하북성 고읍현 호鄗의 남교에서 토단을 쌓아 즉위식을 행하고 황제에 등극하였다. 그가 바로 광무제이며, 이 나라를 흔히 이전의 한나라와 구별하여 후한後漢, 동한東漢이라 한다.

---

674 박한제 외, 2012, 40; 이춘식, 2007, 362~363, 465.

한漢나라의
태산 봉선 천제

태산 봉선제 전통, 다시 이어지다

한나라 초기 제천 의례의 중심을 이룬 것은 오방상제에 대한 제사였다. 한 고조는 진나라의 사치에 북치北畤의 흑제黑帝를 더하여 오치에서 제사하였다. 문제와 경제 때에도 오제五帝에게 오치에서 제사했다. 이러한 의례는 무제에게로도 이어졌다. 무제는 즉위 8년에 오치에서 제사하였다. 한 무제는 이전부터 이어지던 옹치에서 하늘의 주재자인 오방상제에 대한 제사를 이었다. 이때까지만 해도 상제는 다섯 방위에 응하는 오방상제를 지칭하였으므로 상제는 다원적 성격을 지녔다.

그러나 원정元鼎 4년(서기전 113년)에 이르러 하늘의 주재자인 상제에 대한 제천 의례로 인식되었던 오치에 의문이 제기되었다. 앞에서 언급하였다시피, 박현亳縣 사람 박유기薄謬忌가 천자에게 '천신 중 가장 존귀한 분은 태일신이며 태일을 보좌하는 것이 오제'라며, 오제와 태일신의 관계에 대하여 고하였다. 그의 말인즉 옹치 교사의 오제는 태일신의 보좌에 불과하다는 것이었다.

이는 곧 지고 유일한 제사 대상으로 새로운 신인 태일太一신이 등장했음을 말한다. 김일권에 의하면, 태일은 한 무제 이래 감천 태치의 제천 주신으로 제사되어 온 지고신, 최고 신격의 호칭이다. 이로 보면 위계로 보아 태일신은 오제의 상위 개념이다. 그리하여 결국 원정 5년(서기전 112년) 감천에 태일신단太一神壇[675]이 조성되면서부터는 옹 오치 상제 대신에 태일신이 국가 제천의 주신으로 새로이 옹립되었다. 태산 꼭대기에서 하늘에 대한 교사인 봉제는 이런 태일을 제사하는 것이었다. 이 변화는 다원론적인 오제를 아우르는 신격으로 일원론적인 지고신 관념이 창출되었다는 점에서 중요하다. 이로부터 오제의 위치는 제천 교사의 주신主神이 아니라 종신從神으로 격하된다.

무제는 이전부터 내려오던 옹 오치에서 하늘의 주재자인 오방상제에 대한 제사를 잇기도 했지만 감천궁에 태치단을 만든 다음부터는 옹 오치에서 오방상제에 대한 제사를 태일신 제사로 전환시켰다. 제사 대상으로서 주신을 바꾸었다. 왜 주신이 바뀌었을까? 왜 태일신이라는 새로운 주신이 출현되었을까?

태일을 최고 신격으로 삼은 배경은 천·지·인 삼재의 합일과 대일통大一統을 지향하는 황로黃老적 천문 우주론에서 찾을 수 있다. 지고신을 태일신이라고 한 것은 당시 유행한 황로 사상의 영향을 받았다는 것이

---

675 감천궁 태일사 제단은 박유기가 말한 바의 태일단 형식에 의거하여 3층으로 이루어졌는데, 맨 위층은 태일신을 모시고(太一壇)이고, 그 아래에 오방제를 각 방위에 맞추어 빙 둘러 배치하여 단을 만들고(五帝壇), 제단 아래 사방의 땅에는 수행하는 여러 신들에 제사하기 위한 군신群神의 단을 조성하였다.

다. 황로가에는 천지인 합일 사상에 기반을 둔 삼일신 사상이 있는데, 태일은 천지인 삼재 사상에 바탕을 둔 천일·지일·인일의 삼일신을 하나로 합용하기를 요청하는 시대적 산물이라는 것이다. 지상에 최고의 존재인 태황이 있다면 하늘에는 최고신인 태일이 있다는 관념이 한 무제 시기에 태일신의 제천 의례로 성립하게 된 것이다. 그러나 선진 시대 이래 한 무제가 정립하였던 태일신은 전한 시대 말을 기점으로 황천상제皇天上帝에게 자리를 넘겨주었다. 황천상제는 '성스러운 하늘을 주재하는 임금'이란 뜻으로, 전한 시대 말 유자들이 『서경』과 『예기』에 따라 제천의 주신으로 새롭게 제시한, 경학적이고 상고주의적인 관점에서 제기한 지고신격이다.[676]

무제의 하늘을 향한 의례에서 주목할 만한 점은 그가 직접 태산에서 상제에게 제사를 올렸다는 점이다. 춘추 시대까지 일흔두 명의 제후(家)가 태산에서 제사를 지냈다는 전통은 진 시황에 의해 거의 제도화되는 듯했으나 수차례 시행 이후에는 중단되었다. 그런데 시황제 사후 약 90여년 후 봉선제는 정례화되는 듯했다. 바로 한 무제가 태산 봉선제, 태산 천제를 5년마다 행하려고 하였던 것이다.

진 시황이 다섯 차례에 걸쳐 전국을 순행하였듯이, 한 무제 역시 무려 30여 차례나 전국 순행을 나섰는데, 이 때 수차례 봉선을 거행하였다.

---

676 김일권, 2007, 49, 60~61, 112, 114~115, 128~129.

무제武帝의 태산 봉선제

『한서』「무제기」와 「교사지」, 그리고 『사기』「봉선서」에 의하면, 무제는 거의 5년에 한번 꼴로 다섯 번의 봉선을 거행했다.[677] 한 무제의 태산에서의 첫 봉선제는 서기전 110년에 이루어졌다. 그런데 이것이 실행되기까지는 우여곡절을 겪었다.

무제가 봉선제를 행하는 데에는 방사方士 공손경公孫卿의 역할이 컸다. 그는 방사方士인 신공申功에게서 받은 정鼎에 새겨진 글을 인용하며 자신의 생각을 말했다.

""한나라의 흥성은 황제黃帝가 정을 얻은 연명年名이 다시 나타날 때 있게 될 것이다. 또 한나라의 성주聖主는 고조의 손자 혹은 증손자 가운데 있다. 보정寶鼎이 나타난다는 것은 신과 통한다는 뜻이니, 반드시 봉선 의식을 거행해야 한다. 자고로 봉선을 행했던 제왕은 일흔두 명이나 되지만, 오직 황제만이 태산에 올라 천신에게 제사지냈다"고 되어 있습니다. 한나라 군주도 응당 태산에 올라 봉선해야 하며, 태산에 올라 봉선할 수 있어야 신선이 되어 승천할 수 있습니다."[678]

---

677 『한서』「교사지」에는 "이태산오년일수봉而泰山五年一修封, 무제범오수봉武帝凡五修封"이라 하여, 무제가 5회 봉선하였다고 기록되어있다.

678 "漢興復當黃帝之時. 漢之聖者在高祖之孫且曾孫也. 寶鼎出而與神通, 封禪. 封禪七十二王, 唯黃帝得上泰山封. 申公, 漢主亦當上封, 上封能僊登天矣."(『史記』「封禪書」)

이 말의 요점은 한나라의 흥성은 황제가 정鼎을 얻은 때가 될 것이며 한나라의 성스러운 군주는 고조의 손자 혹은 증손자 가운데에 있는데, 보정이 출현한다는 것은 신과 통한다는 것이니 봉선 의식을 행해야 한다는 것이다.[679] 결국 공손경은 한 무제가 보정을 얻은 일은 한나라의 부흥을 뒷받침하는 상서로운 징조이자 천명이므로, 이를 만천하에 알리고 확증하기 위해서는 천자만이 할 수 있는 태산 봉선제를 실행하라고 주청한 것이다.

이후 봉선을 거행하는 일을 두고 논의가 이루어졌다. 그러나 춘추시대까지 봉선을 행한 제왕이 일흔두 명이나 되었다고 하지만 무제 때에는 봉선 의례가 끊긴 지 오래되어 그 의식은 알기 어려웠다. 그러던 중 유생들이 무제에게 봉선할 것을 건의하기도 했다. 그러나 고증하기가 어려워 한참동안 실행으로 이어지지는 못했다.

그런데 원봉元封 원년 4월에 무제는 태산의 동쪽 산기슭에 넓이가 1장 2척이고 높이가 9척인 제단을 설치하고 천신에게 제사를 지냈다. 제례 후 태산에 올라 제단을 설치하고 천신에게 제산하고 다음날 하산하였다.

「봉선서」에 의하면, 무제가 봉선을 지내고 돌아와서 명당에 앉자 군신들은 천자께 일일이 알현하면서 만수무강을 빌었다. 이에 무제는 다

---

679 옛사람들은 하늘의 계시를 받고 상서로운 징조를 보는 것을 매우 중시하였다. 그리하여 이것만으로도 봉선을 지낼 수 있었다고 여겼다. 그 대표적인 계시나 징조는 이런 것이다. 땅 속에서 귀한 정鼎이 나오거나, 희귀한 짐승을 얻거나 신작神雀이 날아들거나, 감로가 내리거나, 곡식이 풍요하게 무르익음, 신조神鳥인 봉황이 날아드는 것 등. 이런 현상은 군주의 바른 정치, 하늘의 뜻에 따른 통치에 대한 하늘의 응답·보상으로 여겨졌다.

음과 같은 조서를 내렸다.

"짐은 보잘 것 없는 몸으로 지존의 자리를 계승하여 언제나 소임을 다하지 못할까 전전긍긍하며 두려워했다. 짐은 덕도 부족하고 예악에도 밝지 못하다. 그래서 태일신에게 제사 지낼 때에도 광채가 나는 징조가 출현하면 초조하게 바라보고, 또 은연중에 기이한 신물을 보면 놀라서 중도에 예식을 멈추고 싶었으나 또 신령에게 죄를 지는 것이 두려워 그럴 수 없었다. 하지만 드디어 태산에올라 봉선 의식을 거행했고, 양보산에 이른 후에 숙연산에서 지신에게 제사지냈다. 이제부터 스스로 새로운 마음으로 사대부들과 더불어 다시 시작하려 하니, 특별히 백성들에게는 백 가구당 소 한 마리와 술 10석을 내리고, 나이 80세 이상인 노인과 고아와 과부에게는 베와 비단 두 필씩을 하사하라. 또 박博, 봉고奉高, 사구蛇丘, 역성歷城 등 네 현縣의 금년 조세를 면제하고 천하에 대사면을 행하는데, 을묘년의 사면 때와 똑같이 하라. 짐이 행차했던 지방은 노역시키는 형벌을 집행하지 말고, 2년 이전에 범법한 사람에 대해 형을 판결하지 말라."680

천자가 태산에서 봉선의 제사를 마칠 때까지 비와 바람의 재앙이

---

680 "朕以眇眇之身承至尊, 兢兢焉懼不任. 維德菲薄, 不明于禮樂. 修祠太一, 若有象景光, 屑如有望, 震於怪物, 欲止不敢, 遂登封太山, 至于梁父, 而後禪肅然. 自新, 嘉與士大夫更始, 賜民百戶牛一酒十石, 加年八十孤寡布帛二匹. 復博, 奉高, 蛇丘, 歷城, 無出今年租稅. 其大赦天下, 如乙卯赦令. 行所過毋有復作. 事在二年前, 皆勿聽治."(『史記』「封禪書」)

없었다고 한다. 한 무제는 이 태산 제천을 "새로운 시작으로 삼아 여러 사대부를 격려하며 함께 다시 시작할 것이니, 그리하여 10월을 원봉元封 원년으로 할 것이다"[681]라며, 원봉元封이라는 새로운 연호를 썼다. 새로운 연호, 그것은 새로운 시대를 연다는 의미이다.

『한서』「무제기」에 의하면, 원봉 5년(서기전 106) 겨울, 무제는 남방을 순수하였다. 그리고 춘3월, 무제는 돌아와 태산에 도착하여 제단을 더 높이 쌓았다. 갑자일에 명당에 고조를 제사하고 상제와 나란히 위패를 모셨다. 여름 4월에 무제는 조칙을 내렸는데, "짐이 형주荊州와 양주陽州 지역을 순수하고, 장강과 회수의 여러 신을 제사하며 대해大海의 신기神氣를 모아 태산에 취합하였도다. 상천上天이 그 형상을 보여주셨고 봉선의 단을 중수하였기에 천하의 죄인을 모두 사면하겠다. 지나온 현에서는 올해의 전조田租나 부세賦稅를 면제할 것이며, 환과고독鰥寡孤獨에겐 비단을, 빈궁한 자에게는 곡식을 내려주도록 하라"[682]고 했다.

서기전 104년(태초 원년) 겨울 10월에도 무제는 친히 태산에 행차하였다. 11월 갑자일 초하루가 동지로 무제는 태산 명당에서 상제를 제사했다. 그러나 봉선의 예는 갖추지 않았다. 축사로 무제는 "하늘이 천자에게 태초의 역법을 주시어 계속 순환되게 하셨으니 황제는 태일신에게 경배합니다"[683]라 아뢰었다.

태초 3년(서기전 102년) 봄 정월, 무제는 동쪽을 행차하여 바닷가

---

681 "自新, 嘉與士大夫更始, 其以十月爲元封元年."(『漢書』「武帝紀」)

682 "朕巡荊揚, 輯江淮物, 會大海, 以合泰山. 上天見象, 增修封禪. 其赦天下. 所幸縣毋出今年租賦, 賜鰥寡孤獨帛, 貧窮者粟."(『漢書』「武帝紀」)

683 "天增授皇帝太元神策, 周而復始. 皇帝敬拜太一."(『史記』「封禪書」)

를 순수하고, 여름 4월에 태산에서 관례대로 5년에 한 번 봉선을 거행했다.[684] 「봉선서」에 서기전 102년 제천을 행한 5년 후 다시 태산에 와서 봉선을 거행했다[685]고 한 것으로 보아, 천한天漢 3년(서기전 98년) 때 봉선 의례가 이루어졌다. 5년에 한 번씩 봉선을 행한 것이다. 무제는 또 이 해 봄 3월에 태산으로 행차하여 제천하는 제단을 보수하고 나아가 명당에 제사도 지냈다.[686]

무제는 태시 4년(서기전 93년) 봄 3월에도 태산에 행차했다. 명당에서 고조를 제사하며 상제의 곁에 위패를 배치했다. 제천단을 보수하기도 했다.[687]

그 후 정화征和 4년(서기전 89년) 봄 1월에 동래로 행차한 뒤 돌아오면서 3월에 태산에 들러 제단을 보수하였고, 경인일庚寅日에 명당에 제사했다.[688]

후한後漢 광무제光武帝의 천제天祭

후한 시대에 하늘 제사를 지낸 다른 사람은 광무제이다. 광무제 유

684 "夏, 遂還泰山, 脩五年之禮如前."(『史記』「封禪書」)

685 "其後五年, 復至泰山修封."(『史記』「封禪書」)

686 "三月, 行幸泰山. 修封, 祀明堂."(『史記』「封禪書」)

687 "四年春三月, 行幸泰山. 壬午, 祀高祖于明堂, 以配上帝, 因受計. 癸未, 祀孝景皇帝于明堂. 甲申, 修封."(『漢書』「武帝紀」)

688 "四年春正月, 行幸東萊, … 三月, 上耕于鉅定. 還幸泰山, 修封. 庚寅, 祀于明堂."(『漢書』「武帝紀」)

수劉秀는 기원후 25년, 연기를 피워 하늘에 알리고
제물을 바치며 황제가 되었다. 건원乾元하여 건무建武
라 하였다.

후한광무제유수劉秀. (출처: 『삼재도회』)

광무제 때 봉선에 대한 논의가 이루어진 것은 그
가 제위에 오른 지 거의 30년이 되어가는 때였다.
54년(건무 30년)이었다. 여러 신하들이 태산에서 봉
선을 거행할 것을 상소했다. 그러나 광무제는 아직
천하가 안정되지 않았다며 거절하고 더 이상 논의하
지 말라 하였다.

그런데 2년 뒤, 광무제 자신이 먼저 봉선 이야기를 꺼냈다. 광무제
는 건무 32년인 56년 정월, 재계를 마치고 밤에 〈하도河圖 회창부會昌符〉
를 읽다가 중요한 내용을 접했다. 그것은 이런 것이었다. "적제赤帝인 고
조의 9세손은 반드시 태산에 가(서 봉선을 해)야 한다. 이 천명을 어
기면 황위를 이어가는 데 불리할 것이다. 하늘의 뜻을 성심껏 받든다
면 조정을 위해하는 일이 발생하지 않을 것이다."[689] 군신 모두 이 구절
이야말로 하늘의 상서라고 크게 기뻐하였고, 광무제는 신하들에게 다
른 책에도 이와 유사한 참어讖語가 있는지 찾으라고 명하였다. 재미있는
것은 「제사지」 주注에 인용된 「동관서東觀書」에 의하면, 광무제가 마땅
히 태산에서 봉선을 행해야 한다는 내용이 36곳에서 발견되었다고 한
다.[690] 그러자 신하들이 다시 봉선을 주청하였다. 하늘의 뜻을 확인했으

---

689 "赤劉之九, 會命岱宗. 不慎克用, 何益於承. 誠善用之, 姦僞不萌."(『後漢書』「志 第七」祭祀 上)

690 "東觀書曰, … 赤漢九世, 當巡封泰山, 凡三十六事, …"(『後漢書』「志 第七」祭祀 上) 이러한 기
    록은 『資治通鑑』에도 남아있다. "황상이 하도 회창부에 있는 '붉은 색을 존중하는 유씨의 한 왕조

니 이제 봉선을 미룰 이유가 없어졌고 마침내 봉선제를 행했다.[691]

광무제가 행한 봉선은 어떻게 이루어졌을까? 당시 광무제의 명을 받고 동행했던 관원 마제백馬第伯은 광무제 봉선 상황을 기록한 「봉선의 封禪儀」를 남겼다고 한다. 그러나 이것은 육조 시대에 없어지고 그 일부 내용이 『후한서』「제사지」 주注에 인용되어 남아있다. 이를 통해 봉선 과정을 보면 대략 이렇다.[692]

(56년, 건무 32년) 정월 28일 곧바로 낙양의 황궁을 출발하여 2월 9일 노魯에 도착하여 순수하였다. 11일 출발하여 12일에 태산에 이르렀다. 15일에 재계를 시작하였는데 모든 관원들도 마찬가지였다. 광무제의 명에 따라 마제백馬第伯을 비롯한 70인이 먼저 산우山虞에 가 쌓은 제단과 명당궁을 살펴보았다. 광무제가 19일에 산우에 도착했고 22일에 태산 아래의 남쪽에서 번시燔柴로써 하늘에 고했다. 이후 광무제는 태산에 올라 정오 후 의복을 갈아입고 제단에 이르러 예사禮祠를 올렸다. 이 제례를 마치고 광무제는 옥새로 친히 옥첩(하늘에 제사 지낼 때 제문을 쓴 문서)을 봉인하고 이를 옥검에 넣고 봉인하였다. 그리고 재배하였다.

황제가 산정에서 내려오니 계곡 입구에서 백관들이 맞이하였고, 광

에서 9대가 되면 태산에서 천명을 모아야 한다'는 구절을 읽었다. 황상은 이 글에 감동을 받아서 마침내 호분 중랑장 양송 등에게 조서를 내려, 하락참문河雒讖文을 조사하게 하였는데, 9세가 되어 봉선을 해야 했던 것이 36번이나 있었다고 말하였다. 上讀 河圖會昌符 曰, 赤劉之九, 會命岱宗. 上感此文, 乃詔虎賁中郎將梁松等按索, 河雒讖文, 言九世當封禪者凡三十六事."(『資治通鑑』卷第四十四) 이하 『자치통감』 번역은 사마광 지음, 권중달 옮김, 2009를 참조하였다.

691 이연승, 2009, 150.

692 이 봉선 과정 내용은 이연승, 2009, 150~151을 요약한 것이다.

무제는 미리 준비했던 각석비를 세우라고 명했다. 봉례가 완전히 끝난 후 광무제는 태산에서 내려와 휴식을 취하였다. 그러다 25일 광무제는 양보산梁父山에 마련된 선단禪壇으로 내려가 후토신에게 제사를 올렸다.

4월에 광무제는 천하에 대사면령을 내렸고, 이 천제를 계기로 건무建武에서 중원中元으로 개원하였다. 길일을 택하여 옥첩을 넣은 옥검을 금궤에 넣고 옥세로 봉한 후, 고묘高廟에 고하도록 하고 묘실 서벽 석실에 있는 개국 황제의 신묘 아래에 넣어두게 함으로써 봉선은 완전히 막을 내렸다.

이러한 과정이 『후한서』「광무제기」에는 이렇게 짧게 기록되어 있다.

"(중원 원년(56년) 봄 정월) 정묘일, 동쪽 지방을 순수했다. 2월 을묘일, 노魯에 행차했다가 더 나아가 태산까지 행차하였다. … 신묘일, 섶을 태워 대종岱宗(태산)에 망제望祭를 지내고 태산에 올라 단을 만들어 천신에게 봉封 제사를 올렸다. 갑오일에 양보산梁父山에서 지신地神에게 선禪 제사를 올렸다."[693]

봉선제는 비록 진 시황 이전에도 있었을 것으로 보이나 그 첫 행보의 기록은 진 시황이다. 봉선제는 한나라 때 이르러 정치와 밀접하게 연계되어 국가의 최고 의례, 배타적 황제 의례로 간주되었다. 한나라 때 봉선제는 특히 한 무제나 광무제 때 많이 행해졌는데, 태산에서 행

---

693 "中元元年春正月, … 丁卯, 東巡狩. 二月己卯, 幸魯, 進幸太山. … 辛卯, 柴望岱宗, 登封太山, 甲午, 禪于梁父."(『後漢書』「光武帝紀」)

한 봉선제는 천자인 황제가 직접 태산 봉우리에 올라 하늘에 올리는 친사親祀였다. 친사가 중시된 것은 태산에서 제천 의례를 행할 수 있는 것은 천자뿐이므로 친사를 하는 것은 곧 천자임을 보증하는 것으로 여겨졌기 때문이다.

태산 천제는 그 대상이 천신·태일신으로 인식되고 있었다. 은나라나 주나라에서 천제는 그 대상이 주로 상제, 천으로 명명되었다. 그런데 춘추 전국 시대의 혼란기를 거쳐 진대에 이르면 오제五帝가 주신이 되고, 한 무제에 이르러서는 주신이 다시 태일신으로 바뀐다. 즉 지고신에 대한 명칭이 바뀌었다.[694] 그러나 그 목적은 크게 다르지 않은 듯하다. 봉선 의례는 수명고천受命告天과 밀접한 관련이 있었다. 봉선제는 천자가 하늘로부터 천명을 받는 의례, 군주의 지배를 정당화하는 의례, 하늘 아래 유일자로서의 최고의 지위를 합리화하는 의례로 여겨졌다. 천제는 그 목적이 이렇게 정치적이기도 하였지만, 통치자가 봉선 의례를 통해 하늘에 감사 및 보은의 뜻을 고하는 종교적 의례이기도 하였다. 물론 무제와 같이 개인적인 불사 추구라는 목적도 배제할 수 없을 듯하다.

왜 동방 태산이었을까? 태산이 중시된 것은 태산이 만물의 시작이자 교대하는 곳으로 여겨졌기 때문이다. 곧 태산은 묵은 것을 털어내고 새것으로 대체하는 곳을 상징한다. 또 태산은 비록 해발은 낮지만

---

694 후한後漢에 이르러 태일과는 다른, 시·서나 『예기』와 같은 고경에 나오는 인격적 성격을 띠는 황천상제皇天上帝와 같은 개념이 다시 나타났다. 그리고 태일은 당대唐代에 이르면 호천상제昊天上帝에게 주신主神의 자리를 빼앗겨 종신從臣의 하나가 되어 제단의 하위에 배열되었다. 명대에 이르러서 오제, 오방상제는 아예 제사 대상에서 마저 사라졌다.

주변 환경에 비해 상대적으로 높아 경외스럽고 신령한 곳으로 여겨졌기 때문이다.

한편 그 시기는 정기적인 것은 아니었으나 대체로 순수를 하던 중춘3월 혹은 하4월에 이루어졌다. 무제 때는 네 차례가 춘3월에 행해졌는데, 춘3월은 생명이 움트는 새 계절이기 때문이다. 이처럼 새싹이 트는 춘계春季에 봉선이 거행되어야 한다는 당위성의 준수는 봉선이라는 제사가 고대 사회에 보편적인 생명력·재생再生에의 희구나 그런 관념의 구체화 결과인 영춘 의식迎春儀式과 불가분의 관계에 있었음을 웅변한다.[695]

그러나 봉선 의례다운 봉선제는 후한 이후 약 600년 동안이나 거행되지 않았다. 태산 봉선제가 부활된 것은 당 고종 때인 666년에 이어, 당 현종 때인 725년이었다.

---

695 이성구, 2002, 20.

참고문헌 (1)

1. 원전류

「수운행록水雲行錄」

『(미수眉叟)기언記言』

『고려사高麗史』

『국역 백호전서白湖全書』

『논어論語』

『논어집주論語集註』

『다산시문집』

『도덕경道德經』

『동경대전東經大全』

『맹자집주孟子集註』

『묵자墨子』

『백호선생문집白湖先生文集』

『백호전서白湖全書』

『사기史記』

『삼국사기三國史記』

『삼국유사三國遺事』

『삼재도회三才圖會』

『상서정의尚書正義』

『서경書經』

『서경집전書經集傳』

『설문해자說文解字』

『성리대전性理大全』

『성호선생전집星湖先生全集』

『송자대전宋子大全』

『순자荀子』

『시경詩經』

『시경집전詩經集傳』

『신편천주실록新編天主實錄』

『여유당전서與猶堂全書』

『열자列子』

『예기禮記』

『이정전서二程全書』

『자치통감資治通鑑』

『조선왕조실록朝鮮王朝實錄』

『주례周禮』

『주비산경周髀算經』

『주역周易』

『주자어류朱子語類』

『죽서기년竹書紀年』

『중용中庸』

『증산도甑山道 도전道典』

『천주성교실록天主聖教實錄』

『천주실의天主實義』

『최선생문집崔先生文集 도원기서
　　道源記書』

『춘추번로春秋繁露』

『춘추좌전春秋左傳』

『통전通典』

『퇴계선생문집退溪先生文集』

『한서漢書』

『환단고기桓檀古記』

『회남자淮南子』

『후한서後漢書』

2. 단행본 및 논문류

H. G. 그릴 저, 이성규 역, 1996,『공자-인간과 신화-』, 지식산업사.

가노 나오키 저, 오이환 역, 1986,『중국 철학사』, 을유문화사.

가이즈카 시게키 외 지음, 배진영 외 옮김, 2011,『중국의 역사-선진시대-』, 혜안.

게이 로빈스 저, 강승일 옮김, 2008,『이집트의 예술, 3000년 고대사가 빚어낸
　　찬란한 문명』, 민음사.

강영한, 2014,『동방 조선의 천제天祭』, 상생출판.

거자오꾸앙葛兆光 지음, 이종미 옮김, 2014,『고대 중국 사회와 문화 10강』, 동
　　국대학교 출판부.

고동영 역, 1986,『규원사화』, 한뿌리.

곤도 지로 지음, 김소영 옮김, 2022,『고대 이집트 해부 도감』, 더숲.

곽말약郭末若 주편主編, 중국사회과학원역사연구소 편, 1978,『갑골문합집』
　　(탁본수취拓本搜聚 1~13), 북경 중화서국.

국립중앙박물관, 2019,『이집트: 삶, 죽음, 부활의 이야기』.

궈다순郭大順·장싱더張星德 지음, 김정열 옮김, 2008,『동북문화와 유연문명』상, 동북아역사재단.

그레이스 E. 케언스 지음, 이성기 옮김, 1994,『역사철학』, 대원사.

금장태, 1976,「천학초함天學初函(리편理編) 해제」, 한국학문헌연구소 편, 1976,『천학초함』영인본, 아세아문화사.

금장태, 2000b,『유교의 사상과 의례』, 예문서원.

금장태, 2009,『귀신과 제사-유교의 종교적 세계』, 제이앤씨.

금하연 역주, 허신 저, 2016,『한한대역 허신 설문해자』, 일월산방.

기세춘 역, 2021,『묵자』, 바이북스.

김경일, 1995,「갑골문을 통한 은대 다신관의 변화 연구」, 한국중어중문학회,『중어중문학』제17집.

김동주 역주, 공안국 전傳, 공영달 소疏, 2014,『역주 상서정의』1, 전통문화연구회.

김동주 역주, 채침 집전, 2019,『서경집전』상·중·하, 전통문화연구회.

김백희, 2009,「중국 고대 신관의 전개」, 한국동서철학회,『동서철학연구』제54호.

김상기, 1975,「수운행록」, 김상기,『동학과 동학란』, 한국일보사.

김석진, 2001,『대산 주역 강의』2, 한길사.

김석진, 2002,『대산 주역 강의』1·3, 한길사.

김선민, 2015,「위진남조의 교사郊祀 주신主神 논쟁과 정현 이해」, 중국사학회,『중국사연구』97권.

김선주, 2011,『홍산문화, 한민족의 뿌리와 상제 문화』, 상생출판.

김선희, 2012b,『마테오리치, 주희, 그리고 정약용-천주실의와 동아시아 유학의 지평-』, 심산.

김성기, 2007,「선진 유학의 본질을 어떻게 재해석할 것인가」, 한국유교학회,『유교사상문화연구』제29집.

김승혜, 1990, 『원시 유교』, 민음사.

김승혜, 2002, 『유교의 뿌리를 찾아서』, 지식의 풍경.

김용옥, 2020, 『노자가 옳았다』, 통나무.

김용옥, 2021, 『동경대전』 1~2, 통나무.

김용찬, 2018, 「진·한 제국의 국가제사 연구-고대 중국의 제사 체계 확립 과정-」, 서울대학교 대학원 박사학위 논문.

김용찬, 2022, 「진秦의 전국戰國 통일과 국가제사 구축」, 중국고중세사학회, 『중국고중세사연구』 제65집.

김우진, 2017, 「김우진과 배우는 갑골문자 이야기」〈24〉, 『강진신문』(2017. 5. 12).

김원중 옮김, 공자 지음, 2019, 『논어』, 휴머니스트.

김원중 옮김, 일연 저, 2008, 『삼국유사』, 민음사.

김인규, 2014, 「예禮 이념의 전개와 국가례國家禮-『주례』와 『조선경국전』을 중심으로-」, 온지학회, 『온지논총』 제38집.

김일권, 2007, 『동양 천문사상, 인간의 역사』, 예문서원.

김정열, 2014, 「홍산문화론-우하량 유적과 중국 초기 문명론을 중심으로-」, 한국고대사학회, 『한국고대사연구』 76.

김채수, 2012, 「요하 문명과 황하 문명과의 관련 양상-고조선의 성립과 전개 양상을 주축으로-」, 동아시아일본학회, 『일본문화연구』 제44집.

김충열, 1994, 『중국 철학사』 1, 예문서원.

김학주 옮김, 순자 지음, 2008, 『순자』, 을유문화사.

김학주 옮김, 열자 지음, 2000, 『열자』, 을유문화사.

김형준, 2017, 『이야기 인도사』, 청아출판사.

나학진, 1988, 「동서 윤리의 비교」, 나학진 외, 『종교와 윤리』, 한국정신문화연구원.

남영주, 2013, 「중국 고대 제齊 지역의 제의 습속과 지역 지배-팔신제·성양경 왕城陽景王 숭배를 중심으로-」, 동아인문학회, 『동아인문학』 제24집.

노수미, 2022, 「갑골복사로 살펴본 상대商代 지상신至上神 '제帝'와 '체締'제제 연구」, 한국외국어대학교 대학원 박사학위 논문.

다산학술문화재단 맹자요의 강독회 옮김, 정약용 지음, 2020, 『역주 맹자요 의』, 사암.

당가홍唐嘉弘, 2011, 「동이와 그 역사적 지위」, 부사년傅斯年 지음, 정재서 역 주, 『이하동서설夷夏東西說』, 우리역사연구재단.

데이비드 N. 키틀리 지음, 민후기 옮김, 2008, 『갑골의 세계-상대 중국의 시간, 공간, 공동체-』, 학연문화사.

동작빈 저, 이형구 옮김, 1993, 『갑골학 60년』, 민음사.

로렌스 크라우스 지음, 박병철 옮김, 2013, 『무無로부터의 우주』, 승산.

리링李零 외 저, 정호준 역, 2021, 『중국고고학, 위대한 문명의 현장』, 역사산책.

리카이저우 지음, 박영인 옮김, 2012, 『공자는 가난하지 않았다』, 에쎄.

마이클 우드 지음, 강주헌 옮김, 2002, 『인류 최초의 문명들』, 중앙M&B.

마테오 리치 지음, 신진호·전미경 옮김, 2013, 『마테오 리치 중국 선교사』 1, 지 식을 만드는 지식.

마테오 리치利瑪竇 지음, 송영배 외 옮김, 1999, 『천주실의』, 서울대학교 출판부.

맹성렬, 2018, 『피라미드 코드』, 김영사.

문계석, 2011, 『삼신三神』, 상생출판.

문정희, 2005, 「진한 제례와 국가 지배」, 연세대학교 대학원 박사학위 논문.

미켈레 루제리 지음, 곽문석·김석주·서원모·최정연 번역 및 주해, 2021, 『신편 천주실록 라틴어본·중국어본 역주』, 동문연.

박미라, 1997, 「중국 제천 의례 연구-교사 의례에 나타난 상제와 천의 이중적 천 신관을 중심으로-」, 서울대학교 대학원 박사학위 논문.

박소동 역주, 주희 집전, 2019, 『시경집전』 상·중·하, 전통문화연구회.

박완식·강동석 옮김, 정약용 지음, 2023, 『다산 정약용의 중용』, 학자원.

박이문, 2005, 『논어의 논리』, 문학과지성사.

박태봉, 2020, 「한국의 사상과 문화에 나타난 삼수三數 원리 연구-현대적 활용을 중심으로-」, 공주대학교 대학원 박사학위 논문.

박한제 외 지음, 2012, 『아틀라스 중국사』, 사계절.

방인, 2020, 『다산 정약용의 『역학서언』, 『주역』의 해석사를 다시 쓰다』, 예문서원.

방인·장정욱 옮김, 정약용 지음, 2007, 『역주 주역사전』 1~8, 소명출판.

배현준, 2021, 「중화 문명의 뿌리를 찾는 시작점, 염제」, 한국고대학회, 『선사와 고대』 제65호.

벤자민 슈월츠 지음, 나성 옮김, 1996, 『중국 고대사상의 세계』, 살림.

복기대, 2019, 『홍산 문화의 이해』, 우리역사연구재단.

부사년傅斯年 지음, 정재서 역주, 2011, 『이하동서설夷夏東西說-감춰진 동이의 실체와 고대 한국-』, 우리역사연구재단.

브라이언 M. 페이건·나디아 두라니 지음, 이희준 옮김, 2022, 『선사 시대 인류의 문화와 문명』, 사회평론 아카데미.

브라이언 M. 페이건·크리스토퍼 스카레 지음, 이청규 옮김, 2015, 『고대 문명의 이해』, 사회평론.

빈동철, 2016, 「고대 중국의 '천天'은 '상제'와 동일한 개념인가?」, 한국공자학회, 『공자학』 제30호.

사단법인 대한사랑, 2022, 『대한사랑』 제6호(특별호).

사라 알란 지음, 오만종 옮김, 2009, 『선양과 세습』, 예문서원.

새뮤얼 노아 크레이머 지음, 박성식 옮김, 2018, 『역사는 수메르에서 시작되었다』, 가람기획.

서욱생 저, 조우연 역, 2012, 『중국 전설 시대와 민족 형성』 상, 학고제.

서정기 옮김, 2011, 『새 시대를 위한 예기』 1~5, 한국학술정보(주).

서철원 번역·해설, 일연 지음, 2022, 『삼국유사』, arte.

성백효 역주, 1998, 『서경집전』 상·하, 전통문화연구회.

성백효 역주, 2001, 『논어집주』, 전통문화연구회.

성백효 역주, 2010, 『시경집전』 상·하, 전통문화연구회.

성백효 외 역, 2021, 『현토완역 예기』 상·중·하, 전통문화연구회.

세종출판기획, 2018(4), 『월간 개벽』.

소진형, 2016, 「조선 후기 왕의 권위와 권력의 관계-황극 개념의 해석을 중심으로-」, 서울대학교 대학원 박사학위 논문.

손예철, 1988, 「갑골 복사에 나타난 은상대殷商代 제사의 대상」, 한국중국학회, 『중국학보』 제28집.

손예철, 2016, 『갑골학 연구』, 박이정.

손예철, 2017, 『간명 갑골문 자전』, 박이정출판사.

스티브 테일러 지음, 우태영 옮김, 2011, 『자아 폭발-타락-』, 다른 세상.

스티븐 호킹·레오나르드 플로디노프 지음, 전대호 옮김, 2010, 『위대한 설계』, 까치.

신경란 옮김, 반고 지음, 2021, 『한서』 열전 1, 민음사.

신동준 역, 2018, 『묵자』, 사단법인 올재.

신동준 역, 사마천 저, 2018b, 『사기 본기·사기 서』, 사단법인 올재.

신동준 옮김, 묵자 지음, 2018, 『묵자』, 인간사랑.

신동준 옮김, 사마천 지음, 2015 『사기』 서書, 위즈덤하우스.

신동준 옮김, 순자 지음, 2019, 『순자』, 사단법인 올재.

신동준 옮김, 순자 지음, 2021a, 『순자』, 인간사랑.

신동준 옮김, 열자 저, 2021b, 『열자』, 인간사랑.

신동준, 2007, 『공자와 천하를 논하다』, 한길사.

신정근 역, 반고 저, 2005, 『백호통의』, 소명출판.

신정근, 2005, 『사람다움의 발견』, 이학사.

실시학사 경학연구회 옮김, 정약용 지음, 2020~2022, 『다산 정약용의 상서고훈』 1~5, 학자원.

심양근, 2001, 「주역의 신관에 관한 연구」, 성균관대학교 대학원 석사학위 논문.

심혜영, 2002, 「『논어』를 통해 본 공자의 천과 인」, 한국중어중문학회, 『중어중문학』 제31집.

안경전 역주, 계연수 편저, 이유립 현토, 2016a, 『환단고기』, 상생출판.

안경전, 2014, 『증산도의 진리』, 상생출판.

안경전, 2016b, 「동북아 신선 문화의 도통과 신선 발귀리의 신교 철학사상-『태백일사』 「소도경전본훈」을 중심으로-」, 세계환단학회 2016 춘계학술대회.

안교성, 2021, 「동서 문명의 교류를 이끈 중국 최초의 서교西敎 서적」, 대한기독교서회, 『기독교사상』, 2021년 11월호.

안길환 편역, 유안 편저, 2013, 『회남자』 하, 명문당.

안대회 편역, 반고 저, 2010, 『한서』 열전, 까치글방.

안신원, 2013, 「하대夏代 도성都城의 고고학적 고찰-이리두二里頭 유적과 상대商代 전기 도성과의 비교를 중심으로-」, 중부고고학회, 『고고학』 12-2호.

알프레드 포르케 저, 양재혁·최해숙 역주, 2004, 『중국 고대 철학사』, 소명출판.

앙리 마스페로 저, 김선민 옮김, 1995, 『고대 중국』, 까치.

양대언, 2010, 「요하 문명론과 홍산 문화의 고찰」, 택민국학연구원, 『국학연구논총』 제5집.

양동숙, 2019, 『갑골문 해독』, 이화문화출판사.

양명수, 2016, 『퇴계 사상의 신학적 이해』, 이화여자대학교 출판부.

양백준楊伯峻 역주, 이장우·박종연 한역, 2002, 『논어역주』, 중문.

양우석, 2014, 「동서는 신을 어떻게 보았나-신교와 화이트헤드의 신을 중심으로-」, 화이트헤드학회, 『화이트헤드 연구』 제28집.

에드워드 버넷 타일러 지음, 유기쁨 옮김, 2018, 『원시 문화』 1, 아카넷.

오강남 풀이, 1999, 『도덕경』, 현암사.

오상학, 2001, 「조선시대의 세계 지도와 세계 인식」, 서울대학교 대학원 박사학
    위 논문.

왕닝·시에똥위엔·리우팡 저, 김은희 역, 2010, 『설문해자와 중국 고대 문화』,
    학고방.

요령성문물고고연구소辽宁省文物考古研究所 편저編著, 2012, 『우하량牛河梁
    -홍산 문화유지발굴보고红山文化遗址发掘报告(1983~2003년도年度)』
    상上·중中·하下. 북경 문물출판사北京文物出版社.

우실하, 2014, 『동북공정 너머 요하문명론』, 소나무.

운초 계연수 편저, 해학 이기 교열, 한암당 이유립 현토, 2011, 『환단고기』, 상
    생출판.

원정근, 2018, 「『환단고기』의 제帝와 도道의 관계」, 세계환단학회, 『세계환단학
    회지』 5권 1호.

원중호, 2020, 「우하량 유적 적석총의 축조 목적 재고」, 단국대학교 동양학연
    구원, 『동양학』 제80호.

위안싱페이袁行霈 저, 장연·김호림 옮김, 2007, 『중국문명대시야』 1, 김영사.

윌 듀런트 저, 왕수민·한상석 옮김, 2017, 『문명 이야기』 동양 문명 1-1-수메르
    에서 일본까지, 민음사.

윌프레드 켄트웰 스미스 지음, 길희성 옮김, 1991, 『종교의 의미와 목적』, 분도
    출판사.

유교문화연구소 역, 2008, 『시경』, 성균관대학교 출판부.

유교문화연구소 옮김, 2006, 『논어』, 성균관대학교 출판부.

유교문화연구소 옮김, 2011, 『서경』, 성균관대학교 출판부.

유명종, 1978, 「고대 중국의 상제와 천」, 한국철학연구회, 『한국철학』 제25집.

유명종, 1996, 「고대 중국의 천 종교」, 융산 송천은 박사 화갑기념논총 간행위원회, 1996, 융산 송천은 박사 화갑기념논총 『종교철학연구』.

유승상, 2011, 「예수회 중국 활동의 선구적 성과인 『천주성교실록』에 대한 초보적 연구」, 서강대학교 신학연구소, 『신학과 철학』 제18호.

유원상, 2017, 「제1기 갑골 복사를 통해 본 다신 숭배 연구-제의와 신위神威를 중심으로-」, 숭실대학교 대학원 석사학위 논문.

윤내현, 1984, 『상주사商周史』, 민음사.

윤내현, 1988, 「천하사상의 시원」, 윤내현 외, 1988, 『중국의 천하사상』, 민음사.

윤내현, 2015, 『고조선 연구』 상, 만권당.

윤석산 역주, 1991, 『도원기서道源記書』, 문덕사.

윤석산 역주, 2000, 『초기 동학의 역사: 도원기서道源記書』, 신서원.

윤석산 주해, 2004, 『동경대전』, 동학사.

윤창열, 2015, 「산동 지역의 팔신제에 관한 연구」, 세계환단학회, 『세계환단학회지』 2권 1호.

윤창준, 2014, 「갑골 복사甲骨卜辭를 통해 본 상대商代의 숭배 대상 고찰(1)-자연신의 최고 지위를 갖는 상제-」, 한국중국언어학회, 『중국언어연구』 제52집.

이가원·허경진 옮김, 일연 저, 2006, 『삼국유사』, 한길사.

이경원, 1996, 「『서경』에 나타난 상제·천관」, 동양철학연구회, 『동양철학연구』 제16집.

이기동 역해, 2004, 『시경강설』, 성균관대학교 출판부.

이기동 역해, 2020, 『서경강설』, 성균관대학교 출판부.

이덕일, 2019, 『이덕일의 한국통사』, 다산초당.

이마두利瑪竇, 1607, 『천주실의』, 항주杭州 연이당燕貽堂(이지조, 1627, 『천학초함天學初函 내)

이마두利瑪竇, 1868, 『천주실의』, 상해 토산만인서관土山灣印書館, 자모당장판慈母堂藏板.

이마두利瑪竇, 1904, 『천주실의』, 향항香港 납잡륵정원인판納匝肋靜院印版.

이문주, 1989, 「중국 고대의 천관에 대한 연구」, 동양철학연구회, 『동양철학연구』 제10집.

이성구, 2002, 「한 무제 시기의 황제 의례-태일사·명당·봉선의 이중성에 대한 검토-」, 동양사학회, 『동양사학연구』 제80집.

이세권 편, 2002, 『동학 경전』, 글나무.

이세동 옮김, 2020, 『서경』, 을유문화사.

이세현, 2000a, 「고대 중국에서의 천과 인간의 만남과 그 방법-『시경』 과 『서경』 에 나타난 천명관을 중심으로-」, 한국유교학회, 『유교사상문화연구』 제14집.

이세현, 2000b, 「『논어』에 나타난 천인합덕 사상」, 한국공자학회, 『공자학』 제7호.

이순자, 1995, 「전래 초기 동아시아에서의 그리스도교 신관-천주의 명칭 기원과 그 이해 문제를 중심으로-」, 한국종교학연구회, 『종교학 연구』 14.

이연승, 2009, 「진한 시대의 봉선설에 대한 연구」, 한국종교문화연구소, 『종교문화비평』 15.

이운구 옮김, 묵적 지음, 2012, 『묵자』 I, 도서출판 길.

이원규, 1997, 『종교사회학의 이해』, 사회비평사.

이원규, 2006, 『인간과 종교』, 나남 출판.

이유표, 2020, 「'하문화夏文化'의 함정-'우禹', '하夏', '이리두二里頭'의 관계」, 중국고중세사학회, 『중국고중세사연구』 제58집.

이재석, 2008, 『인류 원한의 뿌리 단주』, 상생출판.

이주행 외 옮김, 여정덕 편, 2001, 『주자어류』 1~13권, 소나무.

이준영 해역, 2014, 『주례』, 자유문고.

이준영 해역, 유안 편찬, 2015, 『회남자』 하, 자유문고.

이지형 역주, 정약용 저, 2010,『역주 논어고금주』1~5, 사암.

이청규, 2013,「요하 문명의 보고-우하량 유적」, 동북아역사재단,『동북아역사 논총』42호.

이춘식, 2007,『중국 고대의 역사와 문화-구석기 앙소 문화에서 진·한에 이르 기까지-』, 신서원.

이택용, 2012,「중국 선진先秦 시대의 명론命論 연구-맹자와 장자를 중심으 로-」, 성균관대학교 대학원 박사학위 논문.

이학근 지음, 이유표 옮김, 2019,『의고擬古 시대를 걸어 나오며-중국 문명의 기원에 대한 탐색-』, 금항아리.

이한우 옮김, 반고 지음, 2020,『완역 한서』, 21세기북스.

이형구, 2015,『발해 연안 문명』, 상생출판.

임건순 지음, 2013,『묵자-공자를 딛고 일어선 천민 사상가』, 시대의 창.

임계유任繼愈 지음, 이문주·최일범 외 옮김, 1990,『중국철학사』1, 청년사.

임동석 역주, 열어구 찬, 2009,『열자』, 동서문화사.

임재해, 2014,「홍산 문화로 읽는 고조선 시대의 제천의식 전통」, 고조선단군학 회,『고조선단군학』제30호.

임지영, 2014,「갑골복사를 통한 신령숭배 연구」, 전남대학교 대학원 박사학위 논문.

임현수, 2002,「상대商代 시간관의 종교적 함의-갑골문에 나타난 기시법紀時 法과 조상 계보 및 5종 제사를 중심으로-」, 서울대학교 대학원 박사학위 논문.

장광직 지음, 윤내현 옮김, 1989,『상商문명』, 민음사.

장석만, 1992,「개항기 한국 사회의 '종교' 개념 형성에 관한 연구」, 서울대학교 대학원 박사학위 논문.

장세후 옮김, 좌구명 지음, 2013,『춘추좌전』상·중·하권, 을유문화사.

저우스펀 지음, 김영수 옮김, 2006,『사진과 그림으로 보는 중국사 강의』, 돌베개.

전국역사교사모임 지음, 2019, 『처음 읽는 인도사』, 휴머니스트.

전주대 호남학연구소 역, 1989~1995, 『국역 여유당전서』 I~V, 여강출판사.

전호근, 1986, 「선진 유가의 천 사상 변천에 관한 연구」, 성균관대학교 대학원
　　석사학위 논문.

정경희, 2016a, 「홍산 문화 여신묘에 나타난 '삼원오행'형 '마고7여신'과 '마고
　　제천'」, 비교민속학회, 『비교민속학』 제60집.

정경희, 2016b, 「홍산 문화의 제천 유적·유물에 나타난 '한국 선도仙道'와 중
　　국의 '선상先商 문화'적 해석」, 고조선단군학회, 『고조선단군학』 제34호.

정기문, 2021, 『처음부터 다시 배우는 서양 고대사-메소포타미아·이집트 문명
　　부터 서로마제국 멸망까지』, 책과 함께.

정단비, 2004, 「공자의 천 사상」, 서울대학교 철학과, 『철학논구』 제32집.

정동연, 2018, 『고대 문명의 탄생』, 살림.

정범진 외 옮김, 1994, 『사기』 1-본기, 까치.

정범진 외 옮김, 1996, 『사기』 2-표·서, 까치.

제카리아 시친 지음, 이근영 옮김, 2004, 『수메르, 혹은 신들의 고향』, 이른 아침.

조금염曹锦炎·침건화沉建华 공편저共編著, 2006, 『갑골문교석총집甲骨文校
　　釋总集』 1~20, 상해사서출판사上海辞書出版社.

조기빈趙紀彬 지음, 조남호·신정근 옮김, 1996, 『반논어-공자의 논어 공구의
　　논어-』, 예문서원.

조길태, 2018, 『인도사』, 민음사.

조르주 루 지음, 김유기 옮김, 2013, 『메소포타미아의 역사』 1, 한국문화사.

조방제趙方濟 준准, 1913, 『천주실의』, 상해토산만장판上海土山灣藏板.

조성환, 2022, 『하늘을 그리는 사람들-퇴계·다산·동학의 하늘철학-』, 소나무.

조원일, 2019, 「묵자의 천 관념 연구」, 한국중국문화학회, 『중국학논총』 제62집.

조원일, 2020, 『고대 중국의 천인관계론』, 전남대학교 출판문화원.

존 H. 힉 저, 김희수 옮김, 2000,『종교 철학』, 동문선.

존 파렐 저, 진선미 옮김, 2009,『빅뱅-어제가 없는 오늘』, 양문.

주동주, 2018,『수메르 문명과 역사』, 범우.

중국 사회과학원 고고연구소 편저, 2012,『은허소둔촌중촌남갑골殷墟小屯村中村 南甲骨』상·하책, 운남 인민출판사.

증산도 도전 편찬위원회, 2003,『증산도甑山道 도전道典』, 상생출판.

진기환 역주, 반고 저, 2016,『한서』, 명문당.

최남규, 2003,「『논어』의 '인'자에 대한 재고: 언어학적 연구 방법을 통해」, 중국인문학회,『중국인문과학』제26집.

최몽룡, 2013,『인류 문명 발달사-고고학으로 본 세계 문화사-』, 주류성출판사.

최문형, 2002,『동양에도 신은 있는가』, 백산서당.

최문형, 2011,「공자와 묵자의 천 개념 비교」, 동양철학연구회,『동양철학연구』제68집.

최영찬 외, 2003,『동양 철학과 문자학』, 아카넷.

최진석, 2016,『노자의 목소리로 듣는 도덕경』, 소나무.

최환 옮김, 묵자 지음, 2019,『묵자』, 을유문화사.

카렌 암스트롱 지음, 정영목 옮김, 2012,『축의 시대-종교의 탄생과 철학의 시대-』, 교양인.

커크 헤리엇 지음, 정기문 옮김, 2009,『지식의 재발견-인류 탄생에서 빅뱅에 이르기까지-』, 이마고.

클라이브 폰팅 저, 왕수민 외 역, 2019,『(클라이브 폰팅의) 세계사』1-선사 시대에서 중세까지, 민음사.

팽방형彭邦炯·사제謝濟·마계범馬季凡 공저, 중국사회과학원역사연구소 편, 1998,『갑골문합집』보편補編 1~7, 어문출판사.

표영삼, 2004,『동학 1-수운의 삶과 생각-』, 통나무.

풍우란 저, 박성규 옮김, 2000,『중국 철학사』상, 까치.

하야시 미나오 지음, 박봉주 옮김, 2004,『중국 고대의 신들』, 영림카디널.

하영삼 역주, 허신 저, 2022,『완역 설문해자』, 도서출판3.

한가람 역사문화 연구소 사기 연구실 번역·신주, 지은이 본문 사마천, 삼가주석 배인 외, 2021,『신주 사기』, 한가람 역사문화연구소.

한국학문헌연구소 편, 1976,『천학초함天學初函』, 아세아문화사. (이지조, 1628,『천학초함』영인본)

한국학문헌연구소 편, 1978,『동학사상자료집』일壹·이貳,『최선생문집 도원기서』, 아세아문화사.

한국학자료원, 1984,『천학초함天學初函』(一). (이지조, 1628,『천학초함』영인본)

한동석, 2001,『우주 변화의 원리』, 대원출판.

허진웅 지음, 홍희 옮김, 1993,『중국 고대 사회-문자와 인류학의 투시-』, 동문선.

허탁 외 역주, 여정덕 편, 1998~2001,『주자어류』1~5, 청계.

홍대표 옮김, 반고 지음, 2021,『한서』열전, BW범우.

홍순민 외, 2009,『서울 풍광』, 청년사.

홍승현, 2021,「중국 고대 재이설의 기원과 성립」, 고려대학교 역사연구소,『사총』102.

황경선, 2010,『신교神教』, 상생출판.

황상희, 2015,「퇴계의 천관을 중심으로 한 성리설 연구」, 성균관대학교 대학원 박사학위 논문.

황선명, 1983,『종교학 개론』, 종로서적.

히라카와 스케히로 지음, 노영희 옮김, 2002,『마테오 리치-동서 문명 교류의 인문학 서사시-』, 동아시아.

찾아보기

566